“十四五”国家重点出版物出版规划项目

第一卷

中国高铁技术自主创新实践

中国国家铁路集团有限公司　中国工程院　本书编委会　著

中国铁道出版社有限公司
CHINA RAILWAY PUBLISHING HOUSE CO., LTD.
北　京

内 容 简 介

党的十八大以来，我国高铁发展取得显著成就。中国国家铁路集团有限公司与中国工程院联合对中国高铁技术的自主创新成果开展全面、深入的研究，广泛凝聚中国铁路行业内外权威专家的智慧和力量，集合铁路行业内外超300人参与分析、梳理、总结，根据研究成果撰写了《中国高铁技术自主创新实践》。本专著由成就、经验、贡献、发展共四篇构成。第一卷为成就篇。

成就篇在系统回顾中国高铁技术从无到有、引进消化吸收再创新再到自主创新的基础上，全面总结中国高铁在规划设计、工程建造、关键装备、运输组织、安全保障、运营维护、信息化等各方面开展的科技攻关及取得的自主创新成就，以及在科技创新平台、人才队伍、科技管理等创新能力建设方面取得的成效，并重点对京沪高铁、复兴号系列动车组等代表性重大技术创新亮点成果进行了系统介绍。

本书可供铁路领域从业者全面了解行业发展情况并以此坚定科技自信、持续自主创新，同时可为同类行业提供形式多样、理论与实践相结合、更有借鉴价值的创新发展路径参考，亦可供广大读者全面了解中国高铁技术自主创新成就及亮点。

图书在版编目（CIP）数据

中国高铁技术自主创新实践. 第一卷 / 本书编委会著. -- 北京 : 中国铁道出版社有限公司, 2024. 11.
ISBN 978-7-113-31778-2

Ⅰ. U238

中国国家版本馆 CIP 数据核字第 202409F73U 号

书　　名：**中国高铁技术自主创新实践　第一卷**
作　　者：本书编委会

策　　划：赵　静　傅希刚
责任编辑：王明容　黄　璐　王晓阳　黎　琳
装帧设计：尚明龙　崔丽芳
责任校对：安海燕
责任印制：高春晓

出版发行：中国铁道出版社有限公司（100054，北京市西城区右安门西街 8 号）
网　　址：https://www.tdpress.com
印　　刷：北京盛通印刷股份有限公司
版　　次：2024 年 11 月第 1 版　2024 年 11 月第 1 次印刷
开　　本：889 mm × 1 194 mm 1/16　**印张**：21.5　**字数**：399 千
书　　号：ISBN 978-7-113-31778-2
定　　价：248.00 元

编写组

卢春房　周　黎　高战军　罗庆中

中国国家铁路集团有限公司：

钱征宇　苗　蕾　曲云腾　邓建兵　刘文宪　鲍忠庆　单　巍　孙明智

阎永光　孟凡栋　申宏楠　张润宝　马芝仪　金　辉　郭福成　齐　壮

中国工程院：

黎青山　聂淑琴　郑文江　乔英俊

中国铁道科学研究院集团有限公司：

史天运　齐向春　贾光智　刘　剑　王镠莹　刘渤海　沈　通　戎　佳

曾祥坤　张　波　冯仲伟　李　刚　王万齐　李　博　白　鑫　李秋芬

魏世斌　赵　隽　郭　犇　阚佳钰

中国铁路经济规划研究院有限公司：

郭树东　郑文臻　杨华峰　陆　瑶　田亚明　李玉生

中国铁路设计集团有限公司：

胡叙洪　龙许友

中国铁路信息科技集团有限公司：

刘建军　高明星

中国铁路工程集团有限公司：

伍　军　谢　毅

中国铁道建筑集团有限公司：

代敬辉　光振雄

中国中车集团有限公司：

王　军　于跃斌

中国铁路通信信号集团有限公司：

周　炜　江　明

北京交通大学：

赵　鹏　王洪伟

国家发展和改革委员会综合运输研究所：

李连成　樊　桦

前言

铁路是国家战略性、先导性、关键性重大基础设施，是国民经济大动脉、重大民生工程和综合交通运输体系骨干，在国民经济和社会发展中的地位和作用至关重要。党的十八大以来，在以习近平同志为核心的党中央坚强领导下，在习近平新时代中国特色社会主义思想的科学指引下，我国铁路事业取得历史性成就、发生历史性变革，其中最具代表性、最集中的体现就是高铁。目前，我国已建成世界上规模最大的高速铁路网，成功实现世界上商业运营速度最高、运营场景最复杂、运营强度最大的高铁网安全高效运营，中国高铁已成为国家的一张亮丽名片。习近平总书记对铁路科技创新特别是高铁技术创新工作高度重视、极为关怀，多次在中央重要会议、国内外重要场合对高铁技术创新成果给予高度评价，指出“高铁已成为中国装备制造一张亮丽的名片”“复兴号奔驰在祖国广袤的大地上”“复兴号高速列车迈出从追赶到领跑的关键一步”；在视察京张高铁时指出，“我国自主创新的一个成功范例就是高铁，从无到有，从引进、消化、吸收再创新到自主创新，现在已经领跑世界。要总结经验，继续努力，争取在‘十四五’期间有更大发展”；今年“复兴号高速列车”项目荣获国家科学技术进步奖特等奖，习近平总书记在全国科技大会、国家科学技术奖励大会、两院院士大会上的讲话中称赞“高铁技术树起国际标杆”，给予了全体铁路人和广大铁路科技工作者以巨大鼓舞和鞭策，为高铁创新发展提供了根本遵循和强大动力。

科技兴则民族兴，科技强则国家强。我国高铁发展取得的巨大成就，离不开科技创新的有力支撑。从20世纪90年代开始，我国铁路坚持瞄准世界一流水平，矢志不渝开展高铁技术的科学探索、试验验证和运用实践。党的十八大以来，以习近平同志为核心的党中央高度重视科技创新，从党和国家发展全局的高度对科技创新进行了顶层谋划和系统部署，提出“创新是引领发展的第一动力”重大论断，围绕坚持党对科技事业的全面领导、坚持走中国特色自主创新道路、充分发挥新型举国体制优势、加快推进高水平科技自立自强、加快发展新质生产力等作出了一系列重要论述，为新时代我国高铁技术自主创新工作提供了根本遵循和行动指南。

中国国家铁路集团有限公司（以下简称国铁集团）认真学习贯彻习近平总书记关于科技创新的重要论述和对铁路工作的一系列重要指示批示精神，深入落实创新驱动发展战略，坚定不移走自主创新道路，联合行业内外相关企业、高校、研究机构，形成了以复兴号系列动车组为代表的一大批创新成果，构建了涵盖高铁工程建设、装备制造、运营管理三大领域的成套高铁技术体系，我国铁路总体技术水平迈入世界先进行列，高铁技术达到世界领先水平。

中国高铁技术自主创新的成功实践，是始终坚持党的领导，坚决扛起重大使命和责任，充分发挥新型举国体制优势的结果；是始终坚持目标导向，紧密服务国家重大战略、全面服务最广大人民群众、矢志瞄准世界一流水平的结果；是始终坚持发挥国铁集团铁路科技创新领军企业作用，统筹国际国内市场资源开展一体化创新的结果；是始终坚持自立自强、守正创新，牢牢把握战略主动、夯实技术创新根基、推进系统迭代创新的结果；是始终坚持创新链产业链双链融合，将技术创新贯穿产业发展始终，有效带动高铁全产业及上下游相关产业迭代升级的结果。

中国高铁技术自主创新具有基于全域全过程的系统创新、基于丰富实践的渐进式迭代创新、基于高效组织的体系化创新等鲜明特征。中国铁路广泛借鉴系统工程理论和国内外先进的技术创新理论，构建了新型举国体制下以行业领军企业为主导的高铁技术自主创新体系。该体系由政府部门、国铁集团、产业企业、科研机构、高等院校、国外机构、市场等七大相互关联的系统要素构成，通过与宏观政策、技术发展、经济社会、内外市场等四大环境要素的交互作用，实现创新要素资源集聚、创新主体协同攻关、创新链产业链资金链人才链融合效应等系统功能。

围绕推进中国高铁技术自主创新，形成了用产学研深度协同、开放合作的全过程体系化系统迭代自主创新模式，具体包括追赶模式、动力模式、路径模式、组织模式、运作模式和绩效模式。通过持续开展技术创新，中国高铁涌现出一大批特色鲜明的自主创新典型事例，例如：攻克哈大高寒区冻土路基建造关键技术，突出体现了“问题导向、持续创新”；创新沪苏通长江大桥千米级超大跨度桥梁建造关键技术，突出体现了“目标导向、融合创新”；攻克新八达岭隧道及八达岭长城站深埋地下车站等一系列世界性技术难题，突出体现了“绿色引领、追求卓越”；构建世界上交易规模最大的票务系统——12306铁路互联网售票系统，突出体现了“需求导向、迭代创新”；研制具有自主知识产权的CR400复兴号动车组，突出体现了“自立自强、系统创新”；研发适应世界上最大高速铁路网成网运营要求的CTCS-3级列控系统，突出体现了“自主可控、协同创新”；建成世界第一条智能高铁——京张高铁，突出体现了“文化传承、智能引领”。

经过多年自主创新探索实践，特别是党的十八大以来我国成功构建了在世界上具有独特优势的高速铁路技术体系。一是全面系统，形成覆盖高铁建设运营各专业领域、全产业链各个环节、全生命周期不同阶段的成套技术。二是先进成熟，形成覆盖不同速度等级、不同编组型式的复兴号高速列车系列化产品；建成12306铁路互联网售票系统，高峰日售票量超过2 600万张；成功研发列车调度指挥系统，指挥全路每日1万余列客运列车、2万余列货运列车安全运行。三是覆盖度广，全面掌握不同地质条件和气候环境下建设和运营高铁的技术，并实现安全运营。四是适应性好，吸收了ISO、UIC、IEC等国际先进标准，并且能够适应我国复杂多样的高铁建设运营环境，形成了具有中国特色的高铁技术标准体系。

当前，随着新一轮科技革命从蓄势待发到群体迸发，信息、新材料、新能源等技术快速发展并广泛渗透到几乎所有领域，带动了以绿色、智能、泛在为特征的群体性重大技术变革，推动社会生产和消费从工业化向自动化、智能化转变。世界科技快速更迭将为高铁技术发展注入新的活力，推动人工智能、虚拟现实、量子通信、增材制造等新技术在高铁研发与应用，引领高铁发展新的潮流。面向世界高速铁路发展前沿，综合考虑我国高速铁路技术发展现状及我国特有的国情、路情，坚持问题导向与目标导向相结合，坚持源于需求、服务需求、高于需求，从而引领世界铁路发展，未来我国高速铁路技术将朝着更高速、更安全、更智能、更高效、更绿色、更经济的方向发展，为建设交通强国、科技强国提供有力支撑。

党的二十大报告指出，“教育、科技、人才是全面建设社会主义现代化国家的基础性、战略性支撑。必须坚持科技是第一生产力、人才是第一资源、创新是第一动力”“坚持创新在我国现代化建设全局中的核心地位”“加快实施创新驱动发展战略”“坚决打赢关键核心技术攻坚战”“加快实现高水平科技自立自强”。为此，在以中国式现代化全面推进强国建设、民族复兴伟业的关键时期，国铁集团和中国工程院决定联合开展中国高铁技术自主创新实践研究，以总结过去、展望未来为契机，深入扎实推进中国高铁自主创新工作，更好地服务和支撑中国式现代化。

开展中国高铁技术自主创新实践研究，是铁路坚持守正创新的重要举措。全面回顾中国高铁技术自主创新历程，特别是党的十八大以来高铁科技创新所取得的巨大成就，对于我们更加深刻领悟“两个确立”的决定性意义，进一步增强“四个意识”、坚定“四个自信”、做到“两个维护”，以坚持守正创新来更好地推动高铁创新发展具有重要意义。坚持“守正”，就是要始终坚持党的全面领导，坚守中国特色社会主义制度的优势，坚守中国特色自主创新道路，坚守人民铁路为人民的宗旨，确保高铁科技创新的正确方向；坚持“创新”，就是要顺应时代要求，瞄准世界铁路强国目标，发扬斗争精神，持续深化关键核心技术攻关，勇当服务和支撑中国式现代化的“火车头”。

开展中国高铁技术自主创新实践研究，是新征程下推动高铁持续自主创新的重要任务。党的二十大擘画了以中国式现代化全面推进中华民族伟大复兴的宏伟蓝图，明确了新时代新征程全面建设社会主义现代化国家的战略安排，对科技创新工作提出了一系列新论断、新要求，并作出具体部署。系统总结高铁创新成就与经验，展望提出未来一个时期中国高铁自主创新的使命任务、总体目标、基本原则和重点方向，必将对我国铁路在未来发展中更好发挥新型举国体制优势和国铁集团领军企业作用、加快构建现代化铁路科技创新体系、助力中国高铁持续开展新的创新实践提供有力支撑。

开展中国高铁技术自主创新实践研究，是讲好中国高铁故事、彰显中国高铁形象的现实需要。中国高铁创新发展成绩举世瞩目，境内外舆论和社会各界关注度高。国铁集团是中国高铁创新发展的牵头组织者，中国工程院是国家重要战略科技力量和中国高铁创新发展的重要参与者、支持者，由国铁集团和中国工程院共同牵头组织开展中国高铁创新实践研究，旨在更加完整、准确、客观地总结高铁自主创新的成就和经验，深入阐释背后蕴含的理论逻辑和实践逻辑，更好地讲述新时代中国高铁故事，进一步提升中国高铁的国际影响力和话语权，生动展示中国铁路科技工作者自强自立、科技报国的奋斗精神，汇聚铁路现代化建设的磅礴力量。

国铁集团和中国工程院高度重视本书研究编写工作，共同牵头成立了领导组、编写组和专家咨询组。国铁集团党组书记、董事长刘振芳和中国工程院副院长、院士钟志华共同担任领导组组长，在国铁集团科技和信息化部、中国工程院工程管理学部、中国工程院战略咨询中心的统筹推进下，会同国铁集团有关部门，以中国铁道科学研究院集团有限公司为主要编纂单位，联合中国铁路经济规划研究院有限公司、中国铁路设计集团有限公司、中国铁路信息科技集团有限公司、中国铁路工程集团有限公司、中国铁道建筑集团有限公司、中国中车集团有限公司、中国铁路通信信号集团有限公司等行业企业，北京交通大学等高校、国家发展和改革委员会综合运输研究所等研究机构共同组建了300多人的编写队伍，汇集了强大的智力资源。同时，邀请了亲历我国高铁发展的铁路行业相关院士，有关政府部门领导专家，国铁集团及行业相关企业、科研机构、高校等单位的专家组成高层次专家咨询团队，共同为本书的研究和编写工作提供了许多宝贵的咨询建议。

经过深入系统的研究和精心编写、修改，历经数十轮的深入研讨，广泛凝聚中国铁路行业内外权威专家和智库的智慧和力量，编写组最终形成了这部沉甸甸的专著。本专著由成就篇、经验篇、贡献篇、发展篇构成。

成就篇。因循历史发展脉络，系统回顾中国高铁技术从无到有、引进消化吸收再创新再到自主创新的发展历程；全面总结中国高铁在规划设计、工程建造、关键装备、运输组织、安全保障、运营维护、信息化等各方面开展的科技攻关及取得的自主创新成就，以及在科技创新平台、人才队伍、科技管理等创新能力建设方面取得的成效，并重点对京沪高铁、复兴号系列动车组等一系列代表性重大技术创新亮点成果进行了系统介绍。经过多年的接续努力，中国高铁技术不断取得新的突破，实现了从追赶、并跑到领跑的历史性转变，为我国高铁发展提供了强有力的科技支撑。

经验篇。聚焦坚持党的领导、坚持目标导向、坚持用户牵引、坚持自立自强、坚持双链融合、坚持责任驱动，系统总结中国高铁技术自主创新经验。以习近平新时代中国特色社会主义思想为根本遵循，借鉴国内外技术创新相关理论，凝练中国高铁技术自主创新的基本特点，构建中国高铁技术自主创新理论框架，形成自主创新的追赶模式、动力模式、路径模式、组织模式、运作模式和绩效模式等，集中体现了中国高铁技术自主创新的内在逻辑和本质规律，并以此为基础提炼高铁技术自主创新典型事例。

贡献篇。围绕对铁路行业自身发展和对经济社会发展的带动促进作用，深入分析高铁技术创新的突出贡献和影响。高铁技术自主创新，全面提升了铁路基础设施水平、技术装备能力、运输服务品质、经营管理活力和人才队伍素质，对铁路自身高质量发展发挥了关键引领作用；在构建现代化经济体系、服务国家重大发展领域、助力人与自然和谐共生、加强国际开放合作等方面，高铁技术自主创新也发挥了非常重要的支撑作用。

发展篇。围绕中国式现代化的特点，研判服务和支撑中国式现代化对高铁技术自主创新发展的内在要求；把握世界高铁技术创新发展的主要趋势，分析提出未来高铁技术主要领域发展趋势。以2030年为重点，提出中国高铁技术自主创新具体目标，并远景展望2035年发展总体目标;围绕更高速、更安全、更智能、更高效、更绿色、更经济,分析提出中国高铁自主创新的重点方向和实施路径。

本书力求全面、翔实地展现中国高铁技术自主创新的过去、现在和未来,通过客观审视和理性思考,凝练提出充分体现中国高铁技术发展实际的创新理论模式,揭示中国高铁创新发展的客观规律,以期形成一套可遵循、可借鉴的模式,不仅为铁路行业更好发挥新型举国体制优势和领军企业作用、推进中国高铁持续深入开展创新实践、加快实现铁路高水平科技自立自强提供有力支撑,也希望可以为我国其他行业、其他领域技术自主创新提供有益的参考和借鉴。

本书编委会

2024年6月

目录

成就篇

成就篇

一条条现代化铁路翻越崇山峻岭、驰骋雪域高原、跨过大江大河、穿梭江南水乡……复兴号动车组飞驰在广袤的神州大地。高速铁路作为铁路现代化的重要成果，经过几代铁路人接续奋斗，实现了从无到有，从追赶到并跑，再到领跑的历史性变化。特别是党的十八大以来，在以习近平同志为核心的党中央坚强领导下，我国铁路坚定不移走自主创新道路，着力推进关键核心技术自主攻关和产业化应用，形成了以复兴号动车组为代表的一大批重大科技创新成果，构建了涵盖高铁工程建设、装备制造、运营管理的成套高铁技术体系，智能高铁技术全面实现自主化，中国高铁已成为国家的一张亮丽名片。惟改革者进，惟创新者强，惟改革创新者胜。今天，高铁作为我国自主创新的一个成功范例，为加快推进中国式现代化进程注入了强大动力。

第一章 | 高铁技术自主创新历程

高速铁路是现代高新技术的集成，涉及通信、电子、信息、材料、环保、冶金等多个产业，汇集了空气动力学、机械制造、自动控制、计算机、材料科学、人体工程学等一系列当代高科技领域的最新创新成果，是铁路现代化的重要标志。作为国之重器，高速铁路集中反映了一个国家的科技创新能力和综合国力，对国民经济和社会发展具有重要的引领支撑作用。自 20 世纪 60 年代世界第一条高速铁路开通以来，高速铁路便以其安全可靠、方便快捷、运力强大、节能环保等显著优势，得到了世界各国的广泛关注和认可，日本、法国、德国、西班牙等发达国家相继投身高速铁路技术研发与工程实践，建设运营了一批高速铁路，掀起了世界高速铁路发展浪潮。与一些发达国家相比，我国高速铁路发展起步较晚，但发展速度之快、建设规模之大、运输能力之强、创新成果之丰，在世界上首屈一指。

我国于 20 世纪 90 年代提出发展高铁构想，从实施既有线提速改造、顺利建成秦沈客运专线、自主研制“先锋号”“中华之星”动车组，到引进消化吸收再创新，陆续建成京津、京沪、京广、哈大等一大批具有世界先进水平的高速铁路，再到成功研制复兴号高速动车组等自主化关键技术装备、取得智能高铁技术创新重大突破，我国用较短时间实现高铁飞速发展。2021 年 1 月 19 日，习近平总书记乘坐京张高铁在太子城站考察时强调：“我国自主创新的一个成功范例就是高铁，从无到有，从引进、消化、吸收再创新到自主创新，现在已经领跑世界。”经历上述主要阶段的发展，我国高铁技术实现了从追赶到并跑、再到领跑的历史性变化。

第一节
从无到有

速度是交通运输发展的重要标志，我国铁路人始终将追求技术进步、速度提升作为铁路行业的重要发展目标，努力践行“人民铁路为人民”的宗旨，在技术创新的道路上不断探索。

1949 年新中国成立以来，我国铁路行业继承和发扬了詹天佑等先辈的精神，在学习苏联铁路经验的同时，结合中国国情，推动铁路行业和技术发展，成功研制了中国铁路首台蒸汽机车、内燃机车、电力机车，建设运营了首条电气化铁路——宝成铁路，在工程建造、机车车辆、通信信号等专业领域积累了一定的技术、装备和人才基础。

从 20 世纪 90 年代初到 2003 年，我国高铁处于从无到有的科技攻关技术积累阶段。在此期间，为提高列车运行速度、提升铁路竞争力，我国全面推进了繁忙干线大提速；面对运输能力瓶颈对改革开放后国家经济社会发展的制约，铁道部借鉴国外发展高速铁路的经验，组织开展了高速铁路设计施工、高速列车、运营管理等基础理论和关键技术前期研究，提出了建设京沪高铁构想；同时，积极推进高铁技术创新和工程实践，自主研发了“先锋号”“中华之星”高速动车组，建成了秦沈客运专线。秦沈客运专线是我国自主设计、施工的第一条客运专线，是铁路客货分线运输的先驱者，是衔接华北地区与东北地区的重要通道，是我国高速铁路的试验田及开拓者，为后续大规模高速铁路建设奠定了坚实的技术和实践基础。

一、开展既有线提速改造

20 世纪 80 年代，我国铁路旅客列车平均时速仅 40 余公里，货物列车速度则更低。随着改革开放后经济的快速发展，各大铁路干线运输能力长期超负荷运行，旅客滞留、货物堵塞等问题十分突出。同时，在公路、民航快速发展的冲击下，铁路市场份额持续下滑。我国铁路深刻认识到，要应对激烈的市场竞争，必须尽快提高列车运行速度。按照当时国外的经验，提高列车运行速度的主要途径是客货分线、修建高速铁路，但高速铁路的造价明显高于常规铁路，那时国家的经济能力难以支撑。因此，可行的方案就是实施既有铁路提速改造。

（一）广深线提速改造

广州—深圳铁路（广深线）全长约 150 km，位于我国改革开放先行地区，地理位置非常重要。1984 年 1 月，经国务院批准成立了广深铁路公司，按照自主经营、自负盈亏的方式，自筹资金开展广深线扩能改造。1987 年 2 月，广深线建成复线，速度 100 km/h。考虑到 1983 年—1988 年 5 年间广深线客、货运量分别快速增长了 86% 和 65%，加之广深线享有特区的特殊政策等因素，1990 年铁道部决定把广深线作为试点进行提速改造，目的是将最高运营速度从 100 km/h 提高到 160 km/h，其中在新塘站至石龙站之间 26 km 的区段设有速度为 200 km/h 的试验段。

这次提速对广深线的技术和管理水平都提出了新的要求。为此，1990 年铁道部将"广深铁路实现旅客列车最高速度 160 km/h 方案研究"列入其科学技术发展项目，组织行业科研、装备、运营等单位开展了准高速机车车辆、线路工程、速度分级控制及安全评估试验等 15 项重点技术攻关，开发了无缝线路成套技术，研制了可动心道岔、时速 160 km 的东风11 型大功率客运内燃机车、新型客车，并对路基、线路、桥梁进行了技术改造。

广深线提速改造工程于 1991 年 12 月 28 日正式开工，1994 年 12 月 22 日完工，经过三年多技术攻关和工程实践，广深线最高速度从 100 km/h 提高到 160 km/h，由东风11 型内燃机车牵引的"春光号"特快列车运行时间从原来的 2 h 48 min 缩短为 1 h 12 min；1998 年 8 月 28 日，广深线准高速铁路电气化开通，采用韶山8 型电力机车牵引客车，同时，开行 X2000 型摆式列车（从瑞典租用，后改为购买）最高运行速度达 200 km/h。广深线准高速铁路开创了中国铁路既有线提速的先河，从广深准高速铁路提速改造到既有线第五次大提速期间，我国铁路开展了大量科技攻关，自主研制应用了机车车辆等新技术新装备，广深线准高速铁路的创新成果推动了铁路技术进步，为日后我国铁路大面积提速奠定了基础，也为高速铁路的发展积累了技术和经验。

（二）繁忙干线提速试验

广深线提速改造并顺利开通后，铁道部于 1995 年作出了在既有繁忙干线开展提速试验的决定，重点探索解决提速后安全是否有保障、客车提速后货运能力是否受影响这两大问题。

1995 年—1996 年，我国铁路先后在沪宁、京秦、沈山、郑武线组织了四次成套技术提速试验，对列车制动、道岔形式、桥梁载荷、信号制式、接触网等进行了充分研究试验，结果表明，在对主要设施进行适当技术改造后，安全是能够得到有效保障的。随后，铁道部门决定在沪宁、京秦、北京到大连等几条客流大的线路试行提速，均取得良好效果，旅行时间大幅缩短。

这段时期的试验表明，我国铁路提速技术是可靠的，行车安全是有保障的，客车提速不会影响货运能力，提速技术改造的成本也较低。这为后来我国铁路实施既有线大面积提速提供了重要依据。

（三）六次大提速

在广深线提速改造实践和大量提速试验基础上，1997 年 4 月至 2007 年 4 月，在铁道部的统一领导和组织下，经过一系列周密和卓有成效的研究、论证和试验工作，我国铁路先后在主要繁忙干线实施了六次大面积提速，有效释放既有铁路运能，为适应经济和社会的发展作出了重大贡献。

1. 1997 年 4 月 1 日，实施第一次大提速

这次提速全路开行了运行速度 120 ~ 160 km/h 的跨局特快旅客列车 8 对，“夕发朝至”旅客列车 78 列，沪宁、郑武、沈山、京秦等区段开行了不同数量的城际特快旅客列车。在京广、京沪、京哈三大干线，提速列车最高运行时速达到 140 km。货物列车最高运行速度达到 80 km/h，京沪、京广线开行重载货物列车 64 对，每月开行“五定”货运班列 515 列。全路客货列车技术速度分别达到 63.7 km/h 和 45.0 km/h，比 1993 年图定速度分别提高 5.3 km/h 和 1.2 km/h；客货列车旅行速度分别达到 54.9 km/h 和 31.4 km/h，比 1993 年分别提高 6.8 km/h 和 1.4 km/h。这是我国铁路为提高运输质量、适应经济和社会发展迈出的重要一步。

2. 1998 年 10 月 1 日，实施第二次大提速

这次提速的重点是在京沪、京广、京哈三大干线上延展提速区段，增加提速列车数量。三大干线大部分区段特快旅客列车运行速度都超过 120 km/h。特快旅客列车达到 80 对，“夕发朝至”旅客列车 116 列，行包专列 8 对。全路旅客列车技术速度达到 64.0 km/h，旅行速度达到 55.2 km/h。以北京为中心，1 200 km 范围内的大城市间基本实现了“夕发朝至”。

3. 2000 年 10 月 21 日，实施第三次大提速

为支撑西部大开发，这次提速的重点线路是陇海、兰新、京九等线和沪昆线浙赣段；全路旅客列车技术速度达到了 68.8 km/h，旅行速度达到 60.3 km/h；北京西—乌鲁木齐、上海—乌鲁木齐、北京西—南昌间旅行时间由原来的 61 h、65 h 和 19 h，分别压缩到 48 h、51 h 和 16 h；开行特快旅客列车 142 对，“夕发朝至”旅客列车 266 列，行包专列 14 对，并相应提高了运行速度，“五定”班列运行线 71 条，其开行方案也得到了进一步优化；以北京、上海、广州为中心，能够实现“夕发朝至”的范围进一步扩大。同时，为了适应假日经济和旅游业的发展，安排跨局旅游专列运行线 28 对。至此，我国铁路初步形成覆盖全国主要地区的“四纵两横”提速网络。

4. 2001 年 10 月 21 日，实施第四次大提速

在京九线、武昌—成都、京广线南段、浙赣线和哈大线实施了第四次大提速，进一步优化了资源配置，完善了提速网络。对条件较好的单线铁路进行了较大幅度的提速；第一次将合资铁路公司管辖的线路纳入提速范围。这次提速里程为 4 257 km，使我国提速总里程达到 13 000 km，提速网络基本覆盖了全国主要地区。全路旅客列车平均旅行速度达到 61. 92 km/h，平均技术速度达 70. 32 km/h，其中特快旅客列车速度为 92. 76 km/h。

5. 2004 年 4 月 18 日，实施第五次大提速

为适应客货运输增长的需要，在京沪、京广、京哈、陇海四大干线实施第五次大提速，采取压缩追踪间隔等措施，列车密度有了新的提高。全路开行旅客列车 1 172 对，其中，跨局旅客列车 407 对，增加 44 对；快速旅客列车 119 对，增加 46 对。第五次大提速后实施的新运行图，全国铁路平均客运能力(客座公里数)提高 18. 5%，图定货运能力提高 15%。经过五次大面积提速，我国铁路列车运行速度超过 120 km/h，但不超过 200 km/h 的快速铁路线路里程达到 16 500 km 以上，全面掌握了既有线 160 km/h 等级客货共线提速技术，取得了大量拥有自主知识产权的科研成果，研发了成套技术装备，形成了满足中国铁路旅客列车 160 km/h 运行的完整规范体系，有力推进了铁路技术装备升级，提高了铁路运输质量，增强了市场竞争力，取得了明显的经济和社会效益。

6. 2007 年 4 月 18 日，实施第六次大提速

这次提速将旅客列车速度目标值提升到 200 km/h 等级，比起前五次提速是质的飞跃，一方面进一步适应了大城市群内高密度客流的需要，另一方面提升了我国铁路整体技术装备水平和管理水平。在京哈、京沪、京广、京九、陇海、沪昆、兰新、广深、胶济等干线开行了最高运营速度 200 km/h 及以上的城际动车组，部分区段列车运行速度达到 250 km/h，全国铁路旅客列车平均速度达到 70. 2 km/h，有效加强了城际间、城乡间的交流和联系，促进了人员、物资、信息的流动，保证了区域资源的优化配置，更好地带动各经济区域内、区域间的产业发展，提高经济运行效率。伴随着第六次大面积提速，我国铁路出台了一系列相关的技术政策、技术标准和规章制度，形成了具有自主知识产权的既有线 200 km/h 等级提速技术体系；严格按照 200 km/h 技术条件对线、桥、隧、路基、站场、牵引供电、通信信号等设施进行技术升级和改造，系统提升了我国铁路固定设施建造水平和装备水平；通过综合试验对提速线路进行检验与评估，通过牵引试验验证各项设备功能和按图排路控制功能，提升了决策的科学性和可靠性；建立安全标准体系、养护维修体系，建设全路"车对地""地对车""车对车"动态安全检测网络，保证了列车运行安全，提升了我国铁路安全管理水平。

通过六次大提速，我国有 2. 2 万 km 铁路运行时速达到 120 km。其中时速 160 km 铁

路里程达1.4万km,时速200 km铁路里程达6 000 km,部分区段时速可达250 km。开发了“夕发朝至”旅客列车,利用夜间行车实现城市互通,被誉为“流动旅馆”。增加了跨局旅客列车比例,调整了旅客列车结构。多种型号的国产动车组上线运行,在一定程度上提高了旅客运输质量。同时,推出“五定”班列货物列车,组织行包、行邮快运专列,提高了货物运输效率。

在实施大提速过程中,我国进一步深化了对高速铁路技术要求的认识和把握,确定了线间距、隧道断面等高铁关键技术标准。线间距标准方面,主要考虑列车交会运行时的空气压力波以及我国铁路车辆门窗承受压力波能力等因素,确定我国设计速度为200 km/h、250 km/h、300 km/h、350 km/h的客运专线,线间距分别为4.4 m、4.6 m、4.8 m、5.0 m;隧道断面标准方面,综合考虑列车通过隧道时旅客舒适度标准、模拟计算结论以及国外高速铁路隧道断面等因素,确定列车行车速度200 km/h、250 km/h时,双线隧道断面分别采用80 m^2、90 m^2,此后结合高速铁路工程和技术创新实践,进一步确定列车行车速度300 km/h、350 km/h时的双线隧道断面为100 m^2。与此同时,我国在区域性新建线路设计中充分考虑“提速客运、兼顾货运”的需求,探索研究200 km/h客货共线铁路建设运营的可行性。

铁路每一次大提速都对既有铁路进行了系统性创新,通过历次提速的技术研究和工程实践,我国铁路基础设施和移动装备水平得到大幅提高,为后来高速铁路的建设发展提供了技术支持和有益借鉴。我国铁路六次既有线大提速实践历程如图1-1所示。

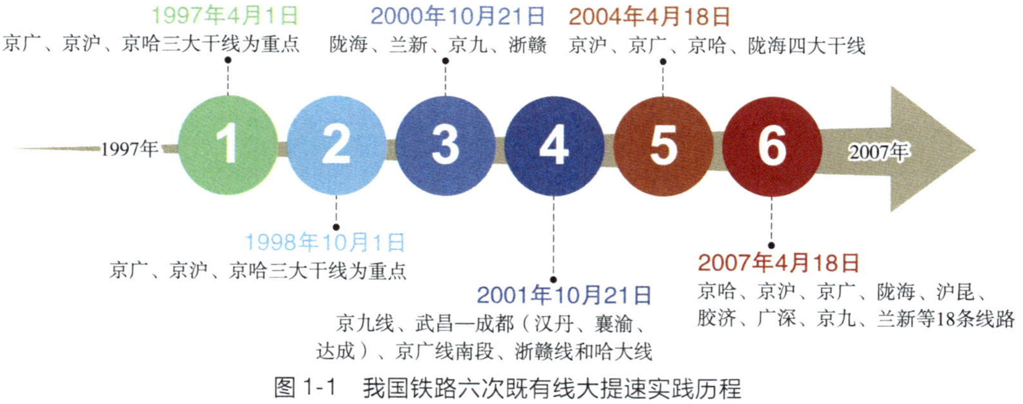

图1-1 我国铁路六次既有线大提速实践历程

二、提出发展京沪高铁构想

改革开放以后,与快速发展的公路、民航等交通运输方式相比,我国铁路发展相对滞后,运输能力严重不适应社会需求,京沪、京广等主要干线运输能力全面饱和,乘车难、运货难等问题越发突出,成为制约国民经济发展的瓶颈。特别是20世纪80年代我国东部沿海经济起飞,京沪铁路客货运量猛增。在沿线地区经济社会加快发展的形势下,既有京沪线运输能力严重不足,个别地段已经饱和,亟须扩大京沪间运输能力。这一时期,日本新干线已运行十多年,继东海道新干线后还陆续建成开通了山阳、东北、上越新干线,东海道新干线从开通之初最高运营速度200 km/h,经历多次提速,到20世纪80年代已达到220 km/h,东北和上越新干线最高运营速度则达到240 km/h;法国的第一条高速铁路于1981年开通,当时最高运营速度260 km/h。发达国家铁路的实践充分展现了高速铁路对提高铁路运输供给能力、拉动经济社会发展的重要作用。在此背景下,从20世纪80年代起,我国开始跟踪研究世界高铁技术,并思考我国高铁建设有关问题。铁道部以运能矛盾最为突出的京沪铁路通道为突破口,组织行业相关单位和部门开展京沪铁路通道扩能方案研究,提出了建设高速铁路的构想。

(一)京沪高铁前期研究与论证

1990年以后,铁道部及国家有关部门围绕京沪高铁建设广泛开展课题研究,主要论证京沪高铁可行性有关问题、重大技术经济问题、重大关键技术问题等。铁道部先后安排研发课题达400多项,其中约50项列为“八五”“九五”“十五”国家科技攻关计划,共有近50家单位、数千人参与其中,为研究形成京沪高速铁路技术方案开展了大量基础性工作。

1990年3月,铁道部依据国家《中长期科技发展纲要》,向国务院上报了《关于“八五”期间开展高速铁路技术攻关的报告》,同年12月,完成了《京沪高速铁路线路方案构想报告》。1991年3月,国家发布《中华人民共和国国民经济和社会发展十年规划和第八个五年计划纲要》,将铁路高速技术作为科技攻关的重点课题;同年5月,铁道部下达了《关于开展京沪高速铁路可行性研究有关问题的通知》,铁路有关设计单位开始对修建京沪高速铁路的可行性进行研究。1992年初,邓小平同志发表南方谈话,改革开放进入新的发展阶段,建设京沪高速铁路的呼声高涨,铁道部向国务院报送《关于尽快修建高速铁路的建议报告》;同年,铁道部颁布《铁路今后十年和“八五”科技发展纲要》,提出研究开发高速客运技术和建设时速200 km以上高速铁路,标志着发展高铁被提上重要日程。

1993年,在铁道部推动下,当时的国家科委、国家计委、国家经委、国家体改委和铁道部(“四委一部”),共同组织开展了京沪高速铁路前期研究。经过一年的研究论证,由我国47家单位、120多位专家组成的课题组完成了《京沪高速铁路重大技术经济问题前期研究报告》并上报国务院,提出了有关建设方案、技术可行性、经营机制和筹资方案等意见,并进行了项目财务评价和国民经济效益评价。研究的最终结论为:修建京沪高速铁路是迫切需要的,技术上是可行的,经济上是合理的,国力是能够承受的,建设资金是可以解决的;并强调,修建京沪高速铁路愈早愈有利;同时建议国家尽快批准立项。1994 年 3 月,“四委一部”联合向国务院上报了《关于报送建设京沪高速铁路建议的请示》,建议国家尽快批准立项,力争 1995 年开工,2000 年前建成。中央领导对京沪高速铁路前期工作进展特别重视。1994 年 5 月,国务院总理办公会听取了有关建设京沪高速铁路的汇报;同年 6 月,中央财经领导小组会议原则上同意铁道部关于修建京沪高速铁路开展预可行性研究的建议;同年 11 月,根据国务院指示精神,铁道部成立“京沪高速铁路预可行性研究领导小组”,部署开展京沪高速铁路预可行性研究,并决定设立高速铁路预可研办公室,作为铁道部的日常办事机构,负责京沪高速铁路预可行性研究工作的组织、规划、协调和归口管理工作。

为落实国家决策部署,1995 年,铁道部成立京沪高速铁路建设办公室,统筹铁路内外部资源,组织技术交流、科技攻关、科学试验,全面开展京沪高速铁路前期重大技术研究。科研方面,接下来 5 年共安排 250 项研究课题,参与研究的专家超过 1 200 人,取得了一大批技术成果。对外合作交流方面,邀请 50 多批次国外专家来华访问交流,派出多个团组赴日本、德国、法国、西班牙、韩国等地考察高铁建设和运营情况,派出 200 多名专业技术人员赴日本、德国、法国、韩国研修高铁相关专业,为我国高铁人才队伍建设奠定了基础。勘察设计方面,组织对京沪沿线地形地质进行勘测调查和设计方案研究,5 年累计勘测里程超过 10 000 km,是京沪线正线长度的 8 倍,参加勘测设计的人员达 3 000 余人次。

同期,我国铁路行业持续推进高速铁路技术攻关项目研究。1995 年 3 月,铁道部向国家计委上报了《“九五”国家重点科技项目攻关计划预选项目建议书》。该建议书分析了组织高速铁路技术攻关的必要性和计划安排,将高速铁路关键技术与装备攻关分为三个阶段:高速铁路基本要素论证确定阶段;高速铁路关键技术与装备方案阶段;高速铁路关键技术与装备研究、试制、试铺与试验阶段。

经过国内有关科研、设计单位的艰苦努力,1995 年底,我国完成了京沪高速铁路预可行性研究。1996 年,铁道部向国务院上报《关于京沪高速铁路预可行性研究情况报告》,随后又报送了《关于修建京沪高速铁路开展预可行性研究的建议》。同年 9 月,国务院总理办公会议听取了京沪高速铁路前期工作的情况汇报,提出意见“从沿海经济发展的远景看,建设京沪高速铁路是需要的”。1997 年铁道部又按国家计委要求提交了“补充报告”。经中国国际工程咨询公司(以下简称中咨公司)评估后,国家计委将《新建北京至上海高速铁路项目建议书》报送国务院。1998 年 10 月至 2000 年 4 月,中咨公司接受委托,对京沪高速铁路项目建议书进行了评估。评估认为:建设京沪高速铁路很有必要,其建设方案可行,项目总投资基本合理,经济效益良好,应把握时机,尽早立项。

（二）高速轮轨与高速磁浮技术方案比选

1998 年—2002 年，京沪高速铁路项目经历了“高速轮轨”与“高速磁浮”的技术方案之争。1998 年开始，一些专家学者针对京沪高速铁路项目，主张以时速 500 km 的德国常导磁浮列车取代轮轨列车。德国此前曾对磁悬浮技术做过大量试验，论证了若干工程方案，并规划建设汉堡到柏林的磁浮线，但由于成本过高，加上各方意见不一，最终未能在该国付诸实施。1998 年 6 月，铁道部在对德国磁浮系统、德国 ICE 高铁系统和法国 TGV 高铁系统考察的基础上，对两种技术方案进行了研究，认为轮轨技术成熟，我国可以实用；磁浮技术尚未商业化，且造价较高、与既有轮轨铁路网不能兼容、扩能困难，提出可先建磁浮试验线。这一观点充分考虑了工程的社会和经济效益，新建磁悬浮系统不能与我国既有铁路兼容联网，建成后仅能吸引沿线附近的客流；相反，若京沪间修建轮轨高速铁路，则能与现有铁路网互联互通、融为一体，在华东地区发挥更为广阔的辐射效应，产生更大效益。

为了进一步充分论证京沪高铁的技术路线，1999 年 9 月，中咨公司与国家计委、经贸委、科技部、铁道部、中科院、工程院举行了“高速轮轨与磁悬浮系统比较研讨会”，经过 4 天充分辩论，最后形成咨询意见上报国务院。其要点，一是京沪高速铁路应采用轮轨技术系统；二是可以选择一条短距离的线路建设磁悬浮试验线。2000 年 6 月 12 日，国务院领导同志召集国家计委、科技部、工程院、铁道部等有关部门负责人研究京沪高铁相关问题；同年 6 月 30 日，中德双方代表在德国签署上海市浦东机场至陆家嘴磁浮列车示范线可行性研究协议。该示范线于 2001 年 3 月 1 日正式开工建设，为我国进一步加深对磁浮技术的了解、更加深入细致地开展方案比选提供了重要支撑。

2003 年 9 月，中咨公司再次组织京沪高速铁路磁悬浮与轮轨方案对比论证会。在进行可行性和技术方案论证的同时，铁道部进一步组织力量对国外轮轨高速铁路技术进行广泛了解，并组织中外专家交流，开展了十多次合作研究，为我国高速铁路技术标准及设计、施工、有关规范的制定提供了借鉴，也培养锻炼了一批高铁技术和管理人才。

最终，高速铁路轮轨方案以较强的盈利、贷款清偿和抗风险能力以及有利于铁路网运输组织与运营的优势获得国家有关部门的认可，决定京沪高速铁路采用轮轨方案。经过 8 年的前期研究和论证，修建京沪高速铁路的必要性和重要性已得到了充分论证，在此期间京沪高铁技术方案也得到进一步完善，立项和开工建设已势在必行。

三、推进秦沈客专技术攻关和工程实践

20 世纪 90 年代以来，京沈铁路山海关至沈阳段运输能力一直高度紧张，亟须再另外

建设一条大运输能力铁路。为缓解进出关运输紧张状况，同时考虑把新建线路作为高速铁路试验线，在京沪高速铁路迟迟未能开工的情况下，我国作出了先行建设秦皇岛—沈阳客运专线（秦沈客专）的重要决策，秦沈客专成为我国高速铁路的开路先锋。1995 年 6 月，铁道部报送了《新建秦沈铁路（客运专线）项目建议书》。1998 年报送了该项目可行性研究报告。1999 年 2 月，国务院批准秦沈客运专线立项，同年 4 月批复可行性研究报告，同年 8 月全线正式开工建设。2002 年 12 月，秦沈客运专线全线铺轨完成，2003 年 1 月开始试运营，同年 10 月正式运营，如图 1-2 所示。

图 1-2　秦沈客专综合试验

为保证这一工程达到前所未有的高标准，铁道部集中行业科技优势力量组织开展大量科技攻关，在无缝线路技术、无砟轨道技术、大号码道岔技术、桥梁设计施工技术、数字移动通信技术、列车运行控制技术、牵引供电技术、动车组技术以及高速综合试验技术等方面均取得重要创新成果，创造了当时我国列车试验、运营的最高速度，初步建立了时速 200 ~ 250 km 高速铁路设计技术标准，为我国高速铁路大规模建设储备了宝贵的技术、人才和经验，使我国铁路技术迈上了新台阶。

（一）秦沈客专建设施工技术创新

秦沈客专是一条连接秦皇岛与沈阳的客运专线、全长 404.6 km。秦沈客专建设秉承“以人为本”和与时俱进的思想，相关设计、建设和科研单位认真落实铁道部有关客运专线的新规定、新标准,创新应用了一批新工艺、新工法,研制了一批新技术、新装备,创造了中国铁路的众多"率先"和"第一"。

路基工程方面,率先提出了路基作为土工结构物的设计施工理念,首次采用级配碎石作为基床表层,采用填土压实密度和土力学性质双指标作为控制参数等,提高了填筑质量。桥梁工程方面,率先在我国铁路建设中大范围采用双线混凝土箱形梁、混凝土刚构连续梁;研制了当时具有国际水平的600 t架桥机,其运架能力和效率创造了当时国内新纪录。轨道工程方面,研发了跨区间超长无缝线路综合技术,研制了牵引车、铺轨作业车、专用平板运输车和焊轨作业车等成套装备,在国内首次实现一次铺设跨区间无缝线路;自主开展了无砟轨道研究与工程应用,2001年在秦沈客专沙河特大桥等共铺设了长约1 900 m的无砟轨道;研发应用了我国自主设计制造的18号和38号大号码道岔,提高列车速度的同时,保证了旅客乘车的舒适度。通信信号工程方面,开展了基于UM2000数字编码轨道电路的TVM430/SEI列控联锁一体化系统应用,在国内铁路首次地面不设通过信号机,采用车载速度显示信号作为行车凭证;开展了数字集群通信系统应用试验,掌握了高速条件下电波传播特性,为发展高速铁路移动通信技术奠定了基础。牵引供电工程方面,组织开展了高速铁路牵引供电系统科技攻关和试验验证,首次在我国采用铜镁合金导线接触网,受流性能明显改善;采用220 kV单相变压器供电技术、带回流的直接供电方式、全补偿简单链型悬挂(直链型),首次实现了采用自主研制电气化设备建设我国时速200~250 km客运专线接触网系统;首次完成供电系统综合自动化建设、试验验证和运营,牵引变电所具有远动控制和自诊断功能,做到了无人值守。秦沈客专建成投产,标志着我国具备了客运专线建设的技术能力。

(二)动车组自主研发和制造

根据铁道部科学技术发展规划,1988年8月成功研制了KDZ1型速度140 km/h的动力分散型电动车组。此后,我国在既有线提速机车基础上进行改进研发,相继自行设计研制了20余款种类各异的动车组,牵引类别涵盖了内燃和电力,速度等级涵盖了100 km/h、120 km/h、140 km/h、180 km/h和200 km/h等,其代表产品有"新曙光""神州号"内燃动车组,时速200 km电动车组(俗称"大白鲨")、"蓝箭"电动车组。20世纪90年代开始,我国进行了高速列车关键技术科研攻关,完成了"先锋号""中华之星"动车组等。

为配合秦沈客专建设,铁道部在1996年科技研究开发计划中,设立了动车组总体技术条件和关键部件的前期研究工作项目。在《1997年铁路科技研究开发计划》中正式列入"200 km/h电动车组研制"项目。1997年4月技术论证会确定了电动车组基本技术方案及主要技术参数,确定试验速度为250 km/h。1997年12月,国家计委将"200 km/h电动旅客列车和动力分散交流传动电动车组的研制”列入“九五”国家重点科技攻关计划。1998 年 7 月至 9 月，我国完成 200 km/h 电动车组总体方案设计。2001 年 12 月，我国首列动力分散型高速动车组“先锋号”完成总装，经过调试后先后在铁科院环行线、广深线完成了型式试验和科研试验，并在广深线投入运营，2002 年 9 月“先锋号”动车组调到秦沈客运专线参加了第二次综合性能试验。2004 年 2 月至 12 月，“先锋号”动车组在秦沈客专皇姑屯至山海关间进行运行试验(不载客)考核，共安全运行 230 多天，以 160 km/h 的速度运行 22.3 万 km，以 200 km/h 的速度运行 16.8 万 km，上线率 98.8%，总体安全可靠，具备投入运营的条件。“先锋号”动车组牵引总功率 4 800 kW，列车定员 424 人，设计速度 200 km/h。

“先锋号”动车组实现了我国首列高速动力分散型交流传动动车组的研制，新型高速转向架、微机控制直通电空制动系统和基础制动装置、微机控制的车载分布式网络系统、轻量化牵引变压器、高性能的交流传动牵引电机等多项核心技术的突破填补了我国在动力分散高速列车领域的多项空白，为我国高速列车产业化奠定了基础。

与此同时，铁道部于 2000 年 3 月向国家计委报送了“250 km/h 等级高速列车产业化项目”意见建议书；同年 10 月，向国家计委提交《关于报送国家高科技产业化发展项目(270 km/h 高速列车产业化)的可行性研究报告的函》，技术指标为最高运营速度 270 km/h，最高试验速度 300 km/h；12 月 30 日，国家计委对可行性研究报告予以批复，要求以京沈快速客运通道主型车为主要目标，完成高速列车的研制及线路考核，满足商业化运量要求，项目于 2002 年底前完成列车研制，2003 年底前完成全部调试、试验工作。铁道部根据国家计委的批复，2001 年 4 月 30 日，下达了《270 km/h 高速列车设计任务书》，组织株洲电力机车厂、大同厂、长客厂、四方厂、株洲所和铁科院等共同研发。2002 年 10 月，“270 km/h 高速列车”在铁科院环行线进行调整试验；11 月中旬至 12 月底，被命名为“中华之星”的动车组在秦沈客专完成了整列调试和性能试验。

“中华之星”为动力集中型电动车组，是中国高速列车“零”的突破。其设计速度为 270 km/h，列车定员 772 人，牵引总功率 9 600 kW。“中华之星”动车组如图 1-3 所示。

“中华之星”是中国自行设计、拥有完全自主知识产权的动车组，其总体方案、各子系统、主要零部件和软件等核心技术均为自主研发。其中，列车头部结构采用基于大量研究试验确定的外形，车体在国内率先采用铝合金型材焊接结构；转向架结构简单、自重轻，易维修；成功开发了铝合金齿轮箱，密封好、噪声低；牵引系统采用交流传动，研制了异步牵引电机、水冷 GTO 变流装置，所开发的牵引控制技术打破了国外封锁；制动系统采用了我国自主研制的微机控制直通电空制动、自动式空气制动、电子防滑器、基础制动装置及制动逻辑控制等装备，形成动车组制动核心技术体系；在列车控制领域，开创了我国

图 1-3　“中华之星”动车组

列车网络控制的先河。

试验结果表明，“中华之星”达到设计要求。2002 年 9 月，“中华之星”在西南交通大学国家牵引动力实验室通过 400 km/h 动力车的动力学模拟试验；2002 年 11 月“中华之星”在秦沈客运专线试验速度达 321.5 km/h，创造了当时我国铁路最高纪录。列车的动力学、牵引、制动、弓网受流等性能均符合要求。在秦沈客运专线开通后，“中华之星”又完成了“运行考核 + 载客运营”，总计里程达 84.2 万 km。总体而言，“中华之星”性能稳定，状态正常。

通过早期动车组自主研发和制造，我国系统掌握了高速列车转向架、牵引、制动、网络等关键技术以及技术标准、系统集成技术研究，构建了动车组研发、设计制造、科研和试验平台，不但为秦沈客运专线的建设和运行作出贡献，也为后续的动车组技术引进消化吸收再创新和自主创新奠定了坚实基础。

（三）秦沈客专综合试验

秦沈客运专线 200 km/h 及更高速度的综合运行试验，是我国首次进行高速铁路的系统试验，迈出了与国际高速铁路技术接轨的重要一步。铁道部于 2001 年 12 月至 2002 年 12 月在秦沈客专山海关至绥中北之间进行了 3 次综合试验。山海关至绥中北（简称山绥）间修建的 66.8 km 试验段，最小曲线半径 5 500 m，设计时速可达 300 km。在试验段还设计了不同类型的桥梁、桥上无砟轨道、不同填土厚度的涵洞、不同表层结构的路基和不同处理措施的路桥过渡段，设计了全补偿简单链型悬挂和全补偿弹性链型悬挂两种接触网悬挂形式。

第一次综合试验于 2001 年 12 月进行。试验采用国产“神州号”内燃动车组，主要试验了38号道岔、桥上长枕埋入式无砟轨道、预应力混凝土双线箱梁和路基等动力性能。试验最高速度达到210.7 km/h。试验表明路基、桥梁、轨道和道岔都能满足200 km/h列车运行的安全性、平稳性要求。

第二次综合试验于2002年9月开始。试验采用“先锋号”动力分散型电动车组进行了动车组动力学性能、牵引、制动、列车交会、弓网受流等试验，并进行了曲线、无砟轨道、道岔、桥梁、路基等地面测点试验以及调度集中系统（CTC）、列车超速防护、数字集群通信等通信信号设备的调试、试验。试验从160 km/h开始，逐步提速到250 km/h，最高速度达到292 km/h。试验表明，“先锋号”电动车组安全性、平稳性符合评估标准；在高速运行时，山绥段各项实测最大值均优于规定的评价指标，符合设计要求。

第三次综合试验于2002年11月至12月首先在山绥段进行。试验采用“中华之星”对动车组的动车和拖车动力学性能，牵引、制动性能，转向架动应力及自动过分相进行检测，完成了高速弓网受流性能、列车交会空气动力学性能等试验检测，试验速度从180 km/h开始，逐步提升到300 km/h及以上，最高试验速度达到321.5 km/h，刷新了我国当时铁路最高纪录。试验对线下工程的有砟轨道、桥上板式无砟轨道、38号道岔、箱梁、涵洞、路基及接触网支柱稳定性等进行了试验测试；对通信信号系统进行了系统试验、调试。综合试验期间，还进行了绥中北至皇姑屯间的全线拉通试验，对全线桥梁动力性能、跨区间无缝线路、噪声振动、路桥过渡段、东段改良土路基等进行了试验测试。

山绥段的三次综合试验和全线拉通试验，证明秦沈客专的建设达到了预期目标。“先锋号”和“中华之星”动车组在运行安全性、平稳性、牵引制动性能等各项指标方面都满足当时的评定标准要求，达到了设计目标。秦沈客专标志着我国初步掌握了高速铁路技术，为我国时速200 km及以上高速铁路自主研究、设计、制造、建设、质量控制、运行指挥与管理积累了大量的科学数据和经验，提供了技术储备，同时也为后续进一步研究掌握具有自主知识产权的高速铁路全套技术奠定了基础。

第二节
引进消化吸收再创新

2004年—2012年，党中央、国务院从落实科学发展观、实现国民经济又好又快发展的战略全局出发，作出了加快发展铁路的战略决策。在国家顶层规划引领下，我国铁路依靠过去多年工程建设实践、技术装备研发和工业生产制造积累形成的技术实力、科技实力和人才队伍，开启了通过引进消化吸收再创新推进自身高铁技术发展的新阶段。在此期间，按照国务院“引进先进技术、联合设计生产、打造中国品牌”的总体要求，我国高铁以重大项目为依托深入推进技术创新工作；同时考虑到我国幅员辽阔、地质及气候条件复杂多样，从国外引进的高铁技术在我国存在不适应或不完善，我国围绕高铁引进技术的国产化组织开展了一系列适应性技术改造和攻关。明确动车组和列控系统以引进消化吸收再创新为主，线桥隧等线下工程、运营维护以原始创新为主，技术标准、工程设计方案以集成创新为主，通过原始创新、集成创新、引进消化吸收再创新相结合，我国初步形成高速铁路技术体系，推动高铁技术水平迈上了新台阶。

一、全面开展高铁建设

2004 年 1 月，国务院审议通过了我国铁路史上第一个《中长期铁路网规划》（以下简称 2004 版规划），描绘了 20 世纪前 20 年铁路发展的宏伟蓝图。2004 版规划提出中国铁路发展的主要目标是：扩大路网规模、完善路网结构、提高路网质量，同时确立了“客运高速化，货运重载化，管理信息化”这一战略方向。在研究高速铁路规划时特别强调，根据国家经济社会发展需要，在运能紧张的繁忙干线实现客货分线，在经济发达、人口稠密的地区修建城际铁路，加强区域之间便捷客运通道建设，使高速铁路网与其他运输方式协调、衔接，在综合客运网中发挥骨干作用。

《中长期铁路网规划》公布后，引起了强烈反响。各地修建铁路的积极性高涨，很多省都要求修建高速铁路，2007 年对规划进行了调整。2008 年 10 月，经国务院批准颁布了调整规划，全国铁路运营里程规划目标由 10 万 km 调整为 12 万 km 以上，其中客运专线规划目标从 1. 2 万 km 增加到 1. 6 万 km，这样宏伟的发展规划在世界上绝无仅有。规划提出要建设以“四纵四横”客运专线为骨架的快速铁路网，在全国范围形成连接东西、纵贯南北的快速铁路客运通道，并同步在经济发达和人口稠密地区建设一批城际铁路。该规划具有五个特点：(1)建设规模大、标准高，新建客运专线规模（含城际铁路）1. 6 万 km，主要干线铁路按时速 300 ~ 350 km 速度等级建设；(2)建设“四纵四横”客运专线，突出具有运输强度大、运输距离长、汇集和辐射范围广等特征，在铁路客运网中起骨架作用；(3)注重区域间联系，建设跨区域的快速客运通道；(4)建设城际铁路，特别是在比较发达的城市地区有序建成一批都市圈城际铁路；(5)构建综合交通枢纽。

在国家有关部门和地方党委政府的大力支持下，铁道部加快实施 2004 版规划，2005 年—2010 年，相继开工建设了武广、石太、京津城际、郑西、京沪、京石、石武、沪杭等一批重大高铁项目,推动我国高铁建设进入快速发展的新阶段。2008 年 8 月 1 日,我国第一条时速 350 km 的京津城际高速铁路建成通车,标志着我国铁路运行速度进入世界先进行列,如图 1-4 所示。2009 年 12 月 26 日,运营里程 1 069 km 的武广高速铁路建成通车。2010 年 2 月,时速 350 km 的郑西高铁通车运营,成为世界上首条修建在湿陷性黄土地区的高铁线路。2010 年 7 月,沪宁城际高铁正式通车,实现了中国高速铁路和既有铁路跨线运行。

图 1-4　京津城际高速铁路建成通车

京沪高速铁路一直是铁道部关注的重点项目。在项目准备阶段扎实推进全线勘测设计,不断优化重点工程设计。2006 年 4 月,铁道部报送了《关于新建京沪高速铁路可行性研究报告》。2007 年 8 月 29 日国务院常务会议审查原则同意,成立京沪高速铁路领导小组,由国务院分管领导担任组长。经党中央、国务院研究批准,2008 年 1 月,京沪高速铁路全面开工(控制工期的南京大胜关长江大桥工程单独立项于 2006 年 7 月开工)。经过 3 年多艰苦奋战,全长 1 318 km 的京沪高速铁路于 2011 年 6 月 30 日开通运营,按设计时速 350 km 运行,成为当时世界上一次建成里程最长、技术标准最高的高速铁路。2010 年 12 月 3 日,在京沪高铁枣庄至蚌埠南间“先导段”试验时,CRH380AL 型动车组最高时速达 486. 1 km,创造了世界高速铁路运营试验最高速度新纪录。

到 2011 年底,我国高速铁路营业里程达 6 601 km,成为当时世界上拥有高速铁路最多的国家。

二、系统推进技术创新

我国铁路瞄准世界高铁最先进技术，立足国情路情，发挥后发优势，统筹利用国际、国内两种资源，坚持原始创新、集成创新和引进消化吸收再创新相结合，深化高铁关键技术研究，我国高铁在工程建造、高速动车组、列车运行控制、运营维护等技术领域取得了显著成果，初步建立起中国高铁技术体系和关键装备制造工艺标准，实现了高铁技术装备水平的快速提升。

（一）工程建造技术

在引进国外技术之前，我国铁路在桥梁、隧道等工程建设领域已经具有相当的实力，这主要源于我国长期的铁路工程实践。由于我国独特的气候地理条件为世界所罕见，没有现成的国外经验可借鉴，因此我国高铁工程建造技术主要是自主创新的成果。路基方面，突破了地基处理、路基填筑、线下构筑物刚度均匀化等技术难题，实现路基沉降变形收敛可控。桥梁方面，突破了 900 t 双线整孔箱梁制、运、架和大跨高墩等一批新结构特殊桥梁技术难题，实现了工厂化、机械化快速施工。隧道方面，突破艰险山区、复杂地质、江河水下隧道修建技术难题，实现了高速列车隧道内时速 350 km 安全运行和交会。客运综合枢纽方面，突破过去交通方式分治、换乘不便难题，建设了城市轨道、公交、出租车乃至空港多种交通方式融合、立体现代的客运综合交通枢纽。牵引供电方面，研发应用抗拉强度高、导电性能好的接触线与承力索，建立弓网耦合仿真系统平台，掌握了 36～40 kN 大张力接触网设计、施工技术，实现时速 350 km 动车组重联双弓安全运行。精密控制测量方面，突破轨道空间几何毫米级精度控制难题，构建了勘测、施工、线形维护“三网合一”精密测量控制网，实现了轨道的精确定位和构筑物变形测量。

与此同时，我国在 21 世纪初还没有完全掌握无砟轨道技术，尚无高速铁路无砟轨道大规模铺设应用经验。无砟轨道是一种没有碎石的轨道，由钢筋混凝土浇筑而成。与有砟轨道比，无砟轨道能够长久保持钢轨的形状和位置，在较长的服务期内不需要大规模维修，还具有轨道结构耐久性好、整洁美观的特点。因此，无砟轨道对于当时即将大规模建设发展高速铁路的我国来说，是一项很有必要的技术选择。

2005 年开始，铁道部先后引进国外高速铁路先进、成熟的无砟轨道系统，包括德国的博格（Bögl）型、旭普林（Züblin）型、雷达（Rheda）2000 型和日本板式等轨道设计、制造、施工及相关接口的技术。2005 年—2007 年，铁道部立项“遂渝线无砟轨道综合试验段关键技术试验研究”。2006 年底，中国第一条无砟轨道综合试验段建成，综合试验段全长

13.157 km，是重庆枢纽工程的组成部分。2008 年，铁道部立项“高速铁路减振轨道试验研究”，进一步从理论、设计及材料等方面优化减振型无砟轨道。2008 年 10 月，铁道部建成武广高速铁路武汉综合试验段，开展高速铁路无砟轨道技术再创新研发工作。2009 年 1 月，在武汉综合试验段进行的列车运行试验中，动车组的最高时速超过 350 km。通过开展上述工作，铁路行业形成了适应我国国情的 CRTS Ⅰ型、CRTS Ⅱ型板式及双块式无砟轨道结构及成套施工技术。其中，从日本引进的板式无砟轨道结构经消化吸收再创新形成了 CRTS Ⅰ型板式无砟轨道，应用于沪宁、哈大、广珠等高速铁路工程；从德国引进的博格板式无砟轨道结构经消化吸收再创新形成了 CRTS Ⅱ型板式无砟轨道，应用于京津、京沪、沪杭等高速铁路工程；从德国引进的雷达和旭普林无砟轨道结构经消化吸收再创新形成了 CRTS 双块式无砟轨道，应用于武广、郑西等高速铁路工程。总体而言，我国通过对无砟轨道技术的引进、消化吸收、再创新，突破了轨道结构与轨道电路适应性、大跨桥上变形控制等技术难题，掌握了无砟轨道大规模应用设计、制造、施工、精调成套技术，有力支撑了京沪、京广、沪昆等一大批高速铁路的轨道工程建设。CRTS Ⅰ型和 CRTS Ⅱ型板式无砟轨道系统如图 1-5 所示。

(a) CRTS Ⅰ型

(b) CRTS Ⅱ型

图 1-5　板式无砟轨道系统

（二）高速动车组技术

我国铁路以早期国产动车组研发制造的技术经验和工业积累为基础，大力推进对国外高速列车先进技术的引进消化吸收和国产化再创新，形成了和谐号系列动车组，实现了我国高速动车组技术的持续提升。

2004 年 4 月 1 日，国务院召开会议，专题研究铁路机车车辆装备有关问题，明确了“引进先进技术、联合设计生产、打造中国品牌”的总体要求和“先进、成熟、经济、适用、可靠”的技术方针，确定了引进少量原装、散件国内组装和国内整列生产的项目运作模式。

根据国务院确定的铁路装备现代化总体要求，铁道部在认真研究论证和反复比选的基础上，确定了具体实施方案：锁定当时国际上先进、成熟、可靠的技术，以铁道部为主导，以国内企业为主体，以掌握核心技术为目标，利用中国铁路巨大的市场，联合国内科研、设计、制造企业，以低成本引进先进技术，进行消化吸收再创新，实现本土化生产，用3～5年的时间打造出中国品牌的先进技术装备。

2004年6月17日，铁道部委托中投国际招标公司为第六次大面积提速引进时速200 km动车组招标，在报刊和网上发布“招标邀请书”公告：强调铁道部统一招标；铁道部指定四方股份和长客股份作为“战略买家”，实施技术引进；国外企业必须同中国指定企业联合设计生产，必须转让动车组关键技术，必须使用中国品牌。在此基础上，综合评价、竞争择优。

2004年7月29日，国家发改委与铁道部联合印发《时速200 km动车组引进与国产化实施方案》，根据国务院批准的2004版规划总体要求，铁道部全面组织实施了时速200 km及以上动车组技术引进、消化吸收和再创新工作。通过向国内企业招标，以四方股份、长客股份、青岛四方庞巴迪鲍尔铁路运输设备有限公司（BSP公司）、唐山客车为主体分别引进了日本川崎重工、法国阿尔斯通、加拿大庞巴迪、德国西门子的动车组技术，铁科院、株洲所和南车电机等企业也引进了动车组牵引控制系统、牵引和辅助变流器、牵引电机等关键技术部件的技术。通过采取引进少量原装、国内散件组装和国内生产的项目运作模式，我国初步获得了动力分散型动车组的生产制造、检验技术，搭建了CRH1、CRH2、CRH3和CRH5四个动车组技术平台。和谐号动车组组图（CRH1、CRH2、CRH3、CRH5）如图1-6所示。2006年7月31日，首列国产化、运营时速200 km的CRH1型电动车组下线。2007年2月，和谐号动车组以160 km/h的运营速度投入春运。在此基础上，为适应我国高铁客流量大、列车开行距离长的需求，在外方的技术支持下我国相继研制了时速250 km速度级长编组动车组和时速300 km动车组，并进行了一系列线路试验。2008年4月，国内生产的首列时速300 km动车组成功下线，在北京奥运会召开前正式投入京津城际铁路运营。至此，我国国内动车组企业初步具备了新型动车组生产制造条件。

2008年2月，为进一步适应中国高铁长距离、大运量、高密度等运输需求，全面支撑中国高速列车技术自主创新的国家重大战略需求，科技部和铁道部共同制定了《中国高速列车自主创新联合行动计划》，明确了中国高速列车技术发展战略需求为“突破当前技术瓶颈、支撑未来持续发展、实现引领世界目标”。同年12月，科技部和铁道部上报了《“十一五”国家科技支撑计划“中国高速列车关键技术研究及装备研制”项目建议书》，明确了新一代高速列车的速度目标是持续运营时速达到350 km。2010年1月，科技部和铁道部组织四方股份、长客股份、唐山客车、青岛四方庞巴迪铁路运输设备有限公司（BST

(a) CRH1

(b) CRH2

(c) CRH3

(d) CRH5

图 1-6　和谐号动车组组图

公司)等企业以及国内 11 家科研院所、25 所重点高校、51 家国家级科技创新平台共同开展时速 350 km 以上高速动车组技术创新及产业化研究,在引进的基础上研制生产了 CRH380 系列国产化高速动车组,如图 1-7 所示。该动车组以 CRH2C 型和 CRH3 两个时速 350 km 高速动车组技术平台为基础,设计最高运行时速为 380 km。与 CRH2C 型和 CRH3 型时速 350 km 高速动车组相比,CRH380A 型和 CRH380B 型高速动车组在轮轨动力学、气动阻力和噪声控制、长时间运行、可靠性、大功率牵引和高效制动技术等方面实现了新的提升。

(a) CRH380A型

(b) CRH380B型

图 1-7　CRH380 系列国产化高速动车组

(三)列车运行控制技术

列车运行控制系统主要用于控制列车的运行和追踪,是高速铁路信号系统核心设备,也是行车安全保障的关键设备。在铁道部的统筹协调下,我国列控系统在技术引进阶段，择优选择了多个主体、多种技术路线并行推进，有效营造了较强的竞争氛围，提升了技术攻关的效率与质量。

2003 年，铁道部重点研发计划项目“中国列车运行控制系统研究”被列入国家“十五”科技攻关计划。2004 年 2 月，《中国列车运行控制系统 CTCS 技术规范总则（暂行）》通过铁道部技术审查，这是中国列车运行控制系统（CTCS）规范研究的基础和纲领性文件，目标是提高安全性能、满足互通运营、规范系统设计、适应发展需求。为适应第六次大面积提速中大量开行时速 200 ~ 250 km 高速列车的需要，以铁科院/株洲所/CSEE 公司联合体、和利时公司/日立公司联合体为实施主体，采用自主的技术体系，通过引进国外安全控制平台，进行国产化并实现集成创新，研发了基于轨道电路和点式设备传输信息的 CTCS-2 级列控系统，并于2007 年 4 月投入运用。

同年，为加快推进中国铁路 CTCS-3 级列控系统技术平台的建设，实行列控关键技术的国产化和集成创新，铁道部组织开展 CTCS-3 级技术攻关工作的准备，首先成立铁道部 CTCS-3 级技术协调组，随后又成立 CTCS-3 级技术攻关组和 CTCS-3 级攻关专家咨询组。铁道部组织和利时公司/日立公司联合体、和利时公司/安萨尔多联合体、通号设计院/庞巴迪联合体等实施主体针对 CTCS-3 级地面列控系统开展了具体研发工作，对总体方案搭建、标准规范、设备国产化、系统集成等开展深入研究，在引进国外 ETCS2 级技术平台的基础上，对无线闭塞中心 RBC 和车载设备进行国产化并实现集成创新。

依托 2008 年开始的武广、郑西高速铁路工程建设，结合成功应用的 CTCS-2 级技术，我国铁路建立了符合中国国情和路情的 CTCS-3 级列控技术体系。伴随这些高铁的开通运营，CTCS3-300T 型、CTCS3-300S 型、CTCS3-300H 型列控车载设备及 CTCS-3 级地面列控系统投入运用，支撑列车最高运行时速达到 350 km。

GSM-R 是专门用于铁路移动通信和具有语音、数据综合承载能力的数字移动通信系统。2003 年铁道部确定了采用 GSM-R 系统的技术政策，同年 9 月信息产业部对铁路 GSM-R 系统分配了 900 MHz 频段频率，明确了使用条件，此后 GSM-R 数字移动通信系统广泛用于客运专线、高速铁路和 200 km/h 提速干线。GSM-R 系统承担了有关调度通信、列车控制、调度命令信息传送、列车无线车次号校核信息传送、列车尾部风压数据传输、列车运行状况监测等重要数据信息的传输任务，通过车载无线通信设备实现了进路预告信息和调度命令的实时显示，彻底改变了传统铁路车机联控作业方式，实现了列车无线调度通信技术的重大突破。为满足基于 GSM-R 承载的 CTCS-3 级列控系统正常应用，同步开展了高速环境下 GSM-R 系统无线网组网、电波传播、关键性能和网络服务质量指标适应性研究和现场试验，配套研发和规模部署应用机车综合无线通信设备（CIR）、列车无线车次号校核信息和调度命令信息无线传送系统以及网络接口监测设备，制定了一系列标准性技术文件和铁道行业技术标准，我国高速铁路 GSM-R 系统技术体系不断健全完善。

（四）运营维护技术

立足我国高铁复杂多样的运营环境和需求，我国以原始创新、集成创新和引进消化吸收再创新相结合的方式深入推进高铁运营维护技术发展。运营调度技术方面，针对我国既有线列车与高速列车、不同速度等级高速列车跨线运行的复杂运输组织方式，研发了多种运输资源配置和高密度行车条件下的高铁路网运行计划编制与优化调整技术，列车运行、供电设备、客运服务、综合维修等调度系统集成技术，高速列车运行智能预测与调整技术，建立了高铁运营调度系统，实现了高铁运营集中化、现代化调度指挥。客运服务技术方面，研制了适应大客流量、响应时间快、系统安全性高的综合客运服务系统，掌握了动态实时客票席位策略化管理技术，自主研发了新型自动售检票系统，较好满足了旅客自助化、个性化、多样化的服务需求。设施设备检测技术方面，适应高铁安全对设备动态检测的需要，成功研制了时速 250 km 高速综合检测列车，填补了国内铁路基础设施综合检测技术的空白。养护维修技术方面，我国在确保高铁安全可靠基础上，增加了旅客舒适度指标，并依据这两大基本指标制定了高铁设备养护维修技术标准，实现对高铁设备养护维修技术的重大创新；自主研发了高速列车管理信息系统，全面创新了我国大型养路机械研发制造和技术体系，实现了高铁设备养护维修的自动化和机械化。安全预警技术方面，研发并建立了防灾预警监测和自动应急处理系统，能够实现对风、雨、雪、异物侵限等各类灾害的实时预警和监控，保证灾害条件下高铁列车运行安全。

这一阶段我国也引进和借鉴了一些国外运营管理技术和方法。为精准计算大型客运站车站规模和咽喉能力，引进消化国外列车运行仿真软件，创新大型客运站技术作业过程仿真方法，实现了对车站设计的评价、指导和优化；在沿用既有线直通运输组织方式的基础上，根据动车组运行速度快和开行频率高的特点，借鉴国外铁路节点换乘运输组织模式，开行中、短途动车组，制定不同方向的列车运行计划，通过节点换乘的方式实现了运输通达。

（五）系统集成技术

高铁系统涉及工务工程、牵引供电、通信信号、高速动车组、运营调度、客运服务等多个子系统，各子系统之间的联动关系很强，对整体性和系统性的要求非常高。考虑到高铁的这一技术特点，我国铁路发挥管理体制优势，把系统集成的理念和方法应用到高铁创新中，在世界上首次建立了高铁系统集成技术标准和管理体系，创新建立了高铁总体设计技术、子系统间优化匹配技术、接口管理协调技术、系统评估技术和联调联试技术，把高铁技术要素与建设资源、高铁建设与运营等有机衔接起来,实现了高铁各个子系统的集成与优化。高铁系统集成技术的建立,为我国低成本高效率推进高铁建设、提高高铁系统安全可靠性和运营品质提供了强有力的技术支撑。

第三节 自主创新

经过早期的探索积累和随后的引进消化吸收再创新,到 2012 年,我国基本掌握了高速铁路固定设施、移动设备和运营维护成套技术,形成了高速铁路技术体系。但在高速动车组、列控系统、无砟轨道等核心技术方面仍然存在着关键技术未完全掌握、国外技术不完全适应国内运用需求等问题,制约了我国高速铁路技术的发展。

党的十八大以来,在党中央、国务院的正确领导下,铁道部、中国铁路总公司以及中国国家铁路集团有限公司(以下简称国铁集团)认真贯彻落实国家创新驱动发展战略部署,充分发挥国家战略科技力量和铁路科技领军企业作用,在全面系统调查高铁技术自主掌握情况的基础上,针对高铁技术创新面临的重点难点,以实现关键核心技术自主可控为目标,以重大科技项目为牵引,统筹协调铁路设计施工、装备制造企业,以及行业内外相关科研机构、高校等优质科技资源,深入开展基础理论和前瞻技术研究攻关,全面加强高铁关键领域核心技术自主研发和成果转化,系统掌握并构建了具有中国特色、全面拥有自主知识产权的高铁成套技术和装备体系,实现了中国高速铁路安全可靠、运营有序、服务优质、管理一流,为我国高铁建设发展提供了强有力的技术支撑。

2017 年,党的十九大明确了建设交通强国的宏伟目标,铁路行业提出了“交通强国铁路先行”发展战略——统筹发展和安全,打造一流设施、技术、管理、服务,构建便捷顺畅、经济高效、绿色集约、智能先进、安全可靠的现代化的高速铁路系统。这标志着我国铁路进入高质量发展时期。

近年来,随着新一轮科技革命和产业变革深入推进,我国铁路主动把握先机,加快推动云计算、物联网、大数据、北斗定位、宽带移动通信、人工智能等先进技术与高铁技术的深度融合和研究应用,全面提升高铁智能建造、智能装备、智能运营技术水平,实现旅客出行更加方便快捷、铁路运营更加安全高效、铁路装备更加绿色环保。2019 年 12 月,服务北京冬奥会的重大交通项目、世界上最先进的时速 350 km 智能京张高铁建成通车,实现从自主设计修建零的突破到世界最先进水平的跨越。2020 年 12 月，智能京雄城际铁路全线通车，标志着我国成为世界智能铁路发展的重要引领者。

经过多年自主技术攻关和工程实践，特别是党的十八大以来十多年的接续奋斗，我国成功走出了一条具有中国特色的高铁技术自主创新之路，构建了在世界上具有独特优势的高铁技术体系。一是全面系统。覆盖了勘察设计、工程建设、装备制造、运营维护等各个领域，掌握全产业链、全生命周期不同阶段、各个环节的成套技术，具有较强的设计、建设、制造、运营一体化管理的体系优势。二是先进成熟。高速动车组技术方面，形成覆盖时速 350 km、250 km 不同速度等级，8 辆编组、16 辆长编、17 辆超长编不同编组型式，能够适应高原、高寒、湿热、风沙等多种运行环境需求的复兴号系列化产品，其中装配 ATO 的智能型复兴号动车组在世界上首次实现时速 350 km 自动驾驶。运营技术方面，建成了世界上规模最大的 12306 铁路互联网售票系统，单日售票超过 2 000 万张；成功研发列车调度指挥系统，实现 3 min 列车追踪间隔运行，指挥每天安全运行客运列车超过 1 万列（其中动车组超过 8 000 列）。三是覆盖度广。全面掌握不同地质条件和气候环境下建设和运营高铁的技术及经验，既有适应东北高寒冻土环境的哈大高铁，又有穿越沙漠戈壁大风区的兰新高铁，既有湿陷性黄土地区的郑西高铁，又有亚热带潮湿温热地区的海南环岛高铁，成为世界上唯一能在各种气候环境和复杂艰险地质条件下建设和运营高铁的国家。四是适应性好。中国铁路技术装备和标准具有强大的技术适应性，在充分运用国际标准化组织（ISO）、国际电工委员会（IEC）、国际铁路联盟（UIC）等国际标准基础上，结合中国铁路技术特点和运用要求，形成了覆盖面广、适用场景多样、具有中国铁路特色的高铁技术标准体系。

在技术创新的引领支撑下，我国铁路事业取得举世瞩目的历史性成就，陆续建成开通了贵广高速铁路、兰新高速铁路、沪昆高速铁路、海南环岛高速铁路、京沈高速铁路等一批代表性线路。截至 2023 年底，我国铁路营业里程达到 15.9 万 km、其中高铁 4.5 万 km，建成世界最大的高速铁路网和最先进的铁路网，我国已成为世界上高铁运营里程最长、在建规模最大、商业运营速度最高、技术最全面、运营场景和管理经验最为丰富的国家。

一、系统调查技术自主掌握情况

由于技术引进合同规定的制约，我国铁路在经过引进消化吸收再创新阶段后，对于部分高速铁路核心技术仍然无法实现自主化发展。一方面，在引进的平台上，一些关键核心技术仍由外方掌控，质量控制、系统维护和软硬件修改等重要环节都需要大量依赖外方人员和技术，设备设施的安全责任也由外方承担；另一方面，所有的引进技术合同，都对中方走出去设定了严格的限制条件，基本属于非独占不可转让的许可。在这样的背景下，我国铁路行业深刻认识到，核心技术是买不来换不来的，必须通过自主创新来摆脱国外的限制，只有真正自主掌握核心技术，才能掌握未来发展的主动权。

为此，从 2011 年开始，铁道部组织对引进技术的掌握情况进行了专题分析调查，经过对主要设施设备生产单位和设计、施工单位高速铁路技术掌握情况基础数据的采集、整理和分析，梳理了 1 000 多项高速铁路设施设备主要技术，涉及的设施设备型号超过 150 种。考虑到我国在高速铁路系统集成的系统设计、接口技术方面相对比较成熟，因此调查主要集中在固定设施、移动设备、运营维护等设施设备技术方面，调查内容包括技术的对外依存情况、使用权限、技术创新状态以及专利、软件著作权拥有和申请情况。

调查结果表明，我国铁路行业对于引进技术的消化吸收还存在不足，特别是动车组和列车控制系统等部分关键技术，核心软硬件仍依赖外方，需要深入开展自主化工作。

从技术对外依存情况来看，在设施设备制造、运用和维护过程中，不依赖国外的占 78. 3%，仍然需要采用国外设备或需要国外技术支持的占 21. 7%。依赖国外的技术主要集中在动车组、列控系统和大型养路机械三方面，特别是高速动车组制动系统、牵引控制系统、列车网络控制系统、轴承、车轴轮对等部分核心技术和关键部件以及列控系统的安全计算机平台、无线闭塞中心等核心技术仍依赖外方，部分从外方直接进口，部分由外方主导在国内制造，这些核心技术和关键部件一旦离开外方，国内无法自主替代。

从技术使用权限情况来看，不考虑技术壁垒等其他因素，国内外均无使用限制的占 64. 7%，其他 35. 3% 在不同程度上受到国内使用或出口限制。

从技术创新状态来看，原始创新占 33. 2%，集成创新占 12. 7%，引进、消化吸收、再创新占 54. 1%。对于我国自主创新和在国外引进技术基础上升级的产品和技术，普遍存在应用考核时间短、缺少权威的第三方安全评估等问题。

从知识产权掌握情况来看，据不完全统计，本次调查范围内的我国高速铁路技术，共取得 900 多项专利和 100 多项软件著作权。

通过系统调查高速铁路技术自主掌握情况，我国铁路全面厘清了高铁技术“卡脖子”关键环节，为全方位部署高铁技术自主创新方向和重点攻关任务提供了重要依据。

二、全面推进关键技术装备自主化

为尽早摆脱部分关键技术对国外的依赖，进一步提高我国高铁技术和运营安全自主可控水平，实现我国铁路高质量发展，国铁集团坚持正向设计理念，立足中国高铁建设运营实际需求，围绕工程建造、关键装备、运营维护、信息化等各专业组织开展了大量自主创新工作，并同步推进高速铁路轮轨关系和弓网关系、高速列车空气动力学、高速动车组噪声源识别和防控、电磁环境兼容等相关基础理论研究，力争进一步揭示高速铁路运行客观规律。党的十八大以来，我国铁路重点针对高速动车组、列控系统、无砟轨道、地震预警系统等与铁路运营安全密切相关的技术领域，率先组织开展自主化攻关和成果转化应用，并于 2015 年—2016 年基本完成自主化工作，从根本上改变核心技术受制于人的局面。2017 年后，我国铁路部门主动把握新技术发展趋势，以科技创新为源动力，以满足人民对美好生活的向往为目标，积极推进智能高铁技术创新。

（一）复兴号中国标准动车组

截至 2012 年，我国高速动车组依然存在着国外技术平台不完全适应国内运用需求、部分关键技术依然由外商垄断等问题，成为制约中国高速铁路技术发展和“走出去”的瓶颈，主要表现在：(1)和谐号动车组是在国外技术平台上发展起来的，一些关键技术装备系统受到外方制约，特别是最为核心的牵引、制动、列车网络控制等系统均由外方主导，对国外供应商的依赖度仍旧较高，一旦发生较大故障需外方人员诊断和处置，耗时长、费用高，存在技术和运营安全隐患；(2)引进国外不同技术平台制造的动车组标准不统一，无论是旅客界面、运用界面还是维护界面，彼此差异较大，难以互为备用，动车组检修维护设备不易统一，不同的配件备品占用大量资金，这些情况在相当程度上影响了运用效率，加大了维修难度，增大了运用成本；(3)国外动车组技术不能完全适应我国的自然环境和运营环境，欧洲各国和日本国家高铁未成网，动车组一次运行里程短、气候变化小、运行环境相对稳定，而我国动车组需要长途跨线运行，一次运行可能穿越多个温度区和气候区，一天内可能经历 40 ℃温度变化，对动车组的封闭性、机电设备、自动感知与自动控制系统等提出了新的要求；(4)受技术转让合同限制，高铁“走出去”受到制约。

为全面实现动车组关键技术自主化、关键系统和部件统型及互联互通，降低动车组运用维护成本，同时满足我国动车组“走出去”需求，铁道部组织国内有关企业、科研单位、高校等优势力量，采用以需求为导向的技术路线，扎实推进中国标准动车组研制工作。

1. 前期准备和平行工作

高速动车组研发工作的参与单位众多、产业链长，是极其复杂的系统工程。为此，铁道部进行了统筹策划，平行开展了自主替代研究、试验方案前期研究，为中国标准动车组研发创造了一定的条件。

2012 年 6 月，铁道部组织南车集团、北车集团开展《动车组关键技术自主创新深化研究》，以 CRH2、CRH3 和 CRH5 型动车组为研究对象，对和谐号动车组逐个检查筛选国内能够实现自主化的部件和技术以及制约中国高铁发展的技术瓶颈，找出技术弱项，通过自主化对等替代，有针对性地加以解决，以提高关键子系统和重要零部件的自主化程度。

2013 年 7 月 25 日，中国铁路总公司发布《关于组织开展高速、重载综合试验的通知》，决定选择大西客专原平西—太原北间建立高速综合试验段，为自主研发的新技术、新装备开展试验和试用搭建试验环境，提供试验条件。随后，我国铁路稳步推进中国标准高速动车组及关键技术装备研制、大西高速综合试验段工程改造及试验配套、大西高速综合试验段科学试验与测试三方面工作。

此外，中国铁路总公司组织开展了国家立项申请工作，中国标准动车组的研发得到了国家发改委的大力支持，被确定为"十二五"国家战略性新兴产业示范工程项目。2013 年 12 月，中国铁路总公司主持，铁科院联合南车集团、北车集团、西南交大、北京交大、中科院力学所、大西客专公司、太原铁路局等 20 多家单位，启动申报建设中国标准高速动车组及高铁关键装备研发试验工程项目，委托铁三院编制完成《中国标准高速动车组及高铁关键装备研发试验工程建设项目可行性研究报告》。2014 年 3 月，国家发改委委托中国国际工程咨询公司对可行性研究报告进行评估。2014 年 6 月，国家发改委批复可研报告，包括研制两列中国标准动车组在内的工程项目获批立项，实施地点为大西客专太原至原平西综合试验段，实施周期为三年。

2. 明确研发目标和工作方案

中国标准动车组研发既要满足中国铁路现代化的内在需求，又要确保中国铁路移动装备技术创新能力和产品水平处于世界先进行列。为此，中国铁路总公司组织制定了详尽的工作方案，对研发原则、研发目标、研发计划、研发团队组建等进行了明确规定。

中国铁路总公司对中国标准动车组的要求是："坚持自主创新，遵循安全、经济、智能、舒适、绿色等设计原则，以市场为导向，全面提高自主化水平，构建和完善中国动车组技术标准体系，研制具有完全自主知识产权的标准化、系列化、简统化动车组产品，力求达到国际先进水平，满足未来发展需求。"具体研制目标有：

（1）实现自主化。掌握动车组技术的主导权，坚持需求导向，通过用产学研结合，掌控核心技术，软件完全自主，硬件原则自主，运用不受外方技术限制；核心技术拥有自主知识产权，形成中国标准动车组品牌，并全面实施知识产权保护和专利风险防控工作，做到在"走出去"时不存在知识产权纠纷；坚持不懈推进中国标准，制定一批具有中国标准动车组创新特点的技术标准，构建中国动车组标准体系。为此，中国铁路总公司组织梳理动车组主要大部件供应商、九大核心技术、十大配套技术自主化企业清单，通过安排各类重大、重点课题进行自主化研究。对于关键核心系统，如车体、转向架、牵引、制动、网络等，选择两个以上企业分别进行技术攻关，互为备份，确保项目成功。

（2）实现标准化。以有利于动车组的运输组织、运用维护及维修为目标，围绕运用界面、操纵界面、维修界面统型以及互联互通开展研究。在运用界面方面，对列车尺寸、车体宽度、定员及车内布置等进行统一，比如端部车钩高度统一为 1 000 mm，距离轨面 1 250 mm 处的车体宽度统一为 3 300 mm，车体高度统一为 4 050 mm。在操纵界面方面，对司控台进行统一，包括统一各个显示屏的布置、按钮、按键区域划分、功能定义等；统一列车网络控制系统的网络拓扑、显示界面等。在维护界面方面，考虑与现有维修设备的适应性、大部件及易耗件的统一，如车体设计应适应现有架车设备，受电弓应能整体互换，制动盘、闸片尺寸接口统一等。在互联互通方面，开展互联互通设计，满足不同厂家的相同速度等级动车组重联运营、不同速度等级动车组相互救援的要求，动车组的互联互通功能，相当于整车层级的简统化。

(3)实现先进性。要研制出一款在性能方面具有世界先进水平、能够代表动车组技术发展方向、在"走出去"过程中与国外动车组能够同台竞争的产品。要遵循节能环保原则，提高动车组平顺化水平，研究新头型，优化空气动力学性能，积极运用新材料，显著降低动车组阻力，减少能耗；优化乘坐舒适性，减少对外部环境的影响，噪声指标要达到优良级别；提升安全监控水平和智能化水平，推进以太网技术的应用；改变既有时速 300 km 速度等级和谐号动车组按 20 年寿命的设计，整车按照 30 年使用寿命设计；优化修程修制，降低全寿命周期成本；满足动车组广域环境下、跨区间、全天候、持续以时速 350 km 运营需求。

根据和谐号动车组实际情况，结合发改委战略性新兴产业示范工程项目，中国铁路确定先期研制时速 350 km 中国标准动车组，力争在 3 ~ 5 年内形成中国标准动车组品牌。待研制完成后，再向时速 250 km 等速度等级动车组辐射。时速 350 km 中国标准动车组的研制总体包括确定技术条件、制定技术方案、开展样车制造及试验验证、逐步构建动车组标准体系四方面工作。

2013 年 6 月，中国铁路总公司召开"动车组前瞻性技术及方案研究"课题启动会暨中国标准动车组技术推进会，对编制中国标准动车组技术条件工作进行统一部署和要求，打破以前和谐号的组织框架，采取"用户主导、需求牵引"的模式，进一步明确推进中国标准动车组研制的必要性、工作思路、组织机构及负责人员。

3. 设计制造与试验验证

动车组技术条件规定了动车组设计边界，确定了动车组研发的主要技术路线和方向，是动车组开展详细方案设计的重要依据。为做好动车组技术条件编制工作，在开展需求调研的基础上，对动力配置、车体、转向架、牵引、制动、网络控制、高压等进行了深入研究、广泛讨论，研究形成了中国标准动车组技术条件。2014 年1 月 4 日至 5 日，中国铁路总公司组织召开了中国标准动车组推进工作会议暨技术条件评审会。会后，中国铁路总公司印发了《时速350公里中国标准动车组暂行技术条件》和《时速350公里中国标准动车组样车研制工作方案》，为样车的研发制造提供了遵循。

2014年6月中国标准动车组获得国家发改委立项支持后，2014年9月1日至4日，中国铁路总公司组织召开了中国标准动车组设计方案评审会，对前期工作基础、取得成果等方面进行了总结分析，并从确保产品质量、降低运用成本、加强组织领导等方面对下一步工作提出了要求。2014年10月30日，中国铁路总公司下达了《时速350公里中国标准动车组实施阶段推进方案》，明确样车研制的要求、质量目标，建立样车研制过程中的推进和检查制度。中国标准动车组项目进入施工设计及样机试制、试验、整车组装及调试下线阶段。2015年6月30日，两列中国标准动车组样车下线，标志着中国标准动车组研制工作取得重要阶段性成果。

2015年7月1日，中国标准动车组在铁科院环行铁道试验基地正式拉开试验验证的序幕，对中国标准动车组的基本性能进行调试和验证，并提前做好各项试验准备，为后续在高铁正线上的高速试验奠定基础。2015年7月21日至22日，中国铁路总公司组织召开中国标准动车组试验评审会，专家组一致同意通过试验评审。

2015年11月17日至20日，中国标准动车组在大西客专最高试验速度达到385 km/h。2016年7月1日至7月15日，中国标准动车组在郑徐客专开展更高速度试验，对中国标准动车组400 km/h及以上速度级的性能指标和关键参数变化规律进行研究，在国际上首次成功实现时速420 km两车交会试验。通过郑徐试验，取得了400 km/h及以上速度等级的相关数据，为更高速度高铁技术的发展提供技术支撑，对推动中国高铁持续技术进步具有重大意义。

2017年1月3日，两列中国标准动车组分别取得国家铁路局颁发的CR400AF和CR400BF型号合格证和制造许可证。

4. 命名及正式上线运营

为中国标准动车组选择一个响亮又富有深意的名字对于树立中国高铁品牌形象意义重大，为此，中国铁路总公司高度重视中国标准动车组命名。在试验期间，就启动了中国标准动车组品牌名称策划工作，组织相关企业进行深入交流研讨，在内部广泛发起名称征集，同时邀请行业内外专家对命名建言献策，结合文化、政治、历史及行业特点等多个维度对中国标准动车组名称进行诠释。先后共征集到上千个名称建议，进行初步筛选后，又对“复兴号”等300多个名称的商标注册情况以及在其他领域使用情况进行调研，形成了中国标准动车组命名的初步建议。此后，又组织对中国标准动车组品牌的建议名称进行多次研讨，进一步缩小名称范围，对其中的20余个名称进行商标申请注册工作。通过反复推敲和比选后，经批准，确定了中国标准动车组最终命名为“复兴号”。

2017 年 6 月 26 日，复兴号动车组在京沪高铁两端的北京南站和上海虹桥站双向首发。2017 年 9 月，复兴号中国标准动车组在京沪高铁率先以时速 350 km 投入商业运营，树立了世界高铁运营新标杆。复兴号动车组大量采用中国国家标准、行业标准、国铁集团企业标准等技术标准，同时吸纳采用了一批国际标准和国外先进标准，整体设计以及车体、转向架、牵引、制动、网络等关键技术都是我国自主研发，具有完全自主知识产权，仅用 5 年时间就实现了自主化、简统化和互联互通的目标。

至此，我国已形成运行时速 350 km 的 CR400、运行时速 250 km 的 CR300 等系列化复兴号高速动车组产品体系，编组包括 8 辆、16 辆、17 辆等多种编组型式，具有普通型、智能型、奥运型等不同配置，能够适应高原、高寒、风沙等各种运营环境。复兴号高速动车组如图 1-8 所示。

图 1-8　复兴号高速动车组

2021 年起，为落实国家"十四五"规划纲要提出的"推进 CR450 高速度等级中国标准动车组研发应用"要求，以更高速度、更加安全、更加绿色、更加智能的高铁建设运营为目标，坚持自主可控、安全高效、世界领先的发展导向，国铁集团正式组织实施 CR450 科技创新工程。鉴于 400 km/h 动车组世界范围内无先例可循，相关技术数据缺乏，国铁集团组织所属科研机构、运输企业以及铁路装备企业、相关高校、科研院所等立足实际，在总结前期积累经验基础上，开展 CR450 动车组研制相关工作。2022 年 4 月，在郑渝、济郑铁路完成了 CR450 动车组研制技术条件参数试验，试验在隧道内实现了单列时速 403 km、相对交会时速 806 km 和明线上单列时速 435 km、相对交会时速 870 km。2023 年 6 月，在福厦高铁完成了最高试验速度 450 km/h 的 CR450 动车组第二批次新技术部件换装科学研究试验,试验在隧道内实现单列时速420 km、相对交会时速840 km和明线上单列时速453 km、相对交会时速891 km,对新技术部件进行了有效的性能验证,各项指标表现良好,标志着CR450动车组研制取得阶段性成果,为CR450科技创新工程的顺利实施打下了坚实基础。

(二)自主化列控系统

由于我国通过引进消化吸收形成的国产化CTCS-3级列控系统采用的是国外引进技术平台,列车自动防护设备(ATP)、无线闭塞中心(RBC)的核心技术仍然有一部分被外商垄断,导致在信号设施设备施工、高铁运营维护及系统优化升级等方面均一定程度受外方限制,并且相关技术转让协议仅限中国境内使用,对中国高铁自主控制和"走出去"也造成了影响。

为全面掌握列控系统核心技术,2014年中国铁路总公司安排《铁路列控关键技术深化研究》课题,组织铁科院、通号设计院、和利时公司三家信号领域技术优势单位开展自主化CTCS-3级列控系统科研攻关,坚持标准统一、安全平台和核心技术自主可控的原则制定了技术方案,2016年6月通过方案评审。

2016年5月至11月,新设备陆续通过试验评审。中国铁路总公司于2016年6月至2017年2月组织在大西客专开展了功能、关键技术参数和互联互通试验,验证了与技术规范的符合性;2018年5月至8月结合京沈高铁综合试验在京沈高铁(辽宁段)开展了持续高速运行、多车追踪等场景下的现场试验。

2018年12月,新设备通过试用评审。自主化RBC设备于2018年12月底随京沈高铁(辽宁段)开通运营开始试用考核,并于2020年12月在京港高铁(合安段)开始扩大试用,自主化ATP设备于2019年6月开始搭载综合检测列车在高铁线路上试用考核。2020年12月起在京港高铁(合安段)开展了为期一年的自主化CTCS-3级列控系统整体匹配性试验,进一步验证了系统的安全性、先进性和适用性。

2022年7月,通号设计院、铁科院集团公司、和利时公司的自主化CTCS-3级列控系统ATP和RBC设备通过国铁集团组织的技术评审,并在雅万高铁成功应用,实现了中国标准走出去。标志着历时8年的列控系统自主化科研工作圆满完成,形成了自主化、标准化的技术体系,具备了对国产化设备全面自主替代的能力。

(三)CRTS Ⅲ型板式无砟轨道

随着从日本、德国等引进的无砟轨道在我国的应用里程与服役时间不断增加,原创国气候条件及早期技术的局限性导致引进技术中无砟轨道的问题逐步显露。例如,我国幅员辽阔、气候条件复杂，引进无砟轨道不得不根据其结构特征分区使用，部分线路无砟轨道结构出现"水土不服"问题，养护维修工作量超出预期；板式无砟轨道 CA 砂浆充填层劣化、双块式无砟轨道现浇道床开裂等结构伤损日益增加，与主体结构寿命不匹配，长期服役耐久性不足；在高速铁路大规模建设过程中，无砟轨道建造精度、效率和成本难以兼顾。与此同时，受引进技术专利制约，CRTS Ⅰ 型板式、CRTS Ⅱ 型板式及双块式无砟轨道仅能在我国境内使用，为打破国外高铁无砟轨道技术壁垒，适应中国高铁技术对外交流合作需要，亟须创新一种综合性能优越、自主化的高速铁路无砟轨道系统。

为此，我国铁路在总结各型既有无砟轨道技术特点基础上，全力推进 CRTS Ⅲ 型板式无砟轨道系统自主研制工作，通过设计理论、结构设计、工程材料、制造和施工技术等方面的技术创新，攻克了复杂环境条件下多层结构体系协同工作、稳定可靠、高精高效建造三大技术难题，形成了具有完全自主知识产权的高速铁路 CRTS Ⅲ 型板式无砟轨道技术体系，使我国一举成为高铁无砟轨道系统原创国。CRTS Ⅲ 型板式无砟轨道结构示意图如图 1-9 所示。

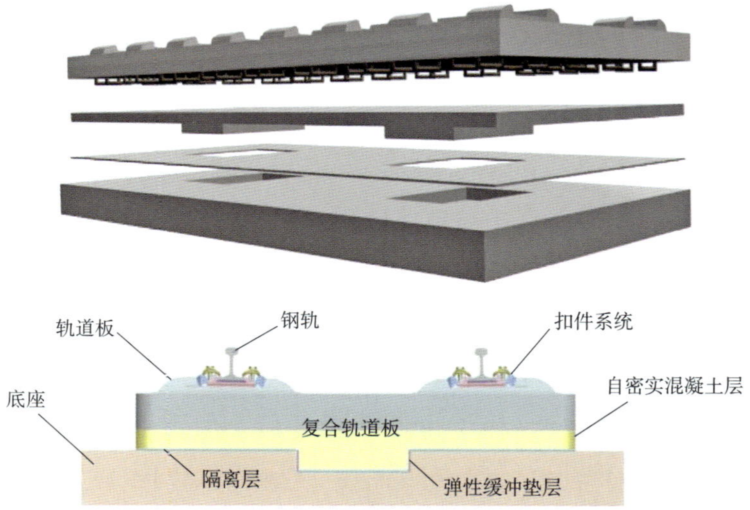

图 1-9　CRTS Ⅲ 型板式无砟轨道结构示意

2011 年—2014 年，我国铁路组织开展了"高速铁路 CRTS Ⅲ 型板式无砟轨道系统深化试验研究""先张法预应力体系无砟轨道结构系统试验研究""高速铁路 CRTS Ⅲ 型板式无砟轨道成套施工技术及运营监测技术深化研究""CRTS Ⅲ 型板式无砟轨道自密实混凝土制备工艺及施工工法深化研究"等 10 余项课题。

2013 年，在盘营客专首次完成了时速 350 km 运营条件下 CRTS Ⅲ 型板式无砟轨道系统试验；在西宝客专首次完成了先张法预应力轨道板 CRTS Ⅲ 型板式无砟轨道系统试验；在郑徐高铁完成了 CRTS Ⅲ 型轨道板结构类型及型式尺寸、自密实混凝土厚度及施工管理强化措施等工程放大试验。2016 年，开展了郑徐高速综合试验，创造了 420 km/h 交会及重联试验速度两项世界纪录。通过课题研究和专项试验，我国成功研发了具有自主知识产权的时速 350 km CRTSⅢ型板式无砟轨道系统，形成了设计、制造、施工、养护维修等成套技术。

为进一步提升技术经济性，2015 年在成贵铁路开展了 CRTSⅢ型普通钢筋混凝土轨道板试验；2018 年结合京沈综合试验开展了隧道内 CRTSⅢ型板式无砟轨道经济性提升以及严寒地区隔离层耐久性提升的相关试验。截至 2018 年，CRTSⅢ型板式无砟轨道已申请多项国内专利，并在美国、俄罗斯、英国、泰国、罗马尼亚、哈萨克斯坦等国家取得多项专利。

我国自主研制的 CRTSⅢ型板式无砟轨道充分吸收了前期各类无砟轨道结构的优点，具有耐久性好、稳定性高、经济优势明显等特点，与国外同类无砟轨道技术相比，CRTSⅢ型板式无砟轨道在气候适应性、结构耐久性、建造成本和效率等方面具有明显优势。目前，CRTSⅢ型板式无砟轨道结构已被确立为我国高速铁路无砟轨道系统的标准型式，在郑徐、京沈、京雄、商合杭、赣深等数十条高速铁路推广应用，铺设里程超过 2 万 km，并成功应用于印尼雅万高铁，充分展示了中国高铁自主化无砟轨道技术实力。

（四）地震预警系统

我国陆地面积大，地震活动频度高、强度大、分布广，高铁线路覆盖范围大，不可避免地会穿越或靠近地震带，且高速列车运行速度快、运行密度高，地震对高速铁路行车安全危害性极大，如何准确对地震进行预警是我国铁路持续关注和研究的课题。地震发生后会产生纵波（P 波）和横波（S 波），其中 P 波传播速度较快但震动相对较小，通常不会造成破坏，S 波则是造成危害性破坏的元凶。利用纵波比横波传播速度快、电磁波远比地震波传播速度快的原理能够有效实现地震预警。基于以上原理，在京津、京沪、哈大高速铁路等工程建设的同时，我国研发了高速铁路地震监测报警系统，但该系统仅具有阈值报警功能，且各条线路的地震监测报警信息不能互通，报警和处置时延长，不能完全达到高铁地震预警的目的。

为进一步加强高铁防震减灾能力建设，提升高速铁路安全运营水平，2012 年 2 月，铁道部与中国地震局签署《共同推进高速铁路地震安全战略合作协议》（以下简称《合作协议》）。双方决定联合组建《合作协议》实施联合领导小组，并成立铁道部、中国地震局“高速铁路地震安全技术研发组”，明确中国铁道科学研究院和中国地震局工程力学研究所作为共同牵头单位，联合牵头组织开展高速铁路地震预警监测关键技术攻关及工程试验。在《合作协议》框架下，两部门发挥各自的科技和资源优势，组织开展了单台 P 波预警、省级地震台网信息接入、铁路相关系统（牵引供电、列控系统、动车组）接入、动车组车载地震紧急处置等关键技术攻关及铁路局中心系统、接口单元、车载地震紧急处置装置等相关配套设施样机的研发。

2013年—2015年,《高速铁路地震紧急处置技术方案》《高速铁路地震监测预警车载紧急处置装置技术方案》等技术方案陆续通过评审,中国铁路总公司和中国地震局联合发布了《高速铁路地震监测预警系统暂行技术要求》《高速铁路地震监测预警系统暂行试验办法》等多项技术要求和试验办法。

2016年5月,中国铁路总公司会同中国地震局组织召开了大西线高铁地震预警系统试验评审会,现场监测设备通过试验评审,2016年8月10日开始进入试用考核。2017年7月,高速铁路地震预警监测系统现场监测设备和前端预警服务器通过试用评审,可开展试用。2018年6月,中国铁路总公司印发《高速铁路地震预警监测系统技术条件》《高速铁路地震预警监测系统试验方法》《车载地震紧急处置装置技术条件》《车载地震紧急处置装置试验方法》《中国高速铁路地震预警系统型号编制方法》共5项技术标准。2018年10月,中国铁路总公司与中国地震局签署《关于共同推进高速铁路地震预警战略合作协议》。

通过多年全力攻关,我国成功突破了单台P波预警技术,实现了与国家地震台网信息的接入,研发了高铁地震预警系统,制定了成套技术标准。截至目前,高速铁路地震预警系统已陆续在大西、京张、京沈、太焦、京雄城际、京唐、京滨、南崇等国内高铁以及印尼雅万高铁得到工程应用。高铁地震预警系统的研制及成功应用,标志着我国高速铁路地震灾害防护水平跻身世界先进行列。

(五)智能高铁

近年来,在新一轮科技革命浪潮下,现代信息化、智能化技术快速发展,对各行各业产生了深远影响,也催生了铁路行业重大技术创新需求和新的发展机遇。我国对于智能高铁的研究最早可以追溯到2000年,当时成立了国家铁路智能运输系统技术研究中心,并开展了铁路智能运输系统体系框架、铁路智能运输系统标准体系等多项研究。自2010年起,围绕运输组织改革、服务方式改进、安全技术防护、多元业务发展等重大任务,我国铁路大力推进信息化建设,建成铁路工程管理平台、新一代铁路客票系统、客运营销辅助决策支持系统、铁路旅客服务系统、动车组管理系统、工务生产管理系统、列车调度指挥系统、调度集中系统、运输调度管理系统、自然灾害及异物侵限监测系统等信息系统,有力提升了铁路信息化水平。

2015年以来,云计算、大数据、物联网、移动互联、人工智能等新一代信息技术在世界范围内蓬勃发展,欧盟、德国、法国、英国、日本、韩国等相继提出了高速铁路数字化、智能化相关发展战略。在新技术和新需求的推动下，中国铁路主动出击、迎难而上，以时不我待、只争朝夕的紧迫感和责任感，结合我国首条智能化高速铁路——京张高铁工程建设，系统开展了智能高铁体系架构，建设、装备与运营关键技术及应用研究。期间，中国铁路总公司和工程院合作，联合行业内外顶尖科研院所、高等院校和科技企业，开展了大量的调研、访谈、技术研讨，围绕智能高铁的体系架构和重点技术方向进行了战略性、前瞻性、综合性顶层布局。

2017 年 3 月，中国铁路总公司启动部署京张高铁建设工作，要求打造“精品工程、智能京张”，决定把京张高铁作为我国重要历史节点的重大标志性工程，要在建设过程中，全面贯彻绿色、共享、开放、廉洁办奥理念。

2018 年 7 月，为确保“精品工程、智能京张”目标期到必成，中国铁路总公司在智能建造、智能装备、智能运营领域安排部署了 35 项智能化任务，提出技术方案推进计划。

2019 年 12 月 30 日，京张高铁正式开通运营，成为我国自主设计建造的世界上最先进的时速 350 km 智能高铁。通过智能建造、智能装备、智能运营技术创新的不断深化和完善，京张高铁实现了中国智能高铁的重大创新，为世界铁路发展贡献中国智能高速铁路方案，全面引领世界高速铁路的发展。

2020 年 1 月，国铁集团围绕服务冬奥会、确保京张高铁高标准高质量运营，对京张高铁在工程补强、智能优化提升等方面作出了部署，要求组织开展京张高铁智能技术进一步完善和提升工作，制定京张高铁相关专业数据汇集、数据挖掘及应用的总体方案。

2020 年 3 月，国铁集团遵循成熟可靠、稳步推进的原则，充分应用智能京张创新成果，结合京雄铁路特点，部署京雄城际高铁智能化应用，将智能站房建设管理系统等 20 项京张应用的铁路智能化技术纳入京雄高铁施工图设计。

2020 年 6 月，贯彻落实习近平总书记关于京张高铁开通运营的重要批示精神，围绕进一步提升铁路运输服务质量、保障运输安全、增强经营管理效率，以及为 2022 年北京冬奥会服务保障提供技术支撑，国铁集团部署了 12 项智能化京张高铁智能化提升工作，为高标准高质量做好京张高铁运营管理工作提供有力支撑。

2020 年 9 月 15 日，国铁集团印发《智能高速铁路体系架构 1.0》，在系统总结京张高铁、京雄城际铁路智能化创新实践基础上，形成智能高铁建设和运营指导性文件，为新建智能高铁和既有高铁智能化升级提供了顶层指导。

2020 年 11 月，科技部批复国家重点研发计划“科技冬奥”重点专项——京张高铁智能化服务关键技术与示范，面向北京冬奥会和冬残奥会科技保障重大需求，聚焦旅客智能出行、高速铁路运营安全、人文冬奥服务三大目标和任务，从智能票务、站车旅客服务、奥运智能动车组改造、运营安全保障、高速铁路隧道与地下车站智能展示、高速铁路视觉全方案设计6个方面，部署推进专项技术攻关并实现了系列应用示范（图1-10）。

图1-10　京张高铁服务冬奥会

依托京张高铁、京雄城际铁路等重点工程，我国铁路成功研制京张/京雄智能动车组，创建了技术、数据、标准三位一体的智能高铁体系架构，构建了涵盖智能建造、智能装备、智能运营的智能高铁成套技术和相应的技术标准体系，开启了世界智能铁路发展的新篇章。

第二章 高铁技术自主创新成就

自20世纪90年代初开始探索高铁技术以来，经过30多年的发展，中国高铁技术创新取得了斐然成就，支撑中国成功建成并运营了世界上规模最大、现代化水平最高的高速铁路网，成为世界高铁发展的典范。特别是党的十八大以来，中国高铁坚定不移走自主创新道路，全面推进高铁关键核心技术自主攻关和产业化应用，在规划设计、工程建造、关键装备、运输组织、安全技术、维护技术、信息技术、智能高铁、试验验证等领域均实现重大突破，取得一大批重大技术创新成果，构建了先进完备的高速铁路技术体系。中国高铁总体技术达到世界先进水平，部分技术领域达到世界领先，为铁路高质量发展提供了强有力的科技支撑。

第一节 规划设计

规划设计是确保高速铁路系统安全、高效运行的基础。通过对线路选择、站点枢纽、施工方案的合理规划与设计，可以提高运输效率、降低运输成本、减少对环境的影响，实现资源的合理分配与利用、经济和社会效益的最大化。我国铁路围绕规划技术、勘察设计技术开展了一系列自主创新研究，有效支撑了高速铁路的大规模建设与发展。

一、规划技术创新

高速铁路规划是对于一个庞大运输系统的运筹过程，具有环境复杂性、目标复杂性、构成复杂性等多重复杂性，规划中既要考虑铁路网系统性和各层次间的关系，也要考虑对不同环境的适应性和协调性。在长期实践中，铁道部、中国铁路总公司和国铁集团作为铁路网规划研究编制和组织实施主体单位，通过持续深入的技术创新，在需求预测技术、线网布局技术和枢纽规划技术等多个领域实现重要突破，统筹采用传统经验方法、数学统计分析方法与现代信息化技术相结合的规划方式，探索出了一套较为完善的高速铁路规划方法体系，在国际铁路规划研究领域，具有显著的创新性和先进性。

铁路规划技术的发展和规划方法体系的不断完善，对科学指导铁路网布局和建设发挥了举足轻重的作用。2004 版规划针对运输需求快速增长、运输能力严重不足和运输服务品质不高等问题，首次提出建设客运专线、主要繁忙干线实现客货分线，明确了客运高速的发展方向，有力地推动了我国高速铁路建设发展。随后，我国分别于 2008 年、2016 年发布《中长期铁路网规划(2008 年调整)》(以下简称 2008 版调整规划)和《中长期铁路网规划》(以下简称 2016 版规划)，进一步明确高速铁路的发展目标和方向。目前，2004 版规划、2008 版调整规划提出的 2020 年铁路网规模、“四纵四横”高速铁路网等目标均提前实现，2016 版规划提出的以“八纵八横”为骨架的高速铁路网建设正有序推进。在规划指导下，我国铁路建设加快推进，一张当今世界最大的高速铁路网正在祖国大地快速延伸，托起一个快速流动的中国。

(一)需求预测技术

需求预测是支撑高速铁路网络规划、明确高铁建设项目功能定位、指导项目立项决策的重要依据，是高铁建设项目和可行性研究的重点内容，也是优化旅客运输组织和客运营销管理的重要基础。高铁需求预测的传统方法为“四阶段法”，包括运量生成，即预测各个交通小区交通需求的发生与吸引量；起终点(OD)分布，即将运量生成预测的交通需求转换为小区间的空间 OD 量；方式划分，即测算选择不同交通方式出行的比例；路网配流，即按照用户最优和系统最优的原理，将各小区间的交通量分配到各个具体路线上。随着交通运输体系发展日渐复杂化、多层次和多样化，传统四阶段法在应用过程中出现了一些问题：(1)公路 OD 数据获取较为困难，难以构建全交通方式 OD，限制了预测方法的应用；(2)随着高速和普速铁路网不断完善，同通道内高速和普速并行、多条高速线路并行的现象增多，四阶段法不能很好地处理不同铁路线路客流分配的情况；(3)既有预测方法在标准化、规范化、工程化、智能化等方面存在不足，对实践的指导性仍有待提升。鉴于传统四阶段法存在的局限性，我国在高铁路网规划和高铁建设方案设计过程中，不断深化需求预测理论研究，创新高铁需求预测方式方法，构建完善需求预测技术体系，推动预测工作朝着更加系统化、程序化和智能化方向发展，高铁需求预测技术的精准度和可操作性显著提升。

1. 创新优化综合运输条件下新建高速铁路需求预测技术

预测新建铁路需求，首先要对公路 OD 进行计算。为统筹解决传统预测方法中存在的公路 OD 缺失和同通道多条铁路线路并行等问题，提出并应用公路 OD 反推智能化技术，根据公路流量统计数据，获得公路 OD 数据并应用于实际预测中，有效解决了实际问题，并构成需求预测系统的重要模块。研究将新建高速铁路纳入综合运输体系中，统筹分析高速铁路与普速铁路、公路、民航等运输方式的竞争与分工关系，通过对各种运输方式旅客出行 OD 进行判断，同时考虑新建高铁项目对旅客出行的诱发作用，实现对新建高速铁路客运需求的合理预测。优化后的需求预测技术既考虑了综合交通各运输方式又兼顾了同通道内多条铁路线路并行的情况，有效规避了运量“搬家”问题。

根据需求预测技术，我国铁路进一步创新开发了应用软件系统，推动预测技术与大数据、人工智能等新技术新方法深度融合，实现了新建高速铁路需求预测技术的流程化与系统化，节约了劳动力成本，提升了预测技术的智能化与精确度。

2. 创新开发新建高速铁路需求预测技术辅助系统平台

成功开发铁路运输电子图示系统，首次实现了基于综合交通运输数据的全 OD 客流预测计算与展示。目前该平台可实现三大主要功能，包括：(1)现状及预测 OD 交流展示，包括民航现状 OD 交流展示、公路现状 OD 交流展示、铁路现状及预测 OD 交流展示；(2)综合交通 OD 分析，在维护综合交通基础设施数据的基础上，可实现对铁路车站、线路、小区等专题要素的查询，以及按车站、行政区、路局等划分的任意 OD 交流分析功能；(3)运量规划智能辅助，实现规划路网构建、OD 小区方案设计、路网规划、动态配流等一揽子方案构建能力。铁路运输电子图示系统的建立有力推动了运量预测工作向大数据、信息化、标准化、产品化方向快速发展。

开发基于 GIS 平台的综合交通信息融合分析系统，实现对综合交通市场特征及客运需求预测影响因素的自动化查询与应用。该系统针对以往需人为查询的综合交通相关参数，实现了系统化查询功能，有效减少了工作量、降低人为误差，同时系统可自主化构建出行效用函数并实现计算功能，进一步优化了综合交通各运输方式分担率计算，为新建高铁项目需求预测提供了高效辅助。

3. 创新提出基于预加载的 OD 预测技术

依据全国铁路 580 个 OD 基区间的交流运量，创新提出了基于预加载的 OD 预测方法及技术体系。考虑到地区新增高速铁路运输方式将对交通运输结构产生较大影响，以基点加载为原则，特别是对于现状尚无高铁或铁路连通的 OD 点对间的运量预测，为避免理论预测对于现状 OD 运量的过分依赖，充分研究既有高铁开通前后对于 OD 点对间诱增运量的影响，结合专家经验，提前预估并固化高铁建成后这部分 OD 点对间的运输需求，即实施 OD 运输需求的预加载。在此基础上，再运用理论模型进行全路网 OD 运输需求分配，实现高速铁路客运总量、大区发到量及交流运量、分省发到量及交流运量、OD 基区间发到量及交流运量等各层级运量的预测，进一步精准化预测高铁建设项目运量。基于预加载的 OD 预测技术，有效解决了专家经验与智能计算模型相融合问题，同时也避免了纯模型计算引起的理论偏差，使高铁客运需求预测更加贴合实际。

创新优化后的高速铁路建设项目需求预测技术突破了全交通方式 OD 构建的局限性，深化了多通道及多线路客流分配技术，有效解决并规避了“运量搬家”等问题，现已大量应用于新建高速铁路设计及评审阶段，为路网规划、运输组织、站房设计等相关专业提供了更为有力的支撑服务，并在中长期铁路网规划修编、“十四五”铁路网规划，以及区域、省市路网规划等多层级主要规划中得到广泛应用。

（二）线网布局技术

高速铁路与普速铁路、公路线网布局思路基本一致，遵循“点—线—面”的系统性思路，包含节点选择、线网布局、网络优化等步骤。在尚未规划高速铁路时，我国铁路网络层次结构较为单一，线网布局考虑影响因素较少，主要采用交通线网布局的基础理论方法，在网络优化中则以定性分析为主。随着高速铁路的建设发展，我国铁路面临以往普速铁路节点选择范围难以直接用于高速铁路的问题；线网布局中不但要考虑解决铁路运输能力“瓶颈”制约，还要综合考虑支撑国家战略、促进经济社会发展、加快城镇化建设等多方面因素；同时，伴随高铁路网不断扩张，以往以定性为主的网络优化方法已不能很好适用。为此，必须加快发展适应高铁特点、满足经济社会对基础设施发展需求、更加突出定量化信息化等科学方法的高铁线网布局优化技术。

1. 创新研究高速铁路节点选择范围

节点选择要结合高速铁路自身技术特点，考虑城镇人口、经济规模、城市群连接等因素，也要紧扣高铁规划目标。在 2016 版规划研究中，以国家城镇体系规划和城市群规划为依托，综合考虑城市规模、人口分布和经济水平，将在全国具有引领、辐射和集散功能的国家中心城市纳入第一层级节点；将除国家中心城市外的省会城市作为区域中心城市，纳入第二层级节点；将城区人口50万以上城市纳入第三层级节点；将个别人口密度相对较大且呈带状连续分布的县市以及国家5A级旅游景区城市纳入第四层级节点。基于以上考虑，规划研究中以实现城区人口50万以上城市、地级以上城市和国家著名旅游景区基本覆盖为目标，共选取了290个节点。

2. 创新提出分层叠图布局技术

随着高速铁路由疏到密、由树状到网状，为更好适应多个层面、多种因素对高速铁路的发展要求，在2008版调整规划、2016版规划研究中，采用了分层叠图布局技术研究高速铁路基础网。该技术的关键是采用分层布局的思路，考虑城市等级、城镇人口分布、旅游景区分布等多种驱动因素，提出各种因素下合理的高铁概念网并进行叠加，充分反映规划期内可能的高速铁路网布局。在考虑每种驱动因素具体铺画线网时，普遍运用了网络最优树理论、交通区位线理论、线位重要度理论和“光带”覆盖理论。通过把线网布局与布局目标相结合，更好满足了城市行政等级、城市人口分布、城市经济发展水平和城市客运量等对高速铁路布局的要求。

3. 创新纳入高铁覆盖经济社会指标

作为国家重要基础设施和民生工程，高铁对带状人口稠密地区、经济聚集地区的覆盖是布局考虑的重要因素之一。为此，在2016版规划研究时，线网布局和网络优化过程中创新性地引入高铁百公里覆盖地级及以上城市、吸引人口和覆盖GDP指标作为高铁通道布局优化的参考因素之一，并结合地理信息系统（GIS）进行统计分析。高铁覆盖指标体现规划项目的客流支撑和经济基础情况，同一区域内优先考虑覆盖水平更高的项目，高铁主通道的选取亦可将覆盖指标作为其考虑因素之一。近年来，全国铁路、高速铁路对各级别城市的覆盖指标也已成为评价路网发展水平的重要指标之一，被纳入国铁集团《铁路高质量发展统计指标体系》。

4. 创新应用基于项目的网络优化方法

高铁规划过程中，需要结合规划年度实现的可能性、项目必要性和功能作用等对基于分层叠图布局技术形成的基础网进行优化，以往主要采用专家经验法，在2016版规划研究中，创新性地采用了综合评价法，即基于项目的网络优化方法，以规划项目个体为研究对象，遵循一定的评判标准，以投资总额、建设时机等预设条件为约束，优化筛选规划项目。该方法综合考虑项目的网络重要性、能力重要性、经济重要性和政治重要性等主要方面，选取十余个指标进行评价，遴选出财务效益和社会效益好、政治意义和战略作用显著的项目纳入规划。这种方法引入了运用数学工具，以定量分析为主、定性分析为辅，更适应我国铁路规划项目数量多、分布广、功能复杂、资金投入大等特点，已成为我国铁路网络优化研究的重要手段。

经过数十年的技术创新和应用，我国高速铁路线网规划经历了从定性向定量、由单因素向多因素综合分析方法的转变，规划方法体系不断完善，支撑国家和铁路有关部门先后研究布局形成“四纵四横”客运专线、“八纵八横”高铁主通道格局，对科学有序指导高铁网建设，更好适应多层次发展需求发挥了重要作用。

（三）枢纽规划技术

高速铁路引入枢纽，给铁路枢纽总图规划思路和技术方法带来了翻天覆地的变化，从枢纽总图规划编制的方式、客运系统格局确定的思路，到枢纽内客运站分工、规模及选址确定的方法，再到综合交通一体化、站城融合发展的理念，都发生了翻天覆地的变化。

1. 优化铁路枢纽总图规划编制流程

长期以来，受投融资体制以及管理部门职能分割等因素影响，城市国土空间规划与交通规划之间不能很好地衔接，城市国土空间规划编制过程中，很难将铁路专项规划内容纳入国土空间规划。铁路网及铁路枢纽规划一般由行业主管部门制定，与国土空间规划的衔接难度大，方案难以落实，导致一些地方有需求的项目没有进入铁路行业规划，一些纳入铁路行业规划的项目却没有预留通道和站场，这在一定程度上限制了国土空间规划和行业规划的质量和水平，给规划的实施带来了极大的难度。随着高速铁路的规划建设，地方对铁路规划建设的重视程度越来越高，也越来越重视国土空间规划与铁路网规划、高铁车站布局的衔接，我国铁路也越来越重视铁路网中长期规划在国土空间规划中的落地，在铁路枢纽规划编制过程中邀请地方政府相关部门全程参与，规划方案最终双方达成一致后，再联合签报、批复。自 2016 年 12 月以来，贵阳、杭州、广州、西安等 50 个铁路枢纽规划陆续由路地双方联合批复，为优化城市国土空间规划、落实中长期铁路网规划奠定了良好的基础。

2. 完善枢纽客运系统布局

随着铁路网特别是高铁网的不断扩张，枢纽引入线路数量和种类的逐渐增加，枢纽衔接的方向越来越多，规模越来越大，形态也趋于多元化，大型铁路枢纽格局逐渐向普速铁路、高速铁路、城际铁路并存的多元叠合式枢纽发展。为此，在枢纽规划中必须对客运系统的规划布局进行创新。结合历版《中长期铁路网规划》后的全国主要铁路枢纽总图规划工作，枢纽客运系统布局不断创新，先是由传统的客货共站向客货分站演变，然后逐渐向高铁与普速在枢纽内客货分线演变，最终高速铁路在枢纽内形成相对独立的系统，并由最初的一个车站、一条通道的伸长型、尽端式布局，向多个车站、多条通道的放射性布局，再向车站之间互联互通的环加放射性布局演变。

3. 调整枢纽内客运站分工的确定原则和方法

随着我国铁路规划建设由普速铁路向高速铁路、城际和市域(郊)铁路阶段发展,枢纽客运系统也逐渐由传统的按线路、客货、方向分工,向按普速系统、高速系统、城际系统分工转变。在2004版规划、2008版调整规划中,铁路网规划建设的方向是客货分线,因此枢纽客运系统在客货分站的基础上,提出了“客内货外”的布局理念。在2016版规划后的枢纽总图规划中,随着枢纽高速铁路、城际和市域(郊)铁路规划引入的数量越来越多,大型枢纽既有客运系统规模、布局和分工已经不能适应规划新线引入和客运量增长需求,需要统筹增量和存量、优化既有客运系统分工、提高城市内部既有客运站使用效率。

(1)“高内普外”客运站布局。研究发现,高速动车组利用车站到发线的效率要远远高于普速客车,约为普速客车的2.5倍,同时考虑到高速铁路旅客的旅行时效性要求更高,高铁客站应更深入市中心。因此,提出了大型枢纽客运系统“高内普外”的布局思路,并在北京、郑州、昆明、大连等枢纽研究了普速搬迁后利用既有车站开行高铁、城际动车的方案。

(2)“城内高外”客运站布局。城市群和都市圈是我国未来经济发展的主要增长极和核心力量,以城际铁路为代表的大容量、高速度中短途轨道交通是解决城市群、都市圈人民高品质、高频次出行需求的重要交通方式。研究发现,旅客在途时间在全程门到门旅行时间中的比重是影响旅客体验的重要因素之一,比例越高代表两端集散时间越短、效率越高,旅客体验越好。城际铁路距离较短、速度标准较高,旅客在途时间本身较短,为保证旅客出行满意度,两端城市交通接驳必须便捷高效,而客站与市中心距离是影响旅客集散时间的首要因素,利用位于城市中心的客站开行城际铁路列车,有利于中短途城际客流便捷深入城市,节省全程旅行时间,充分体现高铁的“时空压缩”效应,也有利于吸引通勤、商务、旅行等对时间较为敏感的客流,提高城际轨道交通的竞争力。在最近一轮枢纽总图规划中,枢纽规划及评估人员创造性地提出了“城内高外”的布局思路,优先使城际列车深入城市,使高铁列车进入外围车站。例如北京枢纽结合丰台站改扩建工程,在将北京西站普速客车搬迁至丰台站的同时,将既有京港澳高铁和规划京港台高铁引入丰台站,将置换出的既有北京西站到发线能力用于开行京雄城际列车和市域(郊)列车,实现了“城内高外”的布局。

4. 引入综合交通一体化、站城融合发展理念

将交通一体化、站城融合等新发展理念引入枢纽总图规划,深入分析枢纽新建铁路土地综合开发机会及既有铁路用地综合利用方案,并研究包括高铁客站在内的车站交通配套方案等。在枢纽总图规划中,秉持站城融合理念,重视高铁车站与城市间的相互作

用，在高铁线路引入、车站选址、车站分工、综合开发等方面，统筹考虑站城距离、交通支撑、周边城市配套条件、潜力和代价，建立客站选址评价指标体系，将理论选址、技术选址与专家经验选址相结合，科学确定城市重大交通基础设施高速铁路客站选址方案，为铁路枢纽顺畅运行和人民高品质出行奠定基础。重视综合开发在提升铁路枢纽综合运营效益中的重要作用，贯彻落实《国务院办公厅关于支持铁路建设实施土地综合开发的意见》和《住房城乡建设部关于加强铁路站场地区综合开发有关规划工作的通知》精神，研究铁路枢纽内既有、在建、规划线路和车站的综合开发机会，以城市发展规划为基础，结合枢纽高铁新线引入、车站功能布局调整以及配套设施规划等，将客运站的客运服务、停车场、高铁快递和维修设施用地纳入铁路建设项目用地范围，统筹考虑预留综合开发用地，一并纳入城市国土空间规划。充分用好既有设施，研究利用城市内功能发生变更或利用率较低的既有线路通过相应改造开行市域（郊）列车的可行性，满足城市居民市郊出行需求，实现路地双赢。

二、勘察设计技术创新

勘察设计是工程施工的基础，是建造“百年大计”高速铁路工程的重要基石。通过长期的技术创新和高铁建设实践，到 2012 年，我国已初步形成了高铁勘察设计成套技术。勘察技术方面，掌握了遵循“上山到顶、下山到底”的接触式勘察理念，以地面地质调绘、地面物探、地面钻探和孔内原位测试及取样试验等手段为主，以低空间分辨率的遥感解译为辅的技术体系，但存在地面勘探工作设备较为笨重、勘探效率较低，通过地面调绘开展大范围方案地质比选耗时较长，难以掌握巨型滑坡、高位危岩落石、长大流域泥石流等分布特征，高海拔、无人区地段地面勘察工作难以进行，遥感解译精度偏低等问题。设计技术方面，初步形成线路、路基、桥梁、隧道、轨道及大型站房等专业设计成套技术，但仍存在设计理论和方法不健全、针对特殊地质条件下隧道和大跨度桥梁等设计技术未完全突破、信息化智能化手段缺乏等问题。

为更好适应高速铁路蓬勃发展特别是复杂地质条件下高铁勘察设计需求，党的十八大以来，我国攻克了大量勘察设计领域世界性技术难题，创新构建了宽视域、高精度、高效率的工程地质综合勘察技术体系，大幅提升高铁勘察领域信息化新技术应用水平；系统掌握了不同气候环境、不同地质条件下高铁设计的成套技术，并实现了基于 BIM 多源数据融合和全专业协同设计。勘察设计技术的长足进步，为提高高铁工程建设的效率和质量、降低建设成本和安全风险，提供了有力支撑。

（一）地质勘察技术

为解决地质勘察工作面临的“上不去、下不来、识不准、查不清”等关键技术瓶颈，满足高速铁路高精度的勘察设计要求，近十年来，我国引进并创新应用一系列新技术、新方法，实现了高速铁路立体化、透明化、精细化和信息化工程地质勘察，遥感解译精度更高、勘探设备更轻便高效、大面积地质调绘更快更准、原位测试更深更精，大幅提高了勘察精度，提升了勘察效率。

1. 形成“天空地”工程地质综合勘察技术

为克服复杂艰险山区的恶劣条件，我国铁路提出了融合卫星高光谱/激光雷达/无人机遥感的高山峡谷区岩性/构造识别模型和方法，揭示了特殊不良地质的形成机理，建立了适用于复杂艰险山区铁路长大线路工程的“天空地”工程地质综合勘察技术理论基础；提出了融合卫星平台—航空平台—地面平台—数据传输平台各类勘察技术的不良地质与深部地质体探测及评价方法，构建了适用于复杂艰险山区铁路的“天空地”工程地质综合勘察技术（图2-1），为艰险山区铁路选线及工程设计提供了重要的技术支撑，突破了高原高寒缺氧、地形高差显著、构造活动剧烈、地质环境复杂的艰险山区铁路勘察技术瓶颈。

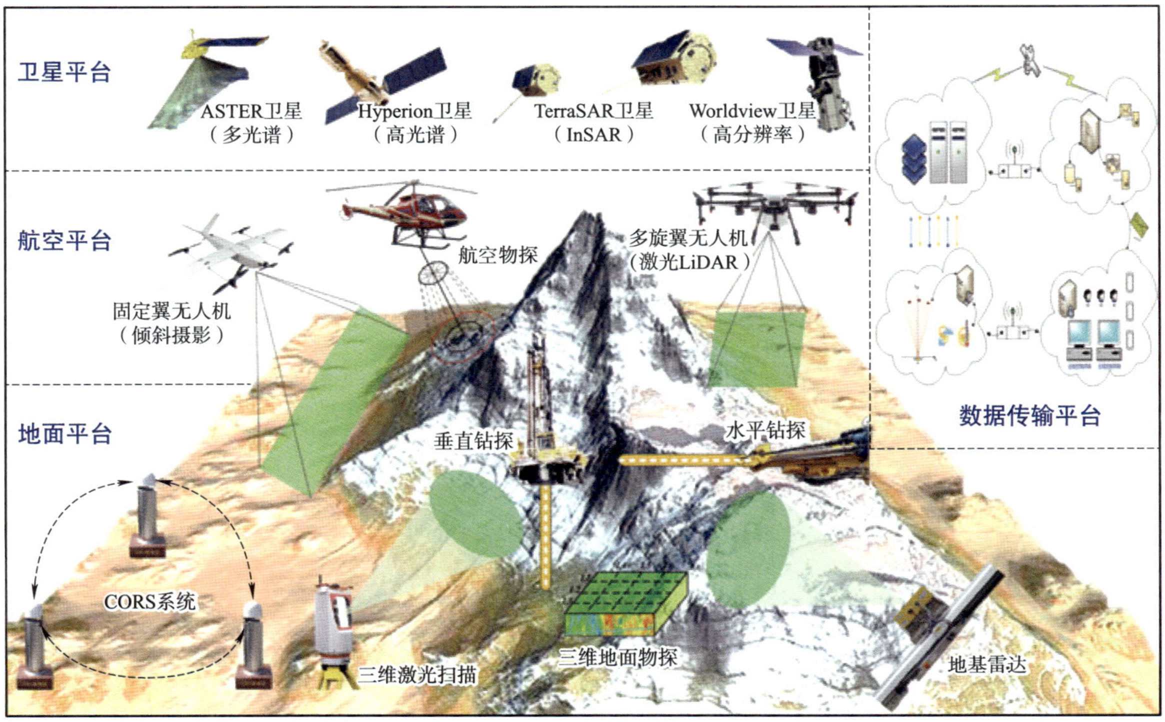

图2-1　“天空地”工程地质综合勘察技术

"天空地"工程地质综合勘察技术体系创新成果在成贵高铁、成兰铁路、大瑞铁路、贵南高铁、拉林铁路、丽香铁路、渝黔客专等国家重大工程勘察设计、施工运营中得到广泛应用。

2. 研究掌握隧道定向钻探成套技术

针对传统隧道垂直钻探面临的设备及人员运输难、千米级钻孔轨迹控制难、陡倾岩层钻探定向难、复杂地层钻进效率低、"点状"勘探精度低、生态环境保护要求高的"三难两低一高"难题，我国铁路研发了隧道定向钻探成套技术，创新了水平绳索轨迹控制方法和取心定向钻探模式，建立了超千米水平孔绳索取心工具投送方法；研制了超千米级长行程、大扭矩全液压动力头式小倾角钻探装备，研发随钻定向器具，设计了钻孔涌水分离装置；研制了低温绿色防塌冲洗液、低温纳米复合水泥基钻孔快速铸壁材料以及复合堵漏材料，有效解决了高寒生态脆弱区超长水平孔绳索取心定向钻进的钻孔冲洗、孔壁垮塌以及恶性漏失三大难题。

隧道定向钻探成套技术创新，为复杂艰险山区铁路隧道超长水平孔绳索取心定向钻进提供了方法、技术、装备等全方位支撑，成果在西渝高铁等项目中推广应用，创造了国内外水平孔绳索取心定向钻探 NQ(直径 76 mm)最深纪录 1 888.88 m。

3. 创新艰险山区航空—半航空电磁勘察关键技术

针对我国西南艰险山区高寒缺氧、地形陡峻、交通困难，大部分区域勘探人员不能到达线位，传统的地面物探和钻探工作已无法施测的问题，我国铁路对过去主要用于矿产勘查的航空电磁法勘察技术进行适应性改进和创新，提出了对称线路中线不等间距观测方法和航空电磁不良地质体识别技术；研发了艰险山区铁路隧道全覆盖、高分辨率探测技术与地球物理三维空间选线技术；构建了高陡艰险山区铁路隧道全航空电磁法勘探技术体系，包括研发了基于深度聚焦的双源、高电压地空电磁发射技术和伪随机多频放大与选频滤波地空电磁接收技术，研制了首台套复杂艰险山区铁路隧道定深勘探航空电磁装备，创新了航空瞬变电磁和航空大地电磁倾子正反演及联合反演方法，实现了快速、稳定、高精度的航空电磁勘探正反演算法，研发了航空电磁勘探正反演软件系统。

艰险山区航空—半航空电磁勘察关键技术创新，填补了西南山区地面勘探资料的空白，为铁路勘察设计提供了可靠的基础资料，创新成果推广应用于西渝高铁、崇凭高铁等项目地质勘察工作中。

4. 研发高铁复杂岩溶综合勘察技术

我国岩溶面积约 344 万 km^2，集中于川渝、滇黔桂、湘鄂等地区，岩溶地面塌陷、隧道涌水突泥、大型溶洞失稳、危岩落石等是高铁建设中尤为突出的地质问题，且岩溶地质面临勘察难、评估预测难、选线和设计难三大难题。针对上述问题，我国创新发展了高铁建设岩溶地质理论，揭示了现代深部复杂岩溶发育的宏观规律及主控因素，首次揭示并验证了厚覆盖型岩溶地面塌陷机理，建立了高铁岩溶工程地质分区，为高铁岩溶勘察设计提供了理论支撑；研究构建了高铁岩溶风险评估方法体系，实现了高效勘察与精准设计；创立了复杂岩溶区高铁减灾选线理论与技术方法，创建了控制高铁选线的岩溶致灾因子体系，提出了岩溶减灾选线和灾害防治技术原则，建立了线路方案比选定量模型，规避了高铁岩溶灾害系统性风险。

通过创新建立完整的复杂岩溶区高铁综合勘察成套技术体系，为我国岩溶区高铁建设提供了理论、方法和技术支撑，创新成果推广应用于武广、贵广、云桂、郑万、贵南等高速铁路地勘工作中。

5. 研究应用真实感大场景勘察技术

针对山区铁路表生不良地质发育、勘察数据量庞大、三维可视性差等问题，我国铁路依托遥感技术和计算机技术的长足发展，开展真实感场景遥感技术研究，利用高清的航空和航天立体拍摄影像数据，通过创新建立基于航飞勘察成果的高精度地质三维模型，实现全线三维环境综合地质信息的快速解译与分析，显著提高了地质勘察的效率和质量。

6. 研发高速铁路地面沉降区勘察评价关键技术

地面沉降是一种缓变型地质灾害，具有持续时间长、影响范围广、成因机制复杂和防治难度大等特点，给高速铁路带来了重大安全隐患。为此，我国铁路研究建立了多源异构数据融合的三维水土耦合数值模型，提出了基于数值仿真技术的地下水开采引发地面沉降的防治技术，构建了基于优化理论的高速铁路沉降超限区优化设计及轨道高程调整量技术体系，有效减小了地面沉降区沉降速率和最终沉降，降低了差异沉降对线路的影响，有力保障了地面沉降区高速铁路建设运营安全。

7. 创新大直径桩底岩溶探测技术

岩溶区桩端岩溶容易引发施工过程中塌孔、埋钻、地面沉降等严重事故，因而桩端岩溶给岩溶地区桩基的设计和施工带来很大的困难。针对大直径桩底岩溶无法高精度探测、复杂泥浆环境下桩底狭小空间难以实施探测的问题，我国铁路在调研国内外桩底岩溶探测方法和装备的基础上，提出了一种利用超声相控阵聚焦成像原理的桩端岩溶探测方法，研制了融合超声远场聚焦成像、多模式采集、全流程数字化实时探测三大核心技术的桩端岩溶三维成像装备，实现桩端10 m以内岩溶三维成像，成像精度达0.1 m，在适应环境、操作难度、探测深度、盲区、分辨率、解译、三维成像等方面均获得技术提升，对保障岩溶区桩基施工安全与质量控制起到了重要作用。

（二）工程设计技术

随着高速铁路的快速发展，我国高铁建设场景日益多样，东北地区温度变化 ±40°，东部河网纵横、淤泥质软土密布，西南地区山高谷深、地质条件恶劣，西北地区大面积湿陷性黄土和戈壁沙漠等为高铁工程设计带来了一系列挑战；城市发展对站城融合的需要、旅客对便利性和舒适性的诉求以及高铁"走出去"等，都对高铁工程设计提出更高要求。为此，我国牢牢把握高铁线路、路基、桥梁、隧道、轨道、客站等建造运营需求，不断深化高铁工程设计技术创新，形成了适应国情路情的高铁设计理论、方法和技术体系。

1. 提升线路设计技术

选线是从源头上统筹高铁"线路走向""空间线位""工程设置"的重要技术工作，与线路经济合理性及建设运营安全息息相关。传统的线路设计技术难以对线路线形方案进行整体评价，无法准确分析线路参数对列车高速行车条件下的行车安全性和乘坐舒适性影响，已不适应高速铁路的发展需求。同时，在高铁设计方面，针对地形地质条件复杂的艰险山区、高纬度严寒地区、西北戈壁沙漠风沙地区我国还缺少相应的选线设计经验；在选线设计理论上，方法单一，未能综合各种控制因素，从源头上规避风险；在选线理念方面，一般遵循在满足当地城市规划的前提下，选择线路顺直，工程节省，符合环保政策的线路，未能将环境保护理念体现在选线设计中，做到铁路基础建设与沿线环境全面协调。为此，我国综合考虑行车安全、乘车舒适度、地质条件、防灾减灾、沿线环境等因素，结合环境保护、资源优化等设计理念，研究建立了效率和质量更高、方案更优、周期更短的线路选线和设计技术。

针对高铁安全及乘坐舒适性问题，创建了基于系统动力学的铁路线路线形分析理论，形成铁路线路线形精细化设计和优化成套技术，研发了铁路线路线形全局评价及与线下结构匹配综合优化技术，提出线形与线下结构匹配综合评价方法，理论研究成果已成功应用于京沪、京津城际、印尼雅万等国内外50余项高速铁路项目。

依托南昆客专、沪昆高铁、贵南高铁等艰险地区高铁建设，构建了复杂山区铁路减灾选线设计成套技术，提出基于全寿命周期、风险管理和系统工程的减灾选线新理念，创新了高烈度地震山区、岩溶山区及沟谷灾害链区等典型灾害区减灾选线方法，创建了灾害风险综合防控模式，提出了线路方案定量评价方法，相关成套技术在黔张常等 1.9 万 km 高铁减灾选线和工程设计中得到应用，优化了工程方案，节约了工程投资。

针对高纬度严寒地区、风沙地区、平原地区的不同特点和危害，开展综合选线技术研究，实现选线综合效益最优，已应用于哈大客专、兰新高铁、京沪高铁等众多高速铁路项目。

贯彻绿色发展理念，开展绿色选线技术研究，通过论证、技术创新、必要的补偿、多方参与以及运营后评价等方法，确保高铁选线符合环保要求，技术成果应用于海南环岛高铁、杭黄高铁、合福高铁等，特别是杭黄高铁按照“四季常绿、三季有花，乔灌结合、错落有致，因地制宜、体现特色，安全可控、科学管养”的绿化原则，实现了绿化效果与周边环境的融合统一。

利用数字化、信息化技术，开发高速铁路线路方案舒适度评价数字选线系统，实现了舒适度评价结果的实时三维仿真，优化了高速铁路舒适度评价模式。建立涵盖全生命周期的成套铁路选线应用系统，实现选线手段从纸质化到数字化、二维到 BIM、人工到初步智能化的转变。数字化线路设计技术如图 2-2 所示。

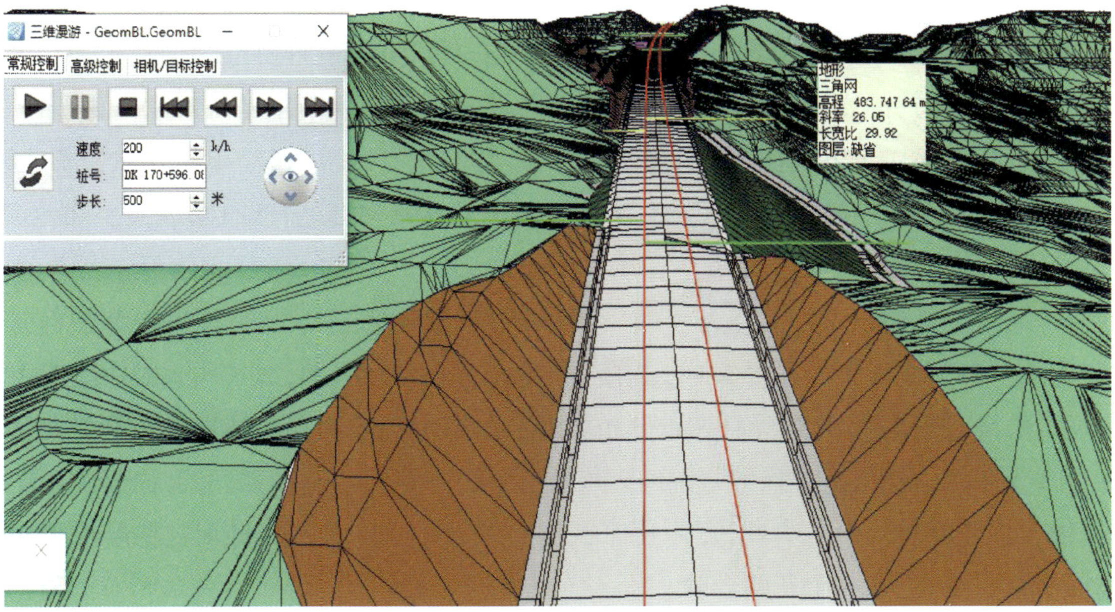

图 2-2　数字化线路设计技术

2. 研发路基设计技术

铁路路基是承载轨道结构和列车的重要基础。随着不同地质气候条件下高铁建设的深入推进，不同线路路基填料呈现类型多样、性能迥异的特点，给高铁线路平顺性控制及路基工程高质量建设带来重大挑战，世界上已无成熟经验可供借鉴，需要结合具体工程所处的气候与地质条件开展相关理论与技术创新。为此，我国进一步对复杂环境下高铁路基设计技术集中开展科研攻关，创新和完善了高铁路基设计理论，构建了具有世界先进水平的高铁路基设计关键技术体系。

为满足高铁 350 km/h 运行速度下路基变形控制要求，我国研究突破了高铁路基基床结构与填料选控关键技术，形成了具有自主知识产权的技术标准体系，建立了路基基床结构设计和动态检定技术体系、路基填料分类分组及压实质量控制技术体系和不良填料改良利用技术体系，实现了高铁路基结构设计的动变形精准控制。

为适应不同地形地质条件高铁路基设计的要求，我国开展大量研究探索，创新了高铁软土路基小变形控制理论和应用技术，取得了长期沉降可控、服役变形可防和偶发变形可修的系统性成果；建立了膨胀土地区高铁路基变形控制成套技术，实现了膨胀土路基“毫米级”变形控制；建立了湿陷性黄土地区高铁路基沉降控制技术体系，形成了改良黄土作为高铁路基填料的控制技术；形成了具有自主知识产权的严寒季冻区高速铁路毫米级变形标准下路基平稳性控制技术及应用体系，实现了冻胀变形精准控制在 5 mm 以内。

针对大量新建铁路引入既有运营高铁易造成既有高铁路基沉降变形的风险，我国研究建立了新建铁路引入既有高速铁路变形控制成套关键技术，构建了新建铁路引入既有高铁路基变形分析控制理论与方法，揭示了不同地基处理与路基填筑工程控制措施对既有高铁线路平顺性的影响特性；提出了接入工程路基减载填筑与地基少扰动加固沉降协同控制技术，减少了地基加固施工对既有高铁路基的变形影响；建立了新建铁路引入既有高铁变形监测评估技术，提出了既有高速铁路变形控制标准，为既有高铁安全运营、新建铁路动态施工提供了支撑。

3. 研发桥梁设计技术

高速铁路桥梁设计需满足安全、适用、经济、耐久的要求，设计使用寿命达到 100 年。依托京津、京沪、哈大、津秦等高速铁路桥梁工程，我国初步掌握了高速铁路桥梁设计技术，但在千米级大跨度桥梁设计、无砟轨道与大跨度桥梁一体化设计、信息化智能化设计手段等方面还需要提升。为此，近十年来我国加大技术创新力度，高速铁路桥梁设计水平和设计成果迈上了一个新的台阶。

通过开展高速铁路桥梁系统性研究，我国逐步形成了较为完善和全面的桥梁设计理论和方法，形成了具有自主知识产权的高速铁路桥梁设计标准体系，涵盖荷载作用、高速铁路桥梁通用规范，大跨度拱桥、斜拉桥等专门设计规范等，有力支撑了我国高速铁路桥梁建设。

建立了高速铁路列车荷载图式和标准梁桥成套技术参数体系，提出了我国高速铁路标准梁桥的主型桥式和变形控制设计方法，系统设计了跨度 32 m、40 m 标准梁，构建了高速铁路标准梁“制造、运输、架设”快速施工成套技术。同时，形成了配套标准梁的适用于 $0.05g \sim 0.2g$、3 ~ 25 m 墩高等大多数工程情况的桥墩标准设计，并开发了高铁桥台通用设计系统。上述标准化设计，在很大程度上加快了我国高速铁路桥梁的设计速度，保证了设计质量。

为满足高速列车 300 ~ 350 km/h 运行需求，建立了高速铁路大跨度无砟轨道桥梁

“梁—轨一体化设计”成套方法和技术，创新提出了针对高速铁路大跨度无砟轨道桥梁的60 m弦静态长波高低不平顺的静态验收限值要求，研发了最大伸缩量为±800 mm的系列上承式梁端伸缩装置与钢轨伸缩调节器等装置，创新成果应用于主跨300 m的昌赣客专赣州赣江特大桥、主跨324 m的商合杭高铁裕溪河特大桥，满足了列车以350 km/h运行时的设计要求；应用于主跨392 m马鞍山公铁两用长江大桥副汊航道桥、主跨450 m杭州湾跨海大桥北航道桥，支撑了我国高速铁路无砟轨道斜拉桥从300 m级向400 m级过渡升级。

适应大跨度桥梁快速发展的要求，我国在大跨度高铁桥梁设计方面应用了一系列创新技术，首创了三索面、三主桁的斜拉桥结构，实现了铁路桥梁跨度从300 m级到500 m级的飞跃；研发了大跨度桥梁板桁组合结构，攻克了高速列车运行对桥梁结构刚度、整体性和平顺性要求高的难题；提出了斜桁断面的主梁型式，提高了桥梁的稳定性；提出了“斜拉—悬索协作体系”，将悬索桥和斜拉桥有机组合形成一种新的缆索承重体系桥梁，降低了施工风险；首创了台阶型沉井基础结构形式，构建了大型桥梁沉井基础水动力性能评价和选型方法，实现了沉井基础的水动力和减冲刷性能优化。创新成果成功应用于武汉天兴洲长江大桥、沪苏通长江公铁大桥、五峰山长江大桥、鳊鱼洲长江大桥、常泰长江大桥、马鞍山长江大桥、甬舟西堠门桥等主跨500 m级乃至千米级以上大跨度高速铁路大跨度桥梁工程中，为我国高铁大跨度桥梁的发展提供了理论和技术支撑。

把握BIM、GIS、人工智能等新一代信息化技术发展机遇，我国以铁路工程全专业、全线统一环境的协同设计平台为基础，开展桥梁智能化设计技术研究应用，攻克了桥梁工程多维数字建模与仿真、快速方案设计与比选等技术难题，全面提升桥梁设计效率和质量；面向深化设计、加工制造流程，开发工艺余量添加系统、自动套料系统、焊缝信息管理系统，探索钢结构桥梁设计加工一体化技术，实现了面向智能加工需求的钢桥数字化设计。桥梁智能化设计技术的应用推广，实现了提升工程设计水平、降低工程建设成本、保障工程建设安全、提升工程建设质量等多个目标，推动了我国高铁创新发展。

4. 提升隧道设计技术

西部地区复杂的地形、地质条件是高铁隧道建设的巨大难题和挑战。针对不同区域环境下隧道技术体系、隧道断面尺寸设计优化、信息化设计等存在的不足，近十年来我国不断研究完善高铁隧道设计技术体系、研究更合理的隧道断面尺寸和设计参数，并利用信息化、智能化手段开展高铁隧道设计，实现了新的技术突破，为高速铁路隧道技术水平和建设能力的进一步提升奠定了坚实的基础。

充分结合我国高铁隧道地形、地质及气候条件复杂多样的特点，建立“以主动控制围岩变形为主”的隧道设计理论。结构设计方面，从容许应力法发展为基于极限状态的概率可靠度法，并应用基于有限元、有限差分的数值模拟方法，使隧道结构设计质量大幅提高；设计思路方面，从过去单纯依靠衬砌承载，转变为主要依靠围岩，并在围岩稳定性评价及分级、围岩变形控制设计等方面进行了深入探索研究，形成了以主动控制围岩变形为主的中国特色隧道修建方法，极大促进了我国铁路隧道设计理论和方法的发展。隧道全变形过程控制设计原理示意如图 2-3 所示。

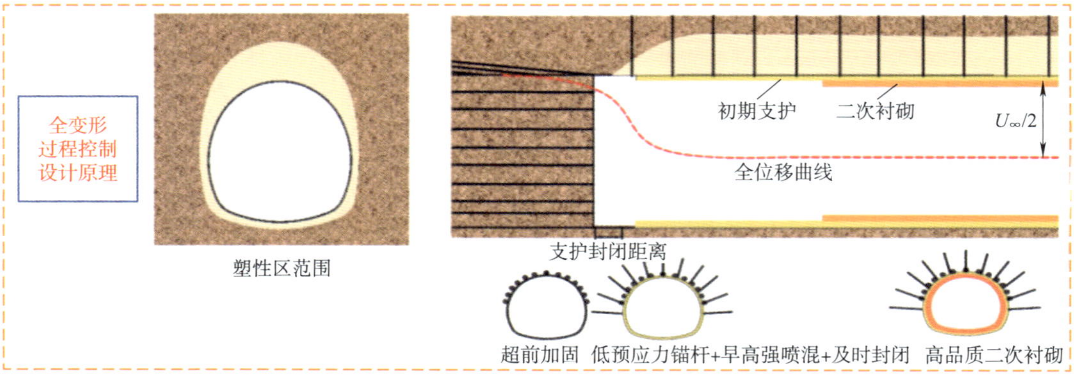

图 2-3　隧道全变形过程控制设计原理示意

针对艰险山区（图 2-4）、岩溶富水区、黄土地区、严寒地区等多种特殊环境，研究形成了适应不同条件的隧道成套设计技术。首创艰险山区“桥隧一体化”落石防护结构新体系，创新桥隧串接工程设计施工关键技术，提出了长大密集隧道群设置明洞连接结构、消除小间距洞口的运营舒适度新理论。按照富水地区岩溶水“截得住、排得走”的设计理念，构建了高速铁路岩溶风险评估方法体系，创新了高压富水岩溶隧道溃水灾变防控和高压富水断裂破碎带隧道突泥涌水防控技术，建立了隧道防排水标准体系。提出“改善岩性、超前预防、针对处理、快速通过”的黄土地区隧道设计理念，研究形成地基湿陷量计算方法、变形评价体系和地基处理关键技术，创建了空间变形控制设计方法。系统形成严寒地区隧道防水、排水、防寒、抗冻设计原则及方法，提出高原严寒区高铁隧道“初期支护 + 模筑支护 + 防水板 + 保温层 + 防水板 + 二次衬砌”的防寒保温结构型式，建立了“洞内双侧保温水沟 + 保温中心水沟 + 洞外防寒泄水洞”的综合防排水体系。研发越江穿海地区高铁水下盾构隧道结构体系与设计方法，解决了高速铁路水下盾构隧道结构安全保障、轨道平顺性控制难题。针对复杂城市环境隧道设计，创建了严重区域地面沉降条件下的高铁隧道设计关键技术，形成城区铁路大跨地下工程设计关键技术。

针对海底隧道，狮子洋隧道在前期研究中，对桥隧方案、隧址方案、主要技术标准等进行了深入研究和比选。在工程设计阶段，针对不同的线位方案和纵坡方案，开展了不同平纵断面速调方案行车平稳性仿真分析与评估研究；立项开展了水下盾构隧道合理埋置深度及结构设计标准研究、水下隧道结构静动力学特征及关键技术参数试验研究等。先后攻克了“高水压、强渗透”地质条件下，掘进机水下带压更换刀具等多项世界性的技

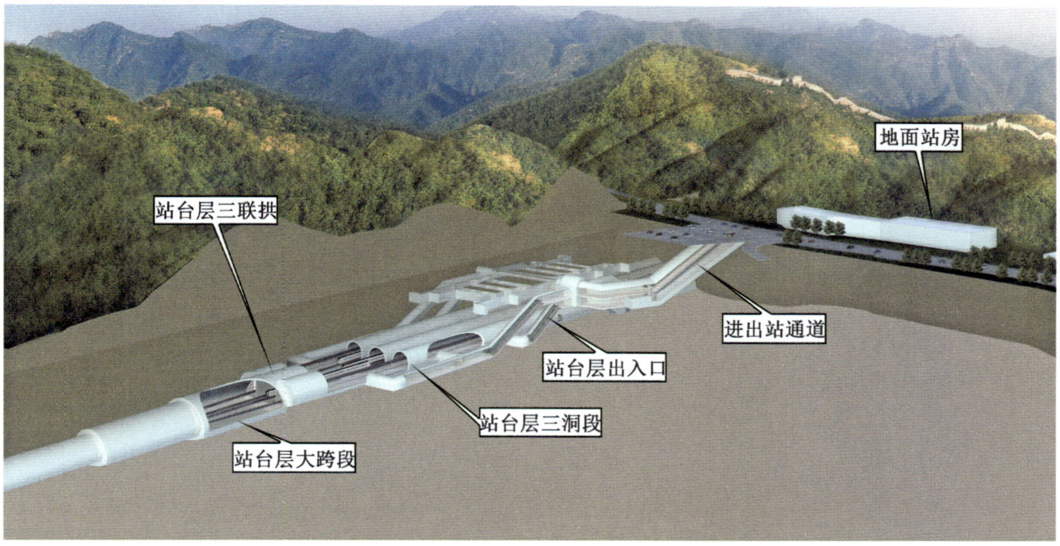

图 2-4　艰险山区八达岭长城地下站

术难题，形成了系统的高速铁路特长水下盾构隧道工程成套创新技术，创建了高速铁路水下盾构隧道结构体系与设计方法，突破了以“盾构地中对接”新技术为核心、适应长距离、高水压、严重软硬不均地层盾构施工的关键技术与装备，创新了高速铁路特长双孔水下隧道运营控制关键技术。

高速铁路隧道设计更重视洞口位置选择和洞门设计，设计阶段主要根据隧址区地形、地质、水文、周边环境等条件，结合工程运营安全、施工安全、空气动力学效应、环境保护、洞口相关工程等因素确定洞门位置及形式。目前主要形式有墙式洞门和切削式洞门两种形式，墙式洞门主要适用于地形较为陡峭、偏压较大或横断面地形复杂的洞口；切削式洞门主要适用于不刷坡、少刷坡地段，其简洁大方，美观实用，不仅体现环保和生态理念，而且有利于缓解高速铁路隧道空气动力学效应为高速铁路隧道目前洞口设计的主要形式。针对高速铁路通过隧道时诱发的空气动力学效应及其对列车车体结构的稳定性、乘客的舒适度以及隧道沿线周围的环境产生严重的负面影响和危害，系统性开展了高速铁路隧道空气动力气动效应及相关措施研究，通过对墙式隧道洞门下隧道气动效应的研究，总结出隧道出口微气压波幅值与车速的关系；通过改变洞门结构形式和洞门主要参数，确定对隧道空气动力效应问题改善效果较好的切削式洞门形式，并研究了其与常用缓冲结构组合而成的组合隧道洞门形式。

开展隧道信息化、智能化设计技术研究应用，研发高铁隧道 BIM 设计软件，形成了数据读入、参数设计、自动建模、动态更新、仿真分析、成果输出的高铁隧道数字化设计全流程解决方案，大幅提高了高铁隧道设计的效率。

5. 创新轨道设计技术

为解决国外引进无砟轨道在环境适应性、结构耐久性和可维修性等方面的不足，党的十八大以来，结合新型无砟轨道结构的研发，我国系统开展了无砟轨道设计理论及关键参数、轨道结构及其与下部基础接口设计技术等研究，全面掌握了 CRTSⅢ型板式无砟轨道设计技术，支撑我国一举成为高速铁路无砟轨道系统原创国，并实现无砟轨道在跨度 400 m 及以下梁的应用。

通过基础理论、结构设计、模型试验、建造技术等系统研究，我国建立了具有完全自主知识产权的 CRTSⅢ型板式无砟轨道全单元结构体系、无砟轨道全域环境设计方法和参数体系，创新了 CRTSⅢ型板式无砟轨道设计—制造—施工一体化协同技术。CRTSⅢ型板式无砟轨道铺设精度控制达到亚毫米级，精调精度提升至 0.35 mm，非标扣件使用减少 67%，底座板面高程、厚度全线合格率 100%，轨道平顺性控制指标大幅度提升。CRTSⅢ型板式无砟轨道成果突破了国外无砟轨道专利制约，为我国“一带一路”倡议和高速铁路“走出去”的实施提供了有力的技术支撑。

我国深入开展了大跨度桥梁无砟轨道理论分析、结构设计、验收及养修标准、安全运营保障等关键设计技术研究，系统提出了大跨度桥上无砟轨道设计方法和结构方案，创新了大跨度桥梁上无砟轨道服役状态健康监测系统，成功突破了 200 ~ 400 m 跨度高速铁路桥梁铺设无砟轨道的技术难题，形成了高速铁路大跨度桥梁无砟轨道铺设成套技术体系。目前，该技术已广泛应用于高速铁路大跨度桥梁铺设无砟轨道项目中，轨道不平顺质量指数 TQI 控制在 2.0 以下，桥梁、轨道等各项测试指标均满足相关标准要求并取得良好效果。

6. 创新客站设计技术

近年来，铁路客站逐步向站城融合方向发展演进。高铁客站设计技术不断创新，设计理念从单一客运场所逐渐向“综合交通枢纽”转变，客站设计与城市规划结合更加紧密，充分利用空间立体布局，推动城市绿色低碳发展，不断提高客站综合管理及智能化服务水平，实现信息的互联互通与资源的融合共享。目前，我国已形成“站城融合、智慧客站、绿色客站、人本客站、韧性枢纽”等设计技术，在设计理念、交通接驳、建筑文化、结构技术、节能环保方面都取得新的突破，推出了一批畅通融合、智能便捷的高水平铁路枢纽客站，提升了旅客的获得感、体验感、幸福感。

创新站城融合的客站设计理念，从客站规划、建设、运营各环节进行综合整体考虑，开展构建综合交通体、应用快进快出交通模式、融合全天候慢行系统、采用多层多向进出流线模式设计、上盖开发板结构创新设计等技术创新，结合 TOD 等多种模式，实现站与城的和谐相生。

创新智慧客站设计技术,基于云计算、物联网、大数据、人工智能等信息技术,以旅客便捷出行、车站温馨服务、生产高效组织、安全实时保障、设备节能环保为目标,构建铁路客运车站智能出行服务、智能生产组织、智能安全保障、智能绿色节能有机统一的新型生产服务系统。例如,以广州白云站为代表的智慧客站采用了室内定位、站内智能导航、计算视觉及智能分析等技术,实现了客站全景监控、协同联动、时空追溯等功能,同时综合应用智能化导向系统、旅客时间管理系统、无感安检系统、智慧模块应用等新技术。

应用绿色客站设计技术,以城市发展整体需求为导向,利用上盖开发、站场利用、地下空间节地与利用、简化建筑造型、土建装修一体化等技术实现节地与土地利用,运用被动式节能策略、可再生能源利用、主动式节能策略等技术实现节能与能源利用。

创新韧性枢纽技术,为满足城市安全防灾、应急管理等要求,我国深入开展大规模地下或高架站场通风采光、消防及逃生、防灾等关键技术研究,在客站选址、地下空间适度开发、站城数据共享、客站与城市应急系统联动等方面取得了创新突破,有效解决了客站在突发事件下的安全疏散、内涝灾害等难题。

推进人本客站设计技术创新,通过装饰装修、导向标识、景观绿化等多种设计手法,提升客站文化性;通过传统售票厅改为综合服务、安检互信、设置急客/便捷换乘进站厅、优化多层旅客进站流线、提高卫生间标准、整合中空站台作业通道、打造无障碍环境等多种设计策略,打造全龄友好型客站,将人性化设计落到实处。

第二节 工程建造

我国铁路围绕路基、桥梁、隧道、轨道、客站等工程建造专业领域开展了大量试验和科技攻关,解决了众多世界性技术难题,系统掌握了高速铁路工程建造成套技术,建设了一大批适应各种复杂地质条件和气候环境的典型线路,有效应对了艰险山区、富水岩溶区、严寒季冻区、湿陷性黄土、深厚软土等众多地质和气候条件带来的挑战,为高速铁路安全、平稳运营奠定了坚实基础。

一、路基建造技术创新

高铁路基是承受轨道和列车荷载的基础，是影响高速列车安全、舒适运行的关键工程。高铁路基主要由地基基础、路基本体、基床底层、基床表层、路基支挡与边坡防护、防排水等构成。高铁路基工程建造需要满足强度符合承载要求、刚度匹配和基底工后沉降控制要求，其在纵向上可视为由过渡段、横向构筑物、堤堑及不同基底条件组成的带状结构工程，追求纵向刚度变化均匀、差异沉降和不均匀沉降小，能满足轨道结构变形和列车舒适运行的要求。由于路基工程工作条件和所处地质气候环境的复杂性，高速铁路对路基建造技术提出了更高要求，必须构建完善的高铁路基技术体系，以保障高速列车的安全平顺运营。

（一）高铁路基智能填筑基础理论与成套技术

高铁路基结构静动变形控制标准达毫米级，对路基填筑质量提出了极高要求。路基通过振动碾压成形，其服役性能与填筑质量密切相关。传统压实质量检测采用人工点抽样方法，难以实现质量实时全面控制；常规路基填筑施工信息化、智能化程度不足，填筑精度与工效较低。为了解决上述问题，我国铁路通过长期跨学科攻关，攻克了高铁路基智能填筑基础理论，形成了具有自主知识产权的路基智能填筑成套技术与装备，总体达到国际先进水平。

1. 高铁路基振动压路机—粗粒土填料动力耦合作用机制

首次量化揭示了高铁填料振动压实宏细观演化机理，定量刻画了粗粒土填料初始流动→压密塑性→稳定密实的细观演化过程，突破了振动压实过程填料细观组构量化描述难题，建立了振动压实多参数协同测试填料试验系统，提出了考虑颗粒破碎的高铁填料循环压密本构模型。首次发现振动特征波并确定其伞形特征函数，提出“层状枣核型”路基填料空间振动场特征方程。首次建立了机—土三维动力耦合时空分析理论与量化模型，填补了国内外高铁路基机—土三维空间动力学压实理论的空白，为高铁路基质量连续检测与智能填筑奠定了理论基础。

2. 高铁路基压实质量连续检测技术与设备

研发了基于能量互馈与信号畸变的高铁路基压实振动连续检测指标振动压实能量值（CEV）与设备，实现高铁路基压实质量的连续全覆盖检测。CEV 指标与 K、K30、Evd 等相关系数较国际常用 CMV、ks 等指标提高 14%～25%，实现了高铁路基压实质量的高稳定、高可靠、全覆盖连续检测。发明了填料真实颗粒级配快速检测方法与设备，提升了高铁路路基填料级配识别精度。提出振动碾压过程压实振动连续检测控制标准，实现了压实质量薄弱区自动补压与碾压参数动态调控；与传统检测方法相比减少 1/2 ~ 2/3 检测数量，检测效率提高 50% ~ 67%，形成了高铁路基填料压实质量全过程连续检测与控制技术，为路基智能填筑提供了基础支撑。

3. 高铁路基智能填筑成套技术与装备

明确了以智能填筑指挥系统、机械智能控制系统、质量连续检测系统、定位与测量系统为主要组成的体系架构，建立了基于能量压实指标 CEV 的智能碾压工艺工法，全面提升填筑施工质量，减少用工 10%，提高工效 15% 以上。研发了高铁路基智能填筑指挥系统，形成以 BIM 为基础，施工数据、结构数据、监测数据、人材机数据相互映射、集中运行的数据管理模式。研制了摊铺、平整、碾压和边坡整形的施工机械智能控制系统，实现路基分层填筑质量精准自控。形成具备“路径动态调整 + 无人碾压控制”功能的智能振动压路机，机械利用率提高 50% 以上。实现了机械三维空间自动引导和姿态控制，保证了四大工序精准作业，摊铺高程误差 ±5 cm，平整高程误差 ±3 cm，显著提升了高铁路基建设信息化、智能化水平和技术经济性。

（二）复杂地质气候条件下高铁路基工程建造技术

我国地质气候类型多样，随着高速铁路的快速发展，不可避免地面临着如深厚软土、膨胀性土、湿陷性黄土等复杂地质条件，以及严寒、多雨等特殊气候条件。高铁路基结构由一定级配的松散颗粒材料堆积填筑而成，其受到温度、水分、地基基础条件等影响较大，在特殊复杂地质气候条件下若不采取对应措施，可能会产生较大工后沉降、不均匀变形、冻胀融沉等一系列病害，影响线路运营安全。面对上述问题，我国铁路科研团队经过十余年持续攻关，研究形成了深厚软土及松软土地区高铁路基建造技术、以膨胀土路基胀缩变形控制为核心的路基建造技术、湿陷性黄土路基建造技术、严寒季冻区高铁路基建造技术等一系列复杂地质气候条件下高铁路基工程建造技术体系。

1. 深厚软土及松软土地区高铁路基建造技术

为了解决深厚软土及松软土地基条件下路基沉降变形控制技术难题，研发了埋入式桩板结构、桩网、桩筏等多种基础结构，提出了高铁路基桩—网（筏）结构沉降控制理论方法，解决了各种环境条件下深厚软弱土地区无轨道路基工后沉降及动力稳定性技术难题；提升了复杂环境下高铁路基刚性桩复合地基建造水平，有效控制了工后沉降。相关成果推广应用于沪昆、福厦等十余条高铁线路的软土路基工程，开创了高铁软土路基建设技术新模式，经济、社会、环境效益显著。高铁路基桩网结构如图 2-5 所示。

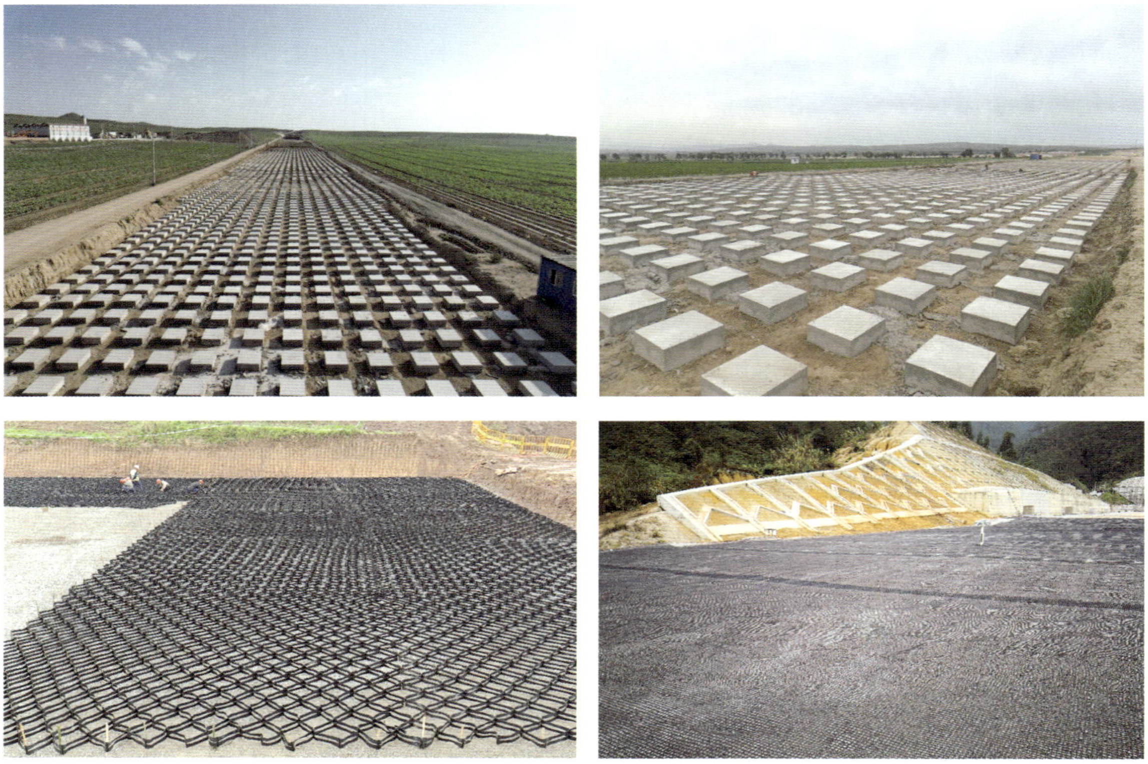

图 2-5 高铁路基桩网结构

2. 以膨胀土路基胀缩变形控制为核心的路基建造技术

膨胀土具有吸水膨胀、失水收缩和反复胀缩变形、浸水承载力急剧衰减等特性，既有铁路、公路路基病害十分突出。经过十多年攻关，我国铁路研发了具备全封闭防排水系统的铁路膨胀土有砟轨道基床结构，以及具备减胀系统、抵抗胀缩系统的铁路膨胀土无砟轨道基床结构。提出了膨胀土柔性减胀生态护坡技术，解决了膨胀土边坡开裂、溜坍等病害问题。该技术成果已全面应用于上海—昆明、贵阳—广州、云南—广西、贵阳—南宁等高速铁路建设，推广应用于伊朗德伊高铁、印尼雅万高铁，并纳入多部铁路规范。膨胀土区域高铁路基变形控制难题的解决，奠定了我国在该领域的世界领先地位。

3. 湿陷性黄土路基建造技术

湿陷性黄土具有湿陷性、孔隙大、压缩性强、承载力低等特性，受水浸湿后产生急剧而大量的下沉现象，在黄土地区修建高速铁路属世界性难题。我国铁路以世界上第一条湿陷性黄土地区 350 km/h 高速铁路项目——郑西高速铁路为背景，针对不同地基条件研发了水泥粉煤灰碎石桩（CFG 桩）+ 水泥土挤密桩长短桩复合地基、埋入式桩板结构等路基处理技术，建立了湿陷性黄土地区高铁路基沉降控制技术体系。湿陷性黄土桩基浸水载荷试验现场（桩长 60 m）如图 2-6 所示。这项技术创新成果确保了郑西高铁的成功建设，广泛应用于西安—宝鸡—兰州、大同—西安、西安—成都、兰新第二双线等黄土地区高速铁路，填补了黄土地区高速铁路技术空白。

图 2-6　湿陷性黄土桩基浸水载荷试验现场（桩长 60 m）

4. 严寒季冻区路基建造技术

我国是冻土大国，超过 1/2 国土分布季节性冻土，季冻区高速铁路最低气温达 −40 ℃以下、最大冻结深度达 3 m，是同一纬度下的日本和德国高铁的 2 倍。即使采用原标准体系中冻胀率小于 1% 的“不冻胀填料”，路基冻胀量也会达 30 mm。我国铁路通过十余年的技术创新，形成了具有自主知识产权的严寒季冻区高速铁路毫米级变形标准下路基建造技术。制定了渗透性和水泥改性级配碎石控制标准，研发了“防排疏渗”的路基防冻胀结构，实现了冻胀变形精准控制在 5 mm 以内。创新了路基冻胀实时自动监测和车载定期检测技术，实现了严寒季冻区高铁毫米级线路平稳性的可靠控制。相关成果获国家科技进步二等奖，应用于哈大、盘营、沈丹、哈齐、兰新等 8 000 余公里高铁线路。

5. 岩溶地区路基建造技术

我国岩溶地貌分布广泛，特别是南方地区，类型众多，为世界所罕见。岩溶地区的高速铁路建设面临着地基不均匀、不稳定、易发生塌陷、漏水等诸多挑战。针对此特殊工程地质条件，研究形成了系统的岩溶地区高铁路基建造技术体系。研发了适用于岩溶地区的高铁路基勘察方法和技术标准，建立了路基岩溶塌陷危险性评价、漏水评价、地基承载力计算、地基变形控制等方法，研发了岩溶塌陷治理技术、漏水防治技术、地基加固技术、岩溶塌陷监测技术等，提高了岩溶地区高铁路基的稳定性和耐久性。相关技术应用于贵广、沪昆、南昆等多条高速铁路线路的建设，为我国西南部和南部山区的交通发展作出了重要贡献。

（三）高速铁路地基处理施工技术

传统地基处理措施其置换、挤密等采用的机械往往具有高、大、智能化低的特点，难以适应目前高铁路基建造的高安全性、低扰动、快速施工、过程控制、信息化监控等施工要求。随着机械装备制造的不断发展，我国高铁路基建造领域在地基处理施工技术创新方面不断探索，逐渐发展出了低净空水泥搅拌桩、低净空钻孔灌注桩、搅拌桩智能化施工、CFG 桩信息化施工、先截法土模桩帽施工等新型施工技术，拓展了不同地基处理措施的适用性、可靠性及工程信息可追溯性。

1. CFG 桩、螺杆桩信息化施工新技术

CFG 桩、螺杆桩、管桩等是目前高速铁路地基处理的主要措施，通过研发 CFG 桩、螺杆桩等桩基施工管理系统，大幅提高了施工质量。该系统对桩机进行智能化改造、采集施工过程中的各项原始数据，实时显示在工业级车载终端上，辅助机手精准施工，提高成桩合格率。CFG 长螺旋钻机信息化施工管理系统如图 2-7 所示。可实现全天 24 h 高效工作，精准引导，提高生产效率。业主方、监理方、施工方可及时跟踪施工过程及任务完成情况。在桩基施工管理系统的赋能下，沪渝蓉高速铁路等实现高精度作业，通过 3 cm 的精确放样，效率提高 35%，节约了建设成本。

图 2-7　CFG 长螺旋钻机信息化施工管理系统

2. 低净空全套管钻孔灌注桩施工新技术

随铁路网密度逐步提高,邻近既有高速铁路或下穿低净空高铁桥梁等复杂环境下的桩基施工越来越多。为确保施工过程中既有运营高速铁路的安全,完成大幅超低净空高度的桩基础工程,研发了采用全回转全套管钻孔灌注桩施工工艺。其可以驱动套管做360°回转,最深钻孔深度可达60 m,同时降低了设备高度(3.6~4.1 m),有效控制了桩体施工过程扰动大、空间占用范围大的问题,避免了施工中对既有高速铁路的扰动,节约了工程投资。

3. 桩头前截及桩帽机械开挖土模施工技术

传统螺杆桩、CFG 桩桩帽施工效率低下,施工扰动大,甚至影响成桩质量。对此研发了螺杆桩、CFG 桩混凝土桩头先截法处理技术,桩帽施工采用锥台形桩帽土模成型技术,有效保证了螺杆桩地基处理质量、提高了工效、降低了成本。桩头在混凝土初凝前截取,并对桩头进行有效振动捣实、修整,成桩后桩头不高于地面,避免了施工机械行走时对桩体的影响。桩帽在原状土中采用专用机械旋挖挤压成型施作,形成"复合地基桩帽土模法施工工法",取得了良好的技术经济效益。

4. 双向搅拌桩智能化施工技术

双向搅拌浆(粉)喷桩智能化施工系统由智能化桩机硬件系统和监控平台软件系统构成。智能桩机最大限度地实现了施工的自动化,根据设计要求对施工进行精确控制,施工过程在无人干预下按既设参数运行。自动制浆(粉)站在节约人工的同时实现批量式自动制浆(粉),每笔制浆(粉)数据包括水泥用量、水灰比等及时上传系统,实现生产过程中原材料的精细化管控。

(四)高铁路基边坡工程支挡防护设计施工技术

路基边坡工程主要包括边坡支挡和防护工程,在高铁建设中,为确保基础设施更加安全稳定,设计和施工两方面都不断发展创新、探索实践,取得了一系列技术成果:支挡工程的结构变形控制设计理念,满足了高速铁路对变形的更高要求;支挡防护工程的新结构、新材料应用,提升了路基边坡的稳定性和外观质量;绿色防护工程的生态化、景观化系统设计和新材料应用,把高速铁路建成了绿色通道、景观走廊。这些创新与实践成为我国铁路迈向现代化的有益尝试和探索。

1. 新型边坡支挡防护结构与施工技术

椅式桩板墙与桩板墙等典型高铁路基支挡防护结构形式,对保证路基在高陡边坡的稳定与安全发挥了重要作用。椅式桩板墙综合了悬臂式桩板墙与双排抗滑桩的技术特点，兼有承重、阻滑和支挡三重功能，主要适用于高悬臂、陡坡及不稳定斜坡土（岩）质的路堤地段。桩板墙是由抗滑桩演变过来的，可适用于路堑和路堤高边坡地段，以减小挖方或填方边坡高度。路肩桩板墙利用桩的锚固段侧向地基抗力来抵抗悬臂段传来的侧向力，其结构形式简单，适用于土压力大、墙高超过一般挡土墙限制的情况，在路基支挡工程中广泛适用。

2. 智能化、装配式路基防护结构施工技术

我国铁路研发了适用高铁路基边坡骨架护坡的智能开槽及边坡压实机械，编制了用于智能铣挖成槽的专项程序，引入自动定位引导系统，可用于路堤边坡、全风化和强风化岩为主的路堑边坡防护工程。有效解决了传统人工或挖掘机开挖成槽工艺的施工效率低及扩挖、回填等问题，避免了核心土扰动，提高了骨架嵌入边坡的整体稳定性和核心土的抗冲刷能力。路基边坡防护创新采用装配式施工技术，实现了构件工厂化预制，拼装完成后整体平整度好，减少了模板安装工序，提升现场施工工效。福厦铁路装配式路基防护效果图如图 2-8 所示。

图 2-8 福厦铁路装配式路基防护效果

3. 绿色生态防护施工技术

高铁路基边坡防护技术融入了绿色低碳、生态维护及可持续发展等设计新理念，针对不同边坡类型及景观要求，开展了三维植被网（双凸面）生态防护绿化技术、岩质边坡挂网攀援垂直绿化技术、加筋复合植物纤维毯技术、生态草灌袋技术、近自然新型基材生态修复技术、铁路路基边坡滴灌技术等创新实践，通过京张、太焦等高铁现场应用取得了良好的生态绿化防护效果，太焦铁路边坡生态防护工程效果如图 2-9 所示。

（五）路基沉降变形观测和评估技术

路基在保障高铁线路平顺性方面发挥着重要的作用，其沉降变形控制极为严格。为确保路基及其下部地基工后沉降的控制，在高铁路基填筑过程中需要对沉降变形进行观测，并对变形的稳定性和发展趋势进行动态预测与评估，确定路基残余工后沉降。路基

图 2-9 太焦铁路边坡生态防护工程

沉降变形观测与评估为预压土卸载、轨道工程控制网建立、钢轨铺设提供了可靠保障，在多年科研攻关的基础上，结合试验段专项研究，我国铁路建立了高铁路基沉降观测与评估技术规程。随着我国高铁的大规模建设，高速铁路沉降变形观测与评估技术体系与标准日渐完善，在沉降变形观测、沉降发展预测、稳定评估方面，取得了大量自主创新的技术成果。

1. 高铁路基沉降变形观测技术

在水准测量方面，建立了以三等垂直位移监测网观测指标为主体，同时满足构筑物变形观测指标的高精度观测技术。提出了适应铁路沉降变形观测要求的设备精度参数，建立了适应铁路纵向延长特点的单程附合水准路线和支线环水准路线等沉降变形观测路径，优化了观测点与观测断面的布置方式，明确了沉降变形观测频率。在自动化测量方面，提出了单点沉降计、静力水准仪、剖面沉降仪、冻胀计的精度指标、技术参数、观测要求，有力支撑高铁信息化、智能化建设。我国高铁逐步积累的沉降变形庞大观测数据，由沉降变形观测信息系统进行管理，实现了全路沉降变形信息按线可查、按工点可追溯。

2. 沉降变形发展趋势预测技术

铁路线路纵向贯穿区域广大，地质条件错综复杂，沉降变形发展趋势极其多样。为保证预测结果的准确性与可靠性，我国铁路利用双曲线法、三点法等多种沉降变形预测方法，完善了沉降变形预测的技术条件，使沉降变形预测过程能够相互校核，保证了预测结果的准确性与可靠性。同时，根据地质岩性条件和沉降发展特点，提出了结合勘察、设计、施工、量测资料及现场调查进行综合判断的评估方法，满足了工后沉降更高精度控制要求。

3. 高铁路基沉降评估技术

路基沉降变形观测与评估贯穿于铁路整个建设期，我国紧密结合铁路建设全过程，研究形成了勘测阶段精细化、建设阶段独立化、观测阶段标准化、评估阶段节点化的路基沉降变形观测评估技术体系，统一了铁路工程建设期间沉降变形观测与评估的技术要求，合理确定预压土卸载时机、轨道工程控制网建网时机、轨道工程施工时机，对确保铁路工程质量和运营安全起到了重要作用。在勘测阶段实现了勘测设计精细化，在设计阶段进行路基沉降变形计算，给出沉降观测断面及观测内容，明确观测点具体布置。在建设阶段实现沉降变形观测与评估独立分离。在观测阶段实现了基准网等观测工作标准化。在评估阶段实行工作节点化，在预压土卸载、轨道工程控制 CPⅢ建网、轨道工程施工前，进行铁路工程沉降变形系统的评估。

（六）路基建造材料技术

高铁路基结构材料作为结构的主体以及关键部位组成，其选控和施工质量决定着整个路基结构的完成质量、建设成本和服役性能。随着高速铁路里程的增加和高铁网建设的日益完善，高铁路基结构面临着更为复杂的地质气候环境影响，对路基材料本身性能、适用性和经济性提出了更高的要求。在此背景下，路基结构施工中的新型材料及其相关的新技术、新工艺、新方法应运而生。我国铁路结合多年科研攻关和工程实践，在高铁路基建造材料技术方面取得了一系列的自主创新成果，提出了耐候型高铁路基全断面沥青混凝土材料与防水封闭技术，创建了具备轻质、高强性能的高速铁路泡沫轻质土路基材料关键技术，为复杂严酷气候环境，以及过渡段、软土路基、陡坡路段等地段高铁路基建设提供了有力支撑，达到国际领先水平。

1. 严酷环境下高铁路基全断面沥青混凝土防水封闭技术

我国高铁沿线气候差异大，在严酷气候环境与高速列车荷载作用下，局部区段出现封闭层开裂及嵌缝材料老化失效的问题，路基长效防水封闭面临巨大挑战。通过多年技术攻关，形成了具有自主知识产权的中国高铁轨道—沥青混凝土面路基结构技术体系。提出了 $-40\sim82$ ℃的宽工作温域专用改性沥青及其制备方法，实现了复杂荷载与不同气候分区下高铁沥青混凝土高耐候与定制化制备；发明了多功能熨平装置与精细控制摊铺方法，实现了平整度、坡度、厚度等关键参数的精准控制；创新了强激力与重搓揉组合的大厚度压实工法，降低人机消耗 50% 以上，缩短工期 30% 以上，技术广泛应用于郑徐、武冈、郑万、京张、牡佳等线路。

2. 高速铁路泡沫轻质土路基关键技术

泡沫轻质土路基作为轻质、高强的新型路基结构，是解决高铁路基帮宽沉降变形控制难题的有效手段，也可为过渡段、软土路基、陡坡路段等地段沉降控制提供新的解决方案。我国铁路突破了高速铁路泡沫轻质土路基“材料—结构”和“设计—施工”关键技术，研制了适用于0～45 ℃环境使用的高稳定性发泡剂，研发了高强度、高延性、低渗透、长耐久的高性能泡沫轻质土材料，同密度下强度提升15%。创建了路基帮宽、过渡段、软土路基和陡坡路段等地段的泡沫轻质土结构型式，相比普通填料路基，填筑荷载减少60%～80%。研发了泡沫轻质土“发泡—混合—浇筑”一体式的高精度、全封闭、自动化生产装备，形成了高速铁路泡沫轻质土路基分层连续式快速施工工艺及成套技术，新装备施工效率提升15%以上，综合工程造价节省13%以上，工期缩短约40%。

二、桥梁建造技术创新

高速铁路桥梁结构型式多样，涵盖梁式桥、拱式桥、悬索桥、斜拉桥等，其中梁式桥又包含标准跨度梁桥以及梁拱组合、梁桁组合桥。不同跨度、不同结构体系的桥梁，较好地适应了我国高速铁路跨越不同地质和水文等环境条件以及高速行车等众多需求。目前，我国高速铁路桥梁总长约2万km，形成了适应严寒冻土、风沙干旱、高温多雨、海洋腐蚀、艰险山区等各类环境的桥梁建造技术，为我国高速铁路高质量发展提供了有力支撑。

为适应不同的建设环境条件，同时满足施工工期、安全与高质量建造等多维度要求，我国高速铁路桥梁创新发展了高铁标准梁快速建造、不同类型拱式桥建造、悬索桥加劲梁大吨位缆载吊机架设、斜拉桥水中巨型沉井建造与主梁大节段整体架设等技术，突破了高性能材料制造、新施工工艺和新装备研发等多项技术，多座桥梁创造了“世界之最”，我国高速铁路桥梁建造技术整体上已达到国际领先水平。

（一）梁式桥建造关键技术

为满足高速列车对线路的高平顺性和高稳定性要求以及建设质量和工期要求，我国高铁建设大量采用标准梁式桥，配套相应运架设备，形成了高铁标准梁工厂化预制、机械化安装的建造模式。我国高铁桥梁以预应力混凝土简支箱梁和连续箱梁桥为主，其中标准跨度简支梁桥占全部桥梁长度的95%以上，总量超过50万孔。随着高铁桥梁结构科研、设计、建造和试验经验的积累，标准简支箱梁跨度从最早的24 m提升至32 m和40 m，配套箱梁运架设备也提升至900 t和1 000 t，形成了成熟的标准梁梁场布局设计技术、箱梁高精度钢模板制造技术、基于标准化胎具的钢筋笼绑扎技术、基于信息化的预应力自动张拉技术和预应力管道自动压浆技术,高铁标准梁式桥建造水平不断提升。梁式桥代表桥例京沪高铁丹昆特大桥如图 2-10 所示。

图 2-10　京沪高铁丹昆特大桥

1. 高铁 40 m 标准梁技术

2013 年以来,综合考虑车桥动力学响应、运输架设条件、梁体受力特点、构造布置要求等因素,在总结既有标准梁桥应用经验的基础上,研发了高铁 40 m 标准梁。高铁 40 m 标准梁动力性能优异、结构受力合理,更加适应中国标准动车组运营,实现了简支箱梁的刚度和强度更加匹配,优化了预应力体系和尺寸,节省了桥墩数量。高铁 40 m 标准梁基频不控制梁体设计,更加适应中国标准动车组运营,实现了简支箱梁的刚度和强度更加匹配,在下部基础工程建设成本较高的路段可以节约大量的工程建设投资。目前,跨度 40 m 简支箱梁已在郑济高铁、福厦高铁、南沿江高铁、昌景黄、成达万、成渝中线等高铁项目得到工程应用。40 m 标准梁如图 2-11 所示。

2. 高铁标准梁智能建造技术

以全生命周期管理理念为指导,以 BIM 协同设计为核心,构建了高铁标准梁智能建造综合管理平台,系统提升关键施工工序信息化水平,实现建设信息在设计、预制、运架等全过程传递,为运维阶段提供支撑。梁场综合管理平台覆盖了梁场全部作业环节、工作岗位、设备设施,使用 BIM 模型集成智能设备生产信息,大型提运架设备关键生产信息

图 2-11　40 m 标准梁

和安全信息可以实时掌握。同时，预留运维阶段接口，实现工程信息在设计、预制、运维过程中的流通。目前，研发的铁路标准梁梁场综合管理平台已成功应用于我国高铁 40 m 箱梁标准化梁场。

（二）拱式桥建造关键技术

我国是世界拱桥大国，各种拱桥技术应用十分广泛。在高速铁路大跨度桥梁中，拱桥占有比较重要的地位，在跨越江河特别是艰险山区的高速铁路建设中，拱桥成为常用的或首选的主要桥型。高速铁路拱桥型式多样，涵盖钢桁拱桥、钢箱拱桥、混凝土拱桥等不同类型，按桥面与拱圈的相对位置关系，又可分为上承式、中承式和下承式拱桥。目前，高速铁路拱桥的最大跨度已达到 500 m 级，其中，南广铁路肇庆西江特大桥为钢箱拱桥，跨度 450 m，设计速度 250 km/h；沪昆高铁北盘江大桥为钢筋混凝土拱桥，跨度 445 m，设计速度 250 km/h；京沪高铁南京大胜关长江大桥为钢桁拱桥，主拱采用 2 × 336 m，设计速度 300 km/h。此外，大瑞铁路怒江特大桥为上承式钢桁拱桥，跨度 490 m，设计速度 140 km/h。随着我国高速铁路向西南山区延伸，拱桥因其对山区峡谷地形的适应性而有望得到进一步发展。拱式桥代表桥例京沪高铁南京大胜关长江大桥、沪昆高铁北盘江特大桥如图 2-12 所示。

根据所处的地理位置、结构型式等，拱桥建造技术也呈现出不同的特点。

1. 平原江河地区拱桥建造技术

针对平原江河地区高速铁路拱桥，形成了以满堂支架、悬臂拼装为主的建造技术。武广客专汀泗河桥为单孔主跨 140 m 的下承式钢箱系杆拱桥，采用原位拼装、先梁后拱的施工方案。京沪高铁南京大胜关长江大桥为 2 × 336 m 的六线钢桁拱桥，主桥主墩基

(a) 京沪高铁南京大胜关长江大桥

(b) 沪昆高铁北盘江特大桥

图 2-12 拱式桥代表桥例

础采用双壁套箱围堰、双壁吊箱围堰或先平台钻孔后围堰施工承台等多种施工方法，为后续桥梁基础施工提供了范例；钢桁拱采用墩旁托架固定双伸臂施工，墩顶吊索塔架辅助安装，爬行吊机吊装桁拱构件，整体桥面采用水上船舶运输，垂直吊装；平弦钢桁梁采用临时墩辅助安装，全伸臂架设。

2. 山区大跨度铁路拱桥建造技术

与内地平原江河地区的拱桥建造不同，我国西部山区高速铁路大跨度铁路拱桥的建造在拱座基础、拱圈、上部结构施工等方面均有其自身特点。拱座基础的结构形式有整体式扩大基础，整体嵌固式基础，斜、竖撑基础，复合桩基础等，针对以上基础型式，充分考虑了施工期间的开挖防护，形成了“明挖法施工＋锚杆及喷射混凝土防护”“分部拱架支护法施工＋支撑钢架与锚杆防护”“明挖法＋隧道式开挖＋钢架及喷锚支护”等成套施工技术。拱圈施工是拱桥建造过程最重要的工序，有钢筋混凝土（劲性骨架）拱、钢管混凝土拱及钢拱，形成了支架法、整体吊装、转体施工、斜拉扣挂悬臂法等完整的施工建造技术。针对山区大跨度拱桥，斜拉扣挂悬臂法是广泛应用的施工方法，是拱桥建造技术创新的核心体现。上部结构施工，已形成了预制架设法、支（吊）架现浇法和移动模架现浇法等成套技术。

3. 大跨度拱桥施工全过程控制技术

大跨度拱桥施工工序转换多，临时结构工程量大，杆件尺寸大、数量多、重量大，空间结构复杂，精准拼装是拱桥施工的重难点。由于施工全过程结构体系转换引起拱桥受力和线形的变化，为保证拱桥施工完毕后结构内力和成桥线形满足设计要求，通过开展科研攻关，掌握了大跨度拱桥施工全过程精细化控制技术。同时，在拱桥建造过程中引入 BIM 技术进行施工阶段精细化建模，在结构主体模型的基础上，将施工关键要素（设备、机具、措施、人员）模型统一规划在桥位场景，对拱桥杆件吊装、斜拉扣挂系统等进行施工仿真模拟，实现场地动态管理，提高了桥梁施工管理水平。

（三）悬索桥建造关键技术

铁路悬索桥在我国发展相对较晚，但在结构设计和施工等方面进行了多项研究探索。在琼州海峡跨海通道、渤海海峡跨海通道、南通至上海越江铁路工程等项目的前期方案研究中，均对大跨度铁路悬索桥的桥式方案、力学性能、施工方案等进行了研究，较好地储备了铁路悬索桥技术，为铁路悬索桥的后续发展奠定了技术基础。

目前，高速铁路悬索桥在国外尚无建设案例，我国于2020年建成通车的连镇铁路五峰山长江大桥（图2-13），为主跨1 092 m的公铁两用钢桁梁悬索桥，是我国第一座公铁两用悬索桥，也是世界第一座高速铁路悬索桥，为我国高速铁路悬索桥的发展积累了宝贵经验。

图2-13　连镇铁路五峰山长江大桥

我国在铁路悬索桥方面取得了以下技术创新：

1. 大型锚碇基础建造技术

山区悬索桥和跨越江海的悬索桥在锚碇基础方面存在不同。山区悬索桥普遍采用隧道锚，以金沙江桥为例，锚洞采用台阶法控制爆破开挖，左、右锚洞掌子面错开掘进，机械有轨出渣；锚塞体采用分层浇筑混凝土，目前已形成了一套完整的施工方法。跨越江海的铁路悬索桥锚碇基础型式多样，包括沉井、地连墙等，由于铁路悬索桥主缆承担巨大拉力，故沉井和地连墙基础的规模很大，以五峰山桥为例，其北锚碇沉井基础平面尺寸为世界上平面面积最大的沉井基础。依托五峰山高速铁路悬索桥建设，我国已形成巨型陆上沉井施工成套技术，提出了大型沉井“十字槽”开挖技术与“预留核心土”开挖技术，有效控制沉井姿态及底部钢壳混凝土拉应力；对北锚碇沉井下沉过程进行了全过程数值分析与现场监测，提出了大型沉井监测标准，开发了监测预警系统；南锚碇基础为现浇圆形扩大基础，采用地下连续墙支护开挖的施工方法，提出了“冲击钻引孔结合铣槽机成槽”施工工艺。

2. 加劲梁施工技术与大吨位缆载吊机/缆索吊机装备研发

山区悬索桥和跨越江海的悬索桥在加劲梁施工方面也存在一定区别。针对山区悬索桥，加劲梁多采用缆索吊施工，以金沙江桥为例，其钢梁边跨在支架上拼装，向跨中顶推，中跨采用 880 t 缆索吊、双节段钢梁吊装。考虑到山区交通不便，悬索桥钢加劲梁一般在厂内散拼，到达工地现场后再组装成整节段进行吊装施工。跨越江海的铁路悬索桥一般采用缆载吊机施工，以五峰山桥为例，其边跨钢桁梁采用大节段浮吊吊装、拖拉顶推法施工，主跨钢桁梁采用大节段缆载吊机垂直吊装施工，首次研发了 900 t 超大吊重缆载吊机，采用两台缆载吊机吊装最大吨位达 1 432 t 的两节段钢梁。

3. 铁路悬索桥上部结构施工精细化控制技术

悬索桥在施工过程中几何非线性明显，主缆和加劲钢梁都会经历非常明显的大变形，同时结构受温度、风荷载等外部环境的影响显著。铁路悬索桥最终的成桥线形需要同时考虑上部轨道铺设的要求，因此对上部结构施工的精细化控制特别是对加劲梁线形的精细化控制就显得尤为重要。我国铁路悬索桥上部结构施工精细化控制技术，通过主缆敏感性分析确定主缆无应力长度及空缆线形的敏感因子，针对相应的敏感参数确定控制措施，同时对大直径主缆和主梁的架设控制、中跨合龙，采取相应的控制措施。通过理论计算及现场监测，提出铁路悬索桥施工过程参数的控制精度。对于大直径主缆，设置基准索股及多根相对基准索股，通过理论计算分析温度、塔偏等参数对垂度的影响，计算出索股调节量。在基准索股的基础上，采用控制层间距的方式架设一般索股，且对一般索股出现的误差进行分析。针对钢梁架设工序，计算比较全刚接、全铰接及分段设铰的方式。目前，我国铁路已掌握大跨度悬索桥上部结构精细化施工控制技术，并形成了对应的上部结构验收标准。

（四）斜拉桥建造关键技术

我国铁路斜拉桥以 1981 年建成通车的湘桂铁路红水河桥为起点，在 40 余年的时间里取得快速发展。据不完全统计，我国已建及在建铁路斜拉桥总数达 60 余座（含部分斜拉桥 22 座）。以主跨 504 m 的武汉天兴洲长江大桥、主跨 630 m 的铜陵长江公铁大桥、主跨 1 092 m 的沪苏通长江公铁大桥等为代表，如图 2-14 所示，铁路斜拉桥在新材料制造、关键施工技术方面实现了突破和创新。

(a) 武广客专武汉天兴洲长江大桥

(b) 沪苏通铁路沪苏通长江公铁大桥

图 2-14　斜拉桥代表桥例

1. 新材料制造

(1)桥梁结构钢

桥梁结构钢创新发展对提高钢材强度、保证韧性、提高工厂制造性能等方面提出了新的要求。我国在沪苏通长江公铁大桥的主塔与辅助墩区部分桁梁首次研发采用Q500qE钢,有效减小了板厚,助力铁路斜拉桥主跨突破千米。在此基础上,近年来又研发了屈服强度更高的Q690qE钢,应用于武汉江汉七桥(拱桥)以及澳门澳凼四桥(连续钢梁桥),进一步提升了桥梁结构钢技术水平。

(2)高强度斜拉索

我国沪苏通长江公铁大桥、芜湖长江公铁大桥等大跨度斜拉桥首次采用抗拉强度达2 000 MPa级平行钢丝斜拉索,钢丝抗拉强度为2 032～2 060 MPa,并通过了抗疲劳试验、扭转试验、缠绕试验和弯曲试验等力学性能试验,强度高、韧性好,进一步提升综合力学性能。目前在建的马鞍山长江公铁大桥主汊和副汊斜拉桥分别采用2 100 MPa的平行钢丝斜拉索和钢绞线斜拉索,斜拉索抗拉强度得到进一步提升。

(3)超高性能混凝土(UHPC)

超高性能混凝土具有强度高、耐久性强的特点,其抗拉、抗弯、抗剪、黏结强度、峰值应变等均远大于普通混凝土。超高性能混凝土首次在沪苏通长江公铁大桥、蒙华铁路洞庭湖大桥等斜拉桥的铁路桥面应用,对于改善桥面受力,提升桥面耐久性具有重要作用。

2. 铁路斜拉桥关键施工技术

(1)巨型沉井施工及检测技术

在近年来的铁路桥梁大型基础建造中,深水沉井和陆上沉井的施工技术实现了新突破。沪苏通长江公铁大桥的主塔和主墩基础均采用钢—混组合沉井结构,其中,28、29号主塔沉井基础为已建体积最大的深水沉井基础。

(2)两节段钢梁整体吊装技术

我国大跨度斜拉桥主梁多采用钢桁梁,在武汉天兴洲长江大桥的主梁施工中,研究了单节段钢梁施工并取得成功,为保证施工进度提供了可靠保障。在铜陵长江公铁大桥施工过程中,研究了整桁片吊装施工工艺,降低了对吊机起重量的要求。在沪苏通长江公铁大桥、芜湖长江公铁大桥等大桥施工过程中,提出了两节段钢梁整体吊装的施工工艺,两节段钢梁总重约 1 700 t,在工厂内制造加工完毕后运输至现场,通过 2 000 t 级架梁吊机进行吊装,明显提高了现场施工效率。

(3)塔梁同步快速施工技术

塔梁同步施工技术是提高桥梁施工效率的有效手段,涉及多个作业面的施工,施工组织比较复杂,在我国大跨度铁路斜拉桥中应用已较为普遍,代表性桥梁包括武汉天兴洲长江大桥、芜湖长江公铁大桥、沪苏通长江公铁大桥等。

(4)铁路斜拉桥信息化建造技术

沪苏通长江公铁大桥对 BIM 应用进行了总体布局,基于全生命周期的管理理念进行了全方位探索,形成了“以业主为主导,坚持同一模型、同一平台,并构建数据中心”的项目 BIM 应用模式。构建了大桥统一建模标准,形成了涵盖地形地貌、桥梁主体结构、施工临时设施、施工模拟、三维渲染和漫游等模型基本功能,实现空间复杂结构设计优化、碰撞检查、复杂部位图纸输出、精细化工程量统计等应用价值。在钢结构制造应用方面,采用信息化手段实现了焊缝质量管理、虚拟预拼装、螺栓连接施工信息管理等应用。

三、隧道建造技术创新

我国地形复杂多样,平原、高原、山地、丘陵、盆地五种地形齐备,山区面积广大,约占全国面积的 2/3。为适应我国地质及气候条件复杂多样的特点,以原始创新为主,在高铁长大隧道、复杂地质隧道等方面攻克了一系列世界性技术难题,系统掌握了不同地域环境、不同气候特点、不同地质条件下高铁隧道工程建造、生态保护、运营维护等重大工程成套技术难题,实现关键技术装备自主研发和迭代升级,构建了系统完备、先进适用、自主可控的中国高铁隧道技术体系。

(一)艰险山区长大隧道建造技术

修建铁路时,采用长隧道来克服地形障碍,能使线路平直,长度缩短并避免不良地质条件对线路的不利影响,无论是对于越岭线还是河谷线,长隧道方案往往能对线路标准的提高起着决定性的作用。

我国在 20 世纪 60 年代以前,为了避免修建长大隧道引起的技术上和工期方面的困难,常常尽可能地采用短小隧道群的展线,使线路靠近地表。20 世纪 80 年代初,为了提高线路质量，改善运营条件，我国在修建衡广复线时决定裁弯取直，作出了采用大瑶山铁路隧道的决策，缩短线路 15 km。大瑶山隧道的建成，标志着我国已经具备了修建特长隧道的能力。

我国在长大隧道修建过程中采取了断裂带大变形控制技术，岩溶裂隙水综合处理技术，斜井中隔板分割风道施工通风技术，机械化大断面隧道施工技术、钻爆法斜井皮带机出渣技术，特长隧道运营通风技术，特长隧道防灾救援技术等一系列关键技术，克服了施工过程中遇到的诸多技术难题。

（二）复杂地质隧道建造技术

我国铁路隧道建设面临高地应力、富水岩溶、黄土、瓦斯、高地温、寒区等一系列复杂地质气候条件的挑战，对隧道的安全建设和运营造成了严重影响。为了克服上述难题，我国铁路针对性地开展了不同地质气候条件下的隧道建造技术创新和应用实践，形成了不同复杂地质条件下的高铁隧道建造技术体系。

1. 高地应力隧道建设技术

高地应力是一种特殊的高能地质环境，根据隧道所穿越围岩岩性、地质构造等差异，通常会导致高地应力软岩大变形等建设难题。我国铁路行业经过多年科研攻关与工程实践，构建了挤压性围岩隧道安全高效变形可控的施工技术体系，提出了基于变形分级的挤压性围岩隧道施工方法，创新了挤压性围岩隧道变形控制施工关键技术，建立了施工变形控制管理标准，为长大深埋挤压性围岩铁路隧道安全、高效、优质建设和运营提供了保障。

2. 富水岩溶发育地区的隧道建造技术

隧道岩溶治理一直以来都是制约施工进度及结构安全的重大难题，特别是在岩溶发育地区隧道施工，常常伴随着突泥涌水、坍塌、沉陷等施工风险，易造成人员伤亡、工期延误及经济损失。我国铁路在岩溶隧道修建过程中开展了岩溶隧道风险评估和分级管理，创建了多种岩溶隧道支护新结构（图 2-15），创新了高压富水充填溶洞隧道修建技术，应用了超大型空溶洞大体积空心混凝土回填技术，攻克了复杂岩溶山区铁路工程建设重大技术难题。

3. 大断面黄土隧道稳定性控制技术

我国铁路行业依托郑西黄土隧道（图 2-16）建设，建立了大断面黄土隧道稳定性控制技术体系，形成了大断面黄土隧道空间变形设计方法，开发了三台阶七步开挖工法等施工新技术，相关研究成果获得国家科技进步二等奖。考虑隧道内铺设无砟轨道，设计采取冲击挤密水泥土桩法消除黄土隧道地基的湿陷性，工后沉降满足高速铁路控制要求。

图 2-15 岩溶隧道支护新结构

图 2-16 郑西客运专线黄土隧道洞口

4. 瓦斯隧道建造技术

我国采用了瓦斯隧道超前地质预报技术，针对不同有害气体制定了“物探法初探煤层 + 钻孔法精探煤层”“超前探孔 + 加深炮孔为主”等针对性超前地质预报方法，有效降低了施工风险；研发了用于隧道中有害气体监测的自动监测系统，在高瓦斯及瓦斯突出隧道施工期间采用自动监测系统与人工巡检相结合的方法进一步提高安全性；确定了综合考虑工作人数、最小风速、爆破排烟、洞内作业机械及绝对瓦斯涌出量等因素的瓦斯隧道施工通风需风量计算方法，其他有害气体根据类型、危险等级、卫生标准等因素在校核上述通风要求的基础上计算确定；研制了防爆型施工电气设备及作业机械，根据瓦斯等级采用不同安全等级的矿用炸药，支护结构中的钢材制品采用装配式或机械连接，尽量减少焊接等动火作业。

5. 寒区隧道建造技术

受地理位置、气候条件等因素的影响，严寒、高海拔和冰雪等极端环境条件对隧道的安全和正常运营产生了巨大的挑战。为了克服恶劣环境的影响，我国铁路行业经过多年研究与实践，构建了全面的保温防排水设计体系，采取了依据温度条件设置相应的保温层、建立畅通的排水系统等保温措施；为防止隧道结构冻害，采用了设置保温层、利用混凝土自身的防水能力等技术，保持隧道结构的稳定性和耐久性，并提高整个隧道结构的抗冻性能；研发了空气幕保温系统、地源热泵加热系统等新型主动保温技术。

（三）城市复杂环境隧道和跨江越海水下隧道工程建设技术

城市隧道是优化城市生存空间、提高城市交通质量的关键。随着我国大规模开发地下空间，城市核心区域地下空间的开发逐渐立体化，同时产生了很多交通隧道近接既有建筑的情况。在20世纪90年代前，我国绝大部分跨越水域的交通要道均采用了桥梁。进入21世纪后，随着隧道设计施工技术及装备制造水平的迅猛发展，水下隧道正逐渐成为一种主流的跨越江河湖海的方式，并越来越广泛地应用于各类跨江越海通道之中。

针对城市复杂环境隧道和跨江越海水下隧道工程，逐渐形成了成熟的浅埋暗挖修建技术和盾构法等修建技术。

1. 浅埋暗挖法

为了克服浅埋暗挖施工速度较慢、劳动力成本较高以及施工安全等困难，结合工程实践开展浅埋暗挖法相关研究。全工序采用机械化施工，提升了开挖效率，降低了安全风险，与传统开挖方法相比，人工减少了一半。在基于浅埋暗挖的复合性工法创新方面，近年来主要取得了以下成果：

（1）“管幕法”与浅埋暗挖法结合施工方法，先施做管幕结构，在其保护下采用浅埋暗挖法施工隧道，既避免了车站上方大规模地下管线改移及交通导改，又提高了地下空间利用率、降低车站埋深、大大节约工程造价；

（2）结合浅埋暗挖法开挖初支施工工艺与土压平衡盾构管片拼装原理，实现暗挖隧道装配式管片拼装施工，并形成相应的施工工法；

（3）先隧后站法，盾构先行施工，后采用浅埋暗挖法扩挖形成车站；

（4）在砂层地质且水位较高的工程条件下，采用水平旋喷进行地层预加固和堵水；

(5)结合暗挖隧道的灵活性,采用装配式二衬,提高了暗挖隧道二衬的机械化水平与施工工效,改善现场作业环境,提高现场作业安全性,提高防水质量,实现工业化生产。

相关技术在港深高铁隧道等工程中得到应用,攻克了超大超深基坑支护体系与安全控制、大型客站特殊结构、核心城区复杂地层大直径盾构隧道系统设计建造、地下车站与隧道区间的综合防灾等关键技术,并研发了浅埋暗挖隧道新工法—先墙后拱交叉中隔壁法(即 PBCRD 工法),实现了高速铁路大断面隧道超小净距下穿运营地铁,该工程获得了菲迪克(FIDIC)年度工程优秀奖、鲁班奖和中国土木工程詹天佑奖。

2. 盾构法

盾构法技术已经广泛应用于基础设施的众多领域,如今已成为国内各城市隧道工程建设的主流施工方法,逐渐成为大型越江(河)隧道工程的首选施工方法。

随着盾构法技术的不断发展,已经开发了限排减压换刀技术与盾构地中对接技术,创新了盾构常压换刀技术。越来越多的盾构机在采取相应的改造升级后,均能安全顺利施工。此外,盾构隧道断面形状也已多样化发展,能够适用各种断面。

相关技术成果在狮子洋海底隧道等工程中得到应用,克服了掘进距离长、地质复杂多变、盾构地中对接、水压力大、安全标准高等诸多技术挑战,解决了大直径泥水盾构地中对接施工技术、复合地层基岩覆盖层厚度设计技术、复合地层大直径盾构长距离掘进技术、特长高铁水下隧道洞内紧急救援站技术等难题,形成了系列创新成果,获得国家科技进步二等奖。

(四)洞渣利用技术

隧道洞渣是隧道开挖过程中的主要产物,众多隧道工程的建设势必会产生大量洞渣。由于隧道洞渣的种类繁多,因此在实现资源化利用的过程中要充分考虑隧道围岩的级别、洞渣的物理化学性质等因素,这也是隧道洞渣多年来难以推广利用的主要原因。近年来,随着绿色发展理念的不断深入,对天然砂等资源的管控力度不断增强,我国开展了利用隧道洞渣加工机制骨料方面的研究,通过机制砂的应用减少天然砂的使用,在节约资源的同时有效地保护河道和生态环境。

隧道洞渣的综合利用主要包括减量化、无害化和资源化等方面,如图 2-17 所示。减量化是指通过合理的设计方法减少隧道洞渣的出渣量,具体包括围绕隧道线位、断面及辅助坑道数量等优化实现出渣源头减量化;无害化是指对于含有放射性、重金属和易燃的洞渣,要优先进行分离,并采取相应的科学规范处置技术;资源化是指采取适当的工艺和技术将隧道洞渣利用起来。

总体上看,目前隧道洞渣资源化利用主要可以分为以下几个方面:一是作为填料回

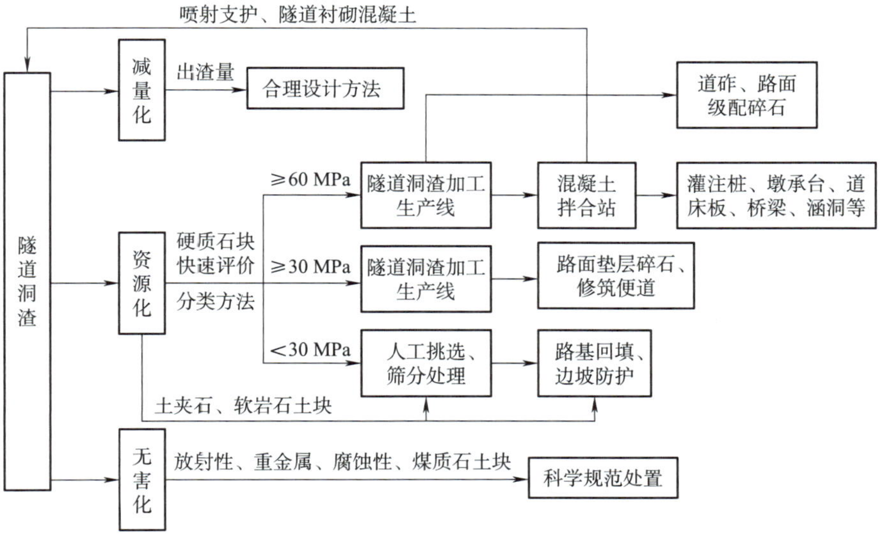

图 2-17 隧道洞渣建筑材料资源化综合利用

填路基、取土场和低洼坑地等场地；二是作为机制砂石骨料配制不同类型混凝土，以满足施工现场需求；三是作为铁路道砟或公路路面级配碎石；四是用作造地、生态砌块和景观建设等其他方面。

1. 洞渣回填技术

隧道洞渣中含有大量的坚石、次坚石、石渣等优良的路基填筑材料，经过筛选可用于抛石挤淤、石方路基施工和台背回填，不但可以提高路基填料的质量，而且能够使隧道洞渣变废为宝。我国大部分地区处于多雨地带，雨季相对较长，造成了部分路基填料天然含水率较高，即使对其进行反复翻晒，仍会因超出土壤的最佳含水量而无法保证填筑施工的效果，而采用洞渣作为填筑材料就可以解决这一问题。兰渝铁路设计要求路基必须具有强度高、稳定性和耐久性好、不易变形等工程性质。由于兰渝铁路清水隧道附近路基位于秦岭造山带中，沿线合格的路基填料很少，如果完全依靠外运合格填料，既不经济也不合理，通过对现有隧道洞渣进行水泥改良不仅保证了施工质量，还大大降低了施工成本。

2. 机制砂石骨料制备技术

以隧道洞渣为基础制备机制砂石骨料是洞渣利用的一项重要途径，涉及设备选型、生产工艺优化、成品性能指标控制和环境保护等多个方面。我国铁路行业通过隧道洞渣分类选取、砂石场生产设备选型和生产过程控制等技术手段，制备出了满足相关标准的机制砂石骨料，用于配置不同类型的混凝土。在工程案例应用方面，西成客运专线建设项目使用抗压强度≥60 MPa 以上、物理性能较好的洞渣，生产出细度模数适中的机制砂，并制备出满足性能要求的 C35 强度等级及以下的混凝土。张吉怀、郑万、昌景黄高速铁路采用物理力学性能良好的洞渣，制备出符合《铁路混凝土工程施工质量验收标准》TB 10424—2018 砂石骨料质量要求的机制骨料。

3. 铁路道砟或公路路面级配碎石制备技术

铁路有砟轨道道床采用大量道砟，但我国铁路明确规定洞渣加工成的道砟不得在客运专线正线上使用。新型预制固化道床是在密实道砟单元块中浇注聚氨酯固化材料，固化材料发泡后填充砟间空隙，并黏结道砟，形成弹性道床块，使洞渣加工成的道砟进行工程应用成为可能，并且道床单元块间的填筑碎石也可采用洞渣。由于道砟材质对固化道床的性能影响较小，因此可以在洞渣的分级选用控制标准的基础上，将洞渣道砟作为固化道床的骨料使用。

我国铁路行业研究对比了隧道洞渣与铁路道砟在粒径级配、岩石强度等基本参数上的异同，结合相关铁路沿线工程地质特征，分析了隧道洞渣应用于有砟道床的可行性，并提出了隧道洞渣再加工处理原则，为相关铁路工程隧道洞渣在有砟轨道道床上的绿色应用提供依据。此外，公路从底基层到面层的每一层路面结构都要用到碎石，碎石消耗量从几万立方米到上百万立方米不等，也是洞渣的重要利用渠道。因此，对于隧道围岩级别较好、抗压强度较高的洞渣，设置专门的碎石加工场，通过筛分、清洗等过程，按照路面对碎石级配的具体要求，破碎加工成不同规格的碎石。

4. 造地关键控制技术

隧道洞渣可用于地方造地工程，能够平整场，造出不同功能的地块，如用于建楼房、广场、公园、营地等。洞渣用于造地结合地形地貌、区域特点等优先研究其可行性，在洞渣造地论证充分的前提下合理选择弃渣场。弃渣场选址首先要保证渣场下游 500 m 范围内无集中居民区、学校或厂矿，结合当地土地利用规划，一般选择在坡度较缓、易于开发处，避免大面积汇水地带的滞留谷地，保证山体和自身稳定，渣场水沟过水能力需满足百年流量的要求。水沟应于弃渣前施作完毕，确保沟内水排泄流畅。

四、轨道建造技术创新

无砟轨道因具有稳定性好、平顺性高、轨道状态可长期保持、维修工作量可大幅减少等优点，已成为我国高速铁路轨道结构的首选形式，我国设计时速 300 km 以上的高速铁路均采用无砟轨道结构。为满足初期高铁建设发展需求，我国从德国、日本等国引进了不同类型的无砟轨道结构，历经早期高速铁路轨道工程建设应用实践，基本实现了轨道施工机械化流水作业，但施工过程的关键环节中仍普遍存在人工工作量大、自动化程度低、施工精度和效率难以兼顾等问题。

近年来，我国铁路从高速铁路轨道工程高精高效建造需求出发，对无砟轨道施工中的建造装备及关键技术进行研究，针对无砟轨道预制部件制造、无砟轨道道床施工、轨道板/枕精调、钢轨施工等关键环节研发了各类智能化施工技术及配套施工装备，形成了涵盖轨道板/枕制造、现场施工、质量检测等全过程的无砟轨道智能建造成套技术，实现了轨道工程建造"生产智能化、施工自动化、管理信息化"，并逐步采用全过程的协同控制技术，提高劳动生产率，加快建设速度，降低工程成本，提高工程质量，技术水平总体处于国际领先水平。

（一）CRTSⅢ型先张法预应力轨道板智能制造关键技术

CRTSⅢ型板式无砟轨道是我国在总结前期无砟轨道应用实践基础上研发的具有完全自主知识产权的无砟轨道系统，目前已成为我国高速铁路无砟轨道的标准型式。CRTSⅢ型轨道板是无砟轨道系统的核心产品，随着中国高铁的快速发展以及产业结构的转型升级，轨道板制造行业提出了实现智能制造的目标，从智能制造装备研发方案、信息融合及应用技术研究、智能管理体系三个层次开展了智能制造技术研发。目前，已形成具有国际一流水平和自主知识产权的国产CRTSⅢ型无砟轨道板流水机组法智能化生产线，该生产线在原流水机组法生产线的基础上进行智能化升级，采用智能控制系统，实现轨道板生产自动化和信息化，使轨道板生产过程、智能、高效，轨道板的质量有了显著的提高。

CRTSⅢ型无砟轨道板智能化生产主要体现在组织管理信息化、生产过程自动化和关键工位智能化三个方面，主要技术包括：

1. 轨道板生产管理信息化

采用轨道板制造信息化集成生产线系统，配置自动化设备，在生产控制中心进行集中智能控制，使轨道板生产实现信息化管理、生产全程视频监控及生产网络调度管理。通过实施轨道板制造过程信息化、可视化和智能化管理，使轨道板从原材料进厂检验、生产过程控制、产品检验、库存和发运等管理要素可管可控，有效提升轨道板产品质量。

2. 轨道板生产过程自动化

生产关键技术工位实现自动化控制，各工序标准化作业，做到生产全程可控。轨道板整个生产工序按生产工艺要求分成若干个工位，生产时，制品随同模型借助于起重和运输设备沿着工艺流水线从一个工位移至下一个工位，各工位分别完成规定工序。根据轨道板的生产工艺流程，自动化生产工序主要包括模具自动清理、脱模剂自动喷涂、预埋套管自动安装、RFID标签自动绑定、钢筋骨架自动检测、混凝土自动浇筑与养护、自动放张与脱模等。以朝凌高铁苏家屯轨道板厂为例，板厂通过模具自动清理机器人、脱模剂喷涂机器人、自动安装预埋套管机器人、钢筋笼入模机器人、张拉杆旋拧机器人等工业机器人及自动张拉系统、混凝土布料振捣系统、混凝土养护系统、自动放张系统(图 2-18)、轨道板脱模系统、轨道板自动检测系统等自动化设备的应用,实现了轨道板生产工艺全过程自动化,大幅减少了车间作业人员,提升了生产效率与质量。

图 2-18 轨道板预应力自动放张

3. 关键生产工位智能化

CRTSⅢ型轨道板通常采用双向先张预应力结构,具有生产工序多、精度要求高等特征,为保证轨道板生产效率及成品质量,轨道板生产在关键工位上实现了智能化控制,主要包括:轨道板预应力自动张拉、混凝土自动养护和外形尺寸 3D 扫描检测(图 2-19)等。

目前,智能化轨道板厂成套技术已在京雄、郑济、朝凌、潍莱等数十条高铁线路轨道板制造中广泛应用,其连续化作业集成度高,自动化程度高,核心技术工艺、装备为国际首创,具备国际领先水平。与传统制造工艺相比,轨道板生产主要工序自动化、连续化作业集成度大幅提高,轨道板关键技术工位与产品质量控制实现信息化管理,做到生产全程可控,保证了工程实体质量,实现了生产线自动化、信息化和智能化管理。轨道板制造减小车间面积约 30%,减少人工约 60%,提高生产效率 20% 以上。

(二)双块式轨枕自动化生产和智能化管控技术

双块式无砟轨道是我国应用里程最长的无砟轨道结构型式,其中双块式轨枕为厂内预制混凝土结构,是双块式无砟轨道的核心组成部件,累计铺设已超过 2 万 km。自 2005 年

图 2-19　轨道板外形尺寸 3D 扫描检测

引进以来，我国在德国技术基础上开展技术再创新，形成了双块式轨枕制造成套技术，并在我国高速铁路建设中大规模推广应用。然而，传统的轨枕制造技术智能化水平仍然较低，产品的生产、检验、管理等工序均大量依赖人工作业，存在机械化程度低、施工效率低、人力成本高、工人劳动强度大、质量受人为因素影响大等问题，难以适应我国高速铁路大规模、高精度、高效率的建造需求。

近年来，随着物联网、协作机器人、增材制造、预测性维护、机器视觉等新兴技术迅速兴起，我国铁路行业研发应用了双块式轨枕自动化生产和智能化管控技术，通过应用机器人、互联网及物联网等智能信息化技术和高铁轨枕生产深度融合技术的研究，实现从钢筋加工、运送、摆放、混凝土浇筑、养生及产品检测、出库等环节的全过程智能化生产管理，主要采用的技术包括：工序机械自动化技术，通过钢筋加工、混凝土浇筑等关键环节自动化施工装备及工艺的应用，减少生产车间作业人员；智能检测、智能运输、智能养护技术，针对近年来各开通运营线路双块式轨枕易发病害，应用机器学习技术实现所有轨枕的外形尺寸和挡肩裂纹的检测；双块式轨枕智能生产管理系统，实现轨枕场内人员、物资、设备、生产工艺环节、成品等的统一集中在线管理。

双块式轨枕自动化生产和智能化管控技术的应用，实现了生产制造自动化、关键控制智能化、管理信息可视化，达到了以下效果：首次研发了基于工业机器人技术的工序机械自动化双块式轨枕生产线，减少生产车间作业人员 50%；采用了面向工业互联网的生产管理信息系统，实现轨枕场全要素的在线统一集中管理，数据统计效率提高 20%；研发了基于激光测量、机器视觉深度学习等的双块式轨枕智能检测技术，实现了按批抽检向逐根全检的转变，检测精度提高 5 倍，检测效率提升 15 倍。

（三）无缝线路关键技术

随着高速铁路的不断发展，我国无缝线路技术实现了重要跃升。无缝线路将标准长度钢轨焊接形成长钢轨线路，消灭了钢轨接缝，减小了列车车辆的振动，延长了机车车辆和轨道设备的使用周期，减少了铁路线路和设备的养护维修，节约了维修费用，是铁路现代化建设中一项重要的技术创新。无缝线路技术发展过程中，主要面临复杂气候条件的适应性和复杂线下基础的协调性两大技术问题。经过大约半个世纪的发展，我国无缝线路技术已达世界前列水平，在长钢轨焊接和无缝线路应力放散锁定方面取得了大量研究成果。

1. 长钢轨焊接技术

无缝线路长钢轨焊接，根据作业条件可分为基地焊和现场焊。基地焊主要采用固定式闪光焊接技术，将 100 m 定尺钢轨焊接成 500 m 长钢轨；现场焊主要采用移动闪光焊、气压焊以及铝热焊，通过单元焊和锁定焊等方式将长钢轨连接成无缝线路。近年来，我国钢轨焊接装备技术突飞猛进，主要核心技术和装备均实现了国产化。基地焊方面，我国铁路建成了 16 座高速铁路焊轨基地，共配置 28 条焊接生产线，每年焊接 30 万～40 万个钢轨闪光焊接头，其焊接质量和生产效率均达到了国际先进水平。研发了高速铁路焊轨基地系列装备，实现了钢轨焊接全流程的自动化、数字化和信息化；构建了焊轨基地成套工艺技术及评价体系，攻克了接头性能、平顺性、内部缺陷等技术难题；研制了 GHG-800 型固定式直流闪光焊机（图 2-20），打破了国外焊轨装备在该领域的长期垄断地位，实现了焊轨基地全部技术装备的自主化。

现场焊方面，在传统焊机基础上结合我国钢轨焊接技术需求，我国铁路研发了 YHGR-1200 型钢轨闪光焊接和感应热处理一体机，如图 2-21 所示，解决了焊接和热处理两个工序整合的难题，简化了作业流程，降低了应用成本，提高了接头质量和稳定性。针对长大隧道和高原低氧环境的焊接施工，研发了 YHGR-1200Z 型储能直流供电移动式钢轨闪光焊机，消除了传统焊机的噪声及尾气污染，避免了发电机供电效率对焊接质量的不利影响，具有低碳、环保、节能等优点。铝热焊主要应用于无缝线路道岔焊接，开发了 ZTK-1 型钢轨铝热焊接材料和工艺，完全满足高铁线路高质量和高平顺性的要求。

2. 无缝线路应力放散锁定技术

无缝线路应力放散及锁定是保证铁路轨道平顺性和稳定性的关键作业环节，无缝线路智能应力放散锁定系统利用信息化技术与高精传感技术，实现对无缝线路施工过程的信息化管理与关键数据自动采集，提升了放散锁定施工作业质量与管理水平。

无缝线路智能应力放散锁定系统包括管理平台和终端系统，其中管理平台主要面向工管中心、建设单位、运营单位、施工单位和监理单位，平台主要功能包括基础数据管理、

图 2-20　GHG-800 型固定式直流闪光焊机

图 2-21　YHGR-1200 型钢轨闪光焊接和感应热处理一体机

施工组织管理、查询管理、报表管理和统计分析等。终端系统面向放散锁定作业队，包括硬件单元（供电单元、传感单元、测距单元、采集单元、通信单元、电子标签和工业平板等）和 APP，实时接收所有采集设备的轨温和位移数据，根据接收的轨温，自动判别是否符合相关技术规范。当不符合规范时，会提示施工条件不具备放散条件；当符合规范时，自动判定施工工法，同时，针对施工工法规范中的位移要求，对位移进行实时自动判定，直到所有采集设备的位移都满足要求。

无缝线路智能应力放散锁定系统采用高精度传感技术，智能感知现场钢轨温度及应力放散位移量，通过 zigbee 无线自组网和传输技术将各测点钢轨位移和作业轨温数据实时上传、汇总和计算，为应力放散过程提供实时准确的作业数据，为现场施工规范化、标准化提供指导。该系统研发实现了无缝线路应力放散及锁定施工（拉伸器滚筒法或自然滚筒法）的全过程信息化管理，同时应用了长距离自组网传输技术，快速实时采集现场数据，突破了铁路沿线无网络覆盖、长距离自组网实时传输的难点，系统实现了“源头控制、过程控制、细节控制”，降低了施工中人为随意不规范操作的风险，为实现无缝线路锁定作业全方位、全过程质量监测理念提供了重要支撑。

2016 年起，无缝线路智能应力放散锁定系统在宝兰、京沈等高铁线路开展试点应用，应用效果表明系统利用信息化手段实现了无缝线路应力放散和焊连锁定作业全过程的数字化管理，可实时采集分析单元轨条应力放散和锁定作业过程的钢轨温度、钢轨位移和环境温度，准确引导施工单位严格遵守施工规范，有效提高无缝线路施工质量。

（四）无砟轨道施工关键技术

随着中国高铁技术的不断发展，以 CRTSⅢ型板式无砟轨道和 CRTS 双块式无砟轨道为代表的轨道结构形式在我国的高速铁路建造过程中成为主流，CRTS 双块式无砟轨道多用于山区、丘陵、长大隧道、特殊结构的过渡段等，CRTSⅢ型板式无砟轨道则主要用于平原和小丘陵等地段。为适应我国复杂多变的施工环境，通过不断自主创新，形成了完善且具有自主知识产权的轨道建造理论体系，在无砟轨道道床施工关键技术、轨道精调关键技术等方面不断提升。

1. 无砟轨道道床施工关键技术

我国高速铁路 CRTSⅢ型板式无砟轨道道床施工工艺流程主要包括底座及限位凹槽施工、隔离层及弹性垫层施工、轨道板铺设、自密实混凝土施工等，CRTS 双块式无砟轨道道床施工工艺流程主要包括支承层/底座施工、隔离层及弹性垫层施工、轨排组装及精调、道床板混凝土施工等。目前，无砟轨道底座混凝土施工、混凝土养护等关键工序已基本实现了自动化作业，并通过设备和工艺的优化进一步提升了复杂线路条件的适应性。

底座自动化施工方面，应用了一体化自动整平机，具备遥控操作、高程自动控制、推平布料、振捣密实、提浆、整平塑型等功能，可实现自动振捣、自动抹平、自动寻迹施工，高效铺筑高强混凝土、低坍落度混凝土，有效提高了施工质量和施工效率，降低了劳动强度和人员投入。

无砟道床混凝土养护方面，采用由智能养护膜、温湿智能监控系统、供水系统组成的自动养护系统,用于无砟轨道施工过程中底座、道床板混凝土浇筑完成后的养护。智能养护膜使用高吸水性能的高分子树脂材料,实现"一次补水、七天保湿"的养护目标。自动养护系统的使用有效解决了目前道床混凝土施工中水资源浪费、人工作业多、养护质量不易控等问题,简化养护流程、提升养护质量。

相关施工技术在京张、京雄等高速铁路工程中得到了大量应用,实现了无砟道床高效施工,有效提升了无砟轨道施工质量和智能化建造水平。

2. 轨道精调关键技术

无砟轨道板/双块式轨排精调是无砟轨道施工的核心工序,精调作业的质量和效率直接影响无砟道床施工质量、进度及成本。传统轨道精调施工方法一般为一名测量员配合多名工人进行精调作业,由测量员操作全站仪获取轨道板/轨排位置偏差后,通过人工对话方式通知工人使用扭力扳手进行调节,作业过程依赖工人的经验判断,主观性较强,劳动强度较大。传统精调工艺对精调工人协调配合能力、技术水平要求高,人工精调作业速度慢、效率低,现场施工进度受限。

为提高轨道精调水平,实现作业过程自动化,我国铁路研制了轨道板及双块式轨排系列智能化精调设备。以某高铁线路应用的轨道板自动精调机为例,该设备主要由精调托架、精调机执行系统和精调软件系统组成。其中,精调机执行系统主要由精调机机架、走行机构、导向机构、升降机构、横移机构、对位机构、精调系统等组成,可实现设备自走行与轨道板空间姿态的自动调整;精调机软件系统由精调数据读取模块、精调数据换算模块、精调控制系统等组成,采用OCR等数据识别技术实现调整数据的自动高效传输,避免了人为因素干扰,有效地提升了精调效率,减少了精调作业人员数量,保证了精调数据精度及数据稳定。

智能化精调机具备24小时全天候工作能力,通过全站仪自动测量标架棱镜,工控机计算,伺服电机精密减速机通过万向伸缩传动轴转递精密转动调整,完全替代人工调整。系统通过安装在笔记本或平板电脑终端软件,利用无线网络技术控制现场全站仪,对线路施工的关键数据,包括轨道高程、轨向数据等进行采集,并对调整精度和线路的平顺性实行双控报警。

轨道板及双块式轨排系列智能化精调设备已在京雄、朝凌、赣深、郑万等高速铁路无砟轨道施工中开展了应用,可实现精调数据自动传输和实时调整;采用多点联动调整,满足随测随调,不需要反复调整,减少干扰,提高效率。智能化精调设备可实现自动测量、自动精调、数据追踪、数据存储、报表查询等功能,无人为因素干扰,实现了施工质量数据的可追溯性。

（五）钢轨材料技术

钢轨是承载动车组载荷、传递轮轨系统振动的关键轨道部件，性能优良、质量稳定的长定尺钢轨是建设世界一流高速铁路，实现高速列车安全、平稳、舒适和高速运行的重要保证。为了适应我国高速铁路自主创新进程，钢轨材料技术自高速铁路建设初期以来，从标准、生产制造及质量管理技术、轮轨匹配技术等方面持续开展自主创新，技术标准和产品质量均处于国际先进水平，质量管理建成体系且向数字化、智能化发展。我国高速铁路目前主要使用60 kg/m 的百米定尺长 U71MnG 和 U75VG 钢轨，并且全部具有完全自主知识产权。2020 年 11 月，我国高速铁路钢轨首次走出国门，出口印尼雅万高铁。

1. 高速铁路钢轨技术标准

高速铁路钢轨材料技术自主创新始于钢轨标准。为了填补我国高速铁路钢轨技术标准的空白，以 1998 年修建秦沈客专为开端，先后制定了 9 个客运专线钢轨技术条件和 2 个铁道行业标准，完整地构建了我国钢轨标准体系。经过不断发展和完善，2011 年，《高速铁路用钢轨》标准颁布执行，首次形成了我国高速铁路钢轨行业标准，钢轨材料关键性能指标与国际先进的 EN 标准水平相当；2013 年，《高速铁路用钢轨》标准荣获中国标准创新贡献二等奖；2021 年，《钢轨　第 1 部分：43 kg/m ~ 75 kg/m 钢轨》标准正式实施，钢轨材料技术标准达到国际先进水平。

2. 高速铁路钢轨生产制造及质量管理技术

稳定先进的生产制造技术是实现高速铁路钢轨材料优良性能的基本保障。自 2003 年开始，铁道部、中国铁路总公司、国铁集团牵头我国 5 家钢轨生产厂先后经过现代化技术改造及自主研发，采用转炉、连铸、万能轧制机、平立复合矫直机、在线自动化检测等设备，实现了钢轨生产的“精炼”、“精轧”、“精整”、“质量自动检测”和“长尺化”，成功生产出高纯净度、高尺寸精度、高平直度、高表面质量的百米定尺高速钢轨，质量水平达到了国际先进水平。近几年，我国铁路持续推进钢厂使用 UF 全万能轧制工艺、优化矫直工艺，升级在线表面质量检测、探伤能力，全面保障了高速铁路钢轨质量和服役性能的稳定提升。

为了提高钢轨成品合格率、保障钢轨质量稳定性及良好的服役性能，我国铁路创新构建了钢轨质量批检验和钢轨驻厂监造制度和试用考核技术体系，对高速铁路钢轨成分、力学性能及外观质量等指标进行质量检验、对高速铁路钢轨生产制造全流程进行监督管理、对新产品进行试铺运用考核和服役性能评定，有效提高了高速铁路成品合格率，保证了高速铁路钢轨的源头质量。在先进标准引领和生产制造及质量管理技术有力保障下，自主研发了 U71MnG（H）、U75VG（H）、U68CuCr 等钢轨，适应高速铁路复杂运用需求。

3. 高速铁路轮轨型面匹配技术

为了更好地改善和提高我国高速铁路轮轨匹配的水平,我国铁路开展了高速铁路钢轨型面优化设计工作,先后提出了60D和60N钢轨廓形,经理论研究及长期服役跟踪观测,两种廓形均可与多种车轮型面良好匹配,钢轨长期服役性能良好。60N廓形综合匹配效果更佳,2015年开始,60N钢轨在新建高速铁路工程中得到推广应用。我国高速铁路钢轨廓形如图2-22所示。

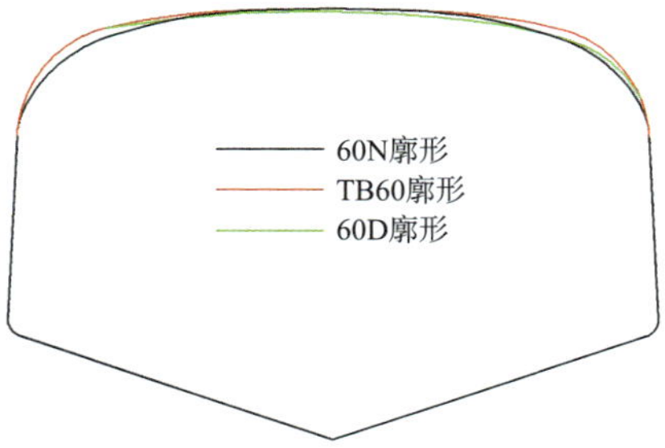

图2-22 我国高速铁路钢轨廓形

与钢轨型面优化同步,自主开展了钢轨打磨技术攻关,提出了采用钢轨打磨改善高速铁路轮轨匹配关系的技术方案,从工务工程方面解决了动车组异常振动的技术难题。2011年,首次在京沪高铁成功应用,经过多年的研究和应用实践,形成了具有自主知识产权的高速铁路钢轨打磨技术体系、管理体系和标准,有力保证了良好的动车组运行性能和钢轨服役状态。

(六)道岔设计关键技术

高速道岔结构部件繁多,轮轨关系复杂,实现列车高速、平顺、安全地完成通过、转线等运输需要,是高速道岔研发设计的核心目标与关键技术难题。为研发我国自主知识产权的高速道岔系列产品,我国先后攻克了轮轨关系、结构强度、动力学性能、材料与工艺、产品可靠性等5大技术难题,完成了全套产品研发及技术标准的制定,突破了国外的技术垄断,大幅降低了高速道岔的采购成本,为我国高速铁路快速建设与发展提供了有力支撑。

1. 高速道岔轮轨关系设计理论

建立了高速道岔轮轨关系设计理论,首次提出缩短轮载过渡段范围以减缓轮轨横向蠕滑力的设计理念,优化了尖轨顶面降低值,保证了高速行车的安全性与平稳性。基于轮轨系统动力学和道岔区轮轨间复杂的多点接触轮轨关系,建立了较完善的列车—道岔系统耦合动力学,综合研究列车通过道岔时的动态运行行为及其对道岔结构的动力破坏作用。

2. 无砟轨道无缝道岔纵横垂向耦合的计算理论

构建了无砟轨道无缝道岔纵横垂向耦合的计算理论,建立了无砟道岔区无缝化设计方法,优化了岔区纵向传力结构,指导了我国不同区域无缝道岔设计与铺设。该理论综合研究了无砟无缝道岔及其群组的纵向受力与变形行为,考虑无缝道岔扣件、无砟道床及传力部件在温度力传递中的作用,以及钢轨温度力对其横向变形的影响,指导道岔扣件阻力、锁闭机构容许尖轨及心轨伸缩位移等设计参数确定、传力部件结构设计、道岔焊连顺序等。该理论已在严寒、温差大的哈大高速铁路上得到验证。

3. 高速道岔轨道刚度设计理论

建立了高速道岔轨道刚度设计理论，研究提出了岔区轨道刚度匹配及均匀化方法；采用炭黑接枝改进橡胶新材料，实现了弹性垫板的低动静刚度比；采用两级刚度原理，解决了低刚度下钢轨倾翻的难题；采取分块式全硫化技术实现了岔区低刚度和均匀化，提高了动车高速过岔的乘坐舒适度。运用道岔动力学分析理论，确定了不同轨下基础、不同运营条件下的合理刚度取值，并提出了分层弹性、上硬下软的技术原则。利用等变形原理，在道岔不同部位采用不同刚度值，实现了岔区轨道整体刚度的均匀化以及岔区与区间线路轨道刚度的均匀过渡。高速无砟道岔要求高弹性，为解决低刚度下钢轨横向倾翻过大的难题，保证行车安全性，在弹性垫板结构中采用了两级刚度原理，抑制了钢轨过大的倾翻。采用炭黑接枝改进橡胶新材料实现了弹性垫板的低动静比；采取分块式结构，可实现不同垫板等厚度不等弹性，解决了岔区的高弹性及刚度均匀化技术。

4. 转换锁闭机构及传力部件结构设计

转换设备是实现道岔转换功能的重要组成部分，转换设备研究解决了两大关键难题：一是采用多机多点牵引方式，各牵引点均采用钩型外锁闭方式，锁闭能力强，安全性高，在极端特殊情况下，当高速列车风引起的冰块、石砟等异物冲击转换杆件导致其弯曲后，仍能有效保证尖轨与基本轨、心轨与翼轨的可靠锁闭；二是优化了外锁闭机构，有效地解决了既有线道岔中存在的转换卡阻技术难题，满足了尖轨、心轨伸缩的技术要求。

铺设于长春西站的自主研发高速道岔系列如图 2-23 所示。

图 2-23　铺设于长春西站的自主研发高速道岔系列

（七）扣件生产技术

扣件系统是保持钢轨稳定性、提供轨道弹性的重要轨道部件，是确保高速动车组安全、平稳运行的关键。为适应我国高速铁路的建设需求，我国铁路创新研发了高速铁路有砟和无砟轨道用系列扣件系统，突破了扣件系统高弹性、高基频、高绝缘、大调整等核心技术，实现了中国高速铁路扣件研究、设计、制造技术的新飞跃，跻身于世界扣件技术先进行列，为中国高速铁路建设提供了科技装备支撑，节省建设资金超百亿元。我国高速铁路目前主要使用的弹条Ⅳ型、弹条Ⅴ型、WJ-7 型和 WJ-8 型扣件具有完全的自主知识产权，并在更高时速、更大调整、更高耐久等方面取得了重要突破。

1. 时速 400 km 高速铁路扣件系统

建立了高速铁路轮轨耦合动态特性试验及理论分析方法，探明了轮轨周期性磨耗条件下扣件弹条共振伤损作用机制，研制了世界首台加载频率可达 1 000 Hz 的弹条高频疲劳试验机，系统提出了高基频高寿命弹条设计方法，实现了螺旋道钉抗松退性能提升，实现了时速 400 km 高速铁路扣件系统的技术突破。

2. 高速铁路扣件先进生产技术

高速铁路扣件系统中弹条为核心弹性件，螺栓为核心紧固件，这两种产品专业性强，制造技术难度大，在业内形成普遍共识。多年来弹性件，螺栓等零部件都采用部分自动化加人工检测方式进行生产，存在生产效率低、人力成本高、工人劳动强度大、质量控制不稳定等问题。

近年来，经过大量技术攻关，目前高铁扣件系统生产已建立采用无人化、智能化生产体系，包括智能弹条生产线和智能螺栓生产线。其中，弹条智能弹条生产线均被全自动化定尺工序、自动化热处理、弹条自动尺寸检测系统，自动化成品抛丸、自动化包装生产线等；智能螺栓生产线具备道钉搓丝工序、全自动热成型生产线、全自动锌铝涂层生产线及全自动全尺寸检测等技术，全面实现了无人化、智能化生产，提升了产品质量。

同时，为实现兑现建设美丽中国的承诺，高铁扣件智能生产技术坚持环保理念，通过全封闭循环流水线，实际降低了废气的无组织排放，提高了废气收集效率，严格遵守环保法律法规以及达标排放。

3. 高速铁路扣件质量追溯技术

高速铁路扣件系统零部件种类多、原材料类别广、生产环节复杂，其零部件生产及质量检测是重点环节。高速铁路扣件产品通过现代传感、网络、自动化技术，导入智能制造及 MES 系统，实现了制造过程智能化以及生产执行与管理的精细化、协同化，达成生产系统的准时、高效、快捷运转，为铁路提供高质量的产品。在保证充足的产能与严格的质量控制能力基础上，运用 MES 系统，精准管控产品交付周期，可实现多品种、小批量连续生产切换。通过先进技术手段实现了高速铁路扣件系统各零部件全生产流程可追溯，保障了高速铁路线路服役性能的稳定提升。

五、客站建造技术创新

高速铁路客站是一个集多学科、多专业为一体的综合交通建筑，是高速铁路综合交通枢纽的核心。我国高铁客站先后建成了 1 000 余座，建造技术不断创新，取得了举世瞩目的巨大成就，从北京南站到全国第一个 BIM 技术试点站兰州西站；从全国第一个三维站房智能管理平台清河站到全国第一个 5G + 边缘计算智慧站房雄安站；从全国第一个钢结构全生命周期管理平台研发站北京丰台站到全国第一个大规模运用智能机器人进行施工的铁路站房广州白云站，推动了我国工程行业向现代化迈进。我国典型客站如图 2-24 所示。

(a) 北京南站

(b) 杭州东站

(c) 北京丰台站

(d) 雄安站

图 2-24 典型客站

在高速铁路建设初期，北京南站、上海虹桥站、武汉站等代表性客站相继落成，在规模、体量、技术难度上不断攀升，这些客站结构型式新颖，为旅客提供了充足、开敞的候乘空间，多种交通方式嵌入，实现了从最早的单一旅客接发功能到交通综合体的转变。但在建设过程中，绿色建筑技术、智能化信息技术尚未大规模普及，在低碳建造、站城融合等方面存在一定的局限。

党的十八大以来，以国铁集团“畅通融合、绿色温馨、经济艺术、智能便捷”的建设方针为指导，铁路客站的建设进入新发展阶段，以雄安站、北京丰台站、郑州航空港站、杭州西站等大型枢纽的建设为标志，在建设用地集约利用、能源及自然资源节约高效、低碳建造技术、智能化信息技术、绿色建材技术等方面实现了新突破，我国高速铁路大型客站建造技术实现了国际引领。

（一）复杂结构体系施工技术

高速铁路车站结构受列车限界、车场布置的制约，同时又有城市轨道交通或市政工程规划等因素的限制，有其自身的结构特征，具有与民用建筑大不相同的特殊性。在多年的发展历程中，高速铁路车站结构经历了从常规结构到大跨屋面、超长、组合、超限、复杂结构，从“建—桥”分离到“桥—建”一体结构，从单层车场到双层车场，以及在清水混凝土结构的建构一体、装配整体式和全装配式站台雨棚结构等方面进行了一系列创新，经过了长期的工程实践，形成了跃升效应。

1. 大型桥建一体结构体系施工技术

桥建合一型车站通过将承轨层框架结构与高架候车层大跨度结构体系融为一体，从建筑空间上自下而上分为出站层、站台层（承轨层）、高架候车层，实现了融地铁、公交、出租、社会停车与高铁进出站等功能无缝衔接，“站城融合”的设计理念得到真正体现。桥建合一型车站以其简洁的结构布局与建筑功能流线融为一体，经过二十多年对设计理论、结构体系、震动舒适度的研究以及工程实践，解决了站房工程受力构件在动荷载工况下的耐久性、疲劳破坏等结构难题，解决了站房建筑在动荷载下人员舒适度感受问题。桥建合一逐渐成为大型铁路枢纽站房的主流模式，目前国内已经建成了数十座桥建合一型的大型铁路枢纽站房。

2. 大跨度双层车场复杂结构体系施工技术

双层车场结构能够有效缓解城市用地紧张等问题，在节约土地资源、减少工程拆迁征地、给市政配套设施预留建设空间等方面具有引领示范效应，但其复杂结构设计带来了施工组织和施工技术的难度增加。我国通过工艺试验和技术攻关，形成双层车场施工过程关键控制技术，确保工程施工质量、施工安全和使用安全。北京丰台站是目前国内唯一的一座双层车场铁路站房，通过技术集成与优化，突破传统车站模式，实现了土地资源高效利用，达到了节能、节地、节水、节材等绿色建造目标。

3. 大跨度清水混凝土复杂结构体系施工技术

清水混凝土的天然色彩和质感给人以庄重、清新素雅的感受，同时通过管线集中布置，雨棚结构简单明快，为运营维护带来极大便利。通过对混凝土配合比、和易性，模板工程材质选择、加工工艺、排板布置、接缝处理、加固方式以及混凝土振捣工艺等反复研究，解决了普通混凝土气泡多、色差大、错台明显、表面麻面等一系列通病问题。雄安站、朝阳站及京张高铁各站在清水混凝土施工实践中，形成了一套高铁站房清水混凝土结构施工工艺体系，为其他大型公共建筑工程的清水混凝土体系提供了较高的借鉴价值。

（二）复杂钢结构系统施工技术

相较于传统钢筋混凝土结构，钢结构具有强度高、自重轻、抗震性能好、工业化程度高、施工周期短、环境污染少及外形美观等综合优点，是一种节能环保型、能循环使用的绿色建筑结构。随着高铁站房的不断发展，大跨度、大空间的建筑特征越来越多，大型站房普遍采用钢结构或者钢混结构作为主体受力构件。大型客站复杂钢结构体系具有结构节点复杂、异形构件多、单构件重量大、与混凝土结构衔接复杂等特点。

1. 重型复杂钢结构系统制作安装技术

为了解决钢结构、钢混结构加工制作困难、单体构件超重等问题，创新应用了一系列工艺工法。在工程实施中，首先对复杂节点设计进行优化和深化，通过有限元分析确定吊装方案，进而确定合理分段及相应焊接工艺；针对钢柱高强度厚板，因焊缝较长、焊接难度较大，通过反复论证实验，发明出一种箱形钢柱人孔焊接防收缩变形方法，采用专用卡具及千斤顶，解决了焊接人孔单侧不均匀受热、导致钢柱壁板焊接收缩向腹板侧，发生弯曲变形的问题，在工程实践中取得了良好施工效果；通过卡具和千斤顶调整钢柱使其出现反变形，用焊接收缩变形抵消这部分反变形，保证了钢柱外观质量。

该技术的成功应用，实现了在大型客站建设中的结构重载、列车运行等大荷载要求，实现了大跨度、大空间等公共建筑功能需求，达到一些车站因运营需要快速建造的目的，顺应了建筑绿色化的发展趋势，也为以后大型客站及其他公共建筑中重型钢结构的应用提供了宝贵经验。

2. 大跨度复杂钢结构屋盖系统施工技术

铁路客站作为一个城市的窗口和城市形象，承载着文化、技术、工艺之美，对建筑形体的外在要求越来越高，客站屋盖结构体系空间跨度大、形态造型复杂。

在传统的整体提升、分区提升、旋转提升、累计滑移、高空散装等一系列施工技术的基础上，结合 BIM 应用、智能监测、大吨位吊装设备应用等新的技术手段，促进了现代大跨度复杂钢结构系统的发展。以杭州西站为例，将分布在高架候车层楼面以上的屋盖钢结构分为 7 个提升分区，通过楼面拼装、分区旋转、合拢提升、整体卸载等施工技术，并利用有限元分析软件对结构在提升过程中的受力情况进行模拟分析和 BIM 技术工况预演，保证了提升及卸载的可行性、安全性和经济性。

（三）超深全地下车站施工技术

我国铁路相继建成了多个地下车站，如八达岭长城站、天津滨海站（原于家堡站）、深圳福田站、嘉兴站等。该类站房的典型特征是铁路站场和车站进出站、候车等功能全部位于地下，地面上仅有车站进出口等功能。站房主体结构多采用地下多层框架体系，特殊的如八达岭长城站，采用创新的地下隧洞结构。在地下式车站施工中普遍采用了超长超深桩基、超深地连墙、深大基坑、逆作法、顺逆做结合、高强混凝土等施工技术。福田站采用先墙后拱交叉中隔壁法，实现了在富水全风化花岗岩地层以 3 m 净距安全下穿深圳地铁 1 号线，并在洞内成功实施地下商场 14 根抗浮桩的托换，实测地铁最大沉降仅为 13 mm，未对地铁结构安全造成影响。

为了解决深埋多维密集洞群地下车站修建难、超大跨度过渡段道修建难等工程技术难题，我国首创了复杂洞室群地下暗挖高铁车站修建成套技术、软弱围岩超大跨隧道修建成套技术等，创建了超大跨隧道围岩自承载结构体系与构件化设计方法。超深“T”形地下连续墙、AM 扩孔桩、HPE 液压垂直插入线间钢管柱、明挖区大跨度三联拱模板支撑体系、大跨度单层网壳穹顶钢结构、候车大厅大面积菱形水磨石、穹顶 X 形钢节点板、ETFE 气枕熔断排烟系统等先进施工技术或工法在八达岭长城站、天津滨海站等得到了广泛应用。

第三节 关键装备

为适应我国各类复杂地质和环境条件的应用需求，我国围绕高铁关键装备技术开展了大量自主创新工作，特别是在高速动车组、牵引供电、通信信号、大型工程施工装备、基础设施动态检测装备等方面突破了多项核心技术，构建了世界领先的高铁装备体系，实现了高铁关键装备和技术自主化，为高速铁路的大规模建设、安全高效运营和高质量发展提供了重要支撑。

一、高速动车组技术创新

中国高速动车组是当今世界上保有量最大、持续运行里程最长、谱系最完善、涵盖不同速度等级、适应各种运营环境的系列化高铁移动装备，创造了持续运营速度、试验速度等若干世界纪录,深刻改变了人们的出行方式,为中国经济的发展注入了强劲的动力,是中国高端装备自主创新的成功典范。

党的十八大以前,我国高速动车组技术约有 40% 在不同程度上需要依赖国外,主要集中在转向架的总成、齿轮箱传动装置、空心车轴轮对、轴承,制动系统的基础制动装置、电空复合制动控制系统、防滑保护控制系统,以及牵引控制系统和列车网络控制系统等方面。为尽快突破高速动车组核心技术,全面实现自主可控,我国在党的十八大之后组织研发创建了自主化的复兴号动车组技术平台,并形成了批量生产制造能力。我国高铁共形成 250 km/h 和 350 km/h 两种速度等级、和谐号和复兴号两大系列、14 个产品平台、42 种型号产品,车型囊括座车、卧铺、高寒车、综合检测车等多类车种,编组包含 4 辆、8 辆、16 辆、17 辆等多种型式,形成系列化、平台化的高速动车组产品谱系,可适用于客运专线、客货混跑等不同线路条件和平原、高原、高寒、高风沙等不同运用环境条件,能够满足用户多样化差异性需求。

截至 2023 年底,国家铁路动车组保有量 4 581 标准组,配属北京、上海等全国 18 个铁路局集团公司,其中复兴号高速动车组 1 194 列。复兴号动车组系列化产品奔驰在祖国广袤的大地上,历史性实现对 31 个省(区、市)的覆盖。

(一)和谐号动车组

和谐号系列动车组在总体集成、不锈钢/铝合金轻量化车体、无摇枕高速转向架、大功率交直交牵引传动与控制、微机控制复合制动和列车网络控制等方面,体现了当时铁路机车车辆制造业的先进成果。

中国铁路引进的和谐号动车组包括 CRH1、CRH2、CRH3、CRH5 等四种类型,构建了四大技术平台。其中,速度 250 km/h 16 辆编组卧铺动车组为世界首创,满足了旅客夜间长途快速出行的需求;速度 350 km/h CRH380 系列动车组是通过引进消化吸收再创新研制的国产化动车组,为京沪高铁等线路的顺利开通运营提供了装备支撑,大大拉近了城市间的时空距离,大幅度提升了运输服务整体效率、降低了全社会流通成本,极大满足了城市化进程的需要。

国内几大动车组主机厂和承担子系统、部件研制的企业陆续完成了动车组基础制动装置、列车网络控制系统、牵引和辅助供电系统、车钩、空气弹簧、车门以及齿轮箱等国产替代部件的设计制造和地面试验验证工作,对轻量化铝合金车体、高速转向架、牵引制动系统、网络控制系统等高速相关技术有了更加深刻的理解,获得了大量高速运用核心数据,为动车组自主创新积累了宝贵经验。

（二）复兴号动车组

党的十八大以来，中国铁路加快了高速动车组的自主创新，通过大量的技术研究、设计制造、试验验证，搭建了全要素、全层次的高速列车技术标准体系，形成了覆盖高速列车全寿命周期的产业链与创新链协同的研发、制造和试验平台，研制了运营里程长、谱系完善、涵盖不同速度等级、适应各种运营环境的系列化高速动车组，突破了持续高速高性能载运技术，创造了持续运营速度、试验速度等若干世界纪录，动车组能耗、百万公里故障率等性能指标世界领先。习近平总书记在考察中国中车长春轨道客车股份有限公司时指出，“高铁动车体现了中国装备制造业水平，在‘走出去’‘一带一路’建设方面也是‘抢手货’，是一张亮丽的名片”。复兴号动车组技术复杂，体系庞大，整体水平居于国际领先。

1. 创建完全自主的高速列车全链条设计制造体系

通过复兴号动车组的研制，创建了数据驱动、“按需定制、高效设计、柔性制造”的高速列车谱系化设计制造一体化平台，可按需快速定制满足不同广域运用环境、不同客运需求、不同速度等级的复兴号系列产品，研制效率提升30%。攻克自主化难题，实现高速列车全产业链国产安全自主可控，打造安全可控、富有韧性的高铁产业链，构建高速列车“链长”拉动的元件—部件—系统—整机全产业链条培育、提升、质控体系，由此打造全球领先、规模最大的高速列车批量制造能力和完整产业链，年产能550标准组。培育的产业链企业遍及全国20余省、600余家一级核心配套企业，保障了产业链完整和国际市场综合竞争力。新造成本较和谐号动车组大幅降低。

攻克动力分散型牵引系统及高品质控制技术。针对高速列车雨雪冰霜条件下轮轨黏着随机瞬变适应性、列车—供电网兼容性等技术难题，提出基于轨面状态辨识的模糊自适应牵引黏着最优控制和强鲁棒高动态牵引电机控制方法；突破了网侧谐波主动抑制技术；创新基于机—电—热—磁协同优化的高密度设计方法，研制了适用于持续350 km/h高速运行的动力分散型牵引系统。牵引黏着应用系数和轮周功率指标国际领先。

创新适用于全天候应用的高效、高可靠、大热容量制动系统。8辆编组复兴号高速列车350 km/h运行条件下制动能量世界最大。针对复杂服役环境下高速列车制动时大动能的高效、高可靠、快速转换和耗散难题，攻克制动瞬态过程流—固—热协同设计方法，研制大功率盘形制动，单盘最大制动功率达到584 kW，高于欧洲标准；构建高冗余指令架构及高效三层制动管理技术，创新制动故障诊断逻辑和故障导向安全控制方法，保证了制动系统的高效率和高可靠性，相比既有高速列车，闸片寿命提高近一倍，系统故障率降低48%；提出分层递阶的黏着—蠕滑控制策略，实现基于复合矩阵判定模式的自适应追踪轮轨黏着状态的防滑控制，解决了恶劣轮轨黏着条件下的制动滑行控制难题。

突破网络协同控制、综合诊断及重联技术，创建控制—维护—车地通信的新型复合车载网络架构。针对多系统承载、智能检测监测对网络系统通信带宽、实时性的需求，率先在高速列车应用实时以太网通信技术，创新列车动态组网机制，创建低时延、高带宽和车地通信三网融合新型网络架构，研制高带宽分布式列车网络控制系统，实现整车信息高效传输、自主协调与实时控制。突破高速列车间安全通信机制、实时故障诊断、同步互操作等关键技术，实现了高速列车互联互通互控。

创新车—线—隧耦合整车气动减阻节能设计理论与技术。建立面向整车气动性能/外形参数/线路条件/环境因素的理论关系，提出高速列车外形、部件及导流结构全参数化的分层逐级优化方法，构建高速列车气动外形与性能协同设计及全自动优化平台，寻优确定整列车气动性能顶层布局；研发了避免流动分离的流线化头型设计、尾流分离抑控、车体表面附面层控制、局部流动分离主动引导等技术；开发低阻低噪流线型头型、平顺化车体和车端连接结构、下沉式受电弓。与既有高速列车相比，阻力降低 14%，人均百公里能耗降低 20%。

创新降噪结构靶向设计技术和振动模态匹配方法。建立了高速列车大长细比柔性车体“模态—振动—噪声”传播理论模型，提出车体与转向架悬挂参数最优匹配和多激励源耦合条件下列车振动模态追踪和匹配技术，创新噪声传递路径解耦和基于贡献量的降噪结构靶向设计方法；突破低动刚度减振和多层结构阻抗适配设计技术，解决低频大波长噪声控制厚断面需求与实际薄断面空间的矛盾；研发全浮筑车厢、低频抗性多层吸/隔声断面等结构。与既有高速列车相比，车内噪声降低 2 dB、平稳性提升 8%。复兴号以 350 km/h 速度运行时的车内噪声优于 UIC 660 标准中 300 km/h 速度时的规定值，性能指标国际领先。

创新高速列车碰撞被动安全防护、车辆运动失稳抑制以及车轮踏面低磨耗控制等关键技术，研制了高速列车车钩缓冲装置—防爬吸能装置—车体结构三级能量吸收管理的耐撞性车体以及高鲁棒性、高稳定性转向架。

2. 研制广域条件下复兴号高速动车组系列产品

我国铁路在研发 8 辆编组速度 350 km/h 复兴号动车组的同时，就启动了复兴号高速动车组系列产品的顶层规划，从中国路网特点、环境特点、客流形态、技术发展趋势等方面进行了全面分析，综合考虑对动车组的速度等级、编组形式、动力配置等方面不同层次的需求，提出了系列化产品规划方案。按照复兴号品牌战略规划，要“建成品类齐全、结构合理、涵盖不同速度等级、适应多元化运输需求和不同应用环境的复兴号系列产品体系”。复兴号高速动车组顶层规划见表 2-1。

表 2-1　复兴号高速动车组顶层规划

速度等级(km/h)	用途	编组形式	动力型式	现有典型产品
400 350 300 250 200 …	通用型 高寒型 智能型 …	4 辆编组 8 辆编组 16 辆编组 17 辆编组 …	电力 内燃 混合动力	CR400AF/BF CR400AF-A/BF-A CR400AF-B/BF-B CR400AF-C/BF-C CR400BF-G CR300AF/BF

按照顶层规划，结合高铁运输需求，在速度 350 km/h 复兴号动车组平台基础上，遵循安全可靠和经济性原则，坚持自主化、简统化、平台化、系列化和模块化，持续提升舒适性、减振降噪、节能环保等方面技术性能，研制不同速度等级的系列化产品，满足不同旅客运输需求和运用环境需求。截至 2023 年底，我国动力分散型复兴号动车组系列产品见表 2-2，可满足中国西部高风沙高海拔、北方低温高寒、南方高温、东部高湿等不同环境条件运用需求，快速促进了区域经济协调发展，有力支撑了西部大开发、东北振兴、中部崛起和东部率先发展的国家战略，为构建新发展格局、实现经济持续健康发展注入了新动能。为满足人民日益增长的高品质出行需求，打造了覆盖 8 辆、16 辆、17 辆等不同编组形式的动车组，突破了客运高峰期运力严重不足制约瓶颈，灵活应对客流起伏，助力温馨、舒适的高铁出行。为支撑便捷顺畅、经济高效、安全可靠的国家现代化高质量综合立体交通建设需要，高品质满足多元化市场需求，打造了座车、卧车、餐车、综合检测车等适用不同功能场景的动车组，为实现人畅其行、货畅其流提供了可靠运力保障，极大满足了“全国 123 出行交通圈”、京津冀协同、长三角一体化、成渝双城经济圈等高质量发展的载运需求、交通强国战略要求和人民日益增长的美好生活需要的愿望，为中国“八纵八横”高速铁路网的成功建成提供了装备支撑。

表 2-2　动力分散型复兴号动车组系列产品

序号	速度等级(km/h)	车型、技术配置	主要技术特征		
			车种	编组形式	动力型式和配置
1	350	CR400AF	单层座车	8 辆	电力、动力分散
2		CR400BF	单层座车	8 辆	电力、动力分散
3		CR400AF-C(京雄智能)	单层座车	8 辆	电力、动力分散
4		CR400BF-C(京张智能)	单层座车	8 辆	电力、动力分散
5		CR400AF-A	单层座车	16 辆	电力、动力分散
6		CR400BF-A	单层座车	16 辆	电力、动力分散
7		CR400AF-B	单层座车	17 辆	电力、动力分散
8		CR400BF-B	单层座车	17 辆	电力、动力分散

续上表

序号	速度等级（km/h）	车型、技术配置	主要技术特征		
			车种	编组形式	动力型式和配置
9	350	CR400AF-G	单层座车	8 辆	电力、动力分散
10		CR400BF-G	单层座车	8 辆	电力、动力分散
11		CR400AF-Z	单层座车	8 辆	电力、动力分散
12		CR400BF-Z	单层座车	8 辆	电力、动力分散
13		CR400AF-AZ	单层座车	16 辆	电力、动力分散
14		CR400BF-AZ	单层座车	16 辆	电力、动力分散
15		CR400AF-BZ	单层座车	17 辆	电力、动力分散
16		CR400BF-BZ	单层座车	17 辆	电力、动力分散
17	250	CR300AF	单层座车	8 辆	电力、动力分散
18		CR300BF	单层座车	8 辆	电力、动力分散

复兴号动车组在京沪高铁实现 350 km/h 运营速度，使中国成为全世界高铁商业运营速度最高的国家。复兴号品牌战略全面推进，越来越多的复兴号动车组奔驰在祖国广袤的大地上，充分展示了中国高铁发展的新成就、新形象。凭借良好的技术先进性、安全可靠性和乘坐舒适性，复兴号动车组为旅客提供了温馨便捷、优质高效的出行服务，有力提升了人民群众的获得感和幸福感，取得了良好的社会、经济效益。

3. 建立中国高速动车组技术标准体系

近年来，结合动车组引进消化吸收再创新，以科技创新成果为支撑，我国铁路充分采用借鉴国际、国外标准，系统总结运营实践经验，制定了一系列涵盖动车组零部件、系统、整车等设计、制造、运用、维护等方面的技术标准，形成了全面、先进、兼容并蓄的中国高速动车组技术标准体系，为中国动车组整车、系统、零部件的研制、试验及安全可靠运营提供了坚实的基础和保障。

复兴号动车组研制过程中，同步开展了知识产权运营管理和海外布局，以保护我国高铁技术的自主创新成果，规避海外知识产权风险，抵御竞争对手在知识产权方面设置的重重障碍，并使中国高铁技术的经济价值得到更大体现，增强中国铁路在境外合作项目中的市场竞争优势。复兴号动车组获得了国内专利 400 余项，国际专利 30 余项，实现了完整覆盖牵引、制动、网络、车体、转向架等关键系统和部件。

复兴号动车组的研制，紧密结合中国铁路运用环境和运用需求，形成了全面先进、具有兼容性的高速列车技术标准体系，在 254 项重要标准中，中国标准占 84% 左右，包括中国国家标准、铁道行业标准、国铁集团企业标准，以及专门为中国标准动车组制定的一批技术文件。高速动车组技术标准体系的发展将对中国标准走向世界产生重要影响。

4. 适应国外运营条件

为深入贯彻落实“一带一路”倡议,围绕友好合作国家积极进行市场开拓,完成雅万高速动车组、速度400 km/h互联互通高速动车组的研制,为高端装备“走出去”、“交通强国”建设以及“人类命运共同体”构建提供技术、装备和运营服务能力支撑,研制了适应印尼当地运行环境和本土文化的速度350 km/h雅万高速动车组和1列配套的综合检测列车。

列车充分考虑高温高湿气候和30‰坡道的线路条件,定制“空调辅助除湿”和“高加速模式”功能;同时借鉴了印尼“国旗红”、国宝级动物“科莫多龙”的纹理、非物质文化遗产“巴迪克”风格的祥云图案等要素,进行外观和内饰设计,实现了中国高铁首次全系统、全要素、全产业链在海外落地。这是中国同周边国家一道,坚持共商共建共享原则,深化互利共赢合作的生动写照。目前,12列雅万高速动车组运行正常。

二、牵引供电技术创新

我国铁路的电气化总里程居世界第一,电气化率世界第二且逐年提高,在铁路发展中发挥了重要作用。截至2022年底,我国铁路电气化率达到73.8%,电力牵引完成运输任务比重超过83%。我国高铁供电方式大部分采用AT供电方式,少部分采用直接供电方式,与日本、欧洲高铁基本相同。

经过多年的实践与创新,中国高速铁路牵引供电系统从系统集成、工程设计、装备制造、工程实施、检测与试验、评价标准、安全评估、运营维护等8个方面搭建了高速铁路牵引供电系统技术体系,已跨入世界先进技术行列,部分技术处于领先地位。建立了牵引供电、接触网及受电弓仿真、监控与测试平台,为新技术、新产品的研发提供支撑。通过装备国产化、新设备研发、关键设备冗余设置、综合自动化装置成网布局、联调联试及试运行等技术创新,创造了350 km/h双弓商业运行速度的世界第一,形成了能够满足16辆编组,持续380 km/h双弓稳定受流和安全可靠运行的供电能力。研发了高铁系统关键技术和配套技术,构建了完整的200~250 km/h和300~350 km/h牵引供电技术标准体系。建成了世界上规模最大的高铁SCADA系统、高铁供电调度系统,形成高效智能化远程数据采集、控制系统,达到世界领先水平。

(一)高速铁路接触网零部件核心技术

高速铁路接触网零部件绝大多数采用的是德式铝合金腕臂定位系统,作为国内300~350 km/h速度等级主要接触网结构型式已广泛应用。高速铁路发展初期,德式原型铝合金三角腕臂定位系统中部分产品满足不了国内高速铁路性能指标要求,通过对引进的德式原型铝合金腕臂定位系统进行国产化研究，对产品优化创新，融入中国成熟技术，改善零件结构和性能，使国产化的零部件不仅保留引进技术的特点，而且更加适合国内生产和应用，安全性和可靠性更高。

经过持续投入研发，我国全面完成了接触网零部件的自主化，创建了具有自主知识产权的全新结构接触网零件系统，高速铁路接触网零部件纳入铁路行业标准《电气化铁路接触网零部件》和国铁集团企业标准《电气化铁路简统化接触网零部件》，性能指标进一步提升，可完全满足 300 ~ 350 km/h 速度等级接触网系统要求。我国铁路行业完成了 CuNi2Si 铜合金、6082 铝合金、AlSi7Mg0. 3 铸造铝合金、AlSi7Mg0. 6 铸造铝合金等原材料及工艺国产化研究，在材料的组织、机械性能、耐蚀性、疲劳强度、加工性能等方面达到国外同类材料水平，形成了完整的 350 km/h 高铁接触网零件技术、制造和检验标准，制定了《300 ~ 350 km/h 电气化铁路接触网装备暂行技术条件》，满足国内产品后期标准化实施。

（二）高强高导接触线及其适配接触网零部件

高速电气化铁路要求接触网导线必须具有足够高的抗拉强度，接触网导线传输的正常工作电流高达 1 000 A，必须具有高的导电能力，以避免线路过度温升而软化，甚至造成断线事故危害安全运行。因此，高速电气化铁路接触网导线必须同时具有高抗拉强度和优良电导率。以铜基合金为基础的二元合金导线如镁铜、锡铜等导体合金的导电性能和强度互为反函数关系，即当导线强度提高时，其电导率将迅速下降；当电导率较高时，其导线强度很难增加，在提高强度的条件下往往要牺牲导电性能。如何在提高强度（530 MPa 以上）的条件下，仍然保持高电导率（75% IACS）或使电导率损失降低到最小，是研制高强高导接触网导线需要解决的主要难点之一。

2010 年以来，我国科研人员通过开展合金成分系统的设计、制造技术及工艺参数的优化、使用性能与制备参数的关系及批量生产关键技术等方面的研究，设计研发了高强高导接触线及其适配接触网零部件，通过优化设计腕臂支持结构、定位装置、下锚补偿装置及附加导线等装备结构及安装工艺，提高了接触网设计等级。同时，开展了超大额定工作张力体系的全补偿弹性链型接触悬挂等关键技术研究，建立了高速接触网导线设计、制备及制造工艺、施工调控等标准和规范体系，构建了高强高导接触线及其适配接触网零部件设计开发标准，形成批量生产能力，推动我国高速铁路接触网技术达到国际领先水平。依托京沪高铁的科研项目《高速铁路用高强高导接触网导线关键技术及应用》获得 2021 年国家科学技术进步奖二等奖。

（三）简统化接触网装备

2012年时，我国高铁接触网安装型式多样、结构种类庞杂、零件规格繁多，缺乏顶层设计，给设计、施工、制造、运营维护以及行业管理带来了巨大的工作量和难度，难以从源头上提高工程和运营整体质量，亟须统一、简化。

党的十八大以来，我国高速铁路开展了系统性能、装备简统化和服役性能等方面的创新研究，从系统参数、腕臂和定位装置、统一材质、提高零部件服役性能、防松防腐等方面，形成具有完全自主知识产权的高铁接触网技术体系和相关技术标准。提出了高速电气化铁路接触网系统主要技术参数配置，确定了新型腕臂和定位装置方案，完成了材料统一标准方案，研究了整体吊弦、终端锚固线夹、中心锚结线夹等提高服役性能措施。

首创了以“结构简化、零件集成”为核心特征的简统化技术，首次从理论和需求层面明确取消定位装置的限位功能，为采用“弓形非限位定位器＋刚性固定定位管”取代“直形限位定位器＋定位管刚柔固定＋防风拉线”奠定了基础；零件集成，对传统腕臂结构中的承力索座、定位环等多个零件进行集成创新，研制出组合承力索座和组合定位环，采用铰链抱箍替代直螺栓或U形螺栓连接方式、销轴铰接替代钩环连接结构，攻克了定位装置动态响应性能差、腕臂结构复杂、连接方式可靠性低等系统性、结构性难题。

高铁简统化接触网装备标准的建立，为设计、施工提供技术支持，减少了运营维护难度，提高了系统和装备整体水平，为检测监测系统自动识别和智能判定设备故障创造便利条件，为搭建体系完整、结构合理、具有完全自主知识产权的中国铁路接触网技术体系奠定基础。简统化接触网在国内得到广泛应用(图2-25)，并成功出口印尼雅万高铁，标志着接触网在海外项目摆脱了知识产权上的制约，为我国铁路“走出去”补齐了重要一环。

图2-25　简统化接触网装备

（四）高速弓网关系关键技术

研究高速接触网—受电弓系统的高速动态作用关系对高速铁路的安全运行至关重要。为提高弓网系统高速受流的性能，既要研究高速受电弓的结构和参数，也要研究高速接触网的结构和参数。为研究和解决高速铁路接触网—受电弓系统的受流问题，既要从高速接触网的受流理论上研究弓网受流技术，又要在实际高速铁路上对接触网—受电弓系统进行全面的试验，解决高速铁路的弓网受流问题。

自20世纪90年代开始，铁道部组织开展了大量高速铁路牵引供电系统的科研攻关，在秦沈客运专线完成了试验验证，经过多年大量线路及实车试验，我国铁路全面系统开展了高速弓网关系技术标准研究，首次建立了考虑几何约束、性能演化及电能传输效率的高速弓网关系动态性能试验与评估方法，完善了平顺性参数、动态受流参数、接触网性能参数等各指标评价标准，制定了我国高速铁路350 km/h速度级弓网动态质量指标，构建了我国高速弓网关系技术标准体系，为我国高速铁路接触网及受电弓设计制造、工程验收、运营维护以及高速铁路接触网修程修制改革提供了技术支撑，部分标准已被国际铁路联盟（UIC）采纳。

先后自主研制了动车组弓网受流测试装置、受电弓空气动力学试验装置、受电弓性能试验台、高速接触网弹性测试装置、高速接触网抬升量测试设备及高速综合检测列车弓网检测系统等系列化装备，用于历次高速弓网关系测试以及所有动车组受流试验，从根本上填补了我国高速铁路弓网关系研究试验检测装备空白，为中国高速铁路接触网参数选择、受电弓特性优化，以及弓网关系试验验证提供了技术支撑。在复兴号动车组弓网受流试验中，实现速度420 km/h单弓和双弓受流重联运行，技术水平达到国际领先水平。

（五）智能牵引供电系统

紧密围绕基础设施智能化发展战略需求、牵引供电技术装备升级，以安全、健康、高效、可持续发展为核心原则，我国牵引供电专业陆续试点开展智能牵引供电系统关键技术科研攻关与工程应用，构建了以高速双向通信网络为基础，以信息化、网络化、自动化、互动化为特征，以智能牵引变电设施、智能供电调度、智慧运维等为基本单元的智能牵引供电系统。

智能牵引供电系统以智能化牵引变电所、分区所、AT所等智能供电设施为基础，通过对智能牵引供电系统总体技术方案、智能一次设备、广域测控保护系统、辅助监控系统、智能供电调度系统等方面深入研究和技术攻关，研发了智能牵引供电设施、智能供电调度及智能运行检修管理核心子系统，明确了智能牵引供电系统总体构架、层级、功能，实现了牵引供电系统资源优化整合及多信源数据共享，提高了牵引供电系统的可用性和安全性；首次提出由就地保护、站域保护和广域保护构成的层次化保护体系，解决了传统保护死区和上下行无选择性等问题，实现供电范围内故障有选择性快速切除，建立了基于网络的广域保护测控系统；首次集成所内视频监控及巡检、环境监测、安防、在线监测等子系统，构成辅助监控系统，形成了以“局—段—所”为构架的多层联动监控体系，采用智能联动和控制方案将辅助系统的各种子系统进行有机整合，不仅提升了各子系统的性能，实现系统功能的统一管理及广泛联动，更能提高应急处理和反应能力，形成了《牵引变电所辅助监控系统暂行技术条件》，完成了全路牵引变电所实施无人值守技术方案的可行性研究和实施方案，为在全国铁路推行变电所无人值守提供了技术支撑和保障。智能牵引供电设施如图 2-26 所示。

图 2-26　智能牵引供电设施

智能牵引供电系统研究成果先后在京沈客专、京张高铁、浩吉铁路、京雄城际等高速铁路、重载铁路领域应用，积累了丰富的工程运用经验，技术成果通过国铁集团技术评审，技术水平达到国际领先水平，并在全国铁路推广应用，有力支撑了基础设施转型升级。

三、通信信号技术创新

截至 2012 年底，我国高铁通信信号系统基本属于跟跑阶段，采用引进消化吸收再创新的方式研制了高铁列控系统成套装备，初步建成了列控系统技术标准体系和技术平台，但列控车载设备的关键技术及部分地面控制技术（RBC）仍依赖国外，部分关键部件依靠国外采购，并且在系统运营维护、优化升级等方面受到外方不同程度的限制，不利于我国高铁建设及技术发展。同时，我国高铁列控系统受限于当时知识产权归属无法向海外出口，严重阻碍了我国高铁"走出去"。

党的十八大以来，我国启动了两轮自主化创新攻关，实现了高铁通信信号系统从跟跑、并跑到领跑的飞跃。为加快实现全产业链自主可控，通过保持关键核心技术攻关强度，推动高铁通信信号技术不断革新演进，加速推进信息通信技术与信号装备技术的融合创新，以北斗、5G 等新技术不断赋能基础装备向电子化、数字化、智能化的方向变革升级，推动高铁列控核心技术从引进消化吸收再创新向原始创新转变。

（一）高铁列控系统

我国从 20 世纪 80 年代开始探索高铁列控技术，陆续引进了多种国外的列控系统。在经过长期的基础理论研究和关键技术攻关后，我国建立了中国列车运行控制系统（CTCS）技术体系，采用集成创新与引进消化吸收再创新相结合的方式，完成了 CTCS-2 级、CTCS-3 级列控系统的创新工作。

党的十八大以来，我国铁路根据实际运用需求进行自主创新和正向设计，研制了具有完全自主知识产权的自主化 CTCS-3 级列控系统，并在此基础上开发了高铁 ATO 系统、新型列控系统等谱系化高铁列控系统，实现了系统平台及关键技术、核心软件、成套列控装备及操作系统全面自主化，总体技术达到国际先进水平。我国近年来在高铁列控系统领域的主要技术创新如下：

1. 高铁自动驾驶

自动驾驶技术的应用能够提高列车运行效率、降低牵引能耗、减轻司机劳动强度、改善旅客乘车体验，是铁路智能化的重要标志。高速铁路自动驾驶（ATO）成为技术发展的重要方向，我国也在既有 CTCS 系统的基础上开展了 ATO 系统的研究。高速铁路 ATO 系统具备车站自动发车、区间自动运行、车站自动停车、车门自动开门（防护）、车门/站台门联动控制等功能。高速铁路 ATO 系统在技术体系构建层面提出了总体技术方案，构建了具有自主知识产权、行业领先的高速铁路 ATO 技术体系；在运行控制优化层面建立了高速动车组精确停车模型和自动驾驶控制模型，提出了与干线铁路互通运行条件下的精确停车与运行控制等核心算法，构建了高速铁路自动驾驶舒适度在线评价方法，全面提升停车精度性能和面向乘客的控车平稳性，改善了旅客乘车体验；在综合效能提升层面提出了运行时间控制算法和基于多策略寻优算法的节能降耗技术，保障列车准点运行，既提高了列车运行效率，又降低了列车运行综合能耗，满足了国家"碳中和"战略目标要求。2019 年，我国自主研发的基于 CTCS-3 的全球首套速度 350 km/h 高铁自动驾驶 ATO 系统在京张高铁开通应用，标志着我国迈入智能高铁新时代。

2. 列控系统自主化

为攻克高铁列控系统关键设备核心技术难题，形成具有自主知识产权的CTCS-3级列控系统成套技术，摆脱高铁列控关键技术受制于人的不利局面，在国铁集团统一部署下，组织开展了自主化CTCS-3级列控系统的研制工作。自主化CTCS-3级列控系统在安全计算机平台、核心技术及应用软件、工业设计与装备智造、测试保障技术等方面取得重大突破，实现了系统平台及关键技术、核心软件、成套列控装备及操作系统全面自主化，达到了国际先进水平。自主化CTCS-3级列控系统目前已应用于匈塞铁路塞尔维亚段、印尼雅万高铁，为推动中国高铁技术和产品立足欧洲、走向全球，推动“一带一路”高质量发展奠定了基础。

3. 新型列控系统创新

此外，为实现铁路复杂环境下运输的安全、高效与少维护，进一步提升我国铁路的国际竞争力，保持技术引领地位，提高先进技术自主可控程度，国铁集团组织相关单位研制了新型列控系统。新型列控系统突破了一系列国际国内技术难题，创新融合北斗定位技术实现了列控车载设备多源综合定位，国内首次实现了干线铁路移动闭塞的列车追踪运行，国际首次实现了符合列控安全的列车完整性自主检查，全国铁路首次实现了列控安全数据的IP化无线传输，填补了国内外相关空白。新型列控系统具备轨旁设备简约化、车站区间一体化、设备维护智能化等突出优势，有效提升了列车运行安全保障能力和运行效率，显著减少了建设维护工作量，降低了系统全生命周期成本，对我国铁路列控技术持续领先、运输提质增效具有重要意义。目前，新型列控系统正在新疆和若铁路全线试用。

（二）5G技术应用

我国铁路移动通信是保障行车安全、提高运输效率的重要手段，在铁路运输生产中发挥着不可替代的作用。普速铁路装备的450 MHz频段模拟制式的无线列调系统制式落后，工信部已停止相关产品型号核准，无产品可供货，900 MHz频段的GSM-R产业支撑能力萎缩，无法适应铁路数字化、智能化发展需要，铁路移动通信升级换代迫在眉睫。

5G具有大带宽、大连接、低时延等优势，加快推进5G技术铁路应用，有利于推动铁路移动通信系统升级换代，进一步提升铁路安全保障水平、服务品质和效率效益，巩固我国铁路在世界的领先优势。

2020年，为落实国家新基建要求，国铁集团从自身实际情况和需求出发，确定了铁路新一代移动通信采用5G技术制式，先后发布《国铁集团关于加快推进5G技术铁路应用发展的实施意见》和《铁路5G技术应用科技攻关三年行动计划》,形成了推进铁路5G发展的纲领性文件。行业内各专业领域积极支持铁路5G研究工作,社会有关单位和企业对铁路新一代移动通信发展高度关注并积极参与,在关键技术研究和装备研发方面开展了积极探索和实践,为科技攻关工作顺利完成和下一步全网部署提供了有力支撑。目前,铁路5G在技术研究、装备研发、标准制定、试验验证方面处于国际领先水平。铁路5G专网(5G-R)科技攻关主要内容和成果如下:

1. 需求分析和系统设计

以应用为牵引,梳理业务需求,提出了公专网资源融合、分类分级承载铁路应用业务方案,建立了5G-R业务模型,细化铁路业务类型和要求,构建各种应用业务的服务质量保障方案,为5G-R技术应用相关研究工作提供前提和基础。基于第三代合作伙伴计划(3GPP)规范,在5G通用设备的基础上形成5G-R系统架构,将业务和功能需求映射到装备层面,结合铁路实际需求,增加铁路智能网(5G-IN)、铁路宽带集群通信(MC)设备等铁路特定功能相关设备。

2. 关键技术装备研究

根据铁路行业特点,无线网设备要支持铁路专用频段,为增强铁路5G-R基站设备的抗干扰能力,部分射频指标设计更加严格。为提升铁路5G-R无线网络的可靠性,基站设备关键单元采用冗余配置方案。

结合铁路特点,定制开发5G-R核心网、无线网、终端设备和关键业务装备,为开展试验验证和工程应用提供装备支撑。

3. 5G-R标准体系

5G-R标准体系包括综合、系统、工程、设备、应用业务、接口、运维管理等7类标准,采用新编制、既有标准修编等方式,分阶段完成标准体系的建设,为产品研制、网络规划、工程设计、验收测试、运维管理等工作提供技术依据。目前已发布《铁路5G专用移动通信(5G-R)系统总体技术要求(暂行)》等3项系统级和9项设备级标准性技术文件。根据未来发展需要,持续完善5G专网标准体系。

目前,我国已经建成了具备内外场结合、公专网并存、动静态兼顾的铁路5G创新实验室试验环境,依托试验环境,对系统功能和性能、接口互联、关键业务方案可行性进行测试。下一步将选择高铁试验段,围绕行车指挥、列车运行控制和行车安全等关键业务,系统性验证5G-R多媒体调度集群通信(MCx)方案、列控业务技术方案、多优先级和服务质量保障措施、与GSM-R及列控系统互联方案等,支持铁路特有业务和应用方式,为我国铁路规模部署5G-R奠定基础。

四、大型工程施工装备技术创新

中国地域广阔,气候、地质条件复杂,不同地区高铁建设面临着不同的技术难题。高铁修建过程中,通过采用大型机械、更新换代工程施工装备、完善配套技术等手段,铁路工程施工的机械化程度不断提高,有效加快了施工进度,减少了作业人员,同时保障了工期和施工安全。

经过多年的研发、试验和工程实践,中国高铁围绕研究、设计、制造、应用等各个环节,解决了应对复杂地质工况、生产效率低下、产品质量可靠性、技术标准等关键技术难点,在工程施工装备方面逐步形成了全天候、全地域环境的工程建造技术体系,实现了高铁路基、桥梁、隧道、轨道、客站等建造能力的全面突破,建造实力位于世界前列。

隧道建设方面,采用钻爆法成套装备与人工开挖相比整体施工效率至少提升30%,掌子面处施工人员可减少60%以上,有效避免了隧道施工突发状况下的恶性事故;桥梁建设方面,JQDS900型架桥机及YLS900型运梁车等装备用于山岭地区350 km/h、250 km/h客运专线900 t级箱梁的运架施工,可架设32 m、24 m双线整孔箱梁,适应架设的最小曲线半径*R*1 500 m,适应架设的最大纵坡20‰;机械化铺轨方面,采用新一代长钢轨铺轨机组,用于新建速度250 km/h以下客货共线无缝线路施工,机组在已施工完毕的路基上采用“连单枕法”铺设中国标准的Ⅲ型轨枕60 kg/m长轨,可一次铺设500 m长钢轨,整体技术达到世界先进水平。

(一)隧道掘进机

国产全断面隧道掘进机(含TBM掘进机、盾构机)是集开挖、推进、排渣、支护等功能为一体,融合机械、液压、电气等多专业的大型隧道施工装备,与传统工法相比解决了效率及安全性低、劳动强度不高等缺点,克服了隧道工程施工工序繁杂、地质情况差异等难点,多年来形成了“大”“小”“异”不同断面及土压、泥水、硬岩等不同适应性的产品系列。

1. TBM掘进机

掘进机设备的选型根据地质条件、施工环境、工期要求、经济性等因素确定,重点考虑岩石的可掘性、开挖面稳定性、围岩稳定性、断层带长度、挤压性地层等因素。开敞式掘进机主要适用于岩石整体较为完整,有较好自稳性的硬岩地层(50～150 MPa);当采取有效支护手段时也可适用于软岩隧道,但掘进速度应予以限制。双护盾掘进机主要适用于较完整,有一定自稳性的软岩～硬岩地层(30～90 MPa);单护盾掘进机主要适用有一定自稳性的软岩地层(5～60 MPa)。TBM掘进机如图2-27所示。

图 2-27 TBM 掘进机

国产全断面隧道掘进机已基本实现应用领域全覆盖，广泛应用于各种复杂地质下的隧道建设，已成功应用于国内外多个地区、多种地质的铁路隧道建设，为安全高效施工提供了有力支撑，创造了显著的社会效益和经济效益，达到世界领先水平。

2. 盾构机

国产盾构机的选型根据隧道设计参数、地质条件、施工环境以及对地层变形的控制要求，结合施工安全、工期要求、经济性等因素合理选配。为解决高铁隧道长距离粉质黏土地层易结泥饼、长距离砂层盾构刀盘及管路易磨损、浅覆土地层承载力差等难题，采用国产大直径泥水平衡盾构机（图 2-28），通过大流量中心冲刷、刀具磨损监测、主排浆管路可更换套管、气垫式泥水平衡模式及同步双液注浆系统等创新性技术，最大月掘进尺高达 440 m，安全通过了机场高速、机场快轨、村庄及居民区等多处风险源，创造了国内大直径盾构穿越既有建（构）筑物施工沉降 0.68 mm 的国内纪录，实现了“泥浆不落地”和“零排放、零污染”的隧道绿色环保施工要求，整体技术达到世界先进水平。

（二）钻爆法成套设备

国产隧道钻爆法成套设备包括各型凿岩台车、湿喷台车、锚注一体台车、拱架安装机、仰拱栈桥、防水板铺设台车、二衬台车、养护台车等钻爆法核心产品，实现了以装备代替人工从事繁重危险隧道施工作业。隧道拱架安装机、锚注一体台车等装备，免去了人工搬抬拱架、锚杆等繁重的体力劳动，保证了施工质量。此外，结合我国复杂多样的地质条件，针对个性化的施工需求，钻爆法配套产品也在不断优化升级、推陈出新，各种新型台车不断涌现。在实现成套机械化的基础上，部分装备已经具备了信息化作业、数据记录、传输分析等功能。

图 2-28　盾构机

1. 具有完全自主知识产权的全电脑型凿岩台车

凿岩台车是钻爆法施工中最核心、对工效影响最大的装备，通过引入凿岩台车，可实现操作人员远在掌子面十几米开外的封闭驾驶室完成钻孔作业。相比之前的人工钻孔施工，作业环境更加友好，施工人员可由十几人降低至两人，施工安全性得到根本性提升。全电脑型凿岩台车施工现场如图 2-29 所示。

(a)

(b)

图 2-29　全电脑型凿岩台车施工现场

2. 具备自动喷浆的智能型湿喷台车

湿喷台车的推广应用大幅改善了隧道内的施工环境。目前应用的 HP3017E 型湿喷台车采用了车身激光定位、隧道轮廓 3D 扫描、臂架路径自动规划、一键智能喷射等初步的智能化功能,减少了操作手吸入粉尘的风险。

3. 适应于全类型锚杆的锚注一体台车

MT1G 型锚注一体台车在钻孔、锚杆、注浆一体化的基础上,应用了信息化注浆系统,针对锚杆施工中注浆质量难以控制的难题,研究了水灰比、注浆压力、流量等参数的控制匹配逻辑,实现了注浆参数的精准控制、注浆质量的实时监测,有效降低了对人员经验的依赖。

4. 多榀多类拱架安装机

针对人工立架劳动强度大、人员数量多及单榀机械立架效率低、质量差、风险高等问题,我国铁路通过优化施工工序,将焊接由洞内转为洞外,拱架由单榀变为多榀,大幅提升了施工效率,减少了施工人员。通过洞外预制、洞内快速成型的多榀快速立拱工艺,实现了 30 min 即可完成 3 榀立拱,极大地降低了作业强度,提升了初支工效。如图 2-30 所示,多榀拱架安装机应用于德达隧道。

图 2-30 多榀拱架安装机应用于德达隧道

(三)桥梁运架设备

自秦沈客专开工建设以来,在借鉴国外高速铁路施工经验的基础上,为满足客运专线的建设要求,我国开始了 JQ600 型箱梁架桥机的研发。经过多年发展,目前我国已研发出900 t级高铁箱梁成套运架设备、新一代900 t级高铁箱梁运架设备、40 m跨1 000 t高铁箱梁运架设备等桥梁运架装备，大幅提升了我国高速铁路桥梁的建设水平，整体装备制造处于世界领先地位。

1. 900 t级高铁箱梁成套运架设备

我国高铁桥梁占比大，桥梁结构多采用整孔混凝土预制箱梁，最重约880 t，我国高铁建设初期全球仅意大利发展了900 t级架桥机的技术与装备。国产具有自主知识产权、代表国内领先技术水平的JQ900A型、JQ900B型、JQDS900型架桥机和YL900型、YLS900型轮胎式运梁车，填补了我国高铁箱梁运架技术的空白，打破了国外厂家的价格垄断，具有过孔作业工序简便高效、辅助作业少、工人劳动强度低等特点，在京石客运专线第二标段创造了单台日架梁8孔的国内最高纪录。国产900 t级高铁箱梁成套运架设备，有力推动我国西部山岭地区的高铁建设。如图2-31所示，JQ900B型架桥机应用于银吴高铁的建设施工。

图2-31　JQ900B型架桥机应用于银吴高铁的建设施工

2. 新一代900 t级高铁箱梁运架设备

为满足穿隧架梁、隧内架梁等复杂架梁要求和高效率、低能耗需求，研发了国产YLSS900型运梁车和JQSS900型架桥机，将“运”“架”的功能分别拆分到运梁车和架桥机上，并采用了一种新的隧道内箱梁架设工序和桥间转移方法，省去了架梁过程中前支腿变换长度、交替腾挪的过程，并创造性地将中支腿设计成可伸缩并内嵌于主梁的形式。

架桥机能够在隧道口、隧道内、隧道外架梁，过孔和桥间转移方便快捷，无需任何拆装，可不分隧道内外随走随架，提高了架梁的速度。新一代 900 t 级高铁箱梁运架设备能够适应更苛刻的施工环境，同时提高了架梁施工效率，节约了燃料、施工时间等成本。

3. 40 m 跨 1 000 t 高铁箱梁运架设备

为适应 40 m 跨 1 000 t 箱梁高铁建设施工的发展要求，国内研发了 40 m 跨 1 000 t 高铁箱梁架设装备的多种跨度箱梁架设、小拆卸隧道通过、大坡度架梁、出隧道口架梁、小曲线架梁作业等一系列关键技术，攻克了架桥机高效变跨架梁的关键技术难题。如图 2-32 所示，研发生产的 YL1000 型运梁车及 JQ1000 型架桥机成功应用于郑济高铁的施工建设。

(a) YL1000型运梁车

(b) JQ1000型架桥机

图 2-32　高铁箱梁运架设备

（四）绿色低碳铺轨系列装备

目前国内外客运专线、高速铁路建设中，普遍采用了一次铺设无缝线路的施工技术，很大程度上改善了线路质量、满足线路高平顺性和稳定性要求，提高了行车速度和旅客乘车舒适度。为突破国外铺轨机组的技术垄断，我国开始模块化无缝线路长钢轨铺轨机组的研发，先后研发了 CCPG500 型长钢轨铺轨机组、CCPG500A 型长钢轨铺轨机组等，很大程度上推进了我国长钢轨铺轨技术，整体技术处于世界先进水平。

1. CCPG500 型长钢轨铺轨机组

我国铁路依托湘桂线铁路扩能改造工程研发了 CCPG500 型长钢轨铺轨机，整体上采用模块式设计，首次在铺轨机组中采用了钢轨推送车、计程小车、模块式设计和许多液压电气的最新技术，具有完全的自主知识产权，至全线铺通共累计铺轨里程154. 15 km。如图 2-33 所示，CCPG500 型长钢轨铺轨机成功应用于湘桂线铁路扩能改造工程。CCPG500 型长钢轨铺轨机组的成功应用，有效地突破了国外公司的技术垄断，降低了进口设备的价格和市场份额。

图 2-33 CCPG500 型长钢轨铺轨机应用于湘桂线铁路扩能改造工程

2. CCPG500A 型长钢轨铺轨机组

针对初代无缝线路长钢轨铺轨机组存在前方履带走行器在运输工况和铺轨工况之间转换时耗时较长、轨枕布设精度不够高等缺陷，研发了新一代 CCPG500A 型长钢轨铺轨机组，创新设计了一种采用铰接连接和翻转平台结构的履带走行机构。在伸缩油缸的作用下，履带走行机构采用翻转方式进行运输状态和施工状态的转换，有效地减少了工况转换时间，提高铺轨施工效率。创新设计了计程小车和弹性缓冲装置，计程小车与主机车体之间采用铰接结构连接，避免了运枕门吊通过主机车体时对计程轮产生的冲击，克服了以前同类设备计程轮容易损坏的缺点，提高了计程装置的可靠性和布枕精度，有效提升了铺轨机组的施工质量，保证了工作连续性。该机组采用“连单枕法”铺设中国标准的Ⅲ型轨枕 60 kg/m 长轨，可一次铺设 500 m 长钢轨，具有铺轨导向等功能。CCPG500A 型长钢轨铺轨机组于 2017 年先后用于怀邵衡铁路、川南城际铁路铺轨施工作业，累计完成铺轨里程近 500 km。如图 2-34 所示，CCPG500A 型长钢轨铺轨机应用于湘桂线铁路扩能改造工程。

3. 本邻两线铺轨机组

传统的高铁钢轨铺设普遍采用单线铺轨方式，即当第一条线铺设完成后，铺轨机组需回到车站重新进行调车作业，转换到邻线再进行铺轨作业。由于每次中转时间较长，铺轨效率不高。本邻两线铺轨机组主要用于铁路无砟道床双线长钢轨铺设作业，可在一条线路上完成本线和邻线的长钢轨铺设，无需机组换线作业，即可完成邻线的铺轨作业，省去换线作业时间。本邻两线铺轨机组主要由 WZ500 型牵引车、本邻两线顺坡拨轨车、

图 2-34　CCPG500A 型长钢轨铺轨机应用于湘桂线铁路扩能改造工程

WZ500 型推送车组、钢轨运输车等四大车组组成，其中本邻两线顺坡拨轨车由三台 DT30 型轨道平车、五组顺坡拨轨装置、配重系统、支撑轮、液压系统、电控系统等组成。机组车辆通过油缸控制拨轨装置的高度和外伸长度，从而导引钢轨进入邻线承轨槽内，钢轨锁定后，通过机车反向牵引长轨大列和多线铺轨一体机，完成钢轨铺设。本邻两线铺轨机组在贵南高铁、郑万高铁等工程应用中实现了一机两线长钢轨同步铺设，避免了邻线铺轨时机组换线的作业，大幅提升了邻线铺轨作业效率，缩短了铺轨施工工期，同时降低了长大坡度邻线铺轨的风险。本邻两线铺轨机铺轨作业如图 2-35 所示。

图 2-35　本邻两线铺轨机铺轨作业

五、基础设施动态检测装备技术创新

铁路基础设施检测是掌握基础设施状态、指导养护维修、保障正常运营的前提和基础。动态检测以其速度快、效率高、更接近车辆运行时的实际状态而逐渐成为运营线路基础设施检测的主要方式，高速铁路线路检查遵循“动态检查为主，动、静检查相结合，结构检查与几何尺寸检查并重”的原则。基础设施动态检测装备主要包括满足铁路专业设备检测需要的专业检测车、具备多专业设备检测功能的综合检测车以及基于运营车辆的搭载式检测设备。其中，专业检测车包含轨道检查车、接触网检测车、电务检测车、钢轨探伤车、隧道检查车等；综合检测车主要有高速综合检测列车、综合巡检车、安全综合检测车等。

目前，我国拥有完全自主研制的高速综合检测列车 15 列，最高检测试验速度达到 400 km/h。钢轨探伤车方面完成了自主研发并逐步推广使用，综合巡检车和隧道检查车也实现了突破，成功研制了新一代 GX-160 型综合巡检车、高铁隧道检查车等装备，在高铁运营维护中发挥了重要作用。

（一）高速综合检测列车

高速综合检测列车是为高速铁路基础设施实施周期性、多专业、等速动态检测的重要技术装备，拥有对轨道、接触网、通信、信号等基础设施的综合检测能力。传统的专业检测车通常加挂在旅客列车的尾部执行检测，这种应用模式不适合高速铁路。为了实施更高效率的检测，更准确地揭示高速运行条件下的轮轨关系和弓网关系，我国大力发展高速综合检测列车，逐步建立和完善我国高速铁路基础设施安全评估体系和养护维修标准。

我国首列高速综合检测列车在 CRH2A 型动车组的基础上加装检测设备改造而成，被称作“过渡性综合检测列车”，于 2006 年 7 月 31 日下线交付使用。CIT001 型综合检测列车是我国首列正式生产的综合检测列车，被称为“0 号高速综合检测列车”，是以 CRH5A 型动车组为基础的速度 250 km/h 综合检测列车，其关键检测设备如轨道几何、接触网检测设备均来自国外，2008 年 6 月 6 日交付使用，8 月 1 日起承担起周期性安全检测任务。2012 年，我国又推出了 CRH380A-001 型、CRH380B-002 型两列最高速度达 400 km/h 的完全自主研发的高速综合检测列车（图 2-36），相继投入京沪高铁的联调联试与运行试验，标志着我国高速铁路检测技术与装备站在了世界发展的最前沿。

我国高速综合检测列车的技术发展经历了多个阶段的技术迭代，在多专业多参数同步检测、等速及更高检测速度能力、检测设备智能化、检测设备与车辆集成架构等方面不断提升，形成了具有世界领先水平的高速综合检测成套技术。

(a) CRH380A-001型

(b) CRH380B-002型

图 2-36 高速综合检测列车

1. 综合检测技术

综合检测技术首次实现了高速铁路基础设施状态多专业多参数的综合检测。高速铁路基础设施主要包括工务、供电、电务三个专业的铁路沿线设备,是保证动车组高速安全运行的关键设备。普速铁路基础设施的检测主要依靠轨道检测车、接触网检测车、电务检测车等专业检测车,各检测车均是独立连挂客车进行单专业检测,或是三个检测车连挂编组为检测车列进行单专业独立检测。高速综合检测列车将三个专业的多套检测系统安装在同一动车组,通过全车时空同步系统实现全车 100 多个检测参数的综合检测和存储,首次实现了多专业的多量纲参数的综合检测。

2. 同步检测技术

同步检测技术实现了多专业多系统的同步检测,为数据融合分析诊断提供了支撑。高速综合检测列车采用时空同步定位、大容量数据交换、数据综合处理等先进技术,具有对线路轨道、接触网、通信信号等基础设施,以及轮轨接触状态、弓网接触状态和列车舒适性指标等进行同步采集、同步融合、同步存储,并进行同断面显示和数据分析处理的功能,实现了多专业检测数据的时空相位同步,打破了轨道、接触网、通信信号孤立检测的模式,构建了轨道和接触网检测数据的精准空间关联关系,为满足高铁基础设施状态多专业融合分析和全生命周期管理要求,以及综合维修生产一体化需求提供了技术和数据支撑。

3. 高速检测技术

高速检测技术实现了最高速度 400 km/h 的高速铁路基础设施状态的动态等速检测。高速铁路轨道几何状态和接触网几何状态都与动车组的冲击负载有关,列车速度越高冲击负载越大,对轨道和接触网造成的形变就越大。要真实反映出运营状态下轨道和接触网几何状态,以及轮轨关系和弓网关系,高速综合检测列车就必须按运营动车组速度进行检测,即等速检测,才能真实客观地评价基础设施状态,以及轮轨关系和弓网关系。高速综合检测列车采用高精度高频响传感、高频率采集、光纤通信传输、快速图像识别,以及数据综合处理等技术,匹配各综合检测列车的最高运行速度,实现了高铁基础设施的等速检测和评价。

截至2023年底，我国共拥有15列高速综合检测列车，对全国高速铁路和开行动车组的部分普速铁路执行综合检测。全年累计检测高速铁路139条，普速铁路72条，其中新增检测线路为银兰客专中树段、沪宁沿江高铁、贵南客专、甬广高铁福厦段、甬广高铁广汕段、甬广高铁汕汕段、唐滦联络线、济莱高铁、京唐城际、防东铁路、龙龙高铁。

（二）综合巡检车

由于线路基础设施分布地区跨度大，环境多变，轨道、接触网、通信信号等专业设备可能发生磨损、断裂、异常形变等问题，传统人工巡道作业方法存在耗时、低效、主观性强等缺点，已不能满足高速铁路检测高效、准确的要求。为此，我国研制了更高效、自动化的综合巡检车，可实现对二务、电务、供电主要设备外观状态检查及部分几何参数的动态检测，同时可为线路安全巡视、应急救援指挥、现场办公等运用工况提供移动化、便捷化工作平台。我国高铁已投入运用的综合巡检车检测功能包括轨道状态巡检、轨旁信号设备外观巡检、通信漏缆外观巡检、接触网悬挂状态高清成像、轨道几何参数及钢轨廓形检测、接触网几何参数检测、地磁磁通量检测、限界检测、接触网悬挂视频、线路环境视频、定位同步以及检测数据管理等。

2012年，我国第一台自主研制的全面覆盖高铁线路三个专业巡检作业的综合巡检车应运而生，主要排查线路设备的外观状态异常，巡检车在设计理念上从“感”“知”“用”三个层面模拟执行人工巡道作业工作。由于算法限制以及负样本数量不足，此型号综合巡检车不具备图像和视频人工智能识别的功能，所有图片和视频需人工进行分析查找缺陷。

为了更好地适应高速铁路基础设施的巡检需求，经过两年半持续研究，在高速铁路基础设施图像采集技术、线路图像数据的智能分析技术和固定设施巡检数据综合管理技术等方面都进行了性能提升和全新升级。2017年5月开始，GX-160型综合巡检车经历了多个运用考核阶段，于2019年陆续下线投入运用，为高铁基础设施的巡检提供了高效、可靠的保障。GX-160型综合巡检车如图2-37所示。

GX-160型综合巡检车涵盖了固定设施成像光学系统设计、图像采集系统电气和控制模块设计、巡检图像数据压缩存储技术、图像数据智能化分析技术以及巡检数据综合管理系统设计等五个方面。在逐一攻克了若干项关键技术的基础上，对各项技术进行了集成，完成了固定设施综合巡检系统的研制，并实现了批量化生产。GX-160型综合巡检车实现了160 km/h速度下，对工务、供电、轨旁电务设备的完整巡检记录，实现了对钢轨表面伤损、扣件异常、接触网悬挂装置零部件异常、轨腰塞钉异常和应答器异常等典型设备故障的自动识别，主要创新点包括：

图 2-37　GX-160 型综合巡检车

（1）采用线阵相机和激光光源进行等间距运动扫描，以获取到均匀连续的轨道图像，分别为轨道中间上方安装相机，用于拍摄两根钢轨之间的道床区域全景；在两钢轨正上方分别安装相机，将相机视野专注于拍摄钢轨和扣件，为数据分析系统提供高清数据；在两根钢轨外侧安装相机，拍摄钢轨外侧轨道板或轨枕。

（2）接触网巡检系统采用激光测距和激光摄像的组合方式进行定位点、吊弦点触发拍照，摄像机和全景相机采用在车顶组网后，通过万兆网线与服务器连接传输，大大减少了穿车体线缆数量，减少了连接点数量，提高了系统稳定可靠性；增加了地磁通量检测系统，完善了供电专业的检测项目，为替代人工测量地磁量提供了数据支撑。

（3）实现了钢轨、扣件等区域的图像分割算法。在钢轨区域的分割中，利用钢轨作为延展长梁的特征，在图像序列中位置分布的一致性特点，在对单幅图像进行积分投影的基础上，通过建立快速统计学习模型实现了钢轨区域的精确分割。在扣件区域定位算法的设计上，提出了基于傅里叶变换分析图像纹理的方法，实现了扣件图像的快速定位，该算法在抵抗环境噪干扰方面具有较高的鲁棒性。

（4）针对钢轨表面伤损的检测问题，实现了钢轨表面擦伤识别算法。在钢轨表面擦伤的识别问题上，提出了适合于描述钢轨表面擦伤的特征分析方法，并通过建立特征关系树构建了擦伤判别规则。

（5）针对扣件异常识别、应答器检测、轨腰塞钉定位问题，基于人工特征＋机器学习的思路设计并实现了自动识别算法。其中在扣件异常的识别问题中，通过对比评估不同人工特征描述算子的性能，构建了采用 SIFT（尺度不变特征转换）特征搭配自适应增强 Adaboost 分类器的识别算法。在轨腰塞钉部件定位问题的研究中，通过对不同描述算子的原理性分析，实现了基于 LBP 特征搭配 Adaboost 分类器的识别算法。在应答器定位的问题上，构建了采用 HOG 特征搭配霍夫森林（Hough Forest）分类器的算法。

高速铁路综合巡检车的成功研制填补了固定设施外观状态大型综合巡检设备的空白，整体技术指标达到国际先进水平，显著提高了线路巡检作业效率，提升了高速铁路养护维修智能化水平。截至 2023 年底，我国铁路共计有 25 台综合巡检车，分别配属至哈尔滨、沈阳等 17 个铁路局集团公司，已累计检测 70 余万 km，检测出各类缺陷 150 余万件，为客货列车安全运行起到了重要的基础性保障工作。

（三）钢轨探伤车

钢轨探伤车为安装有钢轨探伤设备、能在运行中检测和记录钢轨缺陷的大型养路机械。目前钢轨探伤车普遍采用超声波技术对钢轨内部缺陷进行检测，具有检测速度快、可靠性高、重复性好等特点，已经成为我国高速铁路钢轨缺陷检测的主要设备。

我国从 1989 年开始尝试引进大型钢轨探伤车，通过引进和消化，在检测速度定位、传感器结构选型及安装方式确定等均开展了深入研究分析，为铁路钢轨探伤车发展确定了方向。为打破钢轨高速探伤长期受制于人的被动局面，历经多年持续攻关，我国铁路于 2018 年成功研制了具有自主知识产权的 GTC-80X 型钢轨探伤车，如图 2-38 所示。

图 2-38　GTC-80x 型钢轨探伤车

2017 年以来,为提高钢轨探伤车超声波系统检测操作的自动化程度,以及弥补超声波检测技术存在的钢轨浅表层检测盲区,成功研制出了 GTC-80 Ⅱ X 型钢轨探伤车(图 2-39),用于在役钢轨伤损快速检测。

图 2-39 GTC-80 Ⅱ X 型钢轨探伤车

1. GTC-80X 型钢轨探伤车

GTC-80X 型钢轨探伤车能够在检测速度 80 km/h 下,实现在役钢轨内部伤损及缺陷的实时探测识别,采用了以下创新技术:

(1)提出了基于神经网络和决策树算法的钢轨伤损智能识别方法,结合优化的轮式超声波传感器技术、超声波多通道并行发射接收实时处理技术,自主研制了 TKGT-Ⅰ型钢轨超声波探伤作业系统,提高了钢轨探伤数据处理速度和伤损识别能力,实现了 80 km/h 检测速度下钢轨内部伤损的有效探测与识别。

(2)基于钢轨二维激光扫描轨廓数据,提出了快速精准伺服控制策略,研制了 ATCS-1 型自动对中控制系统。检测速度 75 ~ 80 km/h,普速铁路对中标准偏差 1.15 mm、高速铁路对中标准偏差 0.71 mm,实现了实时动态检测条件下的探轮精确自动对中。

GTC-80X 型钢轨探伤车经过运用考核表明,能够满足现场钢轨探伤应用需求,具有良好的实用性,填补了自主化速度 80 km/h 钢轨探伤车的空白;能够提升钢轨探伤检测精度,节约天窗时间和人力资源提高现场探伤作业的效率。该车首次实现了进口探伤系统的完全替代,整车技术指标达到国际先进水平,其中探轮对中精度居于国际领先水平。

2. GTC-80 Ⅱ X 型钢轨探伤车

采用动力车和检测车固定编组方式,动力车设置两套动力系统,检测车安装有 TKGT-Ⅱ型钢轨超声波探伤检测系统和 TKDC-Ⅰ型钢轨电磁(漏磁)检测系统等,能够同步检测钢轨浅表层和内部伤损情况,最高探伤作业速度 80 km/h。

(1)采用了基于钢轨片段值的同源触发和主动同步机制,研发了钢轨浅表层伤损漏磁与内部伤损超声波的同步检测技术,通过鱼鳞伤等表面伤损与浅表层核伤数据的联合分析，国际首次实现了浅表层纵横型核伤的检测与评判，提升了钢轨内部伤损判别准确性。

（2）研发了基于超声 A 显信噪比的动态阈值技术，国际首次实现了钢轨探伤车超声 B 显数据多阈值回放分析，提升了检测操作的自动化程度与伤损检出率。

（3）采用了柔性滑靴式漏磁探头技术，提出了基于经验模态的多通道自适应滤波算法，国内首次实现了钢轨浅表层伤损的快速实时检测与评估。

GTC-80ⅡX 型钢轨探伤车检测范围齐全，有利于提高钢轨养护维修的针对性，提升线路安全保障水平。整车牵引能力强、司乘环境舒适，具有良好的实用性。该车总体达到国际先进水平，在表面伤损检测、里程同步、激光对中指标方面达到国际领先水平。

（四）隧道检查车

我国铁路隧道分布区域广，地质及水文条件多变，面临着腐蚀、冻融等多因素组合的复杂服役环境，铁路运营隧道存在多种类型缺陷及病害风险，部分病害具有隐蔽性、突发性的特点。同时，铁路隧道检修具有天窗短、照明不足等特点，传统铁路隧道状态获取主要以人工抵近接触性检查为主，检测效率、精度与铁路基础设施精准修、状态修理念尚存在一定差距，亟须发展与我国隧道规模和结构特点相匹配的检测技术，提高数据分析效率和质量，为隧道安全隐患排查和高铁安全运行保驾护航。

2018 年，针对高铁隧道检测需求，我国研制了首台高铁隧道检查车，填补了高速铁路衬砌智能化检测装备的空白，总体达到了国际先进水平，如图 2-40 所示。

图 2-40 轮轨式高铁隧道检查车

高铁隧道检查车以 25T 型客车为载体平台，主要由车体、衬砌内部检测系统及衬砌表面检测系统等组成，车辆总重 66 t，不自带动力。

1. 衬砌内部检测系统

衬砌内部检测系统配置有 9 个地质雷达天线，能实现双线高铁隧道一次检测 4 条测线，单线高铁隧道一次检测 9 条测线，可检测出高铁隧道衬砌厚度，钢筋钢拱架分布，衬砌背后密实状况，检测速度约为 3 km/h。

2. 衬砌表面检测系统

衬砌表面检测系统采用机器视觉检测技术，能实现双线高铁隧道两次完成全断面检测，单线高铁隧道一次完成全断面检测，实时快速采集隧道表面图像，清晰获取衬砌表面缺陷、隧道附属设施及结构特征，检测速度约为 50 km/h。

高铁隧道检查车为构建“专业装备移动检测—病害目标智能识别—结构状态融合分析”的铁路运营隧道检测技术体系奠定了基础，实现了衬砌内部质量关键测线和衬砌表观全覆盖的集成、动态检测，为路网层级铁路隧道高效精准检测、状态管理、安全风险排查提供了支撑。

高铁隧道检查车由国铁集团铁路基础设施检测中心统一调配使用，图 2-41 为高铁隧道检查车现场检测场景。高铁隧道检查车运用至今，已在贵广客专、长珲城际、南昆客专、拉林铁路等多条运营线路开展了隧道衬砌安全隐患排查，完成高铁隧道衬砌检测近千公里，排查发现隧道衬砌空洞、不密实、厚度不足和衬砌拱部开裂呈块状等多处重点病害。

图 2-41　高铁隧道检查车现场检测

第四节 运输组织

我国高速铁路路网规模庞大，点多、线长、面广，覆盖范围和通达深度不断拓展，不同动车组编组、不同速度等级、不同距离及大规模跨线运行成为突出特点，且运营场景多样，涵盖艰险山岭、风沙戈壁、黄土湿地、高寒酷热等各种复杂运营环境，同时还有旅客构成复杂、短途客流量占比大、节假日及周末客流波动较大等客流结构特点，运输组织的复杂性和艰巨性在世界首屈一指。随着高速列车开行范围的不断扩大、开行密度的不断增加和运行场景的日趋复杂，我国铁路充分发挥全路“一张网”优势，持续优化高铁运输组织，在高速铁路客运产品设计、列车运行图计算机编制、调度指挥与应急组织、通过能力提升等方面进行了大量创新，显著提升了高速铁路运营效率。

一、高速铁路客运产品设计技术创新

客运产品是高速铁路发展成果的最直接呈现，也是高速铁路服务旅客的最核心内容，更是高铁各专业协同运输组织的牵引，其设计的科学性、合理性，关系广大旅客出行的便捷性，更直接影响高铁运输资源的运用效率和我国高铁经营效益。截至 2012 年底，我国高铁运营里程已超过 9 800 km，最高日开行旅客列车 1 917 列，其中 C 字头、D 字头、G 字头列车占比分别为 12. 6%、53. 2% 和 34. 2%，动卧列车还未开行，高速铁路客运产品整体上存在列车开行结构单一、产品差异性弱、产品优化调整频度慢等问题。随着高铁网运营里程的扩大，开行动车组数量日益增多，截至 2023 年底，我国高铁运营里程已达 4. 5 万 km，最高日开行旅客列车 12 607 列（2023 年 10 月 6 日），其中 C 字头、D 字头、G 字头列车占比分别为 27. 5%、29. 6%、42. 9%，同时伴随航空、公路的快速发展，旅客出行有了更多选择，高铁客运需求更为复杂、多元，要实现既满足旅客出行需求、又提升资源运用效率的双重目标，对客运产品设计提出了极大挑战。

党的十八大以来，我国铁路牢牢把握信息技术发展机遇，充分发挥云计算、大数据、人工智能等现代技术的赋能作用，以市场需求为导向，以每年四次大调图时的开行方案总体优化为牵引，以“一日一图”日常调整为抓手，持续闭环迭代优化，攻克了高速铁路客运产品设计存在旅客需求精准辨识预测难、兼顾“流—效”的开行方案优化难、契合出行客流的“一日一图”动态调整难等难题，为高铁旅客运输产品设计提供了有力支撑和保障。2012年，成功研发构建了铁路客运大数据平台，采集存储铁路运输能力、票额、销售、旅客访问查询以及航空、气象等外部数据，为铁路客运部门掌握和预测客流提供了数据支撑；2013年起，持续开展客流预测模型研究与开发，丰富铁路客流预测手段，提升客流预测精度，为铁路客运部门掌握未来一段时间内的客流流量和流向提供了技术支撑；2016年，铁路启动了客图系统的研发和迭代，为高铁旅客列车开行方案的优化管理、旅客列车全生命周期管理、交路编组的编制和“一日一图”日常调整提供了完备的数字化支撑；2021年，国铁集团成立铁路12306科创中心，指导其担负起12306研发、建设、运维和运营职责，同时要求其做好客运产品设计支撑，这进一步从全国铁路协同角度为高铁客运产品设计提供了机制保障。

通过持续迭代优化设计，我国高铁形成了多元化、差异化客运产品体系，实现铁路客流群体与产品的高效匹配，满足了不同类型旅客群体在经济、快捷、方便、舒适等方面的差异化需求，获得了显著的社会效益和经济效益。以京沪高铁为例，2011年—2019年，京沪高铁列车结构不断优化、数量不断增加，旅客发送量和营业总收入连年保持高位增长，旅客发送量由2 415万人次增至2.1亿人次，营业总收入由63.0亿元增至329.4亿元；2023年5月2日，京沪高铁创造了90.2万人次的单日旅客发送量最高纪录。截至2023年底，全国铁路拥有动车组车底数量4 581标准组，客运产品已由简单的字头划分转变为多元化的谱系划分。高速铁路客运产品谱系见表2-3。

表2-3 高速铁路客运产品谱系

按开行范围分	开行区域	跨局（直通）
		局管内
		国际列车
	图定（按开行时段特征分）	日常
		周末
		高峰
	临客	基本方案（图定临客）
		应急方案（图外临客）
按列车字头/速度等级分	G字头	300～350 km/h
	D字头	200～250 km/h
	C字头	160～350 km/h
按停站规律分	大站停	
	站站停	
	“大站+不同中小站”停	

续上表

按服务特征分	标杆车
	独门车
	通勤车
	夕发朝至车
	动卧车
	旅游专列

在国铁集团领导下，在信息化相关研发建设项目支撑下，针对旅客需求多元异质、路网资源规模庞大、列车种类多存量大等难题，我国铁路围绕高铁客运产品设计，主要开展了以下技术创新：

1. 基于大数据的多元动态客流需求辨识与预测技术

发挥大数据技术优势，融合创新应用各种大数据开源工具，攻克了海量数据高效采集、存储和应用的技术难题，构建形成了铁路客运大数据平台，通过数据共享技术实现结构化数据及非结构化数据的存储及共享；通过数据集成技术实现结构化和非结构化数据的抽取、转换和服务；通过数据挖掘获取大数据中隐藏的价值信息，促进数据资源的综合利用。平台在铁路主数据中心进行集中部署，构建了56个数据库、1万余张数据表、24万余个数据字段，集成数据规模超过1.2 PB，日均采集数据2 TB、服务次数超过10.2万次/天，很好支撑了高速铁路客运的协同决策、关键业务智能决策。

基于12306和客票系统交易产生的旅客行为数据，构建了铁路旅客用户画像，运用各种统计模型和方法，形成旅客画像的物理标签、行为标签、统计标签，标签数量已超400个；在此基础上，通过对旅客的行程连贯性、热门目的地、购票链、出行环、出行链拓扑以及客流成分分类分析，将旅客行程特征进行归集，形成旅客出行链拓扑结构，以此更加全面地掌握旅客群体出行行为，捕捉旅客出行需求变化。

深入分析铁路旅客出行场景，攻克了铁路客流预测面临的大尺度空间、细颗粒度、复杂场景的难题，研发了适合于中国高铁的成套客流预测模型，包括时间序列、线性回归、决策树、神经网络模型以及非限化重分布模型，结合事件管理和客流模态识别，持续提升客流预测的精准度，达到了发送量总量预测误差控制在5%以内，OD客流量预测误差控制在10%以内，车次-OD席别的客流量预测误差保持不高于20%的水平。

2. 建立"流—车—效"迭代适配的旅客列车开行方案优化技术

开行方案设计与优化是铁路旅客运输组织工作的核心。高速铁路旅客列车开行方案优化不再仅以历史区段密度为依据，而是创新性地以预测客流需求为前提，以预测的客流性质、特点和规律为依据，科学合理地确定旅客列车的运行区段、运行径路、列车种类、开行对数、编组方案、停站方案和动车组运用等，然后进行趟车、全交路的效益测算和评估，迭代调整后确定最终用于指导基本图、周期图、日图编制的旅客列车开行方案。

在客流分配技术方面，提出了基于开行方案的购票过程仿真方法，首先基于预测的客流需求及旅客购票特征，识别换乘节点，针对方案全部列车构建时空换乘网络，将换乘流分解为线路区段流；然后根据群体出行需求时空分布，结合动车组列车剩余能力生成各 OD 对最小费用出行方案及出行时段，在严格能力约束下基于出行需求时空分布按产品层级进行客流分阶段动态加载，直至没有能力或客流已分配完成。

在趟车效益测算评估方面，攻克了复杂成本采集和测算的技术问题，采集了包括客运、计统、机辆、财务、清算等多专业数据，涉及售票信息、编组信息、列车运行信息、牵引信息、车辆运用信息、人力资源运用数据、收付费信息等数据，计算趟车车辆使用费、线路使用费等清算付费成本，以及运营成本和财务成本，构建趟车实际盈亏额及盈亏平衡点、标准盈亏额及标准盈亏平衡点计算方法，支持已开行列车效益计算、拟开行列车效益测算等，支撑高铁运营“开车算账，算账开车”成为可能。

在理论和技术创新过程中，我国铁路在不同阶段针对性地推出了相应的客运产品，不断丰富高铁客运产品谱系。如京沪高铁的客运产品在迭代优化后形成了与多元旅客出行需求高度契合的谱系，在星期一、星期五、星期日 9:00 前及 15:00 至 19:00 之间，客运产品以服务短途通勤客流为主；9:00 至 15:00 之间，客运产品以长途省际整点直达列车为主；19:00 以后，客运产品主要为北京南与上海虹桥间的末班车，较好地匹配了不同时段客流需求。如北上广与成渝之间，均开行了动卧列车，较好地满足了白天时间价值高的旅客需求。如京广高铁，连接了京津冀和珠三角经济带，形成了直通、管内交错的产品形态。

3. 构建面向“一日一图”的日计划调整技术

创新基本图停站编组交路协同优化设计技术，实现了客图基础信息管理、产品库管理、日常图管理、统计分析、数据共享等功能，实现客运技术业务人员编制客运计划逐步由手工或半自动模式向全面信息化模式转变，辅助提升客运运营管理效率。在基本图基础上，设计面向“一日一图”开行全过程的决策模式和决策规则，建立适应多环节的判定与决策标准，实现“一日一图”开行动态智能决策：建立周期动态决策机制，每周集中对下一周的客流需求进行研判，周末启用周末线，热门方向启用高峰线，客流不足方向减编或停运部分列车，以最合适的运输资源保持市场竞争力；构建考虑车票协同的动态决策体系，动态监测 12306 和客票系统中各次列车已售车票、剩余车票和车票候补需求，挖掘能力不足方向或能力虚糜方向，及时调整运输能力，形成“流—车—票”协调联动和实时互馈；攻克运输、调度、客运部门异构信息共享关键技术，再造客图日常调整流程，支撑文函电令由“纸质”向“数字”转变,实现“一日一图”智能化闭环管理,创新了一系列客运产品作业形态。

(1)根据客流波动进行列车增加或停运。2020 年新冠疫情发生以来,铁路建立监控预警机制,及时研判对客流的影响,迅速调整列车开行数量,最大限度减少资源虚糜。2022 年,铁路将日开行列车数量减至 2 700 多列,保障旅客基本出行需求;2023 年“五一”期间,铁路根据候补旅客需求,及时增开哈尔滨、张家口、连云港等各热门方向列车,开行列车数量高达 12 000 多列,及时满足旅客出行需求。

(2)根据客流需求和作业条件进行动车组分解。南昌、武汉、成都等铁路局集团公司基于管内线路区段作业条件,在客流饱满线路重联编组运行,在客流不饱满支线节点解编后分线路运行。例如,G6819 从汉口运行至襄阳东,在襄阳东进行编组分解,单组开往十堰东,单组运行折回汉口。

(3)根据售票动态进行编组调整。南昌铁路局集团公司曾试运行根据售出客座率水平确定编组形态,列车图定编组为重联,控制售票组织先行销售单组列车,如客座率低于预期客座率时,则最终以单组列车运行;如单组销售客座率已达预期客座率,则放开重联车厢车票销售,最终以重联列车运行。

二、列车运行图计算机编制技术创新

列车运行图是列车运输组织计划的核心,也是客货运组织、行车组织、动车组运用和检修、乘务担当、基础设施养护维修等计划编制的依据,其编制质量直接影响铁路运输资源运用效率和运输效益。过去,列车运行图编制采用全路集中现场编制运行图、全路远程编制运行图、路局集中编制管内运行图的模式。近年来,面对高铁大规模成网运行、客运市场需求动态变化、运行图编制周期不断压缩,以及运行图系统技术发展迟滞等情况,既有运行图编制模式已呈现诸多不适应性,同时还存在着数据利用及管理风险。

党的十八大以来,我国铁路以智能辅助编图为目标,不断推进新一代列车运行图编制系统——列车运行图智能辅助编制系统的研发。2013 年,列车运行图编制系统实现了基于 64 位的系统技术升级,在一定程度上缓解了大规模数据存储面临的问题;2015 年,中国铁路总公司建立固定编图基地,实现全路集中联网编图,对系统性能、高并发处理等提出了更高要求;2018 年,随着云技术、微服务技术以及人工智能技术的发展,列车运行图编制系统的发展呈现新的方向;2019 年,我国铁路开始研发基于云平台列车运行图编制系统,该系统于 2021 年编制北京冬奥会列车运行图时试应用,并于 2022 年 3 月编制三季度列车运行图时正式上线运行;2023 年 4 月,国铁集团汇聚十年来铁路运行图编制创新成果,成立中国铁路列车运行图技术中心。

列车运行图智能辅助编制系统完全自主可控,能够支持大规模联网编图需要,包括数据管理、人工编图、联网编图、运行图绘制、指标统计与分析、时刻表输出、数据接口等7大子系统,功能项点总计约1 300项,打通了上下游系统间的数据壁垒,提高了编图效率和质量,总体技术达到国际领先水平。目前,列车运行图编制系统已实现国铁集团和18个铁路局集团公司两级应用。

1. 创新基于空间搜索的"百万级"图元快速搜索技术

既有列车运行图编制系统在面对百万级图元的大规模运行图画面时,存在绘制效率低下、展示速度慢、用户操作与画面刷新卡顿等问题。列车运行图智能辅助编制系统提出了列车运行图绘制空间搜索算法,一方面,实现了画面元素高效索引、动态捕捉、精准裁剪、按需绘制;另一方面,融合了画面防抖动技术,实现了短期频繁操作的延迟渲染与帧缓冲合并。该算法实现了大规模运行图场景的毫秒级刷新与元素捕捉,大大提高了计算机编图的操作流畅度与功能效率。

2. 创新多群体协同并发控制与操作冲突处理技术

由于列车运行图编制工作量和难度的提升,编制人员数量也相应增加,分散在各级异构网络的客户端对服务器的并发请求和对数据的并发下载增长迅速,降低编图系统占用网络带宽资源,解决多人协同操作引发的高并发和冲突问题,成为编图系统所面临的重大技术难题。为此,列车运行图智能辅助编制系统创新提出多群体协同并发控制与操作冲突处理技术,构建了数据压缩与多线程分块处理技术和面向群体协同的实时在线交互策略,一方面极大降低了数据传输量,提高了数据处理速度,另一方面根据用户权限和操作内容,实现了用户操作的零冲突,保障了多源数据实时性和一致性,攻克了多人异步操作所带来的冲突疏解和实时同步难题,解决了冲突自动合并与操作交互的实时性难题。

3. 创新分布式对等网络的压缩加密并发控制技术

随着我国路网规模的不断扩展,路网数据整体规模也在不断扩大,全国铁路海量数据的存取与联网交互面临内存占用与传输速率等较大压力。为了解决全国铁路海量数据高内存消耗及数据实时交互问题,列车运行图智能辅助编制系统创新提出基于分布式对等网络的压缩加密并发控制技术,实现多源数据集零感知切换和实时同步,显著降低了数据的资源占用,提高了数据存取效率,攻克了运行图系统中各子系统间数据同步的时效性和高内存消耗难题,优化了实时数据传输效率和用户操作体验。

4. 创新群体协同的列车运行图编制系统主副本交互技术

列车运行图系统需要与不同铁路运输生产系统进行频繁的数据交互,并保证数据的实时性与一致性。为了解决运行图系统中本地化数据便捷性交互和多目标终端模式切换问题,列车运行图智能辅助编制系统创新提出群体协同的列车运行图编制系统主副本交互技术,攻克了运行图系统一体化编制终端无缝切换和数据同步问题,提高了不同模式下数据交互的便捷性和模式切换的高效性,实现了编图生产数据的标准化传输、加工、存储和交互分析,打通了横跨不同系统的数据链,有效提升了运输组织效率。

5. 创新面向列车运行图智能编制全链路的大数据中台技术

列车运行图系统需要与不同铁路运输生产系统进行频繁的数据交互,并保证数据的实时性与一致性。为满足此需求,列车运行图智能辅助编制系统基于云原生架构,构建了列车运行图大数据中台,实现了编图生产数据的标准化计算、加工、存储和统计分析,具有稳定、可扩展且易维护的特点,打通了横跨不同系统的数据链。为了保证数据最大程度上的冗余备份和安全,大数据中台创新应用基于服务器"秒"级实时存储和备份技术,攻克了全量与增量的动态调整备份技术,既保证了备份数据的时效性,又解决了海量数据存储所带来的资源浪费,满足了用户恢复任意时间点数据的需求。

三、调度指挥与应急组织技术创新

(一)行车调度

行车调度是高速铁路调度指挥的核心和关键,其基本任务是根据列车运行计划组织列车安全、正点运行,负责编制调整计划,并下达调整命令,控制列车、调车进路,监视列车运行,这些核心功能主要由调度集中(CTC)系统来实现。CTC 系统以列控、联锁设备为基础,涵盖调度所和车站,实现在调度所对管辖区段车站信号设备和列车运行的自动指挥和集中控制,接收列车运行、动车组运用、乘务安排、施工维修等实施计划,实现人工或自动生成列车运行调整计划、人工或自动进行列车进路控制、实施列车运行监视、绘制实绩列车运行图、实现列车跟踪及车次号校核等。

作为保障高速铁路安全高效运营的核心,高速铁路行车调度技术经历了研究起步阶段、以线路别为基础的小规模发展阶段、以路网性为特点的大规模发展阶段和以自动化、智能化为特色的智能调度指挥新阶段,并向高度信息化、自动化、智能化方向进一步发展。2003 年,速度 200 km/h 秦沈客运专线采用 CTC1.0 系统。CTC1.0 系统采用分散自律的工作机制,各调度所和车站的调度指挥系统可以独立处理所管辖范围内的业务,有效解决了集中管理、统一调度与本地调度的冲突。随着 CTCS-2、CTCS-3 级列控系统的成熟,高铁 CTC2.0 系统在普速 CTC1.0 系统基础上不断完善,增加了与列控中心、无线闭塞中心、临时限速服务器的深度结合，拓展了预警、报警和统计分析功能，实现了全面升级和功能扩展，提高了行车调度指挥的智能化和自动化水平。2009 年开通运行的武广高铁和 2011 年开通运行的京沪高铁均采用了 CTC2.0 系统，且正线大部分车站实现了无人值守集中控制模式。2012 年以来，我国高铁开启了路网性高铁 CTC3.0 系统研究和发展进程。2016 年中国铁路总公司定义了 CTC3.0 系统，CTC3.0 系统构建了一个结构复杂、技术要求高、功能完善及不同系统间协同联动的路网性、系统性平台，完善了控制模式和功能需求，在高速铁路和普速铁路同步推广应用。面对高铁行车调度实际应用中列车运行计划调整效率较低、非正常情况下过度依赖人工操作、应急响应不够迅速等问题，我国铁路在 CTC3.0 系统的基础上研发了智能 CTC 系统，并在京沈高铁和京张高铁进行了应用，提高了列车运行安全水平和行车指挥效率。

智能 CTC 系统通过在现有软硬件平台架构上构建新型智能平台，进一步加强数据采集能力和提高数据处理集成度，在列车运行计划自动调整、进路和命令安全卡控、行车信息数据平台、行车调度综合仿真和 ATO 功能应用等方面进行创新研究，提升了调度集中系统智能化水平，满足了高速铁路运输安全、效率的双重目标要求。

1. 创新列车运行计划智能调整技术

针对高速铁路应急情况下列车运行计划调整效率低、人工调整慢的问题，智能 CTC 系统创新提出列车运行智能调整技术，采用运筹学理论、最优化理论、控制论中的动态平衡理论和方法，构建自动调整的模型和框架来实现对动态环境下的冲突进行检测和消解。在风雨雪等恶劣天气或设备故障等应急情况下，高速铁路列车运行自动调整技术能够根据不同场景快速、高质量地完成列车运行阶段计划自动调整，调整后计划符合相关约束条件，不但可以减轻列车调度员的劳动强度，还能降低人工调整延时带来的不利影响，提高计划调整的效率和可行性，更好地保障列车运行安全。

2. 创新调度命令和列车进路安全智能卡控技术

为降低高速铁路列车运营指挥中调度人员决策的出错概率，智能 CTC 系统从高速铁路行车调度指挥的作业流程和关键业务角度出发，结合信号系统安全约束的运输组织规章，基于数据驱动方式对行车冲突实现预测式控制，以及对决策执行后列车追踪间隔的安全预警，提升决策的可行性和效率性，并实现对决策执行过程有效性的监督，以在一定程度将运营风险从“过程控制”转变至“事前预防”，有效提高运营效率，降低事故风险。智能 CTC 系统能够完成自动进路的错办、车站作业的执行、复杂站场拓扑的进路触发卡控，以及车站能力的评估预警、列车追踪预警、列车占用丢失预警等，实现固定进路卡控站作业卡控、车站满线卡控、杂进线进自人工确认的侧线通过进路自动触发等安全功能，拓展了自律卡控条件和自律检查范围，完善了行车调度指挥闭环控制，进一步提高了调度命令和列车进路的安全综合智能卡控程度。

3. 构建行车信息大数据平台

针对行车过程中各信息系统独立、信息交互少，突发事件下处理效率低等问题，在大数据、物联网、北斗卫星导航、云计算等先进技术的支撑下，智能 CTC 系统通过拓展外部接口、制定信息交互通信协议、搭建统一的行车信息数据平台，实现行车与客票、电调、灾害监测等信息共享，支持流程化应急处置，降低了突发事件下的沟通成本和出错概率，进一步提高了高速铁路行车组织的效率和安全水平。

4. 创新行车调度综合仿真实训技术

仿真系统是教学、训练的重要技术手段，但现有大多数 CTC 仿真系统只能实现部分仿真功能，难以适应调度生产中调度员和车站值班人员技能培训的需求。智能 CTC 系统构建了智能调度集中综合仿真系统，系统涵盖表示层、业务层和仿真支持层，建立了面向调度所以及调度所车务联动的演练机制，采用基于工作流的应急处置流程建模分析方法，解决了考核过程中决策目标和处置方法多样问题；利用基于规则引擎的动态评测技术，解决了场景动态变化以及规章制度约束下的流程演进问题；完成了基于自然语言识别的铁路调度车务术语语音识别技术在解决智能语音交互问题中的应用；使用基于德尔菲法以及层次分析法的智能评判技术，完善了智能化考核评分。智能调度集中综合仿真系统使模拟仿真系统完全贴近现场实际情况，从而实现正常调度指挥业务操作演练和应急场景模拟演练，提高了培训质量。目前，该系统已经在北京、上海、沈阳等多个路局落地，可实现新线开通前的适应性培训、“三新”人员定岗实操培训、日常应急场景演练，提高了调度人员素质，确保高铁运输效率和运营安全。

5. 首次实现智能 CTC 与 ATO 一体化调度

针对调度与列控系统信息交互不充分和节能效果不显著等问题，通过智能 CTC 系统与 ATO 系统进行充分的信息交互，实现列车运行计划上车功能，为 ATO 系统提供精确的区间运行时分并接收 ATO 发送的列车停稳、屏蔽门状态和门防护报警等信息，实现广义上的闭环控制和一体化调度，使列车实际运行速度更平滑，提高了旅客舒适度，降低了列车运行能耗。

（二）综合调度

高速铁路综合调度以满足运输需求和运力资源的合理运用为导向，面向运输生产全过程构建架构集中化、全域数字化、流程一体化的综合调度管理生产系统，实现旅客运输计划以及机辆运用、施工维修和生产作业等支撑计划的一体化编制与调整，提升运输计划兑现效率；实现计划在运输生产全过程各环节的自动下达和执行管控，增强运输服务保障；实现调度命令全流程数字化管理、自动化传递与执行，提高调度指挥精细化水平；以数据为驱动，运用“平台＋应用”的模式，快速响应业务需求的变化，健全调度管理数字化基础，提升调度管理决策、调整、执行、评价能力。2013 年以前，我国铁路运输调度管理系统（TDMS）从 1.0 版本演进到 4.0 版本，其中 TDMS 4.0 系统能够支撑运输调度计划在线编制。2015 年，中国铁路总公司在全国铁路推广实施了 TDMS 5.0 系统。该系统采用中国铁路总公司、铁路局集团公司两级架构，支撑中国铁路总公司、铁路局集团公司和站段三级运输调度应用，以铁路局集团公司级调度为核心，涵盖值班主任、客调、计划调、动调等所有工种应用，基本支撑了调度人员对运输信息的把握、制定并下达运输计划和调度命令、跟踪计划执行情况并进行调整。调度指挥业务涉及运输生产全过程、各环节，需要及时准确掌握所有信息，才能精细、准确地做出调度指挥决策，但既有调度指挥系统存在各信息子系统间数据共享不力、跨岗位使用困难、数据驱动业务能力不强等问题。

面对日渐复杂的高铁路网结构以及大量投入的新装备设施、大量新增运输生产部门及运输生产辅助单位，为了更加充分地发挥调度指挥在整个运输生产过程中的牵引作用，国铁集团提出建设智能综合调度系统，以实现铁路智能运输、旅客智能出行为目标，全面提升安全生产、运营维护、客运服务的现代化水平。为服务 2022 年北京冬奥会，实现“精品工程、智能京张”，我国铁路先期构建了京张高铁智能综合调度系统，该系统采用新理念、新技术，聚焦于数字化、智能化，在多方面取得了技术突破并产生较好的应用效果。自 2021 年 4 月 1 日上线后一直平稳运行，支撑了北京铁路局集团公司 83 个相关岗位日常工作和日均 117 列的列车开行计划编制，完成京张高铁全线日常调度指挥，调度员工作效率明显提升。2023 年，依托京张高铁智能综合调度系统，我国铁路持续推进智能综合调度体系构建，实施了呼和浩特铁路局集团公司高铁智能综合调度系统，系统验证了高铁成网模式下国铁集团集中编制和调整、局站一体、业务协同的调度管理模式，实现了面向高铁运输全过程区域协同的专业在线协作，有效提升了呼和浩特铁路局集团公司全局 159 个调度岗位的高铁调度指挥能力，提高了高铁运输组织效率。

高铁智能综合调度系统通过对运输组织全过程各环节数据共享技术、高铁综合计划智能编制技术、高铁调度命令数字化编制等关键技术的研究，全面实现了全过程流程贯通、全要素信息互融、智能化能力提升的客运调度管理，主要技术创新成果如下：

1. 创新提出了面向全过程一体化贯通的设计理念

为解决既有系统缺乏面向运输全过程的信息架构顶层设计，且信息交互不及时、不准确、不完整，质量难以满足安全卡控和计划编制需要的问题，创新提出了面向全过程一体化贯通的设计理念，实现了从旅客运输需求、计划编制、计划执行到计划反馈的一体化专业贯通，为提升运输安全和经营管理质量提供了保障。

（1）建立运输综合计划协同管理平台，支撑各专业岗位工作协同。运输综合计划协同管理平台是智能综合调度系统的专用调度信息平台，通过运输综合计划协同管理平台信息动态采集与交互，打通调度所、运输部、客运部、机务部等各专业业务流程，改变目前各部室手工作业方式，实现客运方案全流程贯通、格式化管理、数据同源、安全卡控，减少人工核对工作量，防错办、提效率。

（2）面向运输全过程，完成调度业务流程优化与流程再造。借鉴流程再造的先进理念与方法，针对既有系统岗位联动性不强、沟通成本较高等问题进行优化，对既有调度指挥流程进行诊断分析，提出了面向运输全过程的运输调度日常指挥流程优化方法。

（3）一列车一条线，跨局一部车底，实现运输综合计划协同编制。以列车开行计划统领施工维修计划、车底运用计划、站段作业计划、三乘计划，形成有机整体，完成高铁调度日计划的协同编制。所有作业单位（部门）都围绕一部综合计划开展工作，计划变化所有工作都进行同步调整，通过信息化支撑实现工作协同，全面提升计划编制质量。

2. 创新实现了全要素数据集成与全过程数字融合

依托云计算和数据挖掘等信息技术，对铁路内外部的相关数据进行智能化识别、分析和处理，并将运输生产、营销服务、经营管理、综合安全等多维度数据进行全面整合，实现了全要素数据集成与全过程数字融合，健全了综合调度管理数字化基础。

（1）统一基础数据，实现全域数字化管理，各专业数据共享。智能综合调度系统通过统一基础数据，为客运站段生产管控与旅客服务平台、动车组管理、客票售票等相关系统提供格式化可识别的基本运行图数据、客运开行计划、客运调度命令、车底编组数据等，减少大量的中间核对和录入环节；为局站一体化管理、运检一体化管理、旅客服务智能化提升提供基础的数据支撑。

（2）调度命令数字化编制，实现三级一体化、精细化、智能化管理。智能综合调度系统构建了调度命令数字化模板，实现格式化编制、智能化卡控、自动化传递、一体化贯通闭环管理；调度命令内容关联日班计划、车站智能大脑，实现作业命令与日班计划数据贯通，阶段计划动态编制和调整。

（3）流程规则数字化定义，数据精准推送、安全互控。面向调度业务场景构建业务和数据中台，智能综合调度系统利用业务领域模型、数据融合技术和消息驱动架构，完成专业系统间的数据实时交互和流程定制卡控，实现数据充分共享并全面提升安全互控能力。

3. 创新设计了智能感知、智能决策、智能操控、智能评价四大智能化能力

借助多种人工智能与可视化技术，从感知、决策、操控和评价四个方面进行调度智能化功能设计，提升包含列车全程监控、正晚点预测推演、计划冲突检测、动态指标计算等

智能化能力，优化运力资源配置，助力调度指挥数据智能与业务智能。

（1）智能感知多源数据，全面监控列车在途运行状态。智能综合调度系统建立了全国铁路旅客列车动态管理库，实时、准确获取运输生产资源运用状态、资源利用程度、运输生产动态作业过程信息，全面监控列车在途运行状态，及时反馈客运列车运行过程中的异常情况，为提前做好应对措施和维护铁路运输秩序起到了较大作用。

（2）构建晚点预测模型，提升正晚点预测能力。智能综合调度系统通过接入多源信息，实时监测高铁沿线风、雨、雪、地震及（上跨铁路的道路桥梁的）异物侵限等数据，形成对于可能发生故障的精准预报，构建晚点预测推演模型，提高调度指挥精细化管理能力，助力客运部门提前组织旅客乘降，提高旅客服务质量。

（3）实现列车运行计划冲突检测与疏解，确保列车运行计划安全可靠。智能综合调度系统通过动态采集运输综合计划协同管理平台的数据，结合相应的业务规则，定制专项冲突检测策略；从时间、空间双重维度建立包含追踪间隔时间、股道占用情况、车站进路冲突在内的列车运行计划冲突判定规则，在计划编制与下达过程中，实时对计划线条进行校验，及时给出显性的冲突提示，自动给出冲突疏解方案，辅助调度员进行更加安全、可靠的调度计划编制决策。

（4）完成动态指标计算，实现调度智能评价。智能综合调度系统根据计划和当前采集的实际数据，实时计算各项运输指标，可计算正晚点指标、旅客发送情况指标、动车组设备运用指标、人员值乘相关指标、车站作业相关指标等。调度智能评价侧重事前、事中分析，以便找出运输问题、降低安全风险、提高作业效率。

（三）应急组织

在我国高速铁路调度指挥过程中，一旦发生自然灾害或者大型设备故障等强扰动场景，列车运行将受到极大影响，及时、快速、有效的高速铁路应急调度指挥工作对于保障高速铁路列车安全高效运行具有重要意义。2013 年之前，我国还未建立专门的、统一的综合性铁路调度应急指挥系统，调度部门缺乏综合有效的应急辅助决策手段，应急事件和处置信息主要依靠人工通报和传递，故障影响范围、设备状态、应急资源和处置方案也基本由人工收集和决策，应急指挥无法高效联动、处置过程不能动态跟踪和一体化管理，应急处置事后分析和评价较为困难，应急处置效率有待提高。

党的十八大以来，我国高速铁路调度指挥与应急组织快速发展，完成了铁路调度应急预案梳理和分类，并设计铁路应急预案管理分析原型系统，研究调度应急指挥过程中包含铁路应急预案编制、分类、流程化、电子化、数字化管理以及应急案例智能分析等关键技术，建设了覆盖国铁集团、铁路局集团公司、站段三级调度应急指挥业务的一体化铁路调度应急系统。该系统实现了国铁集团、铁路局集团公司和站段(现场指挥部)三级应急救援指挥中心联动,应急处置透明,提高了运输调度管理效率;建立面向突发事件的预案、组织、响应、处置、恢复和评估的纵向一体化管理机制,提升了应急救援管理能力。同时通过对铁路应急预案的研究和分析,实现快速响应、应急联动、协同处置,为运输秩序快速恢复提供了技术支撑手段。建立调度应急问题库及应急资源库,提供故障影响预判及特定场景下的调度应急辅助决策建议,并为后续的数据分析和挖掘学习奠定基础。

截至2023年底,我国已经完成铁路调度应急指挥系统总体技术方案设计以及若干关键技术研究,一体化铁路调度应急指挥系统已在国铁集团本级和18个铁路局集团公司1 400余个单位进行试用,通过该系统累计启动应急处置事件10 400余次、发布短信通知36万余条,满足了试运行铁路局日常的应急指挥工作需求,并提供一定的辅助预警和辅助决策能力,实现了应急响应流程的全闭环管理。铁路调度应急指挥系统投入应用后,有利于应急资源共享和分配,提升了资源利用率;有利于提升调度应急指挥的信息化水平,为铁路运输提质增效提供安全保障;同时结合大数据、云计算等新技术,做到主动预警、提前预判,并给出应急处置方案建议,有利于降低突发事件带来的负面影响,降低了应急处置附加成本。

1. 应急处置全流程管理技术

过去我国虽然初步建立了覆盖国铁集团、铁路局集团公司、站段的三级应急组织架构,同时也建立了国铁集团、铁路局集团公司(专业运输公司)、站段(分公司)三级应急预案体系,对于有效预防和妥善处置各类铁路突发事件、最大限度减少铁路突发事件带来的损失和影响,发挥了重要作用,但是应急事件和处置信息主要依靠人工通报和传递,缺少统一的综合性调度应急指挥系统,将应急处置进行全流程管理。为此,国铁集团研究建立了调度应急指挥系统,通过纵向三级调度指挥一体化融合,横向多专业协同,同时在应急响应启动、应急通知、应急签到中采用信息化管理手段,实现了包括应急响应启动、应急通知、应急响应确认、应急签到管理、处置过程管理、应急恢复管理、应急处置指令管理、应急统计分析等功能,大大提高了调度应急处置效率。

2. 应急处置可视化

应急处置涉及工电供等多个专业,需要多专业协同;在查看事故发生位置以及制定应急处置方案过程中,需要了解站场信息、线路桥隧涵信息、供电信息以及热备列车位置信息等多种资源信息,由于这些资源分布在不同的信息系统中,需要参照纸质图纸或各专业信息系统,非常不方便。针对上述难点,在调度应急系统开发中利用GIS技术构建铁路调度应急GIS图层,并关联维护站场信息、工务、电务、供电等相关的基础信息和应急资源资料,直观地展示车站的设备、列车、基础资料、环境等要素情况,同时配合可视化图形、数据表格、数据列表等综合展示路网信息、站细数据等,并提供多维度的应用交互;以可视化的方式解决了多专业业务资源的可视化融合展示,为快速地制定应急处置方案奠定了基础。

3. 高效化应急演练

我国铁路经常性组织全国铁路相关单位开展应急演练,每半年至少组织铁路局集团公司开展一次综合应急演练,以提升处置能力。针对过去应急演练缺少统一信息系统支撑的问题,调度应急指挥系统实现了应急演练计划提报、应急演练方案及脚本上传、应急演练总结报告录入、历史演练质量评价和应急演练统计分析等功能,实现了对应急演练高效化管理。该系统的建立有力地支撑了应急演练的开展,为路局不断优化应急预案提供可靠数据支持,锻炼了应急指挥人员遇突发情况的心理素质以及反应能力,提高了应急指挥人员的应急指挥水平。

4. 智能化辅助决策

针对过去应急调度系统主要依赖既有的运输调度管理系统(TDMS)和其他离散的专业管理系统,且各铁路局集团公司缺少全国铁路数据支撑和辅助决策支撑的情况,我国研究应用了智能化应急处置辅助决策技术。根据事故预估影响时长,通过分析运行计划、运行实际、车底运用和售票信息等综合信息,评估事故影响列车范围;同时根据业务规则,辅助给出列车停运、折返等辅助调整方案。通过收集日常的运输安全事故或突发灾害的处置过程写实、进行格式化的案例转换,建立了全国铁路共享的应急案例库。在应急案例库建立的基础上,对应急处置案例进行智能化分析研究,评价处置效果,为后续应急处置优化提升提供参考。

四、高速铁路通过能力提升技术创新

高速铁路通过能力是有效指导和安排运输生产的保障条件,只有提升通过能力,才能为运行图、动车组运用检修、乘务担当等计划编制提供能力保障,从而更好地满足旅客的出行需求。中国高速铁路发展迅速,已经建成世界最大的高速铁路网,但同时也面临世界上最为复杂的运输组织形态,高速铁路大规模跨线成网运行,部分干线跨线列车比例达 80% 以上,协调难度大;多种速度列车高密度共线运行,且列车停站多样化,运行组织条件复杂。此外,高速铁路客流分布的时空不均衡性及个性化、多元化出行需求对高速铁路通过能力提升也提出了更高的要求。

2017年至今,我国铁路先后构建并完善了高速铁路能力理论体系框架,通过提出动车组交路、车站到发线运用和列车结构三方案一体化编制的点线协调的通过能力计算试验方法,通过能力计算精准性大幅提升,从过去粗放型计算转为现在适配客流需求和运力资源的精准型计算;从宏观路网、中观运输组织、微观追踪间隔等三个层次,构建了高速铁路通过能力提升技术体系。在宏观路网层面,提出枢纽内多客站合理分工应用技术;在中观层面,提出了基于列车结构的线路能力提升试验技术,以及运输组织协同优化的车站咽喉和到发线一体化运用试验技术;在微观层面,从运营指标精细化角度提出列车追踪间隔优化应用技术。此外,我国铁路成功研制高速铁路通过能力计算分析和适用于我国高铁线路、车辆、信号制式的列车群动态运行仿真系统。

1. 高速铁路成网条件下路网效能提升技术

高速铁路成网后,释放繁忙高铁主动脉、主通道的巨大潜力,为充分发挥全国“一张网”、全路“一盘棋”和运输集中统一指挥的优势,统筹区域路网资源使用,我国铁路开展了路网效能综合运用技术创新,通过大数据分析,精准对比路网内多径路下各OD供给能力与客流需求的匹配情况,提出列车运行径路优化技术,将供给能力相对富裕的OD和径路上的列车转移至供给能力不足的OD和径路,既有效满足旅客出行需求,又科学合理运用繁忙高铁运输能力,显著提高了高铁网整体效率效益。

2. 负荷均衡与协同提效的枢纽客站合理分工技术

过去许多铁路枢纽内部多个客站出现能力运用不均衡,客站及其相关设施设备使用不平衡、不充分、不合理等问题。通过对全国铁路38个主要客运枢纽的布局、设施设备、运输组织、能力运用情况进行全面系统分析,我国铁路创新性提出以“作业负荷均衡、挖潜提效、列车作业流程再造、站点能力补强”为核心的枢纽客站合理分工技术,以及因站施策的分工优化措施和建议,直接支撑了国铁集团运力资源配置工作,在均衡客运站作业负荷、减少资产闲置、提升能力利用效率方面发挥了重要作用;创新性提出适应我国铁路运力配置特征的枢纽内多客站能力运用优化及提升技术,在沈阳铁路枢纽客站分工及能力优化方案中应用的效果显著,2019年先后两次调整方案在实际运行图中落实,对优化客运站间作业负荷、减少资产闲置、提升能力利用效率的实际效果显著。

3. 基于列车开行结构的点线协调通过能力计算方法

我国高速铁路能力概念理论主要是继承或沿用于既有铁路能力体系,已有能力计算方法主要以扣除系数法和图解法为主,对于高速铁路动态多样性的列车开行结构均有不适应性,主要体现在无法选定基准列车、扣除系数无法覆盖全部列车开行结构、无法计算点线能力协调的通过能力、计算结果受人工水平铺画限制等方面,能力计算的实时性和精确性往往达不到实际要求水平。针对上述难点,综合列车停站、跨线列车开行、速度等级、运行方式等因素建立列车开行结构体系和定量化数理表达方式,在适配高速铁路客流需求和运力资源配置下,提出了动车组交路、车站到发线运用和列车结构三种方案一体化编制的点线能力协调的通过能力计算方法。此外,针对不易处理的列车结构优化等问题,我国铁路设计了中断调整流程,提供人机交互方式,充分利用专家经验,为运行线结构优化提供了切实可行的途径。三种方案一体化编制和中断调整流程有机结合,减轻了人员的工作量,实现了高速铁路能力计算的有效性和快速性。

第五节 安全技术

安全是铁路永恒的主题,事关国家总体安全、人民群众生命财产安全和经济社会发展大局。我国铁路历来重视安全工作,将坚守高铁和旅客安全作为政治红线和职业底线。近年来,围绕设备源头安全质量保障、运营阶段安全保障、应急保障技术等方面深入开展自主创新工作,从技术标准、试验评估、工程质量等方面进一步加强设备设施源头安全质量把控,构建了面向移动装备、固定设施、高铁环境的全方位检测监测系统,提升了应急保障技术水平,不断增强了科技保高铁运行安全的能力。

一、设备源头安全质量保障技术创新

(一)技术标准源头保障

技术标准是铁路产品生产、检验、使用、维护的技术依据,是保障铁路工业产品质量的重要基础性技术文件。中国铁路历来高度重视技术标准工作,伴随铁路发展进程,铁路技术标准特别是高速铁路技术标准经历从无到有、从探索到成熟的发展,为保障铁路建设和运营安全质量、促进铁路科技创新和产业升级、服务铁路"走出去"发挥了重要支撑作用。

党的十八大以来,我国铁路技术标准工作进入全面提升期,标准化工作得到了空前重视。经过10多年的高速铁路标准体系建设，中国高铁技术标准体系基本全面完整。中国高铁技术标准工作着眼于高铁高质量发展，以不断提高技术标准制修订能力为路径，以夯实技术标准本体质量为核心，始终把充分发挥技术标准对高铁安全质量的源头保障作用作为工作的重点方向，大力推进高铁技术标准的正向研究，加快建立健全技术标准管理制度，不断构建完善高铁技术标准体系，推动技术标准在正向引领、质量提升、安全夯实等方面发挥了重要作用。

1. 发挥正向引领

为切实发挥源头安全质量保障作用，技术标准工作密切结合高铁技术、产品的研发、试验和运用等实践过程，加强高铁科研开发与技术标准制修订工作的协调，推动技术标准的正向研究和正向引领。注重加强科研对标准制定的支持，重要科研项目，特别是高铁新技术、新装备项目，在研发高铁产品的同时，安排研究制定相应的标准；强化技术标准关键指标的实验验证，对于一些重要参数的确定，国铁集团组织建立有效途径，充分利用铁路建设、运营条件，支持开展线路试验，研究、验证其重要参数的适用性。

2. 推动质量提升

标准是国家质量基础设施的重要组成部分，是用以引领质量提升的依据。为充分发挥标准对我国高铁设施设备质量提升的引领作用，我国铁路不断完善标准管理制度体系，加强标准编制和质量控制；不断强化标准的全寿命周期管理，整体统筹标准实施相关的计量、检验检测、认证等相关技术；畅通标准实施信息反馈渠道，实现标准研制、实施和信息反馈的闭环管理。

3. 提升安全技术水平

技术标准工作着眼铁路建设运营安全，不断在安全可靠上下功夫，强化标准“红线”管理，用高标准、严要求促进铁路安全生产水平进一步提升。通过研究制定高速铁路地震预警监测系统、高速铁路自然灾害及异物侵限监测系统、电气化铁路供电安全检测监测系统等成套标准，提升了“技防”效能。通过研究制定动车组、列车运行控制系统及安全核心设备、接触网系统及关键零部件等成套标准，在关键部件设备质量和系统稳定性方面发挥了重要技术支撑作用，提升了技术装备安全可靠性水平。

（二）设施设备质量保障

高铁开通以来，我国坚持把设施设备质量保障作为确保高铁安全运营的基础。在源头造修质量控制方面，全面推行铁路产品认证制度，建立了铁路专用产品检验检测体系，并形成了“五位一体”综合技术服务优势。在移动装备源头保障方面，构建了设计研发、生产制造、运维保障等贯穿产品全寿命周期的高速动车组系统安全体系架构，动车组安全技术水平进入世界先进行列。在固定设备源头保障方面，不断创新工务固定设施设备整治技术，有效解决了 CRTSⅡ型板式无砟轨道上拱、高速铁路隧道衬砌空洞等问题，并统筹部署了一系列电务固定设备源头保障的技术攻关研究工作，显著降低了我国铁路电务设备的故障率。此外，为保障高速铁路安全开通运营，一方面，建立了我国独有的高速铁路开通运营安全评估机制，为铁路主管部门批准高铁开通运营提供了重要依据；另一方面，对新建高铁项目开展系统性能测试及优化等联调联试和运行试验工作，为优化设备配置、提高设备性能、制定运输组织和应急救援方案等提供技术依据。

1. 源头造修质量控制

长期以来，我国铁路一直致力于产品质量安全的研究和管理，2011 年之前，我国铁路行业的源头造修质量控制相继经历了驻厂验收、行政许可等多种管理方式。2011 年之后，随着我国铁路事业的快速发展，以及国家相关政策的逐步落地，为进一步规范铁路产品准入管理，凸显市场经济地位，持续保障铁路源头质量安全，亟须将原来政府层面的行政许可准入管理调整为国际通行的产品认证制度。为此，铁道部开始全面推行铁路产品认证制度。铁路政企分开后，铁道部产品认证逐步调整为国家铁路局铁路产品认证和中国铁路总公司铁路专用产品认证采信制度。2023 年 3 月，国家市场监管总局与国家铁路局联合发布新版《铁路产品认证管理办法》，共同推行统一的铁路产品认证制度。

目前，我国铁路产品源头质量管控方式可归纳为以下几种：

国家、行业层面的铁路源头质量管控政策。国铁集团依据《中华人民共和国工业产品生产许可证管理条例》，落实铁路桥简支梁工业产品生产许可证制度相关要求。依据《铁路安全管理条例》《铁路机车车辆设计制造维修进口许可办法》，落实机车车辆实施型号合格证、制造许可证、维修许可证及进口许可证管理相关要求；依据《铁路运输基础设备生产企业审批办法》，落实对生产铁路道岔及其转辙设备、铁路信号控制软件和控制设备、铁路通信设备、铁路牵引供电设备的企业实施行政许可审批相关要求。依据《铁路专用产品质量监督抽查管理办法》，配合行业相关部门对铁路专用产品进行监督抽查。

铁路专用产品认证及采信。国铁集团依据《中华人民共和国产品质量法》《中华人民共和国认证认可条例》《认证机构管理办法》《铁路安全管理条例》《铁路产品认证管理办法》，制定《中国铁路总公司铁路专用产品认证管理办法》，明确认证流程，发布认证采信目录，将直接影响铁路运输安全的重要产品纳入目录，由具备资质的第三方认证机构编制认证规则，具体开展铁路专用产品认证，国铁集团采信其认证结果。

铁路专用产品制造与维修的第二方质量评价。国铁集团制定《产品质量抽查管理办法》，对铁路专用产品开展质量抽查。国铁集团相关部门制定《认证目录以外铁路车辆零部件装车前技术审查管理办法》开展车辆零部件技术审查；制定《物资管理办法》《铁路物资标准化采购文件》《电气化铁路接触网器材管理办法》《关于明确铁路自动售检票设备管理》《货车篷布管理规则》《一次性集装箱液体集装袋铁路运输管理办法》实施相关产品入库验收、批量抽检。制定《依法必须招标项目铁路专用产品采购管理暂行办法》，针对中标后不能提供有效铁路产品认证证书的铁路专用产品实施质量验证；发布《中国铁路总公司关于铁路机车车辆维修样车技术评价有关工作的通知》，授权中铁检验认证中心有限公司（CRCC）进行铁路货车维修样车技术评价；制定《铁路机车车辆维修能力评估管理办法》，委托铁科院负责货车整车维修能力评估，铁科院、铁路局集团公司、铁路机车车辆设计制造企业负责重要部件维修能力评估。

在上述铁路产品源头质量管控方式中，国铁集团严格遵守国家、行业层面的行政许可规定，积极响应国家质量基础设施建设相关要求，建立完善铁路专用产品认证及采信管理制度、健全铁路专用产品检验检测体系、铁路质量基础设施等措施，为提高铁路产品源头质量和保障铁路运输生产安全奠定了质量基础。

（1）构建铁路专用产品认证及采信管理制度

产品认证是由具备资质的认证机构依据程序对产品、过程和服务与规定要求的符合性进行评价和证明的合格评定活动。从1903年英国标准委员会（BSI）对铁轨产品进行认证并颁发证书至今，历经一百多年的发展，产品认证已成为国际通行的质量管理手段和贸易便利化工具。我国铁路专用产品认证及采信管理制度发展至今，在把控产品源头质量、规范铁路市场秩序、保障铁路运输安全以及助力“一带一路”倡议等方面均发挥了重要作用。

① 列车运行控制系统车载设备（ATP）、分段绝缘器等铁路专用产品实施认证采信管理后，获证企业提高了产品质量意识，加大了科技创新力度，改善了生产工艺，生产一致性显著提高，现场质量事故明显下降，发生故障的类型、性质、对行车的影响较以往均有大幅度改善，充分体现了产品认证“传递信任、服务发展”的本质属性。

② 在印尼雅万高铁、中老铁路等海外重点项目中，开展了一系列铁路产品认证，促进了中国标准在共建“一带一路”国家充分落地，推动了内外销产品“同线同标同质”工程，有效助力了中国铁路“走出去”。

截至2023年底，作为具备铁路产品认证资质的权威机构，中铁检验认证中心有限公司（CRCC）拥有500多名国家注册产品认证检查员，培育了一批"铁路行业里最懂认证、认证领域内最懂铁路"的高端技术人才。依据我国认证领域和铁路行业相关法律法规，参照国际通行的认证方案，CRCC组织编制了具备自主知识产权的铁路产品认证规则330个，累计颁发铁路产品认证证书18 477张，获证企业2 736家，当前有效证书5 566张，获证企业1 448家，为铁路行业把控产品源头质量提供了国际通行的市场化手段，为铁路制造企业参与良性市场竞争提供了公开、公平、公正、透明的质量平台。

（2）建立铁路专用产品检验检测体系

检验检测是合格评定活动的重要组成部分，是验证产品是否符合标准要求的最直接、最有效的技术手段，也是从技术层面把控产品源头质量的关键抓手。我国铁路于1983年成立了铁道部产品质量监督检验中心（以下简称铁道部质检中心），承担铁路工业产品质量监督检查试验任务。建设伊始，铁道部质检中心资源相对匮乏，检测范围不能覆盖铁路全专业范畴，高速铁路检测领域尤其欠缺。伴随着我国铁路事业的蓬勃发展，铁道部质检中心在能力建设方面也取得了长足进步。尤其是铁路政企分开后，经国家认监委授权，2014年在铁道部质检中心的基础上设立了国家铁路产品质量监督检验中心，2022年按照国家市场监督管理总局要求，正式更名为国家铁路产品质量检验检测中心（以下简称国家铁路质检中心），成为铁路行业唯一的国家级质检中心。

截至2023年底，国家铁路质检中心已经建立了高速铁路、普速铁路、重载铁路、高原高寒铁路及智能铁路技术装备检测、检验、型式试验及运用考核体系，涵盖从零部件到整车、从固定设施到移动设备轨道交通全领域，涉及机车车辆、通信信号、牵引供电、工务工程、金属化学、运输包装及安全卫生等轨道交通各个专业，自有、合资及签约实验室58个，检验检测设备2 457台/套，检验检测能力涉及11 073项参数及5 014个标准，整体检测检验能力达到国内同行业领先水平，部分检验检测能力达到国际先进水平。

历经40余年发展，国家铁路质检中心承担了整车型式试验、铁路关键产品运用（试用）考核、国家铁路局监督抽查、国铁集团质量抽查、"四电"甲供物资上道抽检、铁路专用产品批量抽检、CRCC铁路产品认证相关检测以及各类客户的委托检验检测任务，为铁路专用产品源头质量管控提供了坚实的质量基础。特别是近年来大力开展动车组产品检验检测工作，在已经具备的检验检测能力、手段和经验的基础上，结合运行环境特点进行技术创新，针对复兴号高原内电双源动车组制定试验方法、研发试验工装、优化陪试设备、创新管理模式，在任务紧急、责任重大、试验条件复杂的情况下，严把质量关，助力复兴号高原内电双源动车组顺利开上了"世界屋脊"。

(3)铁路质量基础设施

铁路质量基础设施是国家质量基础设施的重要组成部分,由铁路计量、标准、合格评定(含检验、检测、认证)等质量管理要素构成。其中,铁路计量是标准和合格评定的基准,是控制质量的基础;铁路技术标准体系是依据,用以引领铁路质量提升;铁路产品检验检测及认证是手段,能够把控铁路产品源头质量、传递信任并服务发展。三大支柱形成完整闭环,是提高铁路产品源头质量和保障铁路运输生产安全的重要技术基础。

从1956年铁道部设立标准计量研究所开始,我国铁路历经多年建设和发展,已经基本具备了"标准、计量、检验、检测、认证"多维度、多层次的综合技术服务能力。党的十八大以来,我国铁路以"五位一体"综合技术服务能力为抓手,全面构建高水平铁路质量基础设施,优化质量基础设施管理,加强能力建设,提升服务效能。

铁路计量方面,强化计量"基础中的基础"地位,完善计量技术体系,补强专用计量器具,拓展铁路计量技术服务范围,支撑打造精品检测监测系统,明确源头质量保障基准;铁路标准方面,聚焦国家铁路主战场,深耕高速铁路、普速铁路、重载铁路、高原高寒铁路及智能化铁路技术标准体系,以国家、行业各类重大项目为平台,做强铁路技术创新与技术标准联动体系,以高质量标准落实源头质量保障基础;检验检测认证等合格评定手段方面,加大科研投入,填补技术空白,补强铁路专用产品检测装备,完善铁路产品全生命周期合格评定技术服务链,持续发挥技术成果转化的排头兵、源头质量管理的压舱石作用,全面深入地推动了铁路高质量发展。

2. 移动装备源头保障

高速动车组作为载客装备,安全第一是永恒的信念和追求。和谐号动车组时期,中国铁路缺少关于动车组产品安全体系架构全系统管理的经验,主要依托既有产品安全体系保障模式,结合新产品研制及运维过程,不断摸索、创新及实践。之后,围绕运营安全需求,基于"八防设计""故障导向安全设计""冗余设计"等安全理念,逐渐构建完善了设计研发、生产制造、运维保障等贯穿产品全寿命周期的高速动车组系统安全体系架构。

其中,八防设计是指根据合同及相关标准要求,识别与防裂(裂损)、防脱(脱落)、防燃(燃轴)、防断(断裂)、防爆(爆炸)、防火(火灾)、防离(分离)、防飏(放飏)等影响轨道车辆行车安全相关的关键零部件,并对其进行重点设计失效模式与效应分析(DFMEA),明确其质量特性,在研发、制造和运维保障中进行重点管理。故障导向安全设计是高速动车组运行安全的重要保证,涵盖了动车组安全性的各个方面,主要包括预防故障发生和故障后避免险性事故发生(或导向安全),目的是确保在出现故障时系统能够进入一种安全状态，从而保护人员、列车和环境的安全。冗余设计是指根据合同及相关标准要求，针对与安全相关的转向架、制动、车门等关键系统、部件，通过增加系统的可靠性和稳定性，应对可能的故障和失效，提高系统的容错能力和恢复能力，从而降低系统发生严重故障的风险。

2020年以来，我国重点围绕轨道车辆列车碰撞安全、结构安全、车辆防火及防冰雪等领域开展高速列车本构安全及可靠性技术研究，逐步形成集优化设计、分析试验、验证评估为一体的协同创新技术理论体系。当前，我国高速动车组已搭建了覆盖不同运用环境的谱系化高速动车组产品，经受了复杂的线路作用关系、地理气候、运用工况的考验，动车组百万公里故障件数从2017年至2023年显著降低，降幅达到63.9%①，动车组安全技术水平已达到世界先进水平。

(1)建立动车组验证体系

试验验证是完成相关法定程序的需要，也是科学探索、掌握规律和提升技术的需要。依托速度350 km/h复兴号动车组研制工作，我国铁路深入开展安全性试验和线路运行考核验证，建立健全了高速动车组安全验证体系。

在仿真验证方面，为支撑复兴号动车组的设计，搭建了涵盖结构强度、车辆动力学、流体力学、噪声、电气工程、人机工程工艺、系统优化设计等在内的八大仿真平台，涉及碰撞安全、疲劳强度、电磁兼容、流固耦合、虚拟现实设计等30个专业方向，形成了全面涵盖整车系统及部件各专业的协同仿真能力。基于实测线路谱，结合试验台实测的大部件结构参数，建立车—线—网—气流耦合大系统动力学仿真，精确表征复杂线路条件和强气动激扰下的高速动车组动力学行为特征及高速轮轨接触特性，提出转向架最优悬挂参数。

在试验验证方面，首创世界上最完备的高速动车组全场景试验验证和互联互通试验技术，系统构建从部件、系统到整车的功能与性能运行试验技术及试验验证体系，全面验证了复兴号高速列车的整体技术性能；攻克高速列车互联互通试验技术，解决了高速列车间的信息传输与互操作难题；突破运营列车振动、噪声、强度、牵引、制动、空气动力学远程时空同步测试技术，在国际上首次开展了一体化服役跟踪试验，充分掌握了复兴号高速列车服役性能演变规律和相互映射关系；首次完成了复兴号高速列车420 km/h等速交会和重联试验。

创新的试验技术支撑了复兴号高速列车关键零部件研发并满足了30年整车服役

① 2017年百万公里故障率数据为实际百万公里故障率，包含CRH6A平台动车组；2023年故障率数据为按照故障影响程度得出的换算百万公里故障率，不包含CRH6A和CJ6平台动车组。

寿命要求。时速 350 km 复兴号中国标准动车组试验组成如图 2-42 所示，试验内容主要包括关键系统和零部件地面试验、整车型式试验、科学研究探索试验、运用考核试验四大板块。

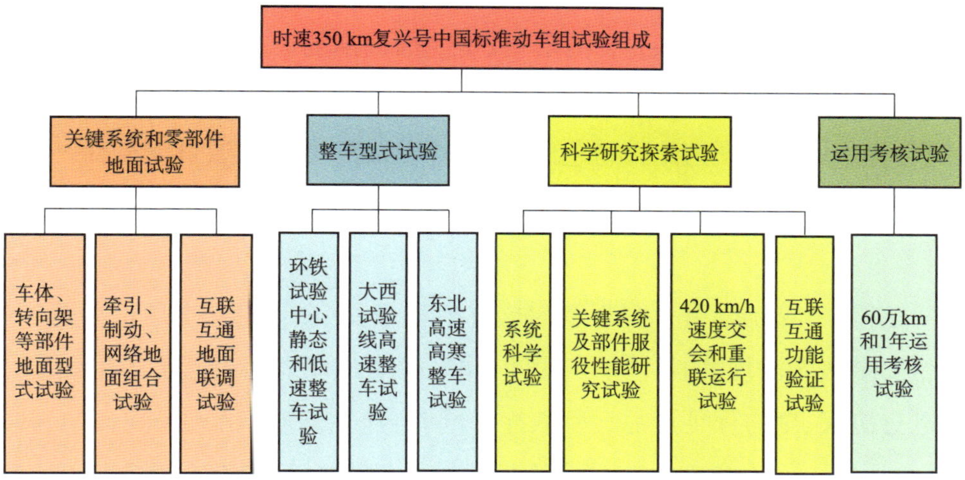

图 2-42　时速 350 km 复兴号中国标准动车组试验组成

关键系统和零部件型式试验需要在装车前或整车下线出厂前完成。按照相关标准和技术条件要求，主要对车体、转向架总成及其部件、牵引系统及其部件、制动系统及其部件、列车网络控制系统及其部件、受电弓及高压系统部件、车钩及缓冲装置、车门和空调等 47 类部件或子系统进行型式试验，同时还需要开展牵引系统、制动系统和列车网络控制系统地面联合试验，以及互联互通地面联调联试试验。

整车型式试验分别在两列样车上进行，主要包括牵引性能、制动性能、动力学性能、空气动力学、噪声、弓网受流、高压、电磁兼容、气密性、列车网络控制系统、称重、限界、照度、过分相、重联、空调等 66 项试验内容，最高试验速度 385 km/h。

科学研究探索试验包括系统科学试验、关键系统及部件服役性能研究试验和互联互通功能验证试验。其中，系统科学试验包括动力学响应及振动传递关系、车辆振型和模态、制动控制策略与电空匹配、车内电磁兼容等 12 类试验内容；关键系统及部件服役性能研究试验包括制动系统及部件服役性能、牵引与辅助系统服役性能、转向架主要部件载荷特性及动应力长期跟踪、整车模态和振动性能跟踪、轮轴综合运用性能等 12 类试验内容；互联互通功能验证试验包括连挂、解编和重联状态下网络性能、牵引性能、制动性能、网侧谐波、弓网受流、通过小曲线能力、过分相、故障导向安全等 19 项试验内容。

按照《中国铁路总公司铁路机车车辆设计定型管理办法》，运用考核试验分别在两列中国标准动车组样车上进行，需要累计进行 1 年、60 万 km 运用考核，要求最高速度级运行里程达到 40%、重车运行里程达到 50%。

(2)加强动车组制造质量保障

我国动车组产品质量管理起步于事后质量符合性检验,随后经历了流程质量管控、可靠性质量管控、质量协同管控,现阶段发展为数据驱动质量协同管控,围绕质量管理(QM)、质量保证(QA)和质量控制(QC)三个业务层级,逐步建立了一整套覆盖全项目、全过程、全要素的质量管理体系,为中国高铁全生命周期的可靠运营筑牢了安全基石。

基于世界先进质量管理理论和方法,充分融合 ISO 22163、ISO 9001 等质量管理标准,我国铁路建立了具有国情路情特色的质量管理体系,并形成质量安全保证长效机制,中车青岛四方机车车辆股份有限公司于 2022 年获得中国第一张、全球第四张 IRIS 金级证书。

① 建章立制。成立以第一管理者为核心的质量安全委员会,全面贯彻落实国家、行业相关质量安全法律法规和技术标准,谋划质量发展战略,并对产品全生命周期内重大质量事项进行决策,全力保证产品运营秩序。同时,建立健全产品质量管理规章制度,以《质量管理手册》为核心,以产品实现全流程为对象,建立 15 类 92 项质量管理规章制度,确保产品生产过程有章可依、有据可循,全面促进质量管理规范化提升。

② 监督审核。积极推进覆盖"面、线、点"的三维化体系审核,即从全面审核、项目全过程审核和专项审核三个维度,对质量管理体系进行监督和改进,不断提升质量管理体系的符合性、有效性和适宜性。其中,全面审核是指对 ISO 22163 质量管理体系标准要求覆盖的所有过程、生产班次和生产场所开展的审核;项目全过程审核是指对选取的重点项目,从招投标、合同需求、项目管理、设计开发、工艺开发、采购管理、供应商管理、质量管理、生产制造、售后服务等全过程开展的审核;专项审核是指结合以往审核问题、管理薄弱环节,对选取的重点提升过程开展的审核。

③ 分级管控。以产品零部件重要度和质量安全特性分级为管控基础,不断优化供应商管理、产品变更管理、工艺管理、质量控制管理等要求,按照列车级、车辆级、零部件级质量安全特性的重要度,实施分级管理,并以此作为产品质量控制、供应商质量管理、不合格品处置等工作的基线,明确质量安全管控的重点,持续提升质量管理精准度和有效性。

④ 数字赋能。以业务健壮化、过程显性化、数据互通化、改进自主化、决策科学化为总体目标,以"体系保过程、过程保质量"为建设思路,通过数字化手段赋能质量管理提升,搭建了质量管理系统(QMS)、质量指挥中心(QCC)、质量管理健康度评价(QHM),并与产品数据管理(PDM)、企业资源计划(ERP)、制造执行系统(MES)、运维检修系统(MRO)、供应商管理平台和智能监造等系统进行了数据贯通,实现了由人驱动业务到数据驱动业务、由人评价绩效到数据评价绩效的转变。

通过不断总结我国高速动车组创新发展经验和质量管理实践经验，我国铁路先后创建了“基于数据驱动、全生命周期协同创新的质量管理模式”“双驱动双循环数字化质量管理模式”，连续获得第三届、第四届中国质量奖提名奖，以及2019年、2022年全国质量标杆荣誉。

3. 固定设备源头保障

（1）工务源头质量整治

我国高速铁路工务设备受地质条件、设计、施工、养护维修等因素影响，尤其早期开通的线路，受源头施工质量影响显著，给后期养护维修带来较大困扰。为解决源头质量问题，我国高速铁路工务系统通过提前介入、产品准入、人员素质方面进行源头控制，为工务设备提供了有力的源头质量保障。养护维修部门不断创新固定设施设备整治技术，有效保障了工务基础设施的健康、安全服役。2023年，高速综合检测列车检测的高铁线路优良率达99.99%，高铁线路平顺性方面达到了世界领先水平。

①提前介入源头质量卡控

我国高速铁路开通前，各铁路局集团公司积极组织提前介入铁路建设项目管理工作，熟悉项目建设标准，了解设备使用功能，掌握运营设施及状况，全过程参加施工图审核优化、工程质量和设备质量检查。通过提前介入，及时做好问题整改，确保工程质量达标和顺利开通运营。

提前介入工作重视隐蔽工程和关键环节的监控和把关，加强工程质量验收，督促做好问题整改，使工程缺陷在高铁开通之前得到彻底整治。工程缺陷一旦遗留到开通之后再进行整治，不仅构成安全隐患，而且对行车秩序影响较大，同时整治的难度、费用、代价会成倍增长。实践证明，认真做好提前介入是实现高铁建设与运营无缝衔接、确保高铁顺利开通和运营安全的重要保证。提前介入越早，力度越大，后续运营维护管理工作就越主动，高铁安全管理的基础就越牢固，为工务设备源头质量不断提升提供有力保障。

②产品准入质量保障

我国铁路工务铁路产品认证，采用国际标准化组织（ISO）定义第三方认证模式中最严格的第五种认证模式，即：初始工厂检查＋产品抽样检测＋获证后监督，对产品质量实行闭环管理并有退出机制，真正发挥了产品质量动态管理的作用。《铁路技术管理规程（高速铁路部分）》规定，铁路重要产品须按有关规定，执行行政许可、产品认证等铁路产品准入制度。各铁路局集团公司、各铁路公司认真落实相关技术标准，为固定设备源头保障提供了有力支撑。

③人员素质保障

我国高速铁路工务系统重视职工技能、应急处置能力建设，通过新工艺、新技术、新方法等运用，逐步提高工务人员的整体素质。一大批大国工匠、铁路工匠在铁路工务系统不断涌现，激励了广大铁路职工成长为知识型、技能型、创新型人才。通过加强高技能人才与专业技术人才职业发展，为新时代铁路高质量发展提供坚实人才保障。同时，铁路工务系统认真落实"人防、物防、技防"建设，确保了工务固定设备健康服役。

(2)电务源头质量整治

高铁发展初期，电务设备首次使用或引入新技术后故障率较高。为提高新技术的适应性，我国铁路统筹规划了一系列技术攻关研究工作。经过持续技术攻关，新技术不断得到优化，加之铁路每年多次开展产品源头质量整治工作，我国高铁信号设备(不含ATP)每百组换算道岔故障率、车载ATP设备百万公里平均故障率、通信大通道每百公里中断率等关键指标均大幅降低，高铁电务设备源头质量显著提升。

①通信信号产品源头质量管控

产品源头质量基础管理方面：构建形成通信信号系统装备标准体系，明确系统架构、技术要求、接口规范、检测试验要求，以标准为抓手引领产品源头质量提升；组织编发《铁路信号产品运用管理办法》，明确新技术新产品的上道试用管理流程，产品软硬件变更实施报备、核备、报批管理；建立关键产品生产企业的准入制度，精准开展关键产品的质量检验认证，运用信号设备信誉评价机制，建立产品召回制度。

产品软件与数据管控方面：持续强化软件和数据安全管理，全面梳理查摆软件和数据管理的短板弱项，防范软件、数据源头风险；针对软件的逻辑故障、车地适配性及特殊场景故障，采用软件升级和第三方安全评估方式，进一步消除软件隐患；优化软件逻辑，应用安全创新技术，比如ATP增加了CTCS-2级、CTCS-3级双曲线比较功能，自动闭塞实现区间三点检查功能等，大大提高了设备安全保障能力；组织编发《信号设备安全软件编程暂行技术要求》《信号设备安全软件测试暂行技术要求》，开展对标检查和人员培训，严格落实编程和测试技术要求。

产品硬件管控方面：针对频发的硬件故障，一方面从产品的原材料和生产工艺方面进行优化和严控；另一方面通过国产化和自主化的形式，有序可控地进行单元级替代国外高故障率单元，进一步降低了单元级故障率。针对产品元器件的频发硬件故障，要求信号设备供应商通过加强设备元器件来料质量检验和筛查、延长设备高温老化时间和提升生产工艺质量等措施，进一步提高设备的硬件可靠性。

产品仿真测试方面：构建贴近现场情况的高铁列控系统工程化仿真测试平台，持续完善测试案例、测试场景和测试手段，加强产品工程化测试，积极开展第三方测试，促进设备源头质量不断提升。

②通信信号工程源头质量管控

构建形成通信信号工程建设标准体系，覆盖通信信号系统设计、施工、检测、静动态验收各环节，规范化工程建设全过程。组织编发《国铁集团关于加强铁路电务工程验收管理的指导意见》并督导各单位严格贯彻落实，持续强化高铁通信信号工程设计、施工、监督、检查、验交等管理，要求各铁路局集团公司强力介入施工设计出图、强力介入施工过程、强力推进技防措施落实、强化试验设备安全管理、抓实重点工程，提高工程源头质量。组织编发《高速铁路信号联锁和列控设备质量控制若干措施的通知》，要求各相关单位优化勘察设计、强化现场管理、完善联调联试、加强提前介入和维护管理，持续提升高速铁路信号联锁和列控设备质量管理水平，确保高速铁路信号系统安全。

4. 联调联试及运行试验保障

联调联试是指采用高速检测列车等测试设备，在高速铁路开通运营前对沿线轨道、接触网、通信、信号等各项设备逐步进行测试，使工务工程、动车组、通信信号、牵引供电、运营调度、客运服务等系统正常运转，并依据测试结果对发现的缺陷进行调整，直至各个系统以及整体系统满足符合高速运行及动态验收要求的过程，确保开通运营后动车组的高速、安全、平稳运行。为保证高速铁路开通运营时一次达到设计速度，以及高速铁路网之间实现互联互通，我国所有高速铁路开通前均开展了联调联试。主要功能如下：

（1）实现高速铁路安全开通运营

高速铁路联调联旨在验证系统的安全性、舒适性、匹配性，以及设计参数和设备选型的合理性。运行试验旨在模拟设备故障，以应对突发事故，并进行人员疏散、应急救援、抢险维修等方面的演练。联调联试和运行试验作为新建高铁工程验收的重要环节，对确保高速铁路安全开通运营发挥了重要作用。

（2）验证高速铁路整体系统集成效果

联调联试是对高速铁路整体系统的综合联调，在各子系统设备均正常运行条件下，从轮轨关系、弓网关系、机电耦合、列车控制等方面，检测、调试、验证各系统的接口功能，指导新建或改建线路克服缺陷，使整体系统的功能达到最优。通过系统调试与验证，经由整体系统到子系统的多次反馈与调整，检验各系统功能结构的完整性和合理性，实现移动设备与固定设施之间的最佳整体匹配。

（3）验证高速铁路系统设备兼容性

随着更多的高速铁路相继建成并投入运营，各条高速铁路必将衔接贯通，不同高速铁路间设备、系统的互联互通已成为列车运营的必要条件。联调联试验证信号系统的兼容性，针对不同级别的车载和地面设备，验证相互接口的统一性和完善性，避免设备发生冲突，以保障高速列车和跨线列车上下高速铁路的运行安全和行车效率。

5. 开通运营安全评估保障

2003 年起，随着我国高速铁路建设的发展，我国铁路开始针对高速铁路安全评估进行研究。通过对欧洲国家、美国及日本等安全管理机制及安全评估机制的研究及对比分析，我国铁路创造性地提出了高速铁路开通运营安全评估的模式。

京津城际铁路开通运营前，铁道部发布了《新建铁路项目安全评估暂行办法》，以此为依据对京津城际铁路开通运营进行了安全评估。此后，随着对我国不断开通的高速铁路进行安全评估，通过总结安全评估经验，国铁集团对《新建铁路项目安全评估暂行办法》进行了两次修订，目前形成了《新建铁路项目安全评估办法》，创造性地建立了我国独有的高速铁路开通运营安全评估机制。

高速铁路安全评估的主要目的是针对运营管理单位安全管理、运输组织、规章制度建设、人员配备及培训、设备设施运用及养护维修、安全环境、治安防范、应急预案等运营准备工作进行评估检查。

鉴于高速铁路运营安全管理的复杂性，我国高速铁路安全评估将采取独特的组织模式，根据需要设立安全管理（含路外安全环境、工程建设）、规章制度、车务（含调度）、客货、机务、车辆、供电、工务（含房建）、电务（通信、信号）、信息化、劳动安全（含职业、供水卫生）、治安消防、综合等若干专业检查小组，按照各专业管理职责开展评估检查。评估检查涵盖如下各个方面要素：

新建或改建铁路的各项运营准备工作是否符合相关的法律法规和规章制度规定；新建或改建铁路的运营管理机构是否健全，管理及作业人员是否按规定配备到位，人员培训是否完成，是否取得上岗资质；新建或改建铁路的各项运营安全管理制度是否建立健全；新建或改建铁路的运输组织、行车组织办法、设备设施用管修管理制度、技术标准和作业标准等是否建立健全，各项制度、办法、标准是否符合法律法规、国家及行业标准、国铁集团规章制度要求；新建或改建铁路的安全设施、安全监测设备等是否按规定设置齐全良好，接管运营必要的生产生活设施是否具备使用条件；铁路线路安全保护区是否依法设立，线路封闭及安全防护措施是否按规定设置到位，是否按规定组织开展路外安全宣传工作；劳动安全、职业卫生、供水卫生、特种设备设施管理是否符合规定，劳动防护用品配备是否到位；消防设备是否依法依规设置到位，相关合格证书是否依法取得；各种突发事件应急预案是否建立健全，并按规定进行演练；其他运营安全条件是否按规定具备。

从 2008 年至今，中国数十条高铁开通运营都开展并通过了运营安全评估，安全评估报告或评估结论已成为铁路主管部门批准高铁开通运营的主要依据。2023 年，我国高速铁路全产业链“走出去”的首个高铁项目——印尼雅万高铁，按照我国高速铁路安全评估模式由中方实施了安全评估。

（三）工程质量保障

工程质量是高铁建设的生命，工程质量管理是高铁建设项目管理的核心。为满足高铁建设要求，我国持续加强高铁工程质量管理，针对相关管理制度、规范、办法、流程等存在不系统、不完善、不适应等问题，运用系统工程思维，将高铁工程质量系统管理细分为质量文化、质量体系、质量技术、质量方法及质量红线等5个子系统，以质量文化为引领，质量体系为保障，质量技术为支撑，质量方法为基础，质量红线为托底，建立了体系完备、运作高效的高铁工程质量管理体系，推动我国高铁工程质量管理水平显著提升。

1. 质量文化

为全方位深层次凝聚共识、将高铁工程质量管理抓到实处，我国铁路结合高铁工程项目特点，在企业、项目中树立宏观科学的质量管理战略思维，以此为指导营造高铁建设质量管理中不留隐患、不留空白、抓住关键、凝心聚力、一荣俱荣的质量文化，并采取明确质量目标、抓住关键环节、加强质量教育、强化团队建设、加强品牌建设等具体措施，使质量文化深入人心。在大规模、高标准高铁建设中，通过质量文化这一纽带，能够进一步凝聚各参建单位团结意识，共同推动高铁工程实现高质量建设目标，使“开工必优，一次成优”“要干就干精品工程”“习惯符合标准，标准成为习惯”等观念深入人心，进一步提升中国高铁的质量品牌影响力。因此，“质量文化”在高铁工程质量管理系统中起到引领性作用。

2. 质量体系

高铁工程所涉及的地理跨度较大、标段较长，设计、施工、咨询、监理等参建单位较多，业主在质量管理过程中涉及大量的横向、纵向协调工作。为提高高铁工程质量管理效率，在高铁建设中，通过建立质量制度、完善管理组织、优化管理模式、明确管理流程、落实责任考核、强化人力资源等措施，建立覆盖全项目的质量管理体系，推动高铁工程质量管理机制和流程的科学发展。因此，“质量体系”在高铁工程质量管理系统中起到保障性作用。

3. 质量技术

随着新一轮科技革命和产业变革全面迸发，近年来大数据、云计算、物联网、智能化等新一代信息技术在铁路领域逐步推广，在高铁工程质量管理中也逐步得到较为广泛的应用。通过应用BIM、AI等先进技术手段，能够进一步提高设计、施工效率，保证高铁工程产品质量；通过物联网技术的应用，能够促进原材料及设备的源头把关；通过建立服务保障、灾害监控等信息管理系统，为高铁工程项目全寿命周期质量管理提供有力支撑。因此，“质量技术”在高铁工程质量管理系统中起到支撑性作用。

4. 质量方法

高铁过程建设过程中，在全面质量管理的框架下，根据工程各环节质量管理工作特点，细化各环节重点运用的质量管理方法，形成包括全面质量管理、建立信用评价体系、运营单位提前介入、动态验收、项目标准化管理等一整套系统性的工程质量管理方法，为高铁工程全寿命周期的科学性和规范性质量管理奠定了基础。因此，“质量方法”在高铁工程质量管理系统中起到基础性作用。

5. 质量红线

高铁项目与人民生命安全息息相关，任何质量隐患都有可能带来不可估量的损失。施工阶段作为高铁工程项目的具体实施阶段，具有持续时间长、潜在风险大等特点，不仅要求全部施工人员对质量高度关注，对质量负责，同时也要从科学的角度制定对高铁施工和运行安全影响重大的工序或节点质量强制性管理标准，作为质量红线。依据质量红线，能够确定工程实体质量和系统功能的最基本要求，有效保证高铁运营期间的人民生命财产安全、生态环境安全和其他公众利益安全。因此，“质量红线”在高铁工程质量管理系统中起到托底性作用。

总体来看，经过长期努力，我国铁路自上而下逐步建立健全了高铁工程质量管理体系，走出了一条具有中国铁路特色的工程建设标准化发展道路。高铁建设质量安全管理水平和风险控制能力得到实质性加强，在高速铁路建设规模持续增长、建设项目不断增加的情况下，在建工程质量水平得到整体提升，未发生大的质量问题和事故，已开通高铁未发生因质量问题引起的运输安全事故，铁路工程质量管理取得显著成效。

二、运营阶段安全保障技术创新

（一）移动装备实时监控

长期的运用实践表明，采用先进、成熟、可靠的安全监测检测技术及设备，对以动车组为代表的移动装备整车或关键系统部件运用/服役状态进行在线实时感知，并进行科学的故障诊断或健康评估、故障智能预警，能及时发现影响和危及动车组运行安全或舒适性的风险隐患，再进一步通过有针对性、合理的防范或处置措施，可最大程度提高动车组的运行安全保障能力，提升运行舒适性，有效支撑移动装备全生命周期安全运维。因此，动车组安全监测检测是现代化铁路人防、物防、技防“三位一体”安全保障体系的重要组成部分，根据移动装备安全监测检测设备的技术特点以及布局方式等，实时监控手段总体上可分为车载和地面两种类型，如图 2-43 所示，二者共同构筑起动车组安全防护网。

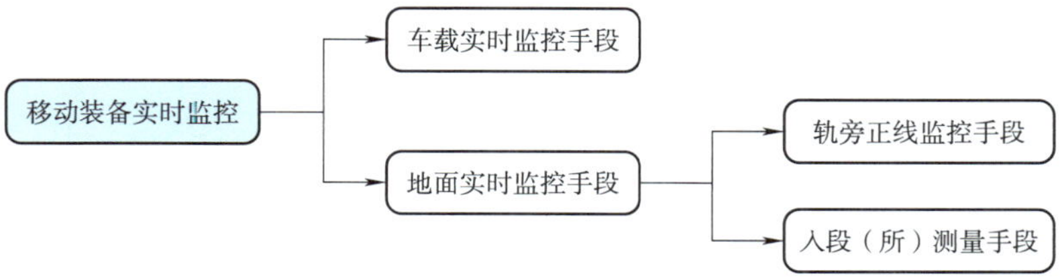

图 2-43 移动装备安全监测检测技术类别

为满足动车组动态跟踪监控以及故障应急处置或远程指导的需要，我国从 2009 年开始研发动车组车载信息无线传输系统（WTDS），并于 2010 年制定了设备技术条件，并同步开始研发系统设备。

党的十八大以来，随着动车组技术自主创新能力的提升以及运维需求的日益增长，我国铁路在动车组状态感知及故障诊断方面开展了持续的创新和应用。2015 年，中国铁路总公司发布《关于印发铁路车辆运行安全监控系统联网及信息综合应用总体方案的通知》，WTDS 得到了进一步完善，实现了动车组的动态跟踪监控，为动车组地面运维、整车及关键系统的参数优化设计积累了大量数据。

地面实时监控技术及其应用方面，我国铁路依据《车辆专业安全监控技术发展规划》，利用既有线轨旁的铁道车辆滚动轴承故障轨旁声学诊断系统（TADS）等设备对运行的动车组轴承等部件故障开展了兼容性探测工作。2012 年开始研究和试验利用安装在轨旁的 TADS 对运行的动车组滚动轴承声学信号进行状态监控和故障诊断，2014 年开始陆续安装试用，到 2019 年已试用了多点联网综合预报。同时，为监测动车组走行部冰冻积雪的问题，借鉴货车故障轨旁图像检测系统（TFDS）和铁路客车故障轨旁图像检测系统（TVDS）的成功应用经验，于 2013 年 10 月起在哈大、京沪和京广高铁安装试用针对动车组的图像检测设备，即动车组运行故障图像检测系统（TEDS），过程中发现并上报多起重点安全故障。随着运用需求的不断提升，地面实时监控技术逐步扩展完善，应用场景也不断丰富。如 2014 年结合兰新高铁大风专项试验，探索应用了基于轮轨力监测动车组运行安全的技术，这也是动车组运行品质轨旁动态监测系统（TPDS-1）的雏形。目前针对动车组运行安全实时监控所采用的声学类、图像类和轮轨力类的监测技术均陆续得到了应用，并在实践中逐步建立起了整套运用、管理、维护的规章制度。总体上，我国高速铁路移动装备实时监测检测（监控）技术已达到国际先进水平。

1. 移动装备车载实时监控技术

随着动车组运行速度的不断提升，行车安全状态感知和故障诊断的需求进一步增加，安全监测系统参与智能控车成为迫切需求。中国高铁围绕动车组数据车地无线传输的相关功能及运用需求，研发了 WTDS，并基于新型移动通信网络和北斗定位等技术，对

WTDS 开展了一系列自主创新，进一步提高了列车数据及车地通信的实时性、完整性和安全性。WTDS 利用先进的网络传输及数据分析技术，实时采集动车组关键系统运行故障、列车位置、设备状态等数据，通过通用分组无线业务（GPRS）/4G 无线发送至地面服务器，实现动车组车载检测信息的实时地面下载应用，为动车组远程监控、故障处置和应急指挥提供了技术支持。

（1）实现了车地数据通信方式的创新，优化完善了车地数据传输机制，改善了地面 WTDS 数据的可靠性、稳定性、实时性和完整性。首次提出并实现了基于 5G 公网的非实时数据传输，据统计京张智能动车组每日平均传输的非实时数据量约 1.91 GB，非实时数据公网 5G 传输速度超过 10 Mbit/s；同时，首次提出并实现了 5G 毫米波的非实时数据传输，针对动车组 WTDS 非实时数据下载业务特点，在动车所入所的咽喉处建设毫米波基站，并在动车所部署数据工作站和必要安全隔离手段，能在 1 min 内上传 1 天约 2.6 GB 的数据，平均速度约 400 Mbit/s。

（2）形成了基于北斗定位技术的动车组时空信息应用技术架构，实现了北斗技术在动车组领域的应用。列车定位和授时技术从最初使用国外的 GPS 系统发展为优先使用我国的北斗定位系统，为列车统一时间源、故障地理定位等车载应用，提供了安全、可控的时空信息，保障了中国高铁的信息安全。

（3）编制了国铁集团企业标准（Q/CR）。对各主机厂、各设备厂家、各车型的车载无线传输装置的规格及功能进行统型，为车载无线传输装置实现动车组列车运行参数和故障信息数据采集、处理、存储、传输、运用等相关软硬件功能，建立了一套覆盖设计、试验、生产、运输、应用等全过程，从底层基本列车网络通信到上层车地数据传输各环节的指导性文件，为赋能动车组运行监控、故障应急指挥提供了强有力的技术保障。

（4）实现了全路动车组车载实时数据的传输监控。截至 2023 年底，对国家铁路 4 219 标准组动车组车载实时数据从采集、接收、解析到共享应用全流程进行监控，从接收通道数据量、实时处理条数、解析数据量、数据延时统计、数据中断统计等多个维度进行分析，并通过结合动车组运行交路、车次等信息，对监控信息进行报警提醒，实现对动车组运行状态的实时全面监控。

（5）实现了全谱系动车组车载协议统一解析管理。针对全谱系动车组车载协议，构建了多源异构协议的高效解析引擎，解决了不同主机厂家各车型协议种类多、文件多，协议内容、文件版本变更频繁的问题，同时通过全流程版本化的管理，实现对各类型历史协议文件的全生命周期可追溯，通过建立一个业务功能完整、标准规范、安全可靠的协议管理平台，为车载数据分析应用提供稳定、可靠、及时的数据支撑。

（6）实现了动车组海量车载数据的实时处理。全国铁路动车组每日峰值车载数据量约达到TB级，通过采用可靠的实时消息流式处理技术，对海量数据的采集接收、解析、数据流转传输及持久化存储过程进行实时处理及监控；采用资源可伸缩技术，对集中采集到的动车组车载数据进行自适应动态批量处理，通过平台对服务器资源的统一管理和监控，自动识别服务器资源使用情况，根据设定的处理规则，调整采集、处理、解析等服务程序的优先级，自动对服务器资源进行重新分配，提高全平台服务器资源利用的效率，实现对全国铁路车载数据的毫秒级处理。

2. 移动装备地面实时监控技术

（1）动车组运行故障图像检测系统（TEDS）

动车组相较于普速列车运行速度更高、结构更为复杂，结构的完整性和功能保持对于行车安全保障具有重要意义。TEDS可对高速运行动车组转向架、裙板、车端连接部等关键部位进行图像采集，利用自动识别技术对图像进行自动报警分析和分级预警，能够增强运行中隐蔽故障的发现和预警能力，以及强化故障漏检的核查作用。

TEDS设备采用了高速图像采集、3D视觉、抗阳光干扰等技术，能高质量捕捉到监测对象的图像并进行海量图像数据传输与处理，同时基于无砟轨道镜面成像技术实现了该轨道结构形式下的设备安装及运用；采用了故障智能识别检测技术，即通过比对采集到的图像和样本库的“标准”图像，自动给出故障识别结果，减少人为识别过程导致的准确性或效率问题，可有效提高机检质量和效率，提高行车安全保障裕度；统一接入轨旁TEDS探测站的多型设备，实现了运行安全监控与基础管理业务或流程的整合以及全国铁路综合联网应用等。

（2）铁道车辆滚动轴承故障轨旁声学诊断系统（TADS）

轴箱轴承作为动车组走行部关键部件之一，其状态保持对于行车安全至关重要。我国铁路于2012年开始研究和试验利用安装在轨旁的声学传感器阵列对运行的动车组滚动轴承声学信号进行实时采集，建立新的声学诊断评判模型，对轴承内圈、外圈、滚动体等部件的故障进行诊断和预报，从而实现滚动轴承早期故障的在线诊断，将动车组车辆轴承的安全防范关口前移，更好地防止切轴等安全事故的发生。TADS于2014年开始陆续安装试用，并于2019年试用了多点联网综合预报。

动车组TADS设备的主要技术创新在于：结合动车组的结构特点和运行特点等，研制了长阵列和短阵列两种传感器阵列形式，实现了测区范围内车辆滚动轴承声音信号的自动采集、环境或运行噪声等干扰的滤波降噪处理；通过故障特征的有效提取，可实现动车组滚动轴承故障的早期诊断和辨识，在目前动车组仅有车载轴温探测的条件下，结合轨旁TADS设备的综合应用有效提高了安全保障裕度，解决了延长动车组整车检修走行里程的瓶颈问题。

(3)动车组运行品质轨旁动态监测系统(TPDS-1)

轮对是动车组走行部关键部件之一,其运行状态直接影响着行车安全性和舒适性。具有完全自主知识产权的 TPDS-1 可以实现轮轨作用力地面连续测量,进而通过海量时变样本开展车轮踏面局部损伤、失圆和多边形等故障的在线诊断和定量评估,及时发现故障隐患,并给出针对性的处置建议。

动车组 TPDS-1 设备的主要技术创新在于:实现了高速条件下、更长测区范围内(普速客货共线 TPDS 设备测区范围 6 m,动车组 TPDS-1 测区范围不小于 10 m)轮轨力地面连续测量,包括但不限于关键传感器和连续测力方案的升级优化;基于轮轨力连续测量结果,实现了车轮圆周范围内缺陷或故障的完整捕捉,并开展了车轮踏面局部损伤、局部失圆或多边形等故障的定量评估;基于轮轨力特征实现了车轮多边形阶次特征的量化分析和评估;实现了基于多点数据的联网综合报警,有效降低了高频振动等外部因素对报警结果的准确性影响。总体上,通过 TPDS-1 的实施和应用,实现了车轮状态的在途感知和智能故障诊断,和相关入段设备一并有效支撑了动车组车轮视情旋修优化。

此外,基于国铁集团关于“强化系统化、智能化、自动化分析诊断能力,为实现预防修、减少过度修提供决策支持”的总体要求,除了轨旁正线的实时监控技术外,还研制了库内运用的动车组车轮故障在线检测系统(LY)、受电弓及车顶状态动态检测系统(SJ)等一系列准动态或静态的检测设备。目前,全国铁路已配置 LY 设备超过 150 套,并于 2017 年开发了动车组一级修智能化综合检测系统,已逐步开始推广应用,通过集成化和模块化的创新,着重缓解了动车组一级修检修能力日趋饱和的难题,提高了检修效率和质量。

(二)固定设施实时监测

为了确保高速铁路稳定可靠,我国铁路持续创新管理理念和技术手段,构建了高速铁路工务安全检测监测体系、通信信号检测监测技术体系及供电安全检测监测系统,不断加强高速铁路固定设施运用状态检测监测工作,以全面动态掌握固定设施运用状态和变化规律,预防事故和减少故障,并为科学养护维修提供技术支撑。

1. 工务安全检测监测技术

为把控危及行车安全的线路设备故障、线路环境和施工作业隐患、强化早期故障诊断,2014 年中国铁路总公司印发《工务安全检测监测系统技术发展规划》的通知,提出将工务基础设施各类设备和沿线环境状态、施工作业安全视为防范重点,以及时发现线路设备故障、环境影响并进行预警,保障行车安全。根据该规划要求,中国铁路工务安全检测监测系统聚焦轨道状态检测监测、钢轨状态检测监测、路基检测监测、重点桥隧监测、道口监控、环境灾害监测、工务机械车作业监控和施工作业安全监控,着力构建工务安全检测监测系统综合数据处理中心。针对高速铁路特点，我国在长大桥梁车—线—桥一体化、桥梁预警防撞系统、隧轨一体化监测、移动式线路动态加载试验车等方面开展了系统研究，取得了“空、车、地”多源融合高铁路基冻胀智能监测预警体系、铁路路基纵向平顺性高精度监测系统、高陡边坡稳定性长期监测系统、线桥一体化检测监测技术、通航桥梁主动防撞预警监测技术、道岔断轨监测系统等系列创新成果。随着上述创新成果的运用，初步构建了高速铁路工务设备服役状态检测监测体系，解决了大量现场存在的工务工程检测监测技术难题，提出了相关病害整治方法和工艺，提升了工务整体维修管理技术水平。目前，我国工务工程事故率远低于世界水平。

(1)“空、车、地”多源融合高铁路基冻胀智能监测预警体系

我国冬季冻结、暖季融化的季节性冻土区约占国土面积的53.5%，其中冻结深度大于1 m的季冻区约占国土面积的1/3，主要分布于东北和西北等严寒季冻区。冻土路基既有监测、检测手段自动化程度低，数据挖掘和应用能力不足，以冻胀病害整治为重点的“事后修”易导致路基平稳性维护工作滞后，给高铁运营安全带来风险。

为克服以上问题，我国铁路建立了复杂条件下“空、车、地”多源融合的高速铁路路基冻胀智能监测预警体系，研发了严寒地区低温自适应的路基冻胀自动综合监测技术，实现了高铁路基温度场、水分场及冻胀变形的全天候实时监测，如图2-44所示。基于联合时频分析，建立了严寒地区冬季轨道不平顺动态检测、识别及演变预测技术，实现了冻胀静、动态检测监测的融合。通过集成车载动态检测、地面自动监测、北斗卫星遥感等技术，融合多源时空数据，构建了高速铁路路基冻胀“空、车、地”立体化信息协同监测、检测、预警体系。该体系实现对线路平顺状态的实时掌握，为线路平顺性控制提供了基础，支撑了我国严寒季冻区路基病害从“事后修”到“状态修”的转变，显著降低了高铁冬季运营的安全风险，实现了严寒季冻区高速铁路冬季服役状态的安全可控，整体技术达到了国际领先水平。相关研究成果成功应用于哈大、盘营、哈齐、兰新等多条高铁冬季路基冻胀监测及平稳性安全控制，实现了多条线路维护的及时、准确，大大减少了一线工作人员的维护工作量。

(2)铁路路基纵向平顺性高精度监测系统

运营高铁对变形的控制要求十分严格，《高速铁路无砟轨道线路维修规则(试行)》中规定运营期间250(不含)~350 km/h线路轨道静态尺寸容许偏差管理值高低在2 mm内才能通过作业验收。我国铁路一般在夜间线路停运后利用天窗点进行注浆抬升、刮除落道等整治工程，为实现对施工过程中的路基变形开展高精度监测，要求所用监测技术能很好适应我国不同地区、不同季节的温差影响，并且可以实时反映线路的真实状态。

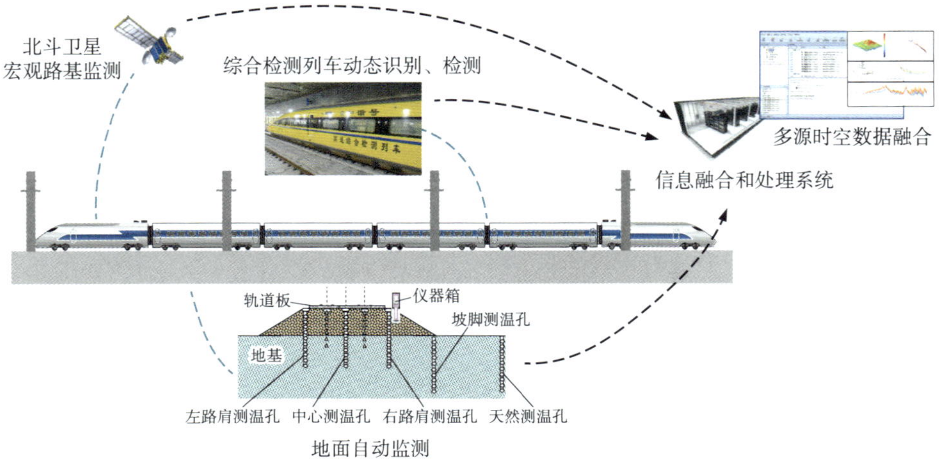

图 2-44 “空、车、地”多源融合高铁路基冻胀智能监测预警体系

液位压差类沉降变形监测技术相比激光类、卫星类监测技术具有气候适应性较好、布设方便、成本较低的优点，但也存在硅压芯片、液路、气路密度的复杂变化导致受温度影响剧烈等问题。市面上已有的监测系统在一般环境下数据波动可达到十几毫米甚至几十毫米，无法适应高铁监测的精度要求。为此，我国铁路深入研究了硅压芯片、液路密度、液路黏滞性、气路气压等对数据误差的影响规律，在此基础上提出了多源误差非线性映射修正算法，工作环境 −40 ~ +80 ℃范围内精度仍然可以保持在 ±0.2 mm，同时研发了具有边缘计算能力的低功耗监测单元，可实现本地解算整治施工时大量的实时高频数据，并且功耗极低，一块普通的 40 A · h 蓄电池即可满足监测系统 1 个月以上工作需求，太阳能补充条件下无故障工作时间超 5 年，极大减少了监测时系统安装、维护、数据处理方面的人力、财力投入，提高了监测的经济性。

铁路路基纵向平顺性高精度监测技术已成功应用于京沪高铁、京张高铁、鲁南高铁、浩吉铁路、安九铁路等近 50 项铁路路基监测工程，并在工民建、水利、轨道交通等领域得到推广应用，已累计布设 2 万个测点，取得了良好的社会、经济效益，如图 2-45 所示。

(a) 京沪高铁 (b) 京张高铁

图 2-45 铁路路基纵向平顺性高精度监测技术的应用

(3)高陡边坡稳定性长期监测系统

随着我国山区铁路工程的快速发展,高陡边坡稳定性安全防控成为亟待解决的问题。由于浅层冻融作用、高寒地区深层冻土退化、岩土体风化、雨水长期冲刷等多种因素的影响,易出现边坡失稳、土体坍塌等风险,对列车通行构成安全隐患。实时准确掌握岩土体深层位移分布、发展规律,对于开展边坡稳定性评价分析十分重要。

常见的岩土体水平位移监测系统可分为滑动式、固定式等。考虑高速铁路运营与人员安全的管理要求,人工拉动下的滑动式监测难以实现实时在线监测,而电机驱动类监测技术受到零点漂移误差、探头导轮误差、测斜管扭转误差等影响精度较低且系统外形较大,不适用于高速铁路轨旁安装,也不满足监测精度要求。阵列式位移测量技术(shape accelerometer arrays,SAA)适用于滑坡体深层监测,但精度以及长期稳定性难以满足高速铁路路基变形监测要求。固定式监测系统误差的产生主要有测斜管导槽扭转、零点漂移误差等原因。测斜管内有导向槽,实际埋设过程中导向槽易沿管长方向产生扭转。传感器在测量过程中受环境温度、列车振动等因素影响存在零点漂移误差。国内水平位移监测系统精度一般为 5 ~ 10 mm/30 m,难以满足高速铁路路基对水平位移监测的高标准要求。近年来,光纤传感监测技术在岩土工程中发展迅速,光纤布拉格光栅(fiber bragg grating,FBG)监测、基于 BOTDR 分布式监测可通过应变换算得出岩土体水平位移,具有抗干扰、耐腐蚀的特点,但是光纤解调仪性能要求高,造价昂贵,不宜在铁路工程大规模应用。

为此,我国高铁研发了高精度深层测斜单元,提出了多阶滤波和正态分布变换相融合的数据处理算法,研发了深孔位移监测系统安装控制工艺,精度可达 ±0.4 mm/40 m,适应水深≥400 m,有效解决了复杂环境下边坡安全状态长期实时监测难题,在京沪、京沈、徐兰、雅万等高铁边坡工点应用,效果良好。

(4)线桥一体化检测监测技术

随着我国超大跨度铁路桥梁建设迅速发展,超大跨度桥梁运营维护面临以下难题:

①既有的运维管理标准体系没有覆盖此类超千米跨度的桥梁,缺乏适用的技术标准指导;

②国内外均无成熟的运维经验可参考;

③温度、风以及列车荷载对桥梁结构及线路线形影响显著;

④大伸缩量的钢轨伸缩调节器作为梁轨一体化体系中的薄弱环节,成为养护运维的重点所在。

针对上述难点，我国研发并建立了大桥线桥一体化检监测平台，从桥梁结构服役安全、线路维修管理、钢轨伸缩调节器区域行车安全评价、行车设备安全等方面综合考虑，并将基于线桥一体化管理思路融合分析海量检监测数据，用于指导线桥管理及维护。

线桥一体化检监测平台由前端检监测模块、线桥一体化检监测数据分析系统、线桥控车及限速报警系统等三部分组成。前端检监测模块通过在大桥上部署多个监测项点，在线监测关键节点位置的应力、应变、位移、振动等关键参数及周边环境影响因素，实现对桥梁结构健康监测、桥梁/轨道线形监测、主梁轮轨力监测、钢轨伸缩调节器状态的监测，并通过接入综合检测车等周期性检测数据来支持开展综合分析。线桥一体化检监测数据分析系统实现了多源数据的汇聚、管理、展示和综合分析，可提升车—线—桥状态的关联分析能力，为管理部门掌握线桥状态、开展养护维修提供支撑。线桥控车及限速报警系统根据控车指标的监测数据进行控车和限速处理，为有效保障行车安全提供支撑。

线桥控车及限速报警系统已在五峰山长江大桥、沪苏通长江公铁大桥两座千米级高铁桥梁线桥一体化检监测平台中建设并投入使用，从保障行车安全、指导养护维修等角度出发，开展了环境—车辆—桥梁—线路的多维检测监测和关联分析，有效支撑了相关运维工作，在监测规模、技术手段和作用效果上处于世界前列水平。

(5)通航桥梁主动防撞预警监测技术

随着我国铁路的快速发展，铁路与江河的立体交叉越来越密集，同时随着江河航运船型的日趋大型化、重型化、高速化，桥梁和通航船舶矛盾日趋突出。撞桥事故一旦发生，严重时会引起铁路运输中断、人员伤亡以及财产损失等严重后果。

针对铁路通航桥梁防撞监测，我国研究了通航桥梁主动防撞预警监测技术，可提前发现超高、偏航船舶以及人为操作失误造成的船舶撞桥趋势，预警人员采取主动措施就能有效避免或减轻桥梁撞击后果，以及在碰撞事故发生时及时报警。该技术实现了上下游各 1 km 范围内的梁体和墩体的防撞预警及近距离的精确报警，具有甚高频(VHF)电台船舶预警、视频追踪自动录像的功能，并可通过管理平台、短信、手机 APP 推送等方式实现对报警信息的推送。

通航桥梁主动防撞预警监测技术采用了基于旋转云台和二维激光扫描技术的跟踪监测方法，实现了水位变化条件下对船舶高精度定位跟踪；构建了基于激光扫描和 AIS 的动态目标自动跟踪方法，通过激光扫描传感器和 AIS 相结合获取船舶的基础信息，可准确判断异物信息，大幅提高了报警准确性；自研了一种基于深度学习的自动巡航船舶高度识别算法，进一步提升了预警距离，给系统预留了更充分的避撞时间；提出了基于 VHF 电台的船舶预警方式，可通过船用 VHF 电台 16 频道向船舶操作人员进行预警，提升了船舶预警的有效性。

(6)道岔断轨监测系统

道岔结构的健康状态直接关系到铁路运输的安全。由于列车通过速度的提高和运量的增加,导致钢轨受力条件发生改变,道岔钢轨病害发生的风险日益增加。在道岔来回扳动的过程中,尖轨弹性可弯段的轨底受到较大的纵、横向循环力,加上温度力及列车循环载荷,存在轨底裂纹及断裂风险。当细小裂纹在应力作用下不断发展壮大至断裂阈值时,钢轨即发生脆性断裂,存在较大的安全隐患。

为解决上述问题,我国围绕道岔钢轨状态监测,特别是轨件的伤损探测进行了深入研究,基于超声导波技术开发了道岔断轨监测系统,可对道岔区基本轨、尖轨、心轨、翼轨等轨件的裂纹和断裂进行实时在线监测;基于声发射技术开发了 JDS-300A 型道岔监测系统,可对道岔挤岔、道岔密贴和道岔伤损等参数进行在线监测;基于载波通信原理和声表面波技术分别开发了区间和岔区钢轨状态监测系统,可监测半自动闭塞区间钢轨断轨和岔区钢轨伤损等;基于电测原理开发了道岔钢轨损伤监测系统,可监测道岔区重点部位尖轨、心轨、翼轨;基于声波信号开发了道岔损伤监测系统,可实现尖轨和心轨监测。此外,针对钢轨疲劳裂纹问题,设计并实施了实尺的道岔钢轨裂纹检测试验,形成了一套结合钢轨相关区域应力和钢轨探伤的钢轨疲劳裂纹试验方案,并初步掌握了钢轨疲劳裂纹发展规律,能够辅助道岔断轨监测系统,为伤损轨件的更换提出指导意见。

(7)轨道状态监测系统

随着轨道的长时间运营以及列车行驶速度、列车密度的逐渐增加,车辆对轨道本身造成的影响也逐渐加大。一方面,长期高密度行车会加剧轨道结构件伤损病害的产生,带来行车安全风险。另一方面,车辆对轨道的重复荷载会表现在轨道不平顺上,轨道不平顺轻则影响乘客的舒适度,重则影响行车安全。

为此,我国铁路开发应用了轨道状态监测系统,针对轨道专业所涉及的有砟轨道、无砟轨道、无缝线路道岔和钢轨伸缩调节器等进行监测,重点解决线路在小半径曲线、长大坡道和桥梁等特殊地段运营的稳定性和安全性问题。轨道状态监测系统的总体架构由传感器、数据采集设备、数据传输设备、服务器和供电系统构成,针对不同检测项目选取专业传感器,实现个性化检测需求,如图 2-46 所示。轨道状态监测系统长期安装在运营线路上,能够适应长检测周期和恶劣监测环境,同时能够自动完成数据采集和分析,具备联网运行和远程设备维护能力,直观显示监测结果。

目前轨道状态监测系统已应用于京港高铁、杭台高铁、郑西高铁、京沪高铁、哈大高铁、西宝客专、大西客专、盘营客专等高速铁路,有效保障了线路设施安全。

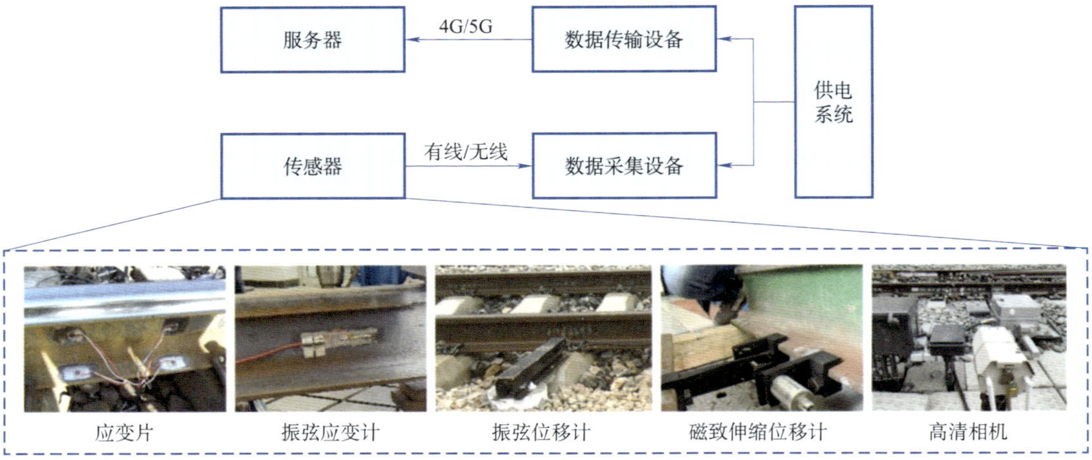

图 2-46 轨道状态监测系统框图及传感器实物图

2. 通信信号检测监测技术

我国铁路建立了通信信号检测监测技术体系，研发了 GSM-R 接口监测、干扰监测、信号集中监测、列控设备动态监测等多个专业系统，形成了一套行之有效的检测监测技术手段和管理办法，通过充分利用海量检测监测数据，快速、全面、准确地掌握高铁电务设备状态劣化规律，达到对设备病害进行科学分析和超前研判的目标，实现高速铁路电务基础设施的预防性状态修和精准维修。

（1）通信检测监测技术

①GSM-R 网络接口监测系统

为满足 CTCS-3 无线连接超时故障有效分析和界定、GSM-R 网络调整和优化、日常维护方面的应用需求，我国铁路研发了 GSM-R 网络接口监测系统，通过对 GSM-R 网络接口信令及数据的采集和分析，实现在线用户监视、网络状况监视、网络异常事件分析、历史数据分析、报表生成等功能。

目前，我国铁路已制定并颁发了《铁路数字移动通信系统（GSM-R）接口监测系统技术条件》和《铁路数字移动通信系统（GSM-R）接口监测系统试验方法》等相关技术标准，研发的 GSM-R 网络接口监测系统已广泛投入现场应用。GSM-R 网络接口监测系统于 2011 年在郑西高铁开始试验，经过十余年的发展，系统已拓展应用到数十条高铁线路；系统的监测范围也从 Abis、A、PRI 三个电路域接口信令监测拓展到 GSM-R 网络电路域、分组域全接口的监测；系统的功能从信令面监测发展到信令面、业务面全流程的实时监测、故障诊断和自动分析。GSM-R 接口监测系统在提升 GSM-R 网络运维水平，保障铁路通信网络的稳定和安全运行发挥了重要作用，同时也为 CTCS-3 级列控系统车地安全数据传输、重载铁路机车同步操控系统同步数据传送提供了可靠的监测和分析能力，有效提升了我国高铁通信网络的可靠性和运行管理水平，保障了铁路运输的安全，降低了运营维护成本。

②通信检测系统

通信检测系统功能完善、测试方案成熟，可以完成铁路沿线电磁环境以及铁路通信场强覆盖、服务质量和应用功能检测，在系统架构、检测方法、数据建模、数据分析等方面具有创新性，满足 400 km/h 高速测试要求。2011 年以来，通信检测系统已装备国铁集团全部高速动车组检测车和各铁路局集团公司电务试验车，主要应用于高铁线路联调联试和铁路通信系统日常巡检。2012 年—2023 年，随着铁路移动通信网络的更新迭代，为满足铁路不断发展的检测需求，在既有检测系统基础上，研发了第二代动车组检测车通信检测系统、400 km/h 检测车通信检测系统、LTE-R 检测系统和 5G-R 网络检测系统，促进了铁路既有通信检测系统升级换代和智能化发展，稳步推进通信检测系统技术革新。升级换代后的通信检测系统填补了国内铁路通信网络全体系检测系统的空白，建立了符合中国铁路移动通信网络应用特点的检测技术装备体系，满足了铁路各制式通信网络检测需求。

③铁路综合视频监控系统

随着摄像机和传感器的发展，人工智能、物联网、云计算、大数据等新兴技术的大规模应用，铁路综合视频监控系统发展迅速，朝着高清、云化、智能的方向不断推进。铁路综合视频监控系统按照监控地点和使用方式可分为综合视频监控系统和专业视频监控系统两类。针对专业视频监控系统存在的各自独立分散、数据无法集中、软硬件资源无法整合、维护效率低、系统智能化不足等问题，我国铁路提出了一体化铁路综合视频监控系统，在系统架构、新技术应用等方面进行了集成创新。

一体化铁路综合视频监控系统从业务一体化和技术一体化两个方面进行规划设计。通过业务需求牵引，统一平台、统一建设、统一运维，实现业务一体化融合，为铁路工务、电务、工电、客运、调度等用户提供统一访问平台。一体化铁路综合视频监控系统采用软件定义理念进行架构与设计，通过软件定义的方式，将分布于线路范围内的各个接入节点，构造成一个逻辑统一、灵活高效、弹性扩展、灵活分布的一体化视频监控云平台，平台一体、架构扁平、前段定制、运管智能。一体化铁路综合视频监控系统具有全接入、优布局、大节点、延存储、同协议、高可靠、便使用、提智能、重配套等技术特征。

一体化铁路综合视频监控系统已在京张、京雄、福厦、郑万、郑济等高铁和城际线路进行了工程化部署，取得了良好的应用效果。通过前期示范工程引领，后续新建高铁及既有线改造工程，都将按照一体化铁路综合视频监控系统标准要求进行实施。一体化铁路综合视频监控系统的建成投用，有力推动了铁路视频监控系统的发展与技术进步，为视频监控系统与铁路各专业具体业务融合、拓展视频应用范围与应用深度进行了积极有效的探索与尝试，为提升业务可视化、智能化、自动化水平提供了技术支撑。通过开展视频大数据分析及智能分析算法运用，基本形成了以视频为核心的应用框架体系，促进了视频应用规范化、标准化和体系化。

（2）信号监测检测技术

①信号集中监测系统

铁路信号集中监测系统（CSM）原称铁路信号微机监测系统，是监测信号设备状态、发现信号设备隐患、分析诊断信号设备故障、实现信号子系统接口信息安全监督、辅助和指导现场维修及故障处理，提高电务系统设备运用质量和维护水平的重要信号设备，被称为信号设备安全的“黑匣子”。

我国铁路于2010年发布了《铁路信号集中监测系统技术条件》，在原有技术条件基础上补充了高速铁路信号设备维护相关内容，重点突出采集的安全性。同时，对CSM产品的安全标准进行论证，并于2011年发布了《铁路信号集中监测系统安全要求》，对CSM采集方案、采集线缆、隔离措施做了详细规定，整体提高了CSM的安全性能。在此背景下，CSM（2010版）应运而生，作为铁路信号设备维护的综合监测系统，实现对所有信号设备的整体监视和维护。自此，铁路信号集中监测系统向综合化、智能化、网络化、专家系统方向不断完善和发展。

随着我国高铁规模的不断扩大以及电务维修体制改革的不断深入，电务维修管理的车站属地化分析模式正在向中心化分析模式转变，监测运维一体化的需求日趋强烈。为此，国铁集团牵头组织专家重新梳理了CSM的功能需求和技术要点，于2020年发布了《铁路信号集中监测系统技术条件》，明确智能诊断、设备健康状态分析、系统间安全监督为CSM（2020版）的重点发展方向，将系统定位为智能分析平台。随着CSM（2020版）自主研发工作的快速开展，结合新的智能化、可视化、大数据分析技术，全面实现了日常的安全生产管理和突发事件的监测监控、综合研判、应急调度、辅助指挥等功能，满足了电务系统对信号设备维护的需求。

②列控设备动态监测系统

列控设备动态监测系统（DMS）是在列车运行过程中对列控设备部分状态进行实时监测的重要行车监控装备，主要由列控车载信息采集装置（以下简称DMS车载设备）、国铁集团/路局DMS数据中心和用户终端组成，在国铁集团和各路局设置两级DMS数据中心。DMS车载设备的研发应用历经研发试运用、推广使用、整体优化完善和扩展三个阶段。

在研发试运用阶段，2006年铁道部根据动车组列控车载设备维护工作的需要，组织相关单位提出列控设备监测需求并制定方案，并于2007年在多组动车组上安装了DMS车载设备。通过系统试用运用，DMS车载设备实现了设计功能。

在推广使用阶段，自2007年DMS车载设备投入运用以来，克服了软硬件存在的缺陷，数据采集可靠，功能不断完善和提高，运行基本稳定。2008年，铁道部将DMS车载设备纳入列控车载设备的标准组成单元，动车组出厂前按标准和要求统一完成DMS车载设备的安装和调试工作，DMS建设进入规范发展阶段。2008年3月，铁道部印发《列控设备动态监测系统技术条件(暂行)》，对DMS车载设备的体系架构、系统接口、功能和要求等作了明确规定，各配属动车组的铁路局电务处、电务段等地按规定设置DMS用户终端，在全国相关铁路局电务维护管理部门逐步推广DMS系统运用。

在整体优化完善和扩展阶段，随着CTCS-3级列控设备在中国多条高速铁路的运用，DMS在对既有的系统软、硬件进行完善的基础上，及时扩展了与300T、300S、300H型列控车载设备的接口，补充了以上类型列控车载设备物理接口和通信协议。至此，DMS可实现所有车型动车组运行状态和列控设备工作状态的实时监测功能。2019年，国铁集团技术标准《列控车载动态监测及传输系统》正式印发，明确了DMS系统整体架构，增加了DMS传输平台的扩展功能。

目前，DMS已覆盖全部高铁动车组并持续为各铁路局集团公司电务部门提供稳定准确的列控监测服务，切实满足电务用户在实时数据分析、实时监测、故障应急及日常维护等生产作业中的应用场景需求。

3. 牵引供电检测监测技术

随着高速铁路运营里程的不断增加，为确保高速铁路运营秩序，提高供电安全性、可靠性，传统的靠人工“手、比、眼、看”的维修方法已远远不能适应要求，需要采用先进的技术手段和方法提高维修效率。同时，通过新技术的应用，建立供电设备安全监测检测系统，掌握设备健康状态规律，实现设备的全生命周期管理，是牵引供电设备特别是接触网设备维修发展的必由之路。

2012年，铁道部创新设备管理思路，运用科技手段解决设备运行维护的问题，发布了《高速铁路供电安全监测检测系统(6C系统)总体技术规范》，6C系统能对高速铁路牵引供电设备特别是接触网进行全方位、全覆盖的综合监测检测，通过对监测检测数据的分析，及时发现、处理缺陷，同时掌握设备变化状态，做到提前决策，提高维修针对性。如图2-47所示，6C系统主要包括对高速弓网运行参数的综合检测，对接触网运行环境监测，对接触网运行状态检测，对接触网悬挂、腕臂结构、附属线索和零部件状态进行检测，对动车组受电弓滑板状态及接触网特殊断面和地点的实时监测，以及监测检测数据的集中处理综合应用等。通过近年来的推广，6C系统各装置已得到广泛应用，截至2023年底，全国铁路已有 4 262 套 6C 系统装置投入应用，初步展现了设备运行规律，使用效果明显。

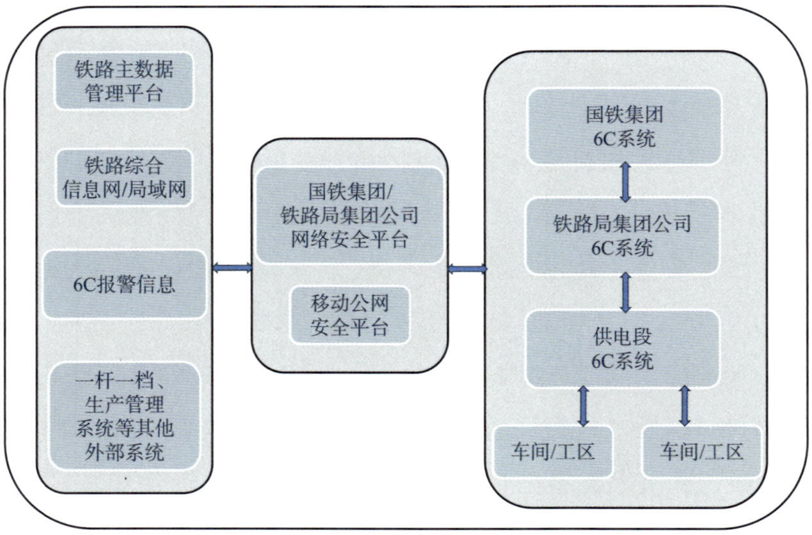

图 2-47 高速铁路供电安全检测监测系统（6C 系统）

高速铁路供电设备综合检测监测系统技术研究突破了高速铁路弓网系统在高速滑动、持续振动、频繁拉弧、恶劣气候等复杂环境下服役状态的检测监测、诊断评估与养护维修等系列重大技术难题。通过系统的理论研究、技术创新与工程应用，成功研发的高速铁路弓网系统运营安全保障成套技术与装备，获 2018 年度国家科技进步奖二等奖，整体上达到国际领先水平。

（三）高铁环境实时感知

随着我国高铁路网规模的持续扩大和技术装备的迭代升级，高铁安全工作面临的形势日趋严峻和复杂。由于高铁运行速度快、距离长，除了高铁基础设备设施自身状态等影响因素外，沿线恶劣气候环境、地质灾害等多种外部环境因素也对高铁的运行安全产生重要影响。

为此，我国铁路不断强化高铁灾害早期识别和预报预警能力，持续提升铁路工程防灾减灾技术水平，研发了高速铁路自然灾害及异物侵限监测系统、地质灾害多元空间监测信息管理平台和地震预警监测系统，实现了对自然灾害和治安风险的立体防控，为铁路安全持续稳定提供了有力支撑。

1. 风雨雪及异物侵限监测与预警

为降低气象灾害及异物侵限对列车运行安全的影响，我国建设了高速铁路自然灾害及异物侵限监测系统，对铁路沿线风、雨、雪及上跨铁路的道路桥梁异物侵限进行实时监测,为调度指挥及基础设施运维管理提供监测报警信息,异物侵限报警时与信号系统联动以保障列车运行安全。

高速铁路自然灾害及异物侵限监测系统在运用中不断优化完善,系统的发展经历了两个阶段。第一阶段从2008年京津城际铁路灾害监测系统开始,系统名称为"防灾安全监控系统",具备大风、雨量、雪深、地震及异物侵限监测、报警及与信号系统、牵引供电系统联动的紧急处置功能,系统按线设计、建设。第二阶段自2013年《高速铁路自然灾害及异物侵限监测系统总体技术方案》发布,系统名称改为"高速铁路自然灾害及异物侵限监测系统",具备大风、雨量、雪深及异物侵限监测、报警及紧急处置功能,同时具备与地震预警系统、综合视频监控系统、时间同步系统及气象部门系统的互联互通,系统按铁路局设计、建设。

截至2023年底,高速铁路自然灾害及异物侵限监测系统累计建设风监测点5 074处、雨量监测点2 642处、雪深监测点721处、异物侵限监测点1 585处。风雨监测设备在全国铁路进行了布设,雪深监测设备主要设置在铁路沿线近10年最大积雪深度超过3 cm,且在我国0 ℃等温线(秦岭—淮河)以北地区的区段,异物侵限监测设备主要设置于上跨铁路的道路桥梁处。监测点的布设密度根据线路工况、线路速度等级等条件设置,如西南地区速度350 km/h的高速铁路,风监测点平均间距8 km左右,兰新二线风监测点最近间距1 km左右。风、雨、雪监测设备以采集频率高、免维护的风速风向计、雨量计、雪深计为主,异物侵限监测设备采用国产化的双电网传感器,在运用中不断升级换代,以更好地满足现场应用需求。近十年来,系统累计发生风雨雪灾害报警近30万次、异物侵限报警9次,有效保障了列车的运行安全,为大风、暴雨、暴雪天气下的列车运行、基础设施运维提供了重要的环境信息。目前,我国高速铁路在气象灾害和异物侵限监测报警方面已达到世界先进水平。

(1)高速铁路自然灾害及异物侵限监测系统

我国高速铁路自然灾害及异物侵限监测系统对铁路沿线风、雨、雪及异物侵入实时监测,为调度指挥及维护管理提供报警、预警信息。当异物侵限时联动信号系统进行紧急处置,防止或减少灾害对铁路列车运行安全的影响。

高速铁路自然灾害及异物侵限监测系统按线建设,随着线路系统的增多,建设了路局中心系统,实现了路局灾害监测数据的统一管理和系统的统一运维,同时,通过统一的接口实现路内外数据的共享。其中,按线路中心建设的灾害监测系统由现场采集设备、监控单元、监控数据处理设备和监测终端组成。按路局中心建设的灾害监测系统由现场监测设备和铁路局集团公司中心系统两级架构构成。

在高速铁路自然灾害及异物侵限监测系统的建设中,形成了风、雨、雪、异物侵限监测设备、中心系统、工程设计规范、系统运维等成套标准体系，为灾害监测系统的建设、运用、维护提供了支撑。在风、雨、雪监测数据量值保证方面，形成了风、雨、雪监测设备检测、标定的方法和量值溯源方法，为提高设备采集数据的准确性和运维提供了技术支撑。在监测点布设优化方面，研究了融合多源气象观测数据的气象灾害风险分析方法和监测点布设技术，提高了灾害监测点布设的科学性。同时，形成了工程建设期气象灾害服务，为工程建设提供了重要的气象保障，也为运营期灾害监测系统的建设提供了重要的数据支撑。

（2）大风预报预警技术

在缺乏灾害预报预警机制的情况下，调度无法对未来突发性自然灾害做出提前处置。列车按照既定运行计划行驶，遭遇横风、大风等突发性自然灾害时对列车安全运行造成影响。为了实现大风精准预报预警技术，结合中国气象局大风地面观测数据、历史监测数据以及高铁沿线风监测点的数据，以大数据分析技术为支撑，获得沿线路段历史最大风速时序曲线，经滤波处理后，得到最大风速时序趋势图。大风预报场数据经过三维变分同化及动力降尺度等处理，充分考虑高铁沿线地形地貌特征，融合分析得到精细化大风平均风速预报结果。由最大风速时序趋势及精细化大风预报推算出未来时次的最大风速推算结果，推算值与观测值进行误差分布数学统计，获得沿线最大风速预报结果。大风预报产品能够以多级风圈的形式显示出强天气中心、影响范围和移动路径。

预报结果与预警标准进行匹配，15 min 之内，当连续超过阈值 10 s，启动大风预警；最大风速预报与当前时次监测值均低于阈值时取消预警。大风预报的时间分辨率为未来 2 h 内每 10 min，未来 3 天每 1 h，全风速段预报准确率达 76%。当风力等级达到预警标准时，针对预计影响线路的区间，提前启动大风预警提示，预警阈值结合高铁沿线实际情况以及列车运行相关标准，为高速铁路线路安全精细化预报预警提供了技术保障。

2. 地质灾害监测与预警

2013 年以前，我国在高铁地质灾害监测预警方面存在监测数量有限、监测精度不够、监测效率低下、数据处理能力不足等问题，难以有效反映整个地质灾害工点的灾变演化情况，对于特殊地形和地理条件的监测也存在一定限制。

为满足高速铁路地质灾害监测预警需要，我国铁路针对地质灾害监测预警技术进行了系统研发，突破了大型滑坡深层滑面深度方向精准监测、地下水动态变化规律、铁路局中心系统数据融合、预警阈值分级、应急处置等关键技术。针对高速铁路地质灾害时空分布特征及高铁安全运营现实需求，利用智能传感、雷达测量、卫星遥感、无人机航测、智能视频识别、无线组网、5G 等新技术构建了高速铁路地质灾害多元空间监测信息管理平台，实现多源监测信息汇聚、存储、综合展示及大数据分析，以及与铁路局既有自然灾害与异物侵限监测系统之间的互联互通、接收国家（地方）部门地质灾害监测或气象部门相关系统信息等功能，发挥信息系统互联优势，能够对高速铁路沿线地质灾害进行报警和处置。该系统采用功能全面、扩展性强的总体架构，对设备进行集中管理，进一步提高了系统可靠性、减少误报漏报，满足系统运用维护管理的规范化和标准化要求。

（1）高速铁路滑坡地质灾害监测预警

在高速铁路滑坡地质灾害监测预警方面，研发了高精度超深孔分布式一体化大型滑坡监测技术，突破了大型复杂滑坡超深滑面精准监测预警难题，采用一体化监测技术对深部岩土体位移和地下水水压进行同步监测，得到深部岩土体滑动变形部位及发展趋势和地下水动态变化规律，实现了大变形监测、精确辨识潜在滑动面的位置和方向、监测地下水动态变化、快速便携式安装等功效。提出的超深钻孔“传感器—注浆体—岩土体”变形协调及传感器精准“下放—埋设—保护”解决方法，满足了传感器超深孔埋设和长期高性能工作的要求，为高铁建设、运营期的地灾监测提供新的技术支撑。

该技术在我国西南地区高铁工程中成功应用，现场埋设深度 460 m、监测到滑移深度 313 m 和 421 m 毫米级变形，4 年来监测数据稳定，实现了大深度（>400 m，远超以往 200 m 深度）、小变形（毫米级）和高精度（±3 mm）的超深滑面精准监测，保障高铁运营安全，达到国际领先水平。

（2）高速铁路危岩落石地质灾害监测预警

研发了智能监测站技术，突破了目前供电不足、兼容性差、传输滞后技术难题，基于微机电系统（MEMS）技术对被测物体的安全态势参数进行实时主动采集，通过无线传输至数据服务平台，基于内置的安全失稳预警模型综合分析安全等级，快速发送安全预警信息。智能监测站设置了 20 多种监测指标，触发采集或定时采集，实现超阈值预警或模型综合分析预警；采用先进 LoRa 无线技术，将传感及外接设备监测数据传输给测站；具有 10 mW 低功耗性能，兼容外接位移计、水位计等设备，采用防水、防腐蚀、防雷击、防冲击等设计，稳定工作状态下寿命达 5 年以上，同时适应多种环境。智能监测站在西南某大型危岩体监测中成功应用，自设备安装至今约 5 年，应用效果良好。

（3）高速铁路泥石流地质灾害监测预警

研发了基于雨量的泥石流监测预警新技术，突破了常规基于单一降雨参数的预警模式，降低了误报率。通过分析降水参数和泥石流事件之间的关系，研究触发泥石流的降雨阈值，实现了基于雨量监测的监测预警，以及从卫星测雨到地面专业降雨、从区域到单沟分级雨量的预警预报。基于雨量的泥石流监测预警新技术在成兰铁路平安隧道出口泥石流监测中成功应用。

研发了基于次声监测的泥石流定位与实时监控技术，突破泥石流龙头定位和过程精细化监测技术难题，融合了多个学科、多种理论与技术方法的综合预警技术，通过部署阵列中各监测设备的位置，尽量降低地形起伏、环境背景噪声以及 GPRS 信号强度产生的影响，探索出了抗噪性较强、精度较高的时延估计方法，更好地实现了泥石流龙头的位置定位，以及泥石流运动过程的精细化监测，反映泥石流运动规模，技术优势明显，大大降低了泥石流漏报率。基于次声监测的泥石流定位与实时监控技术在成兰铁路榴桐寨隧道出口泥石流监测中成功应用。

(4)高速铁路地质灾害多元空间监测信息管理平台

研发了高速铁路地质灾害多元空间监测信息管理平台，以大数据、云计算等先进技术为基础，集成航天航空遥感、地面监测、实时气象、地层模型等数据，基于安全感知模型库进行多源数据融合分析，具有灾害总览、专业监测、群测群防、实时预警等功能，为防灾减灾提供全方位、多层次的专群结合灾害监测预警服务，在兰新客专张家庄隧道滑坡监测、沪昆高铁何家地隧道滑坡监测成功应用。

以上新技术的应用确立了高速铁路滑坡、崩塌落石、泥石流等灾害的相关监测预警技术体系，提升了监测的效率、精度，较现有技术水平降低误报率 2% 以上，显著提升我国铁路行业地质灾害监测预警技术水平，同时可降低监测成本、优化配置资源、提升灾害监测能力，通过科学研判灾害发展演化特征，及时做出科学决策，降低建设和运维成本。部分技术成果成功应用于沪昆、兰新、成昆等十余条铁路，及时、准确地识别滑坡、崩塌落石、泥石流等地质灾害并进行预警及报警，为科学防灾减灾提供了强有力的技术支撑。

3. 地震监测与预警

我国铁路十分重视地震灾害对高速列车运行安全的影响，在高速铁路建设初期曾考虑引进消化其他国家的高速铁路地震预警系统，但我国高速铁路技术装备在接触网过分相技术、列车运行控制技术、轨道电路制式等方面与日本、法国等国家存在显著差异，没有现成的地震预警技术可供借鉴。2013 年以前，我国曾研发了高速铁路地震监测报警系统，但该系统仅具有阈值报警功能，不具备 P 波预警功能，减灾效果有限，不能满足高铁运营安全要求。

为研发满足我国高速铁路实际需求的现代高铁地震预警系统，我国铁路与中国地震局等单位合作，共同推进高速铁路地震预警系统关键技术攻关及工程试验，研发了具有自主知识产权的 S 波报警、P 波预警技术，实现了现地和区域预警功能相结合的地震预警系统，同时制定了高速铁路地震预警监测系统和地震紧急处置技术方案，随后分两阶段开展高速铁路地震预警系统试验。

第一阶段现场试验自 2013 年—2015 年，开展了室内试验、福厦线和成灌线地震预警监测系统试验，针对地震监测系统的功能性能进行优化完善，研发了高速铁路地震预警系统整套样机，突破了 P 波识别及预警、铁路局中心系统地震数据融合及紧急处置、GSM-R 网络传输地震警报信息、国家台网信息接入及数据利用、车载地震紧急处置等关键技术。

第二阶段现场试验自2016年—2018年，在大西高铁原平西至太原段高速综合试验段开展了系统全项功能、性能和实车验证试验，针对系统P波预警、阈值报警、误报解除，以及与GSM-R、列控、牵引供电、列车制动系统接口的联动处置、震后恢复、紧急处置实时性等功能性能进行了全面的科学验证，实现了预期目标。随后高速铁路地震预警系统开展了为期一年的试用考核，2018年12月通过了技术评审，目前已在国内外多条高速铁路线路得到应用。

高速铁路地震预警系统按照地面和车载设备分为高速铁路地震预警监测系统和车载地震紧急处置装置两部分，具有报警准确性和紧急处置实时性等特点，并能实现与列控系统、牵引供电系统的联动。

高速铁路地震预警系统实现了多项创新，提出并首次实现了多重快速控车措施，提出了基于地震影响区域内地震动强度的地震警报分级处置策略，在我国铁路首次实现了P波预警和阈值报警相结合，现地和异地的多源预警，首次实现了地震影响区域内运行列车快速定位和对列车进行不同级别处置信息的快速生成与发布，首次提出并实现了对地震误报事件的快速识别和自动解除，采用了基于GSM-R无线通信方式的地震紧急处置信息数据传输技术，研发的车载地震装置首次实现了车载地震紧急处置信息的快速、可靠处置，有效减小了高速铁路地震紧急处置时间。

4. 周界入侵监测与报警

我国高铁早期周界防护手段主要采用物防和人防。物防主要采用路基护栏、桥梁护栏、刺丝滚笼等物理防护设施；人防则根据具体业务需求，安排值守人员进行定时巡逻。沿线路基地段、车站站台、路桥结合部、桥梁救援疏散通道、桥台检修口等都是周界入侵易发多发的地点，对我国高铁安全运营构成了巨大威胁。

2014年以来，中国铁路总公司开始利用技防手段对各类高铁周界入侵报警技术进行研究，包括视频智能识别、振动光纤、微波阵列、多维三鉴、脉冲电子围栏、光波对射等，但单一技术存在误报、漏报率高、综合成本高等问题，存在应用的局限性，亟须开展多传感技术融合的高铁周界入侵报警前端监测技术研究。随着人工智能技术发展，基于图像分析的智能视频技术可进一步提升周界入侵检测的准确率，及时提供报警信息和事发现场视频图像，可以与其他技术手段有效互补。2018年，中国铁路总公司组织对“视频智能识别＋振动光纤技术”“视频智能识别＋微波阵列技术”“视频智能识别＋多维三鉴技术”三种组合技术分别进行了入侵监测专项测试，测试表明采用组合技术的两种技防手段形成有效互补，比单一技术具有更好的探测效果。2021年，在国家铁道试验中心开展了“视频智能识别＋毫米波雷达”“视频智能识别＋激光雷达”的试验，通过雷达进行高铁周界非法入侵人员与异物识别，通过雷达视频联动算法调用摄像机进行智能识别确认，试验结果表明该组合技术可大幅降低误报率；组织开展了关于“振动光纤 + 视频智能识别”“雷达 + 视频智能识别”的试验，通过多种传感器报警联动，提高了探测的准确性。

（1）毫米波雷达视频融合算法

①决策级雷达视频融合算法

对于视觉和毫米波雷达的融合，首先需要考虑雷达、视频两种传感器输出的报警结果如何融合，实现雷达视频融合算法在目标识别与定位上互补增强。针对毫米波雷达，利用发射毫米波来确定目标距离、角度、速度和轨迹等信息，并基于目标识别算法输出报警结果。针对摄像机，通过读取视频流，采用深度学习方法对视频中的目标进行检测，输出目标的像素坐标、长宽、类别和置信度信息。通过结合两种传感器特性，在关联雷达和摄像机检测目标后，采用基于置信度评价的决策级融合算法，实现不同条件下的融合报警。

②数据级融合算法

数据级融合是毫米波雷达和摄像机探测到的数据融合，首先基于雷达点生成感兴趣区域，然后根据区域特征提取视觉图像的相应区域，最后利用特征提取器和分类器对这些图像进行目标检测。

（2）基于“振镜 + 棱镜”的激光雷达长距离扫描技术

根据铁路场景实际使用需求，要求激光雷达满足适用于铁路场景的高性能长距离的监测能力，自研的高性能长距离激光雷达总体由激光器、收发模组和扫描模组构成，扫描方式为“振镜 + 棱镜”，相比于传统的 MEMS 方案，核心收发器件保持静止，系统可靠性获得了大幅提升。发射光源使用 1 550 nm 的激光发射器，免受室外环境光的影响，信噪比较高，提升了测距的稳定性和可靠性。激光发射器具有单纵模输出、窄线宽、高偏振比的特点，脉冲频率可以达到 1 MHz，且不会对人眼产生损害。

光雷达工作原理是发射模组先向目标发射用于探测的出射激光，然后接收模组接收从目标物反射回来的回波激光。收发模组的优势在于使用一个激光器，将光纤端面分为 2 个部分，扫描线数翻倍，且后期升级迭代空间更大。同时光纤端面可进一步划分为 5 个部分甚至更多，使扫描线数再次成倍增加。

扫描模组由棱镜和振镜组成，棱镜的转速决定了激光雷达水平视场角分辨率，振镜的摆动速度决定了垂直方向的视场角分辨率。针对铁路场景下检测小目标物体的需求，对激光雷达硬件进行了定制和升级。

考虑到铁路场景大部分线路是双轨道，激光雷达的监测范围需要同时覆盖 2 条轨道，视场角应不小于 90°（水平）×30°（垂直）。除了视场角外，经实际验证，监测距离大于 300 m。

在此监测距离下，激光雷达能够探测 20 cm×20 cm×20 cm 的障碍物，且每秒点云总数大于 100 万个。

三、应急保障技术创新

铁路应急保障技术是伴随铁路应急管理和国家应急管理而产生和发展的。自 2006 年国务院颁布国家专项应急预案《国家处置铁路行车事故应急预案》以来，我国铁路应急保障措施逐步完善，但法律法规不健全、应急救援设备不足、信息技术应用不全面等问题依然存在。随着我国高铁线路不断拓展，大量装备和技术迭代更新并落地应用，高速铁路应急保障重要性日益凸显。国铁集团在《新时代交通强国铁路先行规划纲要》中提出了应急处置及救援能力全面提升的要求，为高速铁路应急保障技术的发展方向和目标定下了基调。近年来，我国高速铁路应急保障技术快速发展，在高铁救援起重机、应急通信设备、应急平台及空天地一体化时空技术等方面取得了重要技术创新成果。

（一）高铁救援起重机

高铁救援装备及技术作为应对高铁突发应急事件事中救援阶段的重要一环，与传统普通线路的大型救援相比，其难点在于高铁线路、桥梁承载能力对救援设备作业和回送时桥梁通过性能均有限制。为促进我国高铁救援起重机技术的发展，满足保障运营安全的需要，我国铁路研制了国内首台高铁救援起重机，技术水平位居世界前列。

高铁救援起重机主要应用于高铁线路救援，同时兼顾普通线路救援，具有曲线调平、多支腿支承作业、操作提示、专家诊断系统等先进功能。其额定最大起重量 125 t，最大起重力矩 1 250 t·m，可以在高铁所有跨度的桥梁上全速 120 km/h 通行，适用于高铁线路、单双线桥梁、隧道、曲线、坡道以及接触网下多种工况的救援工作；既有线路救援具有 125 t 伸缩臂起重机的能力，同时也可以用于大型货物装卸、重型设备安装等工作，具有适应能力强、作业灵活、效率高等特点。

（二）应急通信

铁路专用应急通信系统主要由应急通信中心设备、应急通信现场设备及应急通信网络组成。目前我国铁路在应急指挥中心所在地统一配备了应急通信中心设备，可实现现场与各级指挥中心语音、图像、数据通信。目前主要应用的设备有：

（1）铁路动图应急通信系统，能够实现现场图像的传输稳定，同时还有铁路专网电话接入功能。

(2)应急卫星动图系统,具有现场设备接入灵活的优点,完成对星后即可传输现场动图。

(3)4G 应急动图系统,现场设备轻便,总质量约 5 kg,内置电池可为现场设备供电,到达抢险现场后能够迅速接入系统传送高清图像,同时具备 2 ~ 6 km 的传输信号中继功能,较好地解决了抢险现场 4G 信号覆盖盲区的问题。

当通信网络正常时,现场人员采用有线电话、公网手机、无线列调对讲机进行语音通信,装备铁路 GSM-R 通信网络覆盖良好区段也可以使用 GSM-R 手机语音通信;采用铁路通信网和公众移动通信网或卫星通信系统,向应急指挥中心传送现场动态图像。当自然灾害影响通信系统使用时,目前主要采用光、电缆临时接入铁路自动电话系统、协调运营商出动应急通信车临时恢复现场公网覆盖,以及采用海事卫星电话、国产卫星通信系统和卫星移动通信系统等方式进行通信和图像传送。针对隧道中的应急事件,目前还采用了隧道应急电话、区间通话柱、GSM-R、无线列调等通信方式进行语音通信,并采用 MESH 技术延伸无线通信覆盖距离,用于现场图像传送。

(三)空天地一体化时空技术

空天地一体化时空技术,即采用空(遥感监测)、天(北斗导航)、地(GIS)等技术手段,实时获取事件现场高中低多源多尺度空间数据,实时对事件现场的快速感知和高精度定位,在建立全时空实时感知数据体系的基础上,建立起“事前—事中—事后”的全生命周期应急大数据管理系统,联动事件周边各类应急资源,为事故处置救援提供决策依据。目前,该技术发展水平位居世界前列。

1. GIS 技术

铁路地理信息平台(railway geographic information system, RGIS),统一管理国家基础地理信息数据、铁路专业公用地理信息数据,并根据各业务系统的需求定制铁路专业专用地理信息数据,为应急辅助决策系统提供时空数据查询的地图服务。

通过调用 RGIS 国家基础地理信息数据,可以建设工务、电务、供电、机务等专业地理信息数据,实现国家基础数据与铁路专业数据的融合,形成“应急指挥一张图”,进而实现铁路线路走向、车站分布、救援力量布局、设备设施定位、全专业各类图纸、视频等时空信息联动,为指挥人员提供全方位应急信息。通过 GIS 的空间分析能力,建立各类分析评估模型,制定应急辅助决策方案。

2. 遥感监测技术

利用卫星遥感、航空高分辨遥感和 InSAR 等遥感监测技术,对铁路沿线线桥设备、地质地形、气象水文等状况进行周期监测，为铁路安全管理及安全风险分析提供数据支持，对可能发生的突发事件类型超前预警，加大各类危险源的监控力度，对可能引发事故的重要信息迅速报告。在事故发生后，可利用遥感影像直观地研究损毁特征，对基础设施的损毁程度、数量及空间分布进行监测，为事故统计及救援工作提供参考依据。

遥感变化检测可实现对周边环境安全隐患的持续性、周期性监控，不仅可以监测人工巡检可以到达的安保区范围，还可以大范围覆盖到安保区范围外的数公里，将不可控安全隐患盲点根除，防患于未然。

3. 北斗卫星导航技术

北斗卫星导航系统是我国自主建设、独立运行的卫星导航系统，具有全天候、全天时、高精度的定位、导航、短报文通信和授时等功能，其中短报文通信功能是现有其他导航系统所不具备的独特功能。北斗卫星导航系统在高速铁路应急保障技术方面的应用主要为高精度定位和短报文通信。一方面，在北斗高精度定位手持终端上安装应急APP，应急人员可通过路径导航至事件现场开展救援，同时为应急人员提供个人安全防护；另一方面，在发生大面积自然灾害或移动通信网络遭到破坏时，通过北斗终端的短报文功能进行应急通信，能够有效保障事件现场和应急指挥中心的通信。

第六节 维护技术

高速铁路的列车、线路、接触网、通信、信号等设施设备经过长时间运营后，会逐渐出现磨损、老化等问题，从而影响正常工作。因此，需要对其进行定期检查、养护和维修，做到早诊断、及时维护，以确保高速铁路的运营安全，延长设施设备的使用寿命。近年来，我国铁路围绕动车组、工务工程、牵引供电、通信信号等关键设施设备养护维修方面持续开展技术创新，取得了一系列成果，有力保障了我国高铁设施设备状态稳定和高铁安全高效运营。

一、动车组维护技术创新

自动车组引进至2012年，我国动车组维护基本沿用引进时外方提供的技术，自主的动车组维护技术处于起步发展阶段，动车组修程修制相对保守，维修周期偏短，维修范围偏大;维护管理相对粗放,维修停时偏长,维修费用偏高;维护方式相对单一,绝大多数部件都采取计划预防修的定期维修方式,使得有些部件维修过剩造成浪费,而有些部件又维修不足导致故障频发;维护技术装备相对落后,多数检修工作主要依靠人力完成,信息化、智能化水平有待提升。

党的十八大以来,我国铁路坚持系统观念、守正创新,利用后发优势,自主构建了修程修制完备、维护管理精细、维护方式多样、维护装备先进的动车组运维系统,达到世界先进水平。

(一)修程修制改革

随着我国高速铁路网的日趋完善,动车组保有量快速增加,维修任务量和费用不断提高,维修压力日益增大。我国动车组运行场景复杂、车型种类多、运行速度高,动车组引进时的修程修制无法适应我国国情路情。因此,国铁集团提出动车组修程修制改革,进一步延长维修周期、优化维修内容、发展状态修、减少过度修、严控检修成本。

国铁集团针对每个优化项目,成立由造、修、管、用等多方人员组成的项目组,按照方案制定、试验验证、推广实施一整套科学完整的实施流程开展修程修制优化。基于“以可靠性为中心”的维修理论,借鉴既有动车组修程修制优化实践经验,在确保安全和运行秩序的前提下,制定修程修制优化的技术路线,分阶段、分步骤开展动车组试验验证,在完成检查检测、数据分析和状态跟踪等工作后推广实施。目前,我国高速动车组的检修分为五个级别。其中,一、二级属于运用维修,以维护保养为主,在动车所完成;三、四、五级属于高级别维修,以恢复基本性能为主,在动车段或主机厂完成。

通过实施修程修制改革,动车组维修周期进一步延长、维修范围进一步优化。一级修周期由 4 400 km/48 h 延长至 7 700 km/72 h,推行人机交替检修,时速 250 km 及以下动车组一级修时间周期间隔最高可延至 96 h;和谐号动车组中 CRH2A/2C/380A 平台动车组高级修周期间隔由 60 万 km/1. 5 年延长到 120 万 km/3. 5 年,其他和谐号动车组高级修周期上限由 132 万 km/3 年延长到 145 万 km/3. 5 年;复兴号动车组高级修周期上限从 132 万 km/3 年延长至 165 万 km/3. 75 年;动车组调试项目大幅精简优化,删除了重复项目和高级修时状态未发生变化的项目;齿轮箱、车钩、自动过分相装置等 13 项部件修程修制优化全面实施,还有 42 项部件正在开展实车验证。

通过实施高级修计划管理,动车组入修走行里程管控更加严格,高级修入修间隔里程显著提高;请令、送车、维修、接车、试运行等程序更加规范有序,维修停时大幅压缩;入修、出修时间更加精准,更便于维修生产组织和修竣车组上线运营安排。动车组平均高级修入修间隔里程从 120. 4 万 km 提高到 148. 6 万 km;三级修维修停时从 36. 5 天压缩到

21.6 天;四级修维修停时从 44.7 天压缩到 32.1 天;五级修维修停时从 70.6 天压缩到 46.1 天。动车组高级修周期间隔里程得到充分利用,上线运营天数明显增加,提高了运用效率,减少了高级修费用和新车购置费用。

此外,我国铁路积极探索发展状态修,在散热装置滤网清洁、车轮旋修、车门润滑等作业项目中已通过状态修实现了减少资源消耗和降低检修成本,优化了 32 个固定周期维修项目。尤其是车轮视情旋修的应用,在保证运行安全和平稳的前提下延长了车轮使用寿命,为车轮使用寿命匹配延长后的整车维修周期创造了条件,提升了维修周期延长后的运维效率效益。同时,建立轴箱轴承、空气弹簧、蓄电池等 380 余个故障预测与健康管理(PHM)模型,根据实际运用情况持续优化完善。经现场验证,牵引变压器、牵引变流器相较于原有检修周期平均延长了 2.6 倍,检修作业量平均减少 70%。

修程修制改革启动以来,成果十分丰硕,成效非常明显,有力支撑了动车组提质降本增效。质量方面,动车组运用质量状况总体良好,未发生因维修周期延长而导致的事故,百万公里故障率稳中有降,2023 年较 2019 年下降 55.3%;工作量方面,动车组每日运检比(上线动车组与一级修动车组数量比)由改革前的 1.98 提高到 2.36,提高了 19.2%,每日减少人工技检一级修 220 组,相当于释放了动车所 44 条库线检修能力,一级修能力已不再成为调图的制约,2023 年中秋国庆黄金周期间较 2019 年压减动车组高级修 105 组;效率方面,2023 年动车组高峰单日、平均运用率和分别达到 97%、90.8%,分别较 2019 年提高 5 个、1.7 个百分点,动车组高级修平均入修间隔里程提高 23.4%,三、四、五级修组均修时分别压缩 14.9 天、12.6 天、24.5 天;效益方面,动车组高级修费用年均减少约 70 亿元。随着改革的深化,改革红利将进一步释放,效率效益将得到更大提升。以复兴号 CR400 动车组为例,按照 30 年寿命,年运行 65 万 km,改革前三、四、五级修每次修时 30 天、45 天、60 天,改革后三、四、五级修每次修时 20 天、30 天、50 天。初步估算,改革实施后,每组车寿命周期内减少三、四、五级修各 1 次,检修停时减少 260 天。

按照“以可靠性为中心”的维修理论,我国铁路逐步构建了以计划预防修为主、视情维修为辅、故障修为补充的动车组维修体系,满足了不同部件在不同运用条件下的维修需求。

(二)故障预测健康管理

随着现代装备集成度、复杂度及智能化程度的不断提升,传统故障诊断、维修保障技术逐渐难以适应新的要求,不断增长的检修任务量也给各动车维修基础站段带来巨大的压力,人力资源和物资使用及储备成本的局限性为动车组运维带来了巨大的挑战。因此,有必要建立统一的开放性 PHM 系统,实现全国铁路动车组实时监控、故障预警预测和预防性视情维修。

PHM 系统属于多学科高度交叉融合的技术，通过先进的传感技术获取系统及部件实时运行的状态数据，利用大数据、云计算、机器学习、人工智能等信息技术，开展高速列车的实时状态监测、故障诊断与预测、健康评估等，并结合可协调的检修维护资源，提供精准的维修决策支持，以保障高速列车的安全运行，逐步实现列车状态修。国铁集团 PHM 系统架构分为三层：基础数据层、模型运算层和应用层。其中基础数据层负责专业数据的汇集、清洗、转换，为模型计算和系统应用提供数据支撑；模型运算层主要负责执行模型程序计算；应用层建设包含实时监控、预警预测、视情维修、健康管理和模型管理等功能模块，向用户提供服务。同时，动车组 PHM 系统实现了与 EMIS（动车组管理信息）系统的数据贯通，动车组 PHM 系统模型报警信息可下发至 EMIS 系统计划作业模块，计划编制人员可根据模型报警信息安排相关复核和检修工作，复核与检修结果的实绩将同步推送至动车组 PHM 系统，实现报警处置流程的闭环。在模型运用与管理方面，通过分级分类梳理了现阶段各来源模型，创新规范了全流程模型管理体系。结合用户需求调研与各来源数据落地，提出预警预测部件模型清单，实现了既有动车组预警预测模型全平台覆盖，为动车组在途故障识别、智能诊断和超前预警提供有效手段，全面提高了动车组在途运行的安全保障能力。结合不同车型、不同交路、不同运用环境，根据模型运用情况制定了模型调参优化策略，创新提出多维度模型评价指标，由此推动模型的不断迭代。通过大数据清洗、特征提取分析，将故障机理与特征历史数据建立映射，通过车载、运用及检修数据驱动，不断优化模型逻辑，提高了各关键部件报警准确率，使得预警预测更具针对性，有效保障了动车组行车安全。在建模算法方面，将关键部件历史运用数据汇集并扩容故障样本，进行特征参数提取，提出并试用极短期预报、神经网络等数据驱动算法，全面提升大数据运用的智能化水平。

我国铁路主数据中心的开放式 PHM 系统于 2020 年 12 月 1 日启动全面试用，实现了 9 个功能模块的部署应用，部署了各典型部件阈值类故障预警及视情维修模型，覆盖 CR400AF、CRH3A、CRH5A、CRH380A 等平台动车组，以及 CR400BF/-G/-C/-GZ 等细分车型。PHM 系统应用以来，动车组车辆责任事故数量同比下降 26.6%，部分铁路局集团公司 CRH380B 平台动车组散热装置冲洗作业减少了 74.9%，CR400BF 平台清洁作业减少了 85.8%。

（三）动车组一级修智能检测设备

随着我国动车组保有量的快速增长，动车组一级修任务量不断增加，多数动车所一级修能力已趋于饱和。为解决一级修主要依靠人工作业、效率低下、数据无法互联互通等问题，国铁集团组织开展了动车组出入库检测设备、一级修机器人等新装备的研制和应用工作。通过利用激光检测、声学诊断、无损检测、图像识别、智能机器人等技术，对动车组从入库到库内再到出库的全过程进行安全管控。

动车组出入库检测设备安装于动车组运用所出入所咽喉处，主要由轮对尺寸测量模块、踏面擦伤检测模块、轮对探伤检测模块、车体外观检测模块、受电弓检测模块组成，如图 2-48 所示。轮对尺寸测量模块由多个激光成像采集单元及其控制、处理和辅助设备（含标定装置、标准试样轮对）组成，实现轮对内侧距、轮缘厚度、踏面圆周磨耗、轮径、QR 值、轮缘垂直磨耗、轮对等效锥度等自动测量的功能；踏面擦伤检测模块由擦伤杆单元、信号处理单元、控制处理单元和辅助设备（含标定装置、标准试样轮对）组成，实现车轮踏面擦伤深度自动测量功能；轮对探伤检测模块由超声发射与接收单元、探头阵列、专用轨道、耦合系统、实物对比试样轮对和软件控制系统等部分组成，实现轮辋径向裂纹、辋裂、轮缘径向裂纹的自动化检测功能；车体外观检测模块由踏面剥离硌伤图像检测单元、闸片厚度图像检测单元、车顶图像采集单元、车侧图像采集单元和车底图像采集单元及其控制、处理、辅助设备组成，实现轮对踏面剥离、硌伤检测，闸片剩余厚度检测及闸片缺失检测，车顶、车侧、车底可视关键部件的图像自动采集、存储、显示等功能；受电弓检测模块由受电弓滑板磨耗检测单元、受电弓中心线检测单元、接触网压力检测单元、标定装置和辅助设备等组成，实现升弓位受电弓滑板磨耗、中心线偏差、受电弓工作位接触压力、升弓位受电弓滑板掉块和降弓位滑板磨耗的自动检测功能。

图 2-48 动车组出入库检测设备

动车组一级修车底智能检测机器人安装在动车运用所的检查库地沟内，运用智能检修机器人、高速高分辨率图像分析测量、现代传感、无线传输等技术，自动完成对车底及转向架部件的多角度检测，对动车组车底部件异常状态进行自动识别和报警，同时检测数据可通过无线方式传输至远端诊断分析系统进行数智化分析管理，并支持利用移动手持终端进行缺陷数据的人工复核确认，从而提高动车组机检作业水平，如图 2-49 所示。同时可综合库内网络覆盖和系统开发，实现远程控制多台设备、管理检测数据、查看报告数据、作业环境监控、复核分析、报告打印、数据备份和故障现场复核回填等任务。

图 2-49　动车组一级修车底智能检测机器人

动车组一级修智能检测设备的应用规范了智能机检工艺，推动实现一车一档信息化管理，使检修标准统一、检修质量更高、检修手段更可靠，将人力资源需求降低 50% 以上，在保障检修质量和人身安全的同时，有效降低了生产管理成本和人力成本。

二、工务工程维护技术创新

我国高铁运营初期，路网规模较小，工务基础设施维护需求也相对较少。随着高铁路网里程的不断扩大和基础设施运用时间延长，需要对工务基础设施状态、局部伤损等进行及时检修和养护，以确保高铁安全稳定运行。为此，我国高铁工务系统建立了完整的工务养护维修规章体系，规范了高铁工务设备维护管理，针对性地开展养护维修，消除影响行车安全的设备隐患，保障了高铁列车平稳、安全、不间断运行，维护技术整体位于世界先进行列。经过可靠的高铁运营养护维修，我国高铁线路平均轨道不平顺质量指数（track quality index，TQI）得到明显提升。2023 年，采用高速综合检测列车检测高速铁路线路约 252 万 km，优良率达 99. 99%。2016 年至 2023 年间，高铁无砟线路 TQI 平均值由 2. 78 mm 下降至 2. 44 mm，降幅 12. 23%，高铁有砟线路 TQI 平均值由 4. 06 mm 下降至 3. 30 mm，降幅 18. 72%，高铁线路平顺性达到世界领先水平。

（一）工务养护维修规章体系

我国高速铁路开通运营初期，高铁工务技术规章基本空白，国内没有高铁设备维护管理经验，国外高铁的有关规定不适应我国的国情、路情，只能通过不断试验、实践积累数据和经验，并在此基础上逐步开始编写技术规章。从2008年组织编制《京津城际线桥设备维修规则》开始，我国铁路积极总结分析高铁运营维护管理经验，为编制高铁各项专业技术规章奠定了坚实基础。在充分准备的基础上，自2009年开始，相继编写了《关于客运专线固定设施维修管理有关问题的指导意见》《高速铁路工务管理指导意见》《高速铁路无砟轨道线路维修规则（试行）》《高速铁路桥隧建筑物修理规则（试行）》等18个高铁工务专业技术规章，满足了我国高铁工务维护管理的需求，填补了我国高铁规章体系的空白。这18个高铁工务专业技术规章涉及高铁有砟、无砟轨道和桥梁、路基、防护栅栏、声屏障、精测网等设备的维护管理以及自然灾害及异物侵限监测、地震震后应急处置、高铁工务安全管理等内容，基本涵盖了高铁工务维修的各个方面。至此，国铁集团层面的高铁工务专业技术规章已全部出台，各铁路局集团公司根据国铁集团发布的技术规章，及时进行了补充细化和完善，全国铁路已形成了较为完整的高铁工务专业技术规章体系。

《高速铁路无砟轨道线路维修规则（试行）》《高速铁路有砟轨道线路维修规则（试行）》《高速铁路桥隧建筑物修理规则（试行）》《高速铁路路基修理规则》等高铁工务专业技术规章，倡导了“严检慎修”的维修理念，明确了高铁工务设备要满足“高可靠性、高稳定性、高平顺性”的要求，突出了轮轨关系的重要性，构建了高铁工务维护管理模式，全面规范了维修策略、手段、标准，推进了综合维修生产一体化管理，为不断提高工务设备维修的科学性、经济性，保持工务设备结构、轨道几何尺寸及轮轨匹配状态良好和质量均衡，保证列车以规定速度安全、平稳、舒适和不间断地运行，提供了坚实技术支撑。

《高速铁路工务安全规则（试行）》《高速铁路自然灾害及异物侵限监测系统维护试行办法》《高速铁路基础设施地震震后应急处置暂行规定》《动车组车轮踏面硌伤超限应急处置办法》等高铁工务专业技术规章，确定高铁工务安全管理应坚持“安全第一，预防为主，综合治理”的原则，体现高速铁路行车“安全、舒适、秩序”的特点和要求，全面推行安全风险管理，强化安全基础建设、过程控制和应急处置三个关键环节，强调重在规范安全管理、落实安全防范措施、防患于未然的要求，在充分吸取既有提速线和国内外高速铁路安全生产管理经验基础上，全面系统提出了高速铁路工务安全有关规定。高铁工务安全管理体系的建立，强化了安全管理责任主体意识，加强了安全基础建设、过程控制和应急处置，为确保高铁工务安全持续稳定提供了有力的支持。

（二）工务运维健康管理

为确保高铁工务设备达到“高可靠性、高稳定性、高平顺性”要求，满足高铁运输安全、舒适和正点运行，我国铁路不断创新高速铁路工务维护管理方法，经过不断实践和总结，最终确定了“严检慎修”的维修管理理念。高铁工务运营维护管理，秉承“安全、舒适、秩序”的理念，坚持“预防为主、防治结合”的维护原则，创建了工电供综合维修生产一体化管理模式，确立了“动态检查为主，动、静态检查相结合，结构检查与几何尺寸检查并重”的检测方式，建立了“动静态检查—综合诊断评价—修理方案制订审批—开‘天窗’修理—确认车确认”的修理模式，突出了轮轨关系的重要性，使线路设备始终保持了高平顺性、高稳定性和高可靠性。

（三）工务设备检测监控体系

工务系统积极采用先进的检测设备，不断提高检测质量和效率。目前已基本建立了检测技术先进、检测项目全面、检测周期较为合理、检测准确高效的工务设备检测监测体系。明确了检测数据管理要求，如：对综合检测列车发现的Ⅲ级偏差或车辆动力学指标超限处所，应立即安排人员添乘检查，必要时上线检查，并及时安排临时补修。对轨道短波状态车辆动态响应超限处所，应及时上线复核，根据复核结果分析原因安排整修。对TQI超过Ⅱ级管理值的单元，应纳入维修计划。要积极采用基于动态检测数据的轨道变形分析系统，及时发现和处理轨下基础及轨道变形、线路冻胀等问题。同时强调要加强信息化管理，建立检测监测数据归集、分析与运用体系，积极利用大数据对线路设备状态进行智能分析，以掌握设备状态，分析变化规律、发展趋势，科学指导设备维修，合理控制维修成本，不断推进线路运营维护智能化。

三、牵引供电维护技术创新

随着我国高速铁路的大量投入运营，供电设备规模快速扩张。受我国地理环境、气候条件等自然因素以及设备服役时间的影响，牵引供电系统面临较大的安全生产压力。为保障牵引供电设备的正常运行，我国铁路高度重视牵引供电系统的维护工作，通过汲取高铁运行实践中积累的大量数据、案例和借鉴国内外相关经验等，不断优化顶层设计，创新维修体制，形成了我国高速铁路牵引供电运营维护体系，牵引供电设施设备维护进入了全面可持续安全健康发展阶段。

（一）高速铁路接触网维护技术

2012 年，依托高速铁路设计、施工和运营管理初步取得的经验，我国制定实施了《高速铁路接触网运行检修暂行规程》。该暂行规程首次提出了高铁接触网“预防为主、重检慎修”的方针，并继承了状态修管理理念，是我国第一部高铁接触网运行检修的管理规程。

为进一步满足我国高速铁路牵引供电系统运行管理和维护检修的需要，提高牵引供电设备质量、供电质量和管理水平，保障运输安全，2016 年，中国铁路总公司修订印发了《高速铁路接触网运行维修规则》，其核心是推进“运、检、修”分离模式，依托监测检测结果指导运用维修工作，为进一步推进供电专业修程修制改革发展奠定了基础。该项文件作为高速铁路牵引供电运行维修工作的基本规章，对推进和规范铁路牵引供电专业管理工作发挥了重要作用，是引领高铁接触网运行维修技术发展的创新性研究成果，为形成科学、完备的接触网运营维护体系打下了基础。

（二）高速铁路变电维护技术

初期阶段，我国高速铁路牵引供电的运营和维护坚持定时保养、周期检测及寿命管理的原则，主要采用预防为主、修养并重的指导方针。为适应铁路技术装备发展，进一步解决牵引供电设备过度修或失修、检测维修方法手段落后、生产布局不合理、劳动组织效率低等诸多问题，2015 年中国铁路总公司发布《高速铁路牵引变电所安全工作规则》《高速铁路牵引变电所运行检修规则》，进一步明确了我国高速铁路客运专线牵引供电系统运行管理和维护检修细则，提升了牵引供电设备质量和供电质量。

2018 年，在借鉴国外牵引供电设备维修方法和体制基础上，我国铁路对牵引供电设备运行检修规程章节内容、工作要求和技术标准等方面进行优化研究，确定了更适合中国高速铁路运行模式的牵引供电设备维修方法和标准，完成了《高速铁路牵引供电设备运行维修规则》编制。《高速铁路牵引供电设备运行维修规则》作为高速铁路牵引供电设备运行维修工作的基本规章，对推进和规范铁路牵引供电专业管理工作发挥了重要作用。

四、通信信号维护技术创新

高铁开通运营以来，我国围绕电务运维全要素、全过程，建立了完善的电务运维技术规章和管理制度体系，规范形成电务装备的维修维护标准业务流程，研发部署了设备台账、检测监测、故障统计等多个业务系统，并在此基础上不断完善优化检测监测、维修和养护手段，加强安全隐患排查整治，极大地提升了高铁电务运维作业效率和系统安全水平，支撑了我国高铁电务基础设施建设和运营维护持续健康发展。

随着高铁通信信号装备快速增长，铁路信息化建设不断完善，电务基础设施检测监测、装备管理等业务系统已积累海量数据。为进一步提升电务基础设施运营安全保障能力，我国铁路通过整合既有信息资源、创新平台设计、优化完善监测功能、开展智能运维系统的试点应用等手段，进一步发挥监控设备在铁路生产过程中动态监控、超前预防的作用，促进我国铁路电务维护的智能化发展。

2014 年 7 月—2017 年 1 月，我国在大西客专高速综合试验段等高速铁路试点建设了智能运维系统，首次实现了电务系统信息资源的整合，能够对信号设备的运行状态进行实时监督；对信号设备的故障进行识别与定位，辅助电务维修；对信号设备的隐患提前预警，预告设备到期更换；对应急抢修工作进行高效指挥，减少故障停车时间，是在电务智能运维领域的一次有益尝试。

2018 年 7 月—2019 年 5 月，为推进电务大数据应用建设，在怀邵衡铁路开展了电务大数据智能运维平台的试点建设工作。电务智能运维系统实现了设备综合监测、设备全寿命周期管理、故障智能诊断、运维综合分析、PHM 设备健康管理、作业卡控、应急调度指挥、通信信号一体化分析等八大应用功能，我国铁路的电务智能运维得到了进一步的优化和完善。

此外，我国正在开展新一代高铁信号设备智能运维技术研究，依托智能大脑平台，实现更为全面的状态感知和智能分析，并汇聚工务、电务、供电多方力量，开展工电供一体化运维研究，为铁路的维修体制改革探索前进方向。

第七节 信息技术

信息技术是当今经济与社会发展的重要驱动力，信息化水平已成为衡量国家及企业整体实力的重要标志。工程建设、运输服务、多元化经营、协同服务保障等核心业务发展对高铁信息化建设提出了一系列新要求。我国高铁通过广泛利用现代通信和信息技术，构建了技术先进、功能完善、经济适用、安全可靠、具有中国特色的高铁信息系统，实现了调度指挥智能化、客货服务社会化、经营管理现代化，为提高运输效率、扩大运输能力、保障运输安全、改进服务质量、提升管理水平提供了有力支撑，为智能高铁发展奠定了坚实基础，铁路信息化整体水平已达到国内外同行业先进水平。

一、铁路信息化总体规划

随着“中国制造 2025”、“互联网 +”行动计划、大数据战略等深入实施，中国铁路总公司准确把握信息化发展环境、条件和内涵的深刻变化，积极主动抢占信息化发展先机，2017 年制定发布了新一轮《铁路信息化总体规划》，系统部署“十三五”乃至更长一段时期内铁路信息化建设工作。其主要目标是全力推进中国铁路信息化“CR1623”标志性工程，建设中国标准的智能铁路信息系统（CRIS），构建一体化信息集成平台，打造战略决策、运输生产、经营开发、资源管理、建设管理、综合协同等六大企业级业务应用系统，健全网络安全和信息化治理两大体系，实现信息全面共享、数据价值充分挖掘、技术业务深度融合，有力提高铁路客户服务能力、生产经营能力及开放共享能力。中国铁路信息化“CR1623”标志性工程建设如图 2-50 所示。

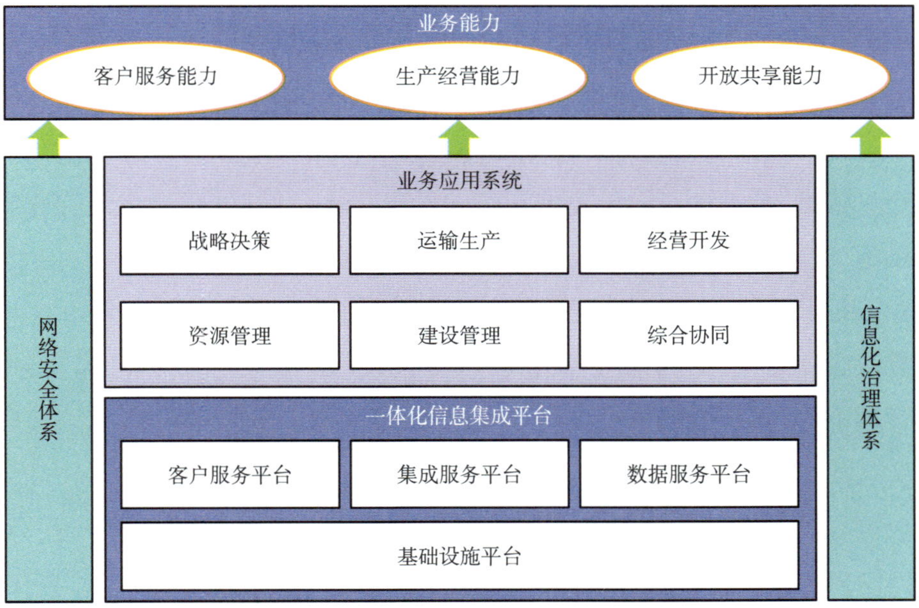

图 2-50　中国铁路信息化“CR1623”标志性工程建设

（1）建设战略决策系统，提升战略管控能力和科学决策水平

广泛应用大数据、互联网、物联网等新技术，收集、管理并及时提供与铁路战略管理和经营决策有关的企业内外部信息，以及各项决策方案执行情况反馈信息等。基于企业级数据服务平台，构建战略管理与决策支持模型，发掘和释放企业数据资源的潜在价值，更好发挥数据资源的战略作用，加强企业数据统计分析和智能展现，全面反映铁路经营

和运行状况，为企业经营管理层以及战略决策层提供辅助决策支持，提高铁路安全生产、经营管理、市场营销等各方面科学决策水平。

（2）建设运输生产系统，提升运输组织精准化和安全管理科学化水平

以实现铁路运输设备设施状态和内外部环境自感知、自诊断、自决策为基础，以提升铁路运输智能化为目标，整合、集成既有客货运输生产信息系统，打造覆盖国铁集团、铁路局集团公司、站段三级调度指挥和生产作业全过程运输生产系统，大幅提升运输组织精准化水平和生产作业效率，显著提高运输安全保障能力，全面支撑铁路客货规范化管理，为进一步提升铁路企业经营效益和服务水平提供有力保障。

（3）建设经营开发系统，提升客货经营精益化和资产开发专业化水平

把推进“互联网＋铁路”作为促进铁路从传统企业向现代企业转型、传统经营模式向电子商务模式转变的重大举措。广泛应用大数据、物联网、人工智能等信息技术，围绕提升铁路客货服务品质、提高市场营销水平、拓展企业经营开发范围、增强资本运营能力等方面，依托12306、95306等网站建设，大力发展铁路电子商务，促进线上线下紧密结合，加快推进基于互联网的商业模式、服务模式、管理模式及铁路物流供应链创新，培育“互联网＋铁路”生态体系，推动铁路新模式、新业态、新产业快速发展。

（4）建设资源管理系统，提升人财物管理集约化和运力资源管理精细化水平

深化企业经营资源和运力资源信息化建设，推动铁路资源合理配置和高效利用，对企业业务流、资金流、信息流实行一体化协同管理。应用大数据、人工智能、物联网、移动互联网等信息技术，推进铁路固定设施和移动设备全生命周期精细化、集约化管理，科学指导设备设施维修，合理控制设备设施维修成本，提高设备运用效率。

（5）建设铁路建设管理系统，提升铁路建设标准化管理水平

构建覆盖国铁集团、铁路局集团公司/铁路公司、建设指挥部/项目部及施工标段的铁路建设管理平台，实现铁路建设项目立项决策、勘察设计、工程实施、竣工验收、运营维护全过程信息共享以及铁路建设项目全过程信息化、标准化管理。

（6）建设综合协同系统，提升业务协同工作能力和企业管理水平

以内网门户为统一交互与展示平台，围绕办公管理、信访管理、法律事务、科技管理、外事管理、经营开发管理、审计考核、宣传管理等多项企业综合业务，梳理规范业务流程，开展信息化应用建设或能力提升工作，有效提升业务协同水平和管理工作效率。

2022年，国铁集团印发了《“十四五”铁路网络安全和信息化规划》，是新形势下对《铁路信息化总体规划》的继承和发展，是新时期网络安全和信息化建设的顶层设计，是规范和指导未来铁路信息化建设的纲领性文件。其目标是到2025年，建成高速泛在、天地一体、云网融合、智能敏捷、绿色低碳、安全可控的智能化综合性铁路信息基础设施，各

业务领域与数字技术深度融合，铁路数字经济蓬勃发展，网络安全防护能力得到全面增强，国铁集团信息化治理体系和治理能力现代化水平显著提升，铁路网络空间正能量更加充沛，客户服务、生产经营、开放共享能力迈上新的台阶，全面完成铁路信息化 CR1623 总体蓝图，网络安全和信息化将为铁路高质量发展提供强有力的支撑。“十四五”网络安全和信息化规划总体蓝图如图 2-51 所示。

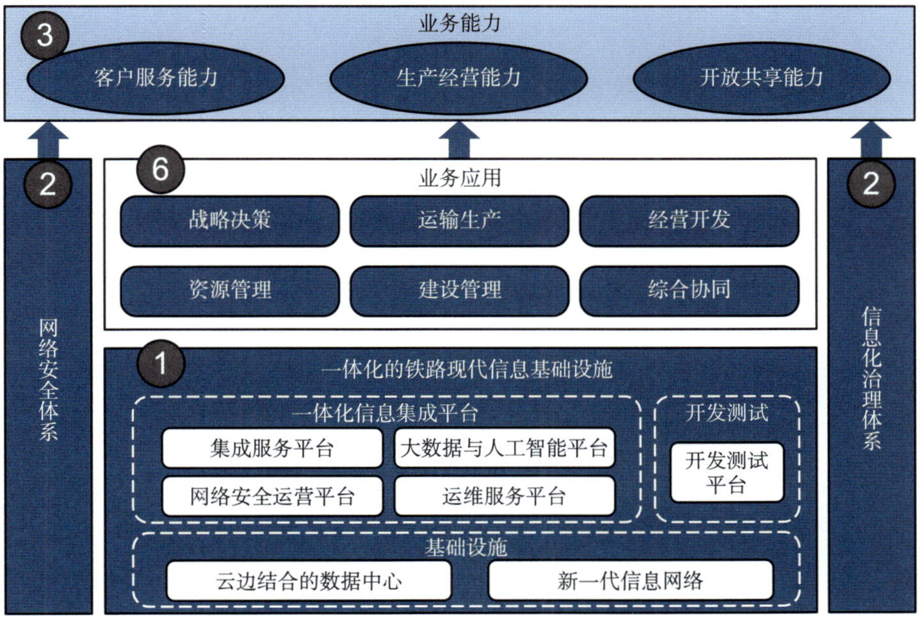

图 2-51 “十四五”网络安全和信息化规划总体蓝图

二、典型业务信息系统

根据《铁路信息化总体规划》，我国铁路开展了铁路信息化建设工作，围绕六大业务应用领域，目前已建设了一系列典型的业务信息平台系统，包括铁路工程管理平台、动车组管理信息系统、基于 BIM 的综合维修生产管理信息系统、智能客站系统、电子支付平台、铁路安全监督管理信息系统和客服语音平台等，有力支撑了高铁技术的发展。

1. 铁路工程管理平台

铁路工程管理平台是建设管理系统的重要组成部分，以铁路工程设计、建设、运营全生命周期管理为目标，以 BIM 技术为核心、云计算为平台架构、感知技术为基础、移动互联为传输手段、建设项目为载体，建立统一开放的工程信息化平台和应用。该平台围绕质量、安全、进度、投资、物资和环保等管理目标开展成体系的信息化管控流程，面向桥梁、路基、隧道、轨道、站房、四电及配套工程等专业施工的工序工法进行信息化监测和管理，辅助实现科学有序、安全优质的工程项目及项目群管理，在现场信息采集、进度管理、质量管理和安全管理等方面取得了系列技术创新成果。

（1）现场信息采集方面，攻克了面向复杂建设工况的系列前端感知技术，包含面向生产设备的海量多源异构质量数据采集与融合技术，危险源辨识、隐患预警等智能分析技术等；建立了立体移动互联体系，实现建设现场、参与各方的无障碍信息传输，基于泛在网络，实现软硬件、终端应用和人员管理的融合，把网络空间、信息空间和现场多维度施工环境集成为一个整体。

（2）进度管理方面，通过电子施工日志、工程调度及现场监测等多维信息采集方式，结合基于时间—里程/轴网/工作任务等多维度的工程计划及进度跟踪综合分析预警技术，构建了铁路工程建设全专业进度管控体系，实现了项目多参与方施工组织的协同编制、动态调整、智能纠偏、资源优化及辅助决策，提升了铁路工程施工组织精细化管理水平。

（3）质量管理方面，在铁路工程管理平台建立统一的质量研判规则库，统一下发到现场各类采集与控制设备中，各类终端系统依据规则进行自动研判和实时提醒，同时依托工程管理平台统一的 DaaS 云处理能力，开展多专业综合质量研判和基于大数据的多维趋势研判，形成云端协同判识的质量控制技术。

（4）安全管理方面，基于铁路工程实体分解标准，结合北斗系统及精准定位，形成统一时空体系，建立了危险源辨识、安全隐患预警、形变监测、危大工程识别等大数据分析模型；实时接入施工现场安全数据，构建了以隧道安全为重点的铁路建设安全管控体系，做到了“事前预防”“事中管控”“事后追踪”，有效减少了现场安全事故。

根据统一规划，我国铁路 2013 年确立了铁路工程建设信息化总体方案，启动铁路工程管理平台（铁路建设管理系统 V1.0）研制工作，经过多年发展，已有 14 个信息化模块发布实施意见及推广通知，5 个模块已纳入施工企业的信用评价中，依托平台将考核纳入日常管理。目前，平台已在 224 个在建项目应用，服务对象覆盖 18 个铁路局集团公司及 20 多个铁路公司，实现了国铁集团重大铁路工程项目全覆盖，非控股铁路和地方项目部分覆盖，海外铁路项目部分应用，促进了大型铁路工程进度、质量、安全的精细化管控和高质量建设，在铁路建设中发挥了重要保障作用。

2. 动车组管理信息系统

动车组运行速度快、开行密集、运维生产组织动静态场景交织、高新技术集成程度高，对数字化精准运维提出了极高的要求。动车组管理信息系统实现了全国铁路动车组运用、维修信息化管理，是及时掌握动车组检修运用状态、提高动车组专业化管理水平的重要技术平台，也是已上线运行的铁路重要生产系统之一。

动车组管理信息系统支持全谱系高速动车组运维生产全过程，构建了覆盖动车组制造维修全产业链的运维管理体系，突破了动车组运用检修生产作业组织、行车安全监测及车地联动管控、机辆健康管理与故障预测等领域的大量关键技术，有力推进高铁高质量发展。动车组管理信息系统为提高动车组运用效率、提升检修质量、降低维修成本、优化修程修制提供了重要技术手段，实现了动车组新造、运用检修、检测监测等全生命周期数据要素集聚融合应用，打通了“造、修、管、用”数据通道，形成了面向运维业务应用及智能决策分析的统一数据标准规范，实现了面向全路动车组的多维度运行状态在途实时监控和地面维修作业管控，建立了开放的基于知识驱动的智能决策管理平台，推动了动车组安全风险超前防范和定制化精准维修。为及时掌握动车组健康态势和故障趋势，依托动车组管理信息系统有效开展了动车组全生命周期质量追溯与修程修制优化，探索铁路机辆装备现代维修管理和先进生产实践，全面保障了动车组安全行车和高效检修。

动车组管理信息系统的应用推广产生了显著的社会效益和经济效益，截至 2023 年底，已支持和谐号/复兴号系列 15 个平台、54 种车型，共计 3 600 余列动车组的运维管理，在全国铁路动车各级运维机构上线实施，包括国铁集团、18 个铁路局集团公司，25 个动车（车辆）段、72 个动车运用所和 7 个主机厂，覆盖全部已开通的客运专线和运行交路，服务铁路各级用户2 万余人，达到了动车组运用检修 “精准、高效、优质、经济”的目标。

3. 基于 BIM 的综合维修生产管理信息系统

我国对铁路基础设施综合维修管理模式的探索已达十年之久，初步形成了“三位一体”“生产生活一体化”“分专业”综合维修模式。综合维修生产管理信息系统建设以国铁集团“关于进一步深化高速铁路综合维修生产一体化站段改革的指导意见”等相关文件为纲领，在全面梳理与总结工务、电务、供电专业信息系统建设现状、维修组织方式与业务需求的基础上，以生产组织为核心，进行业务流程再造，搭建支撑“一体化管理、集中化组织、专业化维修”的信息管理平台，实现专业数据标准统一、生产流程规范、信息全面共享，有效提升了综合维修生产管理水平。

（1）实现了以运维需求为导向、以 BIM 为承载的基础设施建维一体全生命周期管理。建立了建维一体数据编码及数据转换映射体系，实现了建设期数据向运维的自动交付与共享，及与高铁防灾、综合视频等跨专业的信息共享与运用，为高铁基础设施全生命周期管理、建维一体化探索了实践路径。

（2）实现了基于空间域权限的铁路 GIS 数据组织和管理，及多源异构检测监测数据的集成量化分析。基于同一空间数据源，提供面向不同专业不同场景的铁路空间数据服务，集成运用检测监测、设备缺陷、生产维修数据等进行设备状态分析，辅助开展状态修、预防性维修决策。

(3)融合资产管理理念,创新设计了多专业融合的统一生产组织、调度指挥流程,支撑修程修制改革深化发展。围绕基础设施运行服役状态,结合天窗、维修生产力等要素资源,以安全生产过程管理为主线,建立“检测—分析—计划—作业—评价”统一生产组织流程,为现场作业安全管控、远程调度指挥等提供技术支撑,实现了生产作业过程的全流程信息闭环管理。

综合维修生产管理信息系统已应用于沈阳、长春、兰州、西安、南昌、上海等10余个高铁基础设施段,宜昌、海口、襄州、延安等运营维修段,范围涉及京张高铁、浩吉以及中老铁路运维管理,在优化修程修制、促进专业体制融合、统一生产流程等方面发挥了重要作用。

4. 智能客站系统

为适应高速铁路蓬勃发展要求,以满足人民群众日益增长的快速、舒适、便捷出行服务需求为导向,我国铁路开展了智能客站相关设备及应用系统的研发。以客站旅客服务与生产管控平台为基础,以智能化、自助化服务设备为前端支撑,在云计算、物联网、大数据、人工智能、机器人等新信息技术基础上,以旅客便捷出行、车站温馨服务、生产高效组织、安全实时保障、设备节能环保为目标,实现铁路客站智能出行服务、智能生产组织、智能安全保障、智能绿色节能。智能客站重点开展基于AI+、大数据、智联网、区块链、5G等信息技术的智能化服务与生产、智能化调度和指挥、智能化运营管理、智能化安全防护等相关研究。

(1)提出基于CPS+数字孪生的智能车站设计理念,构建了全互联的物理车站和全镜像的数字孪生车站,通过物理车站与孪生车站的精准映射和虚实互控实现了车站数字化观站、生产作业的流程化管控、安全态势推演、车站数字驾驶舱及AI辅助决策等功能,解决了信息层和物理层不同步、一致性差、智能化程度低、管理精准度不高,缺乏车站应用和服务融合理论支撑等问题。

(2)设计智能车站物联网平台架构体系,构建了基于云边协同的智能车站物联网平台总体框架体系,建立智能车站物联网“云—边—端”一体化协同架构,实现智能车站“人员—设备—环境”等生产要素状态信息和服务信息的统一接入、数据传输和数据共享。

(3)提出引导、检票、照明、设备等“九大计划”的一体化自动编制、自适应优化调整、闭环反馈及评估纠偏算法,依托客运各科室编制的业务模板,实现了客运车站计划一体化编制的协调联动,提高了客运组织生产效率。

(4)绘制大型车站内分层、分区的高精度位置服务地图,提出了站内位置数据与铁路客运服务数据融合算法,构建了基于地图、定位等数据的站内外连续引导及瞬态切换模型,实现了旅客在站内外定位导航的无缝切换及对位置信息、客运服务信息的智能化语音搜索，填补了国内铁路行业空白。

（5）提出基于深度学习的站台旅客异常行为实时分析算法，建立了旅客异常行为报警策略，打通了分析报警数据实时向作业终端传输通道，增强了站台作业人员对异常行为旅客的管控能力，保障了车站站台安全运营。

（6）提出基于列车到发计划、人流密度、光照强度等的节能控制策略，构建了“安全—舒适—节能”精细化控制自适应调整模型，实现了对车站照明、空调、电扶梯、导向屏等能耗设备的节能管控。

（7）研制基于人脸识别的自助实名制核验系统，攻克了基于人脸识别技术和第二代身份证或可机读旅行证件的识读技术，实现了“票、证、人”的一致性快速精准核验，自助进站。

（8）升级自动售/取/退票机设备，在既有自动售/取/退票机上增加了对港澳台及外籍旅客的身份证件的识读，攻克了对多种证件高效精准识读技术，新增国外银行卡支付功能、中英双语服务，为国际旅客提供全方位的服务。

截至 2023 年底，旅客服务与生产管控平台已在全国铁路 429 个车站实施。平台集成客票、旅服、办公、调度、动车、视频和 BAS 等七大类数据资源，全面整合旅客服务、客运管理、应急指挥和设备管理四大系统功能，实现客运相关的数据全面共享、业务深度融合、智能安全卡控、智慧节能降耗和资源优化配置。此外，平台实现了客运计划一体化编制、生产业务一体化协调联动、客运设备全生命周期管理、站车一体化应急协同指挥、客运信息一体化集成展示、旅客自助化便捷服务等重大创新，满足了旅客个性化、多样化的出行需要，提高了车站客运服务效率，降低了车站客运服务成本，推进了信息技术和智能高速铁路、智能车站的全面发展，对提升行业服务水平和竞争力、优化产业结构具有重要意义。

5. 电子支付平台

2010 年，随着我国互联网技术的发展，网银支付、移动支付、二维码支付等技术日趋完善，各行业陆续建设电子支付平台，为企业提供了安全可靠、方便及时的支付结算和增值服务，实现了企业在线交易及资金结算。我国铁路充分汲取已有电子支付平台的经验，引入先进技术手段，建立了满足客货运输支付业务发展需求，支持多渠道全方位需要、专属于铁路行业、统一的电子支付平台，有效解决了铁路以现金作为主要支付方式的现实问题，强化了资金统一管理，最大限度方便客户。

铁路电子支付平台实现了业务系统电子支付的统一接入和统一的外部银行联接，目前已与 13 家银行、支付机构、清算组织实现对接，支持国际卡支付，满足互联网、手机、扫码、POS/TVM、闸机等多种交易方式，是铁路重要信息系统。

(1)采用双中心双活架构,满足12306售票支付的高并发、高稳定性、高可靠性要求。双中心流量可以快速进行调度分配,根据不同数据中心标识双中心数据实时进行同步,通过全局负载、DNS、持续数据保护等技术实现中心并行运行、中心故障切换、数据一致性、可靠性等关键指标要求。

(2)创新设计了多渠道、多类型、多业务等多维度交易模式松耦合灵活接入架构体系。平台通过电子支付的支付网关接入不同银行、不同终端,包括支付、退款、查询、撤销、冲正等方面,提升了业务处理效率和升级维护效率。系统架构设计的各个模块之间相互独立,如果有新支付机构接入,只需要独立开发、测试、部署新增模块即可,其他模块无需联动修改。快速扩容可以实现快速扩展部署,有效应对了节假日的访问高峰。

(3)设计了铁路电子支付平台客、货运不同业务类型、不同交易渠道、不同数据中心、不同数据库、不同数据格式的对账和核算一体化数据处理技术,实现电子支付平台统一的对账、偏差处理、退款审核、投诉处理、资金结算、资金核算等业务的数据处理。

(4)构建了铁路电子支付全流程交易安全机制,实现端到端、多级加密、全链路安全防护技术,完整实现了关基和等保四级系统交易的基于硬件多重身份认证、通信链路、通信数据、数据存储的数据防抵赖、防篡改、可追溯。

铁路电子支付平台的建设及运行,实现了铁路客运业务电子支付的统一接入和管理,涵盖铁路客运、货运线上、线下全渠道业务场景。铁路电子支付平台日均交易超千万笔,高峰期达3 780万笔,为铁路客户提供了丰富、便捷、安全的电子支付服务。

6. 铁路安全监督管理信息系统

铁路安全监督管理信息系统(以下简称安监信息系统)是国铁集团和18个铁路局集团公司对速报、事故、故障和综合信息等安全信息进行统一管理的信息服务平台,实现各类安全信息的全过程闭环管理和查询分析。2007年9月,《铁路交通事故应急救援和调查处理条例》颁布施行,同年,铁道部提出加快建设和完善铁路安全检查监测保障体系的要求,安监信息系统作为该体系的重要支撑手段,同步研制、建设并开通使用。2011年,完成了安监信息系统推广建设实施并沿用至今。《"十四五"铁路网络安全和信息化规划》提出,运输生产领域安全监管系统建设主要任务是升级改造安全监督管理系统,进一步规范安全监督检查、安全信息、事故故障等管理。针对上述要求,2022年,国铁集团将安监信息系统更新改造为2.0版本,升级了技术和安全架构、完善了系统功能、优化了系统性能,充分发挥了安全信息在确保铁路运输安全中的重要作用。截至2023年底,安监信息系统2.0版本已完成在全国铁路的推广实施工作。

安监信息系统依托铁路内部服务网,汇集相关安全信息和基础数据,支持安全管理信息在国铁集团、铁路局集团公司、站段多级联网应用;实现事故故障调查处理闭环管理;通过对安全信息的多源汇集、清洗提取、挖掘分析、预警报告和可视化展示,为安全管理决策提供辅助支持,满足安全监督管理信息共享需求。

(1)构建了多层级联网应用的安全监督管理信息综合服务平台,实现了多专业监督检查、事故管理、分析预警的一体化管理。

(2)运用网络化闭环式流程管理技术,创新性地实现了监督检查、事故调查和综合分析等核心安全监督管理业务流程优化与再造,规范了安全监督管理行为,提高了铁路生产作业水平和安全问题的处理效率及质量。

(3)提出铁路运输安全综合预警评价指标体系,建立了铁路运输安全预警分级模糊综合评判模型,解决了多因素、多层次下综合评判结果的有效性问题,实现了综合安全预警和辅助决策。

(4)研发多项具有自主知识产权的系统集成中间件,实现了异域数据集成,解决了分布式环境下数据协同执行效率低及不稳定等难题,开发了基于后台事务处理驱动的闭环管理工作流软件,解决了业务融合、数据集成、信息共享、系统框架等关键技术,为系统体系框架提供技术支撑。

安监信息系统自投入运用以来,为全国铁路安全监督管理提供了强大的技术支撑,有效遏制了关键性安全问题多发势头,消除了安全隐患,规范了安全监督检查管理行为,提高了安全问题处置及反馈效率,实现了安全监督管理由"传统"向"现代"、"事后处理"向"事前预防"转变的重大突破,促进了安全监督管理质量的全面提高,确保了铁路运输安全的持续稳定,该系统已成为国铁集团、各铁路局集团公司进行事故和安全信息管理的重要支撑工具,社会效益和经济效益显著。

7. 客服语音平台

铁路客服语音平台在铁路运输客户服务体系中发挥着至关重要的角色,系统自 2010 年开始建设,全路 18 个铁路局所在地设置了区域性铁路客户服务中心,通过 12306 热线提供 7×24 小时全天候的客户咨询解答、投诉、表扬、求助受理等服务。在铁路客户服务中心内部运营方面,通过录音质检、排班考勤、考试培训、绩效考核、现场管理、统计分析应用系统构建,实现了精细化科学运营管理。

(1)创新了铁路客户服务中心信息系统架构,自主研发自主运维。采用"集中+分布式"总体架构,采用最先进的第五代呼叫中心系统,统一"12306/95306"客服号码提供人工服务,同时通过网站、短信、邮箱、APP、微信等渠道提供线上服务,构建了国内先进的铁路客户服务中心信息系统。

(2)制定铁路客服中心运营管理规范,创新客服中心内部精细化管理技术,构建综合服务系统。首次制定了《铁路客户服务中心运营管理规范》,遵循以客户为中心、坚持服务第一、成本控制、注重提高运营能效、保持系统和业务延续性、兼顾多种运营管理形式、保持适当前瞻性等原则，统一和规范了职能定位、组织架构、服务策略、流程管理、人力资源管理、现场管理、知识管理、质量管理、营销管理、运营绩效评估，指导各铁路局客服中心运营管理工作，提高全路客服中心的整体运营水平。创新客服中心内部管理技术，实现客服中心精细化运营。

(3)创新提出了话务资源调度模型，攻克了全路客户服务中心间话务统一调度、统一排队、统一监控、统一路由关键技术，突破了跨平台间的底层通信难题，实现了全路全网的座席资源共享，进一步提升了旅客服务体验。

(4)创新提出了客服中心“一台电脑、一个终端、一个界面”模式，实现了客票专网、办公网、外部服务网、互联网等相互独立的网络平台间的数据互联、业务互通、信息共享、功能全覆盖。创新服务方式、服务流程，打造铁路精品品牌。构建了科学灵活一体化架构的综合查询系统，实现了业务功能全覆盖。包括业务咨询、投诉受理、求助服务、失物招领、信息查询、客户信息管理、多媒体信息处理等服务功能；包括车票预订、货物受理、物流方案等面向客户的客货运服务功能；包括商旅服务、列车订餐、特色购物、小件代运、接送服务、商业广告等延伸服务功能；包括语音引导、热点语音、知识管理、智能排班、统计分析、工单管理、消息管理、绩效管理、质量管理、培训考试、现场监控、资源调度等客服管理功能；扩展电信增值业务等服务功能。创新了铁路旅客服务方式，推出重点旅客预约、遗失物品查找等温馨服务。攻克了全路客运服务单电子流转关键技术，突破了跨平台跨网络跨终端限制，统一了数据字典，完善了作业流程、优化了服务效率，进一步提升客运服务质量。提出了线上线下全流程闭环处理模型，规范了数据字典维护章程，明确了各环节作业时限职责，通过高度集成铁路客服业务管理系统、客运管理信息系统、客运站车无线交互系统，实现了客服中心与站车之间业务的自动流转和全流程闭环处理，减少了线下人工处理环节，进一步提升了铁路工作效率。

(5)突破产能瓶颈。采用语音合成、语音识别、语义理解、机器对话等前沿先进技术，设计智能语音导航、智能质检、文本机器人智能化应用，用丰富的交互方式来突破服务产能瓶颈，把相对标准简单而又高频的内容，用丰富的技术服务渠道、服务手段分流出去，实现铁路客户服务中心由互联网客户服务中心时代向智能客户服务中心时代迈进。

三、一体化铁路现代信息基础设施

一体化铁路现代信息基础设施主要为铁路业务应用系统提供规范的信息基础设施服务，包括中国铁路主数据中心、铁路主数据管理平台、铁路地理信息平台、铁路北斗应用服务平台，此外，还建设了铁路数据服务平台、铁路人工智能平台等。

1. 中国铁路主数据中心

中国铁路主数据中心（以下简称主数据中心）是铁路数字化底座的核心枢纽、铁路业务系统生产运行中心，是铁路首座按照国家最新、最高等级 A 级上限标准建设的现代化数据中心，成功入选 2022 年国家新型大型数据中心典型案例。主数据中心与 18 个铁路局集团公司既有机房高速互联，构成有机整体；在京所属单位通过专线接入铁路内部网络；接入电信、联通、移动互联网专线，能够提供 30 G 以上数据交互传输能力。

主数据中心是遵循业界领先理念建设的云数据中心，广泛运用虚拟化、云计算、大数据等新技术，坚持自主可控优先，规模化部署了铁路自主知识产权的云计算平台、超融合一体机等产品，承载全国铁路应用系统的集中部署及数据资源存储，具备高算力、高能效、高安全特征。主数据中心按照等保 2.0 标准构建网络安全纵深防护体系、换代信息网络架构，规模采用 SDN 组网技术并构建基于 IPv6 的基础网络体系，网络架构更加科学，安全防线更加牢固。以平台理念为指导，创新建成投用支撑铁路企业级应用的一体化信息集成平台、一体化数据中心级网络安全防护平台、一体化数据中心综合运维管理平台，首次整体实现了铁路行业云落地和应用。

主数据中心的建设和应用，显著推动了云计算、大数据等新技术在全国铁路的广泛应用，为铁路各类业务应用系统部署提供了安全、可靠的运行环境，切实增强了铁路对内对外服务能力。主数据中心通过计算存储资源的集中部署，形成规模聚集优势，有效节约了业务计算资源，降低了机房运维成本，在提升铁路运营效率、保障铁路运输安全、建设智能铁路等方面发挥了重要作用，引领铁路信息化迈入云时代。

2. 铁路主数据管理平台

铁路主数据是指在铁路企业内跨部门重复使用的、相对静态的、非涉密的、用于描述核心业务实体的基础数据，具有共享性、唯一性、原始性、稳定性等基本特征。为促进铁路信息系统互联互通和数据共享，保证各业务应用系统使用主数据（基础数据）的一致性、准确性和规范性，我国铁路组织建设了铁路主数据管理平台，采用集中部署方式，由主数据平台应用软件、主数据共享库，以及支撑主数据平台的基础硬件、系统软件组成。铁路主数据管理平台于 2017 年 8 月 1 日正式上线运行，面向全国铁路提供铁路公用基础数据共享服务。

通过铁路主数据管理平台，我国铁路建立了完整、准确、唯一、开放的企业级主数据，实现铁路主数据统一管理、及时更新、专业维护、集中发布、全路共享，为各业务应用系统和用户提供了标准、规范的主数据服务。

3. 铁路地理信息平台

铁路地理信息平台是一个以铁路空间信息数据库为载体、以地理信息系统（GIS）技术为核心、以实现铁路空间信息和服务共享为目标的基础平台。铁路地理信息平台集中统一管理应用于铁路行业的国家基础地理信息数据、铁路各专业公用地理信息数据、铁路各专业专用地理信息数据，采用“一张图＋N服务”的地理信息应用模式，面向全国铁路各业务系统提供空间地理信息数据及GIS功能服务，并支持基于平台的应用开发和服务发布，为铁路战略决策、建设管理、资源管理、运输生产、经营开发、综合协同提供了强有力支撑。

铁路地理信息平台2015年完成研发，2017年正式对外提供服务，目前已支撑了12306、95306等80余个业务系统，累计访问量达3亿多次，地图服务日均请求达十万次，涵盖运营维护、联调联试、调度指挥、资产管理和应急处置等20余个业务领域，并在国铁集团级、路局级、专业级以及京沪、京张等重点铁路开展推广应用，成为铁路内部唯一权威的空间信息服务载体，为数字铁路、智能铁路建设发挥了极其重要的平台支撑作用。

铁路地理信息平台由门户子系统、GIS功能服务子系统、数据服务子系统、数据集成管理子系统、数据维护管理子系统、运维管理子系统六部分组成，提供铁路地理信息数据的管理、发布、展示、分析、开发支撑、访问监控等。平台创新采用基于弹性化共享空间服务的数字铁路引擎技术，构建可伸缩型、高并发、灵活性强的空间信息服务引擎，实现云端动态按需调配铁路空间引擎资源，并对外提供标准化、多类型服务接口，满足了铁路空间服务多样化高并发访问需求。此外，平台现已发布《铁路地理信息分类与编码》《铁路地理信息数据交换技术规范》《铁路地理信息图形符号》等技术标准，规范了铁路地理信息数据的组织管理、交换共享、工程三维参数以及可视化表达等关键环节。

4. 铁路北斗应用服务平台

铁路北斗应用服务平台是以实现铁路北斗技术服务统一、时空基准统一、时空信息共享为目标的信息化基础平台，为铁路各业务应用提供高精度定位、短报文通信、授时及时间同步、在网设备统一管理、北斗数据安全加密等服务，并支持时空信息共享和大数据分析。平台统筹推进铁路局集团公司内外北斗卫星导航数据信息的接入、汇聚和共享共用，为重点线路、重要区域提供高精度、高可靠的北斗应用服务，不断完善时空综合服务体系，提升时空综合服务范围和质量。

铁路北斗应用服务平台自2019年完成研发，支撑了浩吉铁路基础设施监测应用、京张高铁北斗示范应用、京沪高铁北斗示范应用、格库和若铁路新型列控系统综合试验、福厦高铁CR450动车组新技术部件换装科学研究试验等重大工程和科技攻关，以时空信息赋能智能铁路高质量发展。

为深入贯彻落实国家对行业推广应用北斗技术的要求，做好北斗示范应用建设，铁路北斗应用服务平台从各业务领域实际应用需求出发，设计了在网设备管理、短报文通信服务、高精度位置服务、授时服务、运营管理服务和系统管理服务六大功能，面向终端和业务系统用户，提供了北斗高精度定位、通用时空分析、时空信息共享、短报文通信、高精度授时、专题图定制等服务；同时为运营管理、技术维护人员提供了所属限界内的卫星导航终端可视化概览、集中统一监控、一体化运营运维、系统维护等功能。

铁路北斗应用服务平台核心创新点主要体现在以下方面：

（1）融合国家、行业和自建基准站网资源。创新采用了多网融合及联合解算技术，对全国铁路在网终端设备及站网基础设施进行统筹管理，通过汇聚铁路各专业北斗/GNSS卫星导航定位终端的时空信息，基于地基增强网和铁路地理信息一张图形成铁路基于时空位置的数据湖，实现了北斗高精度位置服务网的高效运行、集约利用、共建共享。

（2）创新采用时空数据高效组织与轻量化存储管理技术。面向北斗应用终端零散化难以管理的现状，构建了适应铁路全生命周期多业务领域的时空数据服务体系，以北斗时空为基准，以位置服务为核心，汇聚二三维、静动态的全要素数据，实时汇集铁路行业各种时空信息，进而形成互联更广泛、服务更灵活、更加安全可靠的时空数据服务体系，为提升铁路时空信息综合服务水平和自主可控保障能力提供重要支撑。

（3）创新研发应用适应全路的整网解算方法。研究构建了电离层延迟特性、空间均匀性、站网质量监测等优化模型，形成了面向不同区域的高精度解算算法和服务体系，面向极复杂艰险山区西南地区、复杂场站多因素多路径影响、跨区域长带状线性组网等环境条件，定制研发了数据处理优化算法，全面支撑全域全息全生命周期北斗高精度服务应用。

（4）实现铁路时空信息服务安全自主可控的管理创新。在铁路北斗应用顶层设计和时空数据服务体系创新的基础上，研究基于铁路北斗应用服务平台的数据安全传输、存储和管理机制，形成包括数据脱敏、加解密、跨网安全协议、外部接口标准文件等保障措施，实现了北斗定位、导航、授时、短报文全功能服务提供，构建了精准安全可靠稳定的铁路北斗应用生态。

四、网络安全体系

当前铁路已建设形成覆盖国铁集团、铁路局、站段三级的网络安全体系，用以保障“战略决策、经营开发、运输生产、资源管理、建设管理、综合协同”六大业务领域信息系统的安全可控，提升计算环境安全、网络边界安全、应用安全综合管控能力。

在网络安全管理体系建设方面，铁路网络安全体制机制持续健全，制度标准体系逐步完善。坚决贯彻落实网络安全工作责任制明确要求，国铁集团成立了网络安全和信息化领导小组。同时，遵循国家网络安全法律法规，围绕铁路信息化建设目标，已建立覆盖国铁集团、所属企业、站段，涵盖信息系统研发集成、工程建设、运行维护等全生命周期，涉及事前规范、事中控制、事后监督全业务流程的网络安全管理规章制度体系。在有效执行网络安全等级保护工作的基础上，重点加强铁路关键信息基础设施安全保护工作，全力做好重要时期安全保障、攻防演习、监督检查、应急演练、宣传教育等各项安全保障工作。

在网络安全技术体系建设方面，通过铁路计算机网络安全工程等项目，已建立国铁集团、铁路局集团公司两级部署的计算机网络安全平台等基础性安全防护平台，实现铁路综合信息网三网隔离。伴随客票预订和发售系统、铁路电子支付平台等系统建设，实现铁路综合信息网与系统专网之间的安全隔离。初步形成以铁路综合信息网为基础的铁路网络安全纵深防御架构。依托铁路领域网络安全一体化保障工程，已建成安全态势感知平台、集中安全管理平台、移动应用安全接入平台、互联网网站群安全技术平台、电子认证服务平台共 5 个统一支撑平台，进一步完善计算环境安全防护、区域边界安全防护、通信网络安全防护、云计算环境安全防护、基于大数据的业务风险防控共 5 项技术保障措施，构建了覆盖铁路四网三级的一体化网络安全防御体系，实现了对 12306、95306、铁路电子支付平台等关键信息基础设施和核心应用系统、70 余万计算机终端、云计算和大数据等新技术应用场景的安全防护。

在网络安全运营体系建设方面，国铁集团本级已建成网络安全运营大厅，并初步建立网络安全运营机制，成立监测分析、漏扫检测等团队，实施全天候监控值守，服务 18 个铁路局集团公司的安全事件管理，同时对接中央网信办、公安部网络安全威胁通知，开展安全信息的共享、流转、指挥处置等工作。依托国铁集团、铁路局集团公司两级部署的铁路网络安全态势感知平台，实现铁路综合信息网，列车调度指挥系统、客票预订和发售系统、铁路电子支付平台等系统专网的资产信息、网络流量、安全设备日志等安全数据汇聚，实现覆盖铁路四网三级的安全态势感知、安全威胁分析、风险隐患发现。健全了网络安全测评工作机制，加强网络安全等级保护测评、风险评估、密码测评等工作，建立了中国铁路“三位一体”网络安全测评体系，从系统全生命周期、测评类别、铁路业务三个维度分别针对不同的业务类型、不同系统生命周期梳理形成需开展的各类测评类型，对于指导系统测评工作起到重要作用。研发了移动终端接入安全平台、基线核查、漏洞管理等网络安全产品，经过应用推广，在移动终端安全、系统合规基线、安全漏洞消控、动态身份认证等方面取得了显著效果。提升了网络安全攻防技战水平，搭建了铁路网络安全靶场实验室和信创实验室环境，实现了铁路典型重要信息基础设施的仿真和信创适配验证基础资源，铁路网络安全人才攻击和防护水平明显提升，铁路网络安全主动防御能力稳步增强。

第八节 智能高铁

为提升中国高铁服务质量、安全水平和运输效率，实现中国高铁技术的持续领跑，我国大力推动高铁全生命周期全产业链协同，融合应用信息新技术推进中国高铁智能化发展。我国铁路提出了“顶层设计、平台先行，模数驱动、轴面协同”的建设理念，瞄准世界科技前沿，围绕智能建造、智能装备、智能运营等关键技术开展攻关，首次构建了智能高铁体系架构；发布了《智能高速铁路体系架构 1.0》标准文件，全面指导中国高铁智能化建设；牵头提出了具有普适性的智能高速铁路技术体系，为国际铁路联盟(UIC)及世界各国提供了中国智能高铁方案。相关成果陆续在京张高铁、京雄城际、福厦高铁等项目中得到应用，形成智能高铁 2.0 科技攻关方案，并在此基础上编制完成智能高铁 2.0 成渝中线实施方案，推动智能高铁实现升级发展，促进中国高铁在智能化领域不断进步。

在顶层设计方面，我国系统构建了智能高铁体系架构，明确了系统的组成要素，确定了各要素之间的相互关系，为大系统的集成、研发、测试、运营等提供了遵循。结合智能高铁的特点和建设需求，智能高铁体系架构(IHSR-SA)从技术、数据、标准等维度对智能高铁包含的各组成部分及其相互关系进行了体系化、层次化、规范化设计，由技术体系框架、数据体系框架和标准体系框架三部分构成。其中，智能高铁技术体系框架(IHSR-TSF)是智能高铁体系架构的核心，定义了智能建造、智能装备、智能运营等三大板块的技术构成，为数据体系框架、标准体系框架的制定提供指导；智能高铁数据体系框架(IHSR-DSF)针对技术体系框架中定义的智能建造、智能装备、智能运营等三大板块创新应用产生的数据以及其他相关的内外部数据，以数据全生命周期管理为主线，定义了数据汇集、存储分析和应用展示等服务；智能高铁标准体系框架(IHSR-SSF)为技术体系框架和数据体系框架的落地应用提供数据、技术、管理等方面的标准支撑，定义了通用基础与管理标准、智能高铁应用标准、平台及支撑技术标准等内容。智能高铁体系架构如图 2-52 所示。

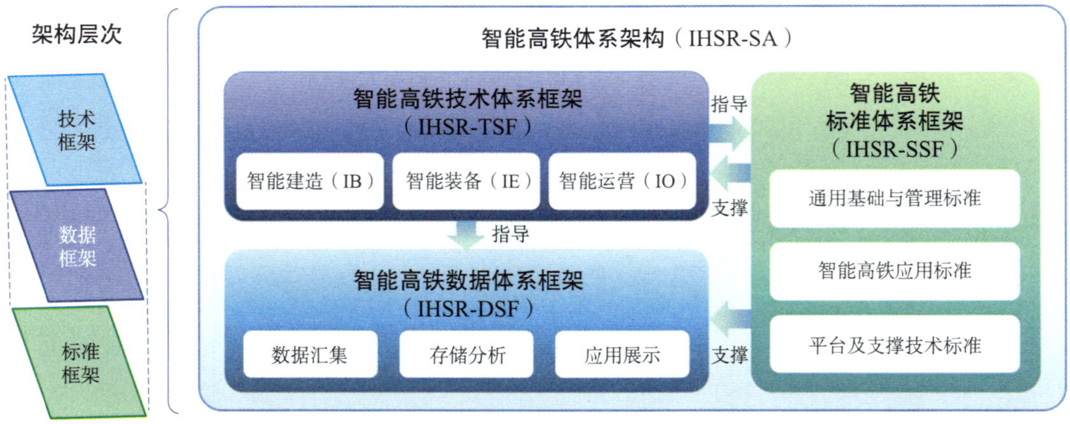

图 2-52　智能高铁体系架构

在平台方面，我国构建了智能高铁基础平台，作为智能高铁系统的底层基础设施，为智能高铁体系架构的实现和智能高铁系统的有序运行提供必要的资源环境和技术支持。智能高铁体系架构与基础平台两者相互依存，共同构建了一个稳定、高效的智能高速铁路系统。

一、技术体系框架

为进一步规范智能高铁建设与运营，我国从顶层设计角度出发制定了完整的智能高铁技术体系框架。该体系框架设计采用分类分层设计原则，基于智能高铁技术创新需求，自顶而下划分为板块、领域、方向、创新、支持平台五个层面，可概括为三大板块、十大领域、18 个方向、*N* 项创新、一个平台。智能高铁技术体系框架如图 2-53 所示。

三大板块指智能建造、智能装备、智能运营。

十大领域指在三大板块框架下勘察设计、工程施工、建设管理、移动装备、通信信号、牵引供电、检测监测、客运服务、运输组织、养护维修等领域。

18 个方向指在三大板块、十大领域框架下空天地一体化工程勘察、基于 BIM 工程设计、桥隧路轨工程智能化施工、客运站工程智能化施工、四电工程智能化施工、基于 BIM + GIS 工程建设管理、智能动车组、智能综合检测车、信号、通信、智能牵引供电、智能检测监测、智能客运、智能票务、智能综合调度、智能行车调度、工电供一体化运维、动车组智能运维等方向。具体如下：

（1）空天地一体化工程勘察。针对高速铁路工程勘察场景，综合应用 GIS、北斗、全站仪、水平仪、航空摄影测量、激光雷达测量等先进技术手段，实现空天地一体化的地质调查、钻探、触探、物探。基于 GIS 提供沿线数字高程模型（DEM）数据及地形的三维显示，支持勘察设计阶段进行土石方、用地量的估算，并将与高速铁路建设运营相关的勘测设

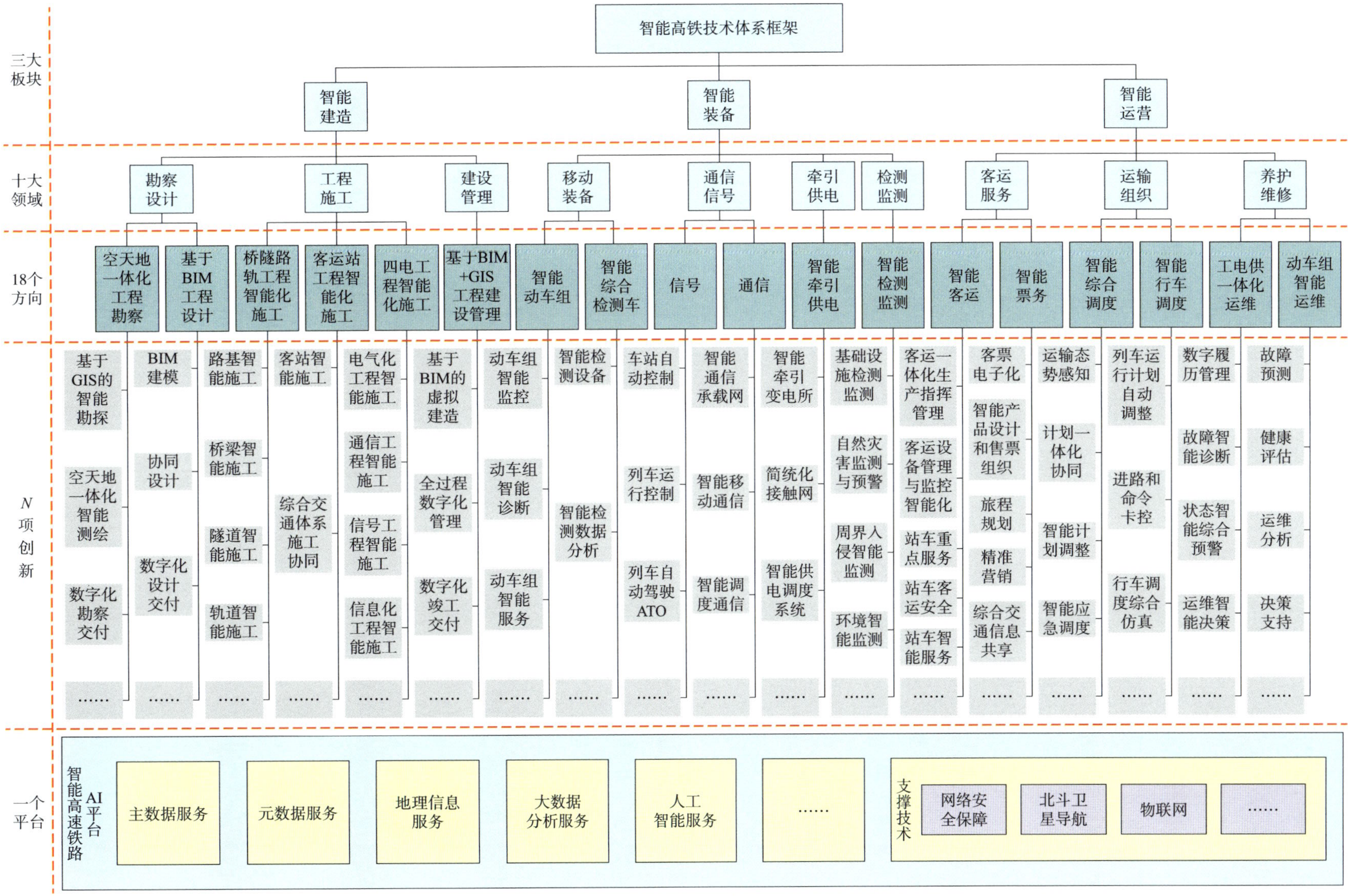

图 2-53　智能高铁技术体系框架

计信息进行存储管理和向设计阶段进行数字化交付。

(2)基于 BIM 工程设计。通过视频、VR/AR、BIM 等技术进行协同方案设计,构建三维 BIM 设计的统一工作环境,形成基于 BIM 的协同设计体系,有效支撑测绘、线路、桥梁、隧道、路基、接触网、信号等多个专业 BIM 协同设计,实现勘察设计多源数据融合。

(3)桥隧路轨工程智能化施工。针对桥梁、隧道、路基、轨道等站前工程,集成运用 BIM、北斗、图像识别、机器人等技术,实现钢桁梁多点同步顶推、状态自动监测、桥面结构工厂化制作和预制式拼装等桥梁智能化施工,实现复杂多域施工技术、隧道结构健康监测、隧道可视化管理等隧道智能化施工,实现可视化路基填筑、智能施工机器人等线路智能化施工,实现轨枕智能检测、轨枕工业互联网生产管理系统等轨道智能化施工。

(4)客运站工程智能化施工。基于 BIM 实现客站装饰装修、钢结构、机电管线、客服机房等深化设计和绿色设计,利用 BIM + IoT 技术实现施工原材料追溯,实现深基坑监测、高支模监测、塔吊防碰撞、钢结构焊缝等施工信息化管理;构建基于 BIM 的施组优化仿真系统结构体系,实现施工精细化管理。

(5)四电工程智能化施工。以 BIM + GIS 技术为核心,RFID 电子标签、二维码等物联网技术为手段,实现通信、信号、电力、电气化等四电设备在设计、制造、安装、调试、验收过程中的数据采集与集成,为四电设备全生命管理提供信息化手段。

(6)基于 BIM + GIS 工程建设管理。围绕高速铁路工程建设过程中人、机、料、法、环等要素,基于 BIM + GIS 的多源数据融合和模型轻量化技术,实现数字孪生高铁,支持全线、全专业、全过程工程建设的进度、质量、安全和环保的项目精细化管控。

(7)智能动车组。基于全方位信息与态势感知、自动驾驶、运行控制、故障诊断、故障预测与健康管理(PHM)等技术,实现动车组智能监控、智能诊断和智能服务;通过专用涂装、专用平面布置、5G 直播等功能全面支撑冬奥赛事。

(8)智能综合检测车。通过加装轨道、接触网、轮轨关系、通信、信号检测和综合系统设备,实现综合检测车高速行进过程中即时传输与分析检测数据,智能感知高速铁路基础设施状态。

(9)信号。在 CTCS-3 级列控系统基础上增加 ATO 相关设备,实现时速 350 km 下的列车自动驾驶功能;通过在车站股道增加地面精确定位应答器,实现列车自动精确对标停车;实现车站自动发车、区间自动运行、自动停车、自动开门、车门与站台门联动,提升生产效率,减轻司机工作强度。

(10)通信。采用先进的通信承载网、宽带移动通信、多媒体调度通信等技术,传输和交换高速铁路建设、运营、维护过程中的各种信息,提供满足典型应用场景的多媒体化、个性化、宽带化的通信服务。

(11)智能牵引供电。采用数字化设备,实现牵引变电所的集成化展示、自愈重构、信息共享和主动运维,提高牵引供电运用维护效率;从系统参数、腕臂和定位装置、统一材质、提高零部件服役性能、防松防腐等方面优化简统化接触网。

(12)智能检测监测。实现高速铁路沿线风、雨、雪、地震等自然灾害和周界入侵事件的监测、报警及处置,并接入灾害监测中心系统;实现灾害监测资源的集约配置、监测信息共享、设施设备质量缺陷判识和状态评估。

(13)智能客运。构建覆盖"人员—列车—设备—环境—作业"的智能客站,实现智能客站生产服务各环节协同联动,为精准旅客服务、高效生产组织、可靠安全保障、绿色节能环保提供信息化赋能。

(14)智能票务。实现全面电子客票;依托 AI 和工业互联网技术、图像识别技术、智能语义分析等先进技术,实现旅客快捷进出站;结合弹性客流需求,对旅客列车开行方案动态优化,实现计划动态适配;实现跨多种交通运输方式下的电子客票鉴权与互认。

(15)智能综合调度。充分利用大数据、人工智能、网络优化等技术,实现运输各专业生产信息集成、运输生产计划一体化编制和作业协同联动;实现调度指挥全过程的感知、决策、操控、评价智能化;实现运输态势的精确自动预测。

(16)智能行车调度。能够根据不同应急情况提供对应配套的调整策略;拓展现有行车调度系统自律卡控条件和自律检查范围;实现调度员实景模拟仿真;实现与客运、供电、工务、机务、车辆等专业系统的信息共享扩展;实现列车运行计划上车,确保动车组按图行车。

(17)工电供一体化运维。围绕高速铁路工务、电务、供电基础设施,实现基于 BIM + GIS 的工电供基础设施设备资产数据的集中统一管理,提高移动和固定设施设备检查数据接入与处理能力;实现工电供综合设备单元的量化分析与综合评估;实现工电供联合生产调度统一管理;实现基于大数据的工电供一体化智能运维。

(18)动车组智能运维。汇集动车组制造、运用检修、自动化设备检测、动车组监测和运行环境数据,进行数据解析、数据清洗、数据融合,利用数据建模以及深度挖掘技术,实现动车组的故障预测、健康评估、运维分析、决策支持,为动车组运用检修工作提供决策依据,提升动车组的运用效率和效益。

N 项创新指在三大板块、十大领域、18 个方向框架下基于 GIS 的智能勘探、BIM 建模、路基智能施工、客站智能施工、电气化工程智能施工、基于 BIM 虚拟建造、动车组智能监控、智能检测数据分析、智能牵引变电所、基础设施智能检测监测、站车智能服务、客票电子化、列车运行计划自动调整、运维智能决策等智能化创新。

一个平台指为智能高铁技术创新提供支撑和服务的智能高速铁路 AI 平台。

二、数据体系框架

高速铁路在运输生产和经营活动中,产生和积累了海量的旅客出行、安全监测、工程建设等数据,这些数据的充分应用是促进智能高铁建设、推进新时期铁路快速发展的重要手段和途径。我国铁路从数据层面对智能高铁全生命周期数据资源的汇集、治理、共享和分析等进行了整体设计,提出了智能高铁全生命周期数据体系框架,设计了数据分类与组织方法,构建了典型的数据分析应用场景。

智能高铁数据体系框架自底向上分为数据汇集层、存储分析层和应用展示层。数据汇集层用于汇集来自智能建造、智能装备、智能运营三大板块和既有业务信息系统的数据,以及其他交通方式、气象、地震等外部相关数据,实现全业务、全类型的智能高铁数据汇集。存储分析层基于智能高铁基础平台,对数据进行标准化、规范化处理,按建造、装备、运营等不同主题建立全生命周期数据组织与存储结构,形成一套多专业融合、跨业务、跨部门共享的规范数据资源,并提供基础数据管理、数据集成、数据治理等服务。应用展示层采用“平台 + 应用”的铁路大数据应用模式,围绕工程建设、移动装备、基础设施、运输生产、运营安全、客运管理与服务、综合交通共享等领域,开展大数据典型应用。智能高铁数据体系框架如图 2-54 所示。

1. 智能高铁数据资产

智能高铁数据资产由智能建造、智能装备、智能运营三大数据域构成。智能建造数据域,包括空天地一体化工程勘察数据、基于 BIM 工程设计数据、桥隧路轨工程智能化施工数据、客运站工程智能化施工数据、四电工程智能化施工数据、基于 BIM + GIS 工程建设管理数据等内容。智能装备数据域,包括智能动车组数据、智能综合检测车数据、信号数据、通信数据、智能牵引供电数据、基础设施检测监测数据、自然灾害监测与预警数据、周界入侵智能监测数据、环境智能监测数据等内容。智能运营数据域,包括智能客运数据、智能票务数据、智能综合调度数据、智能行车调度数据、工电供一体化运维数据、动车组智能运维数据等内容。设备设施基础台账数据、外部环境数据贯穿铁路全生命周期的多个业务环节,为三大数据域共享。

2. 数据服务平台

数据服务平台部署在中国铁路武清主数据中心,构建了由智能建造数据、移动装备数据、运营服务数据构成的数据湖,能够提供基础数据管理、数据集成、数据治理、数据共享、数据分析等服务,未来可在此基础上拓展人工智能分析服务等。基础数据管理实现了铁路主数据、地理信息及元数据等方面的规范化管理;数据集成实现了结构化数据、半

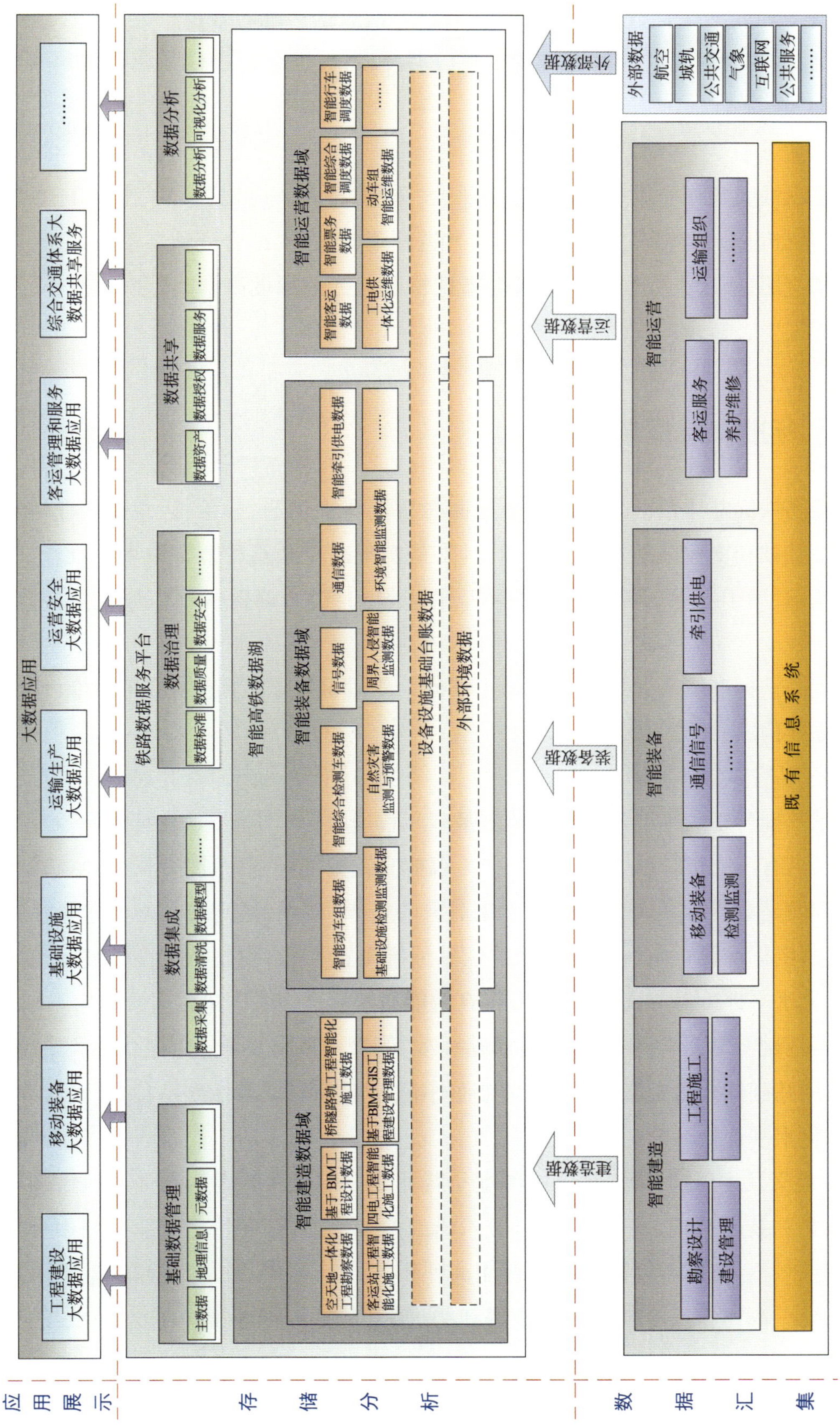

图2-54 智能高铁数据体系框架

结构化数据和非结构化数据的抽取、转换和导入;数据治理对数据标准、质量、安全等进行管理;数据共享实现了数据资产发布和数据授权;数据分析提供了模型算法和可视化等服务。

3. 智能高铁大数据应用

智能高铁大数据应用基于数据服务平台,采用“平台 + 应用”模式,围绕工程建设、移动装备、基础设施、运输生产、运营安全、客运管理与服务、综合交通共享等领域,开展大数据典型应用,实现大数据技术与智能高铁核心业务的深度融合,构建铁路行业与社会协同的数据生态体系。

三、标准体系框架

智能高铁标准体系框架是从标准层面对智能高铁建造、装备、运营全产业链成套技术及相关基础和支撑标准进行的整体设计,是实现高速铁路智能化技术标准化、规范化的重要基础,用于指导智能高铁标准体系的建设和维护,确保各项工作统一规范、无缝衔接。

智能高铁标准体系框架主要由通用基础与管理标准、智能高铁应用标准、平台及支撑技术标准构成,如图 2-55 所示。

1. 通用基础与管理标准

通用基础与管理标准是指作为技术基础和管理服务基本要求,在智能高铁领域内普遍使用且具有广泛指导意义的标准。作为智能高铁标准体系中的基础,通用基础与管理标准一方面是对智能高铁领域内标准化对象的概念、数系、通则等共性因素做出的统一规定,是制定标准过程中所必须遵循的依据或准则;另一方面是智能高铁技术研发与管理、智能化水平评价等方面的基本要求,在智能高铁标准体系内可以直接应用。

通用基础与管理标准包括通用基础标准、管理与服务标准,具有广泛的适用范围。其中,通用基础标准由定义及术语、编制通则组成,管理与服务标准由技术研发与管理标准、智能化水平评价标准组成。

(1)定义及术语:对于一种事物的本质特征或一个概念的内涵和外延所做的确切表述;术语又称技术名词、科学术语、科技术语或技术术语,是在特定专业领域中一般概念的词语指称。定义及术语标准界定智能高铁相关的定义、内涵、构成和基础术语及专业术语,以统一高速铁路智能化建设中遇到的定义、主要名词、术语和技术词汇,避免歧义理解。

(2)编制通则:主要规定编制标准应遵循的规则、步骤和方法等,是指导编制智能高

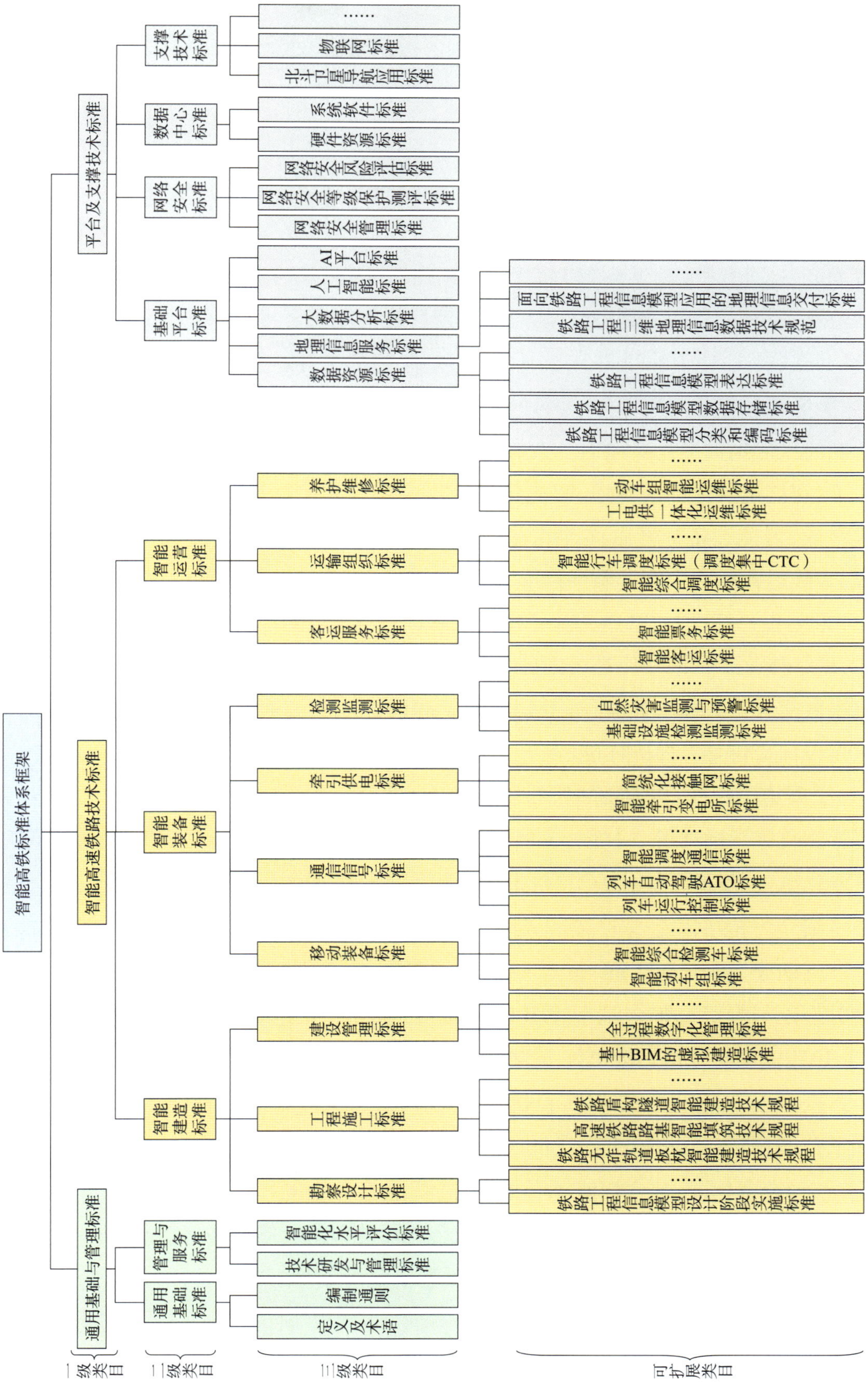

图 2-55　智能高铁标准体系框架

铁标准体系及相关标准的标准。

（3）技术研发与管理标准：主要是在智能高铁相关系统软硬件开发与管理过程中所涉及的标准。

（4）智能化水平评价标准：主要是通过科学、客观、合理的智能化评价指标有效评价智能高铁系统智能化水平的标准。

2. 智能高铁应用标准

智能高铁应用标准是贯穿智能高铁设计、建造、制造及运营全产业链的成套智能化标准的总称，是构建智能高铁全连接信息物理系统的规范和准则，是云计算、大数据、物联网、移动互联、人工智能、北斗导航、GIS、BIM、数字孪生等新技术与铁路技术的集成融合，是智能高铁标准化与智能化的具体体现。

智能高铁应用标准主要面向三大板块、十大领域应用系统，包括智能建造标准、智能装备标准、智能运营标准。其中，智能建造标准由勘察设计标准、工程施工标准、建设管理标准组成，智能装备标准由移动装备标准、通信信号标准、牵引供电标准、检测监测标准组成，智能运营标准由客运服务标准、运输组织标准、养护维修标准组成。

（1）勘察设计标准：包含空天地一体化工程勘察标准、基于 BIM 工程设计标准等。其中，空天地一体化工程勘察标准可细分为基于 GIS 的智能勘探、空天地一体化智能测绘、数字化勘察交付等方面的标准；基于 BIM 的工程设计标准可细分为 BIM 建模、协同设计和数字化设计交付等方面的标准。

（2）工程施工标准：包含桥隧路轨智能化施工标准、客运站工程智能化施工标准、四电工程智能化施工标准等。其中，桥隧路轨智能化施工标准可细分为路基智能化施工、桥梁智能化施工、隧道智能化施工、轨道智能化施工等方面的标准；客运站工程智能化施工标准可细分为客站智能施工、综合交通体系施工协同等方面的标准；四电工程智能化施工标准可细分为电气化工程、通信工程、信号工程、信息化工程等方面的标准。

（3）建设管理标准：包含基于 BIM 的虚拟建造标准、全过程数字化管理标准等。其中，基于 BIM 的虚拟建造标准可细分为铁路工程信息模型、工程信息模型交付精度、BIM 模型服务技术、工程建设竣工 BIM 验收等相关标准；全过程数字化管理标准可细分为工程管理平台、前端监测设备、工程交付、应用验证等相关标准。

（4）移动装备标准：包含智能动车组标准、智能综合检测车标准等。其中，智能动车组标准可细分为动车组智能监控、动车组智能诊断、动车组智能服务等方面的标准；智能综合检测车可细分为智能检测设备、智能检测数据分析等方面的标准。

（5）通信信号标准：包含通信和信号两个方向。信号方向包括列车运行控制标准、列车自动驾驶 ATO 标准等，通信方向包含智能调度通信、高速条件下车地移动通信等。其中,列车运行控制标准和列车自动驾驶 ATO 标准可细分为功能需求、接口定义、试验验证等方面的标准。

(6)牵引供电标准:包含智能牵引变电所标准、简统化接触网标准等。其中,智能牵引变电所标准可细分为智能一次设备、广域测控保护系统、辅助监控系统等方面的标准;简统化接触网标准可细分为新型腕臂和定位装置方案、装备服役性能等方面的标准。

(7)检测监测标准:包含基础设施检测监测标准、自然灾害监测与预警标准等。其中,基础设施检测监测标准可细分为移动装备检测监测、工务设备设施智能检测监测、电务设备设施智能检测监测、供电设备设施智能检测监测等方面的标准;自然灾害监测与预警标准可细分为高速铁路沿线风、雨、雪等自然灾害监测,周界入侵监测,异物侵限监测,外部环境监测等方面的标准。

(8)客运服务标准:包含智能客运标准、智能票务标准等。其中,智能客运标准可细分为客运一体化生产指挥管理、客运设备管理与监控智能化、站车重点服务、站车客运安全、站车智能服务等方面的标准;智能票务标准可细分为客票电子化、智能产品设计和售票组织、旅程规划、精准营销、综合交通信息共享等方面的标准。

(9)运输组织标准:包含智能综合调度标准、智能行车调度(调度集中 CTC)标准等。其中,智能综合调度标准可细分为运输态势感知、计划一体化协同、智能计划调整、智能应急调度等方面的标准;智能行车调度(调度集中 CTC)标准可细分为列车运行计划自动调整、进路和命令卡控、行车调度综合仿真等方面的标准。

(10)养护维修标准:包含工电供一体化运维标准、动车组智能运维标准等。其中,工电供一体化运维标准可细分为数字履历管理、故障智能诊断等方面的标准;动车组智能运维标准可细分为故障预测、健康评估、运维分析等方面的标准。

3. 平台及支撑技术标准

平台及支撑技术标准是以实现全面感知、泛在互联、融合处理、主动学习、科学决策为目标,围绕技术、平台、安全、数据等制定的一系列具有内在联系的标准,为智能建造、智能装备、智能运营三大板块的主要业务应用提供主数据、元数据、地理信息、大数据分析、人工智能等服务,提供运行稳定、保障有力、软硬兼备的信息基础设施,并跟踪采用区块链、量子计算、智联网等支撑技术,为新技术与高速铁路业务深度融合和技术创新提供支撑。

平台及支撑技术标准包括基础平台标准、网络安全标准、数据中心标准、支撑技术标准。其中,基础平台标准由数据资源标准、地理信息服务标准、大数据分析标准、人工智能标准、AI 平台标准组成;网络安全标准由网络安全管理标准、网络安全等级保护测评标准、网络安全风险评估标准组成;数据中心标准由硬件资源标准、系统软件标准组成;支撑技术标准由北斗卫星导航应用标准、物联网标准等组成。

(1)数据资源标准:是指高速铁路设计、建设、运营过程中所产生、传输、获取、存储、处理和应用的各类数据资源,用于规范贯穿高速铁路全生命周期的各类铁路内外部相关信息数据,以实现跨系统、跨部门、跨行业的信息资源共享。

(2)地理信息服务标准:是指铁路基础地理信息和专用地理信息数据的采集、更新、管理、服务等全过程涉及的标准,对铁路地理信息平台、铁路地理信息数据制作等进行规范。

(3)大数据分析标准:是指铁路各专业数据集成、数据共享、大数据存储与分析等过程涉及的标准,对数据服务平台的总体方案、功能性能要求、接口要求等进行规范。

(4)人工智能标准:是指铁路语音分析、文本分析、图像分析等领域涉及的标准,对相关技术、模型算法、服务开放等进行规范。

(5)AI 平台标准:智能高速铁路 AI 平台是面向智能高速铁路各专业开展人工智能技术应用的一站式平台,融合了机器学习、深度学习、聚类分析、画像分析、知识图谱、分类分析、回归分析、关联分析等通用算法,以及铁路行业专业模型算法,为各类应用提供通用人工智能服务,对平台的总体方案、功能性能要求等进行规范。

(6)网络安全管理标准:是指确保信息和系统的保密性、完整性和可用性等方面的标准规范。

(7)网络安全等级保护测评标准:主要包括网络安全等级保护定级指南、网络安全等级保护基本要求、网络安全等级保护测评要求、网络安全等级保护测评过程指南、网络安全等级保护设计技术要求等。

(8)网络安全风险评估标准:主要包括网络安全风险评估计划、网络安全风险评估程序、网络安全风险评估指标体系等。

(9)硬件资源标准:是指数据中心设计与运营、灾备中心设计与运营、云计算、超融合、高性能计算等方面的标准。

(10)系统软件标准:主要包括智能监控运维平台、统一开发测试平台等方面的标准。

(11)北斗卫星导航应用标准:主要针对北斗卫星导航技术在铁路应用的需求,从基础标准、技术标准、设备标准、服务标准等方面进行规范。

(12)物联网标准:主要针对物联网技术在铁路应用的需求,从标识体系、数据和设备编码、接口通信等方面进行规范。

四、基础平台

智能高铁基础平台通过集成人工智能、物联网、大数据和云计算等先进技术,使得高速铁路可以实现更高水平的智能化和信息化，提高运输效率、安全性和服务质量。智能高铁的基础平台主要包括铁路数据服务平台、智能高铁人工智能平台等。铁路数据服务平台主要为各业务应用系统提供基础数据、共享数据和大数据分析服务；智能高铁人工智能平台为铁路各专业建设人工智能应用场景提供样本标注、模型构建、模型训练、模型发布、模型运行监控等人工智能全生命周期功能。

（一）铁路数据服务平台

铁路数据服务平台是一体化信息集成平台的重要组成部分，统一为各业务应用系统提供基础数据、共享数据和大数据分析服务，主要由基础数据管理、数据集成、数据共享、大数据存储与分析组成。建设统一的数据服务平台，打造公共的技术底座、数据底座，可以有效降低各系统在大数据方面的重复投入，大大缩短开发周期，提升系统的标准化程度。

围绕铁路数据服务平台的研究开发，我国铁路从2016年4月开始调研国内外大数据发展前沿，吸收先进的大数据治理和大数据平台建设经验，结合铁路实际情况，初步确定平台技术路线和建设方案。2017年4月，启动平台研发工作，开展《铁路数据服务平台总体方案》编制；同年11月，发布《一体化信息集成平台——数据服务平台总体方案》。2018年3月，完成平台功能研发，由基础数据管理、数据集成平台、数据共享平台、大数据存储与分析平台四个部分组成，统一为各业务应用系统提供基础数据、共享数据和大数据分析服务。铁路数据服务平台开发过程中，创新提出了批处理、内存计算、流式计算及深度学习等技术融合的弹性大数据分布式存储与大规模计算平台架构，形成了通用算法和铁路专用模型相结合的算法模型库，构建了数据分级分类微粒度安全防护技术体系，并先后通过工信部“大数据产品基础能力测评（基础能力测试）”“大数据产品性能测评（性能专项测试）”。

在部署应用阶段，平台陆续开展信息系统基本情况登记、数据目录构建等工作，基于“平台＋数据＋应用”建设模式为计划统计子系统、PHM系统、调度系统提供了数据汇集、大数据存储计算、数据共享等服务，有效促进铁路数据开放共享，提升资源利用率，为各业务部门生产应用提供了辅助决策支持。

随着“平台＋数据＋应用”模式的深入实施，以及云计算、大数据技术的不断迭代升级，结合对各专业大数据分析应用需求，平台持续在集群管理、数据存储、数据分析等方面开展性能优化和新技术研究。通过整合既有基础设施，包括分布式文件系统、关系型数据库、MPP架构数据仓库、文本数据库、内存数据库及对象存储等多种数据仓库，为铁路全量多源数据提供统一的数据存储方式，构建了铁路数据湖仓，同步开展湖仓一体化及数据跨源查询关键技术攻关，为高效释放数据价值提供有力的技术手段。

（二）智能高铁人工智能平台

铁路人工智能平台采用“1+6+N”模式，即研发1个铁路人工智能中台、6个子系统、构建N条能力线。其中，1个中台即铁路人工智能中台，主要实现开发的敏捷性和计算资源的共享化；6个子系统包括数据标注运营管理子系统、研发部署一体化子系统、轻代码开发子系统、应用服务子系统、云边端综合协同子系统和计算资源调度管理子系统；N条能力线包括计算机视觉能力线、自然语言处理能力线、音频信号处理能力线等。

1. 铁路人工智能中台

铁路人工智能中台提供数据处理、模型训练、模型推理等底层服务，支持任务智能调度与资源智能监控，为6个子系统和能力线建设提供基础中台服务。

2. 6大子系统

数据标注运营管理子系统为铁路专业人员在图像、视频、语音及文本等领域提供数据标注服务，通过集约化和精细化的标注平台运营，提高标注效率，降低成本，实现规模化的标注生产作业。研发部署一体化子系统服务于铁路专业算法研发工程师，为用户提供机器学习和深度学习一站式AI开发服务，帮助用户快速创建和部署模型，管理全生命周期AI工作流。轻代码开发子系统为铁路业务人员提供低门槛人工智能研发工具，保留特定业务场景的精准响应能力，实现算法组件拖拽和配置文件编写等建模方式。应用服务子系统为铁路业务人员提供模型能力集市，实现用户选模型、用模型流程化管理，简化模型研发环节。云边端综合协同子系统提供中心边缘侧设备统一管理与迭代升级功能，将云端服务、AI算法模型等业务能力延伸到边缘，支持轻量化容器和函数管理，为边缘资源受限等应用场景提供完备的解决方案。计算资源调度管理子系统将人工智能计算资源统一池化，应用共享资源池，按需调度，提供基于服务请求量的自动扩容能力，保证线上业务在不同调用情况下的资源合理分配。

3. N条能力线

N条能力线是平台对外赋能的窗口，包括机器视觉、自然语言处理、音频信号处理等能力。

第九节 试验验证

高速铁路是一个庞大的系统工程，标准高、综合性强、技术复杂，涉及工务工程、动车组、牵引供电、通信信号、运营维护、客运服务等众多子系统。为验证高铁设计标准并保障其开通运营，我国新建高铁线路在开通运营前需要进行联调联试，针对新建高铁线路的工作情况、性能、功能及系统间的匹配关系开展整体测试与改进，确保各系统符合高速运行及动态验收要求。为推动高速铁路的不断创新和发展，我国铁路进行了大量综合试验，验证了高铁新理论、新技术、新产品、新装备，为高铁各系统安全可靠、协调工作提供了重要保障。

一、高速铁路联调联试技术创新

高速铁路在开通运营前必须经过严格验收，联调联试及运行试验是开通运营前非常重要的一个环节，其目的是检验已建成的设施设备是否安全可靠，各系统间能否有效衔接。联调联试涉及高速铁路各专业设备及环境、安全参数，包括工务设备、牵引供电、电务设备、环境及自然灾害等方面，检测项目涵盖了轨道、路基、桥梁、隧道、牵引供电、通信、信号、信息、综合接地、噪声振动及电磁环境、声屏障和安全门、自然灾害及异物侵限等 12 大项 600 余子项内容。

早期我国新建铁路采取静态检查为主的竣工验收方式，由于技术手段的限制，新线开通时的运行速度往往低于设计速度。为满足高速铁路建设发展需要，确保高速铁路工程直接实现设计目标，我国开展了高速铁路联调联试系统技术研究。2008 年，我国首次在设计时速 250 km 的合宁铁路进行了联调联试，但由于技术手段尚不完善、技术方法尚不健全，联调联试以技术探索为主；随后通过京津城际铁路的联调联试工程实践形成了以联调联试、动态检测及运行试验为主要内容的高速铁路动态验收模式，初步建立了中国高速铁路联调联试测试技术和评价体系。2012 年及以前各线路联调联试内容不尽相同，主要以轨道、接触网、通信和信号系统为主，并根据具体线路的实际特点，对具体联调联试项目进行增减。2013 年，我国铁路颁布实施了《高速铁路工程动态验收技术规范》，明确了联调联试工作内容，形成了联调联试测试项目框架体系，涵盖了“车、机、工、电、辆”等各个专业的12大项内容。通过京沪、京石武高速铁路联调联试工程实践，实现了350 km/h高速铁路全面、系统、长距离持续运行的检测评估，丰富了高速铁路联调联试检测方法，构建了科学系统的评价指标，全面系统地掌握了高速铁路联调联试检测评估技术；通过兰新、哈大、长吉、海南东环等高速铁路联调联试工程实践，掌握了高原、高寒、高温、大风等不同气候环境和地质条件的地区高速铁路动态检测技术，进一步丰富和完善了我国高速铁路试验检测评估体系。

党的十八大以来，中国高速铁路联调联试积累了超过162条、3.6万km开通运营线路的实践经验。通过10余年高速铁路联调联试的应用实践，我国研发了以高速综合检测列车为代表的综合测试系统和一系列数字化、网络化测试设备，创新了我国高速铁路联调联试成套测试技术。编制了《铁路应用　高速铁路　开通运营前的动态集成测试和运行试验》国际标准，并由UIC向所有成员国发布实施；完成了印尼雅万高铁、沙特麦加轻轨铁路、肯尼亚蒙内铁路、中老铁路动态检测以及广深港香港段联调联试等多个项目，大大提高了中国高铁联调联试技术国际影响力。

高速铁路联调联试全面验证了各专业系统的安全性、舒适性、匹配性，以及设计参数和设备选型的合理性，确保各专业设备满足运营性能；在各子系统设备均正常运行条件下，从轮轨关系、弓网关系、机电耦合、列车控制等方面，检测、调试、验证各系统的接口功能，指导新建或改建线路克服缺陷，使整体系统的功能达到最优；运行试验模拟设备故障，并开展应对突发事故、人员疏散、应急救援、抢险维修等方面的演练，确保高速铁路安全开通。

（一）工务专业

高速铁路联调联试工务专业的内容主要包括轨道几何状态测试，车辆动力学响应测试、轨道及道岔测试，路、桥、隧测试及空气动力学测试等方面。在工务专业联调联试技术逐步探索和完善的过程中，我国铁路克服了测试技术欠缺、测试设备不满足需要、分析方法落后等困难，在测试仪器、分析方法、数据平台等方面进行了大量技术创新，取得了多项技术突破，完善了工务设备联调联试的技术体系。

1. 轨道几何状态测试

在东北和西北寒冷地区，通用的轨道检查设备不能正常工作，通过创新提出防雨雪及阳光干扰设计、开发基于构架的高低检测技术，我国铁路研发了适用于高寒地区高速铁路的高寒型轨道几何检测系统，满足了寒冷地区联调联试的需要，提高了检测系统在我国寒冷地区的适用性。

通常的轨道检查设备的分散结构设计及位移计等机械式构件，每一次测试都需要人工操作和确认，而联调联试需要反复测试，人工操作和确认的条件极难满足。对此，我国铁路研发了数字式 GJ-6D 轨道检测系统，采用数字信号传输的激光摄像组件与惯性组件，通过数字信号传输方式汇集到计算机中进行轨道几何参数合成计算，简化了系统操作，提高了系统可靠性，提升了系统性能和检测精度。

2. 车辆动力学响应测试

车辆动力学响应测试在关键核心检测设备自主化、智能化方面取得系列创新成果，提升了测试的精度和可靠性，降低了成本。我国铁路研发了拥有完全自主知识产权的轮轨动力学性能检测系统，采用连续测力轮对检测轮轨状况，检测系统在硬件、软件、算法等方面均做出了改进完善，不仅将轮轨垂向力和横向力有效采样频率提高了 20 倍以上，而且通过不断应用新材料和优化制作工艺，大幅度提高了连续测量测力轮对的可靠性，延长了测力轮对使用寿命；应用旋转遥测技术替代集流环，实现了轮轨力信号的非接触无线传输，极大提高了轮轨力信号传输的可靠性和抗干扰能力；应用智能振动加速度传感器，提高了振动加速度测试的自动化和智能化技术水平。

3. 轨道及道岔测试

轨道结构和道岔动力性能测试的数据采集和处理以往主要采用前端数据采集和后端人工集中处理的方式，此种测试方法对检测设备工作状态的确认具有滞后性，也难以满足联调联试对仪器设备的集成化和数字化要求。以联调联试中轨道及道岔测试的应用需求为导向，我国铁路建立了基于云平台的轨道结构动态参数智能采集分析系统，通过将既有传感技术、虚拟仪器技术、嵌入式技术、网络技术和通信技术有机融合，和以云端服务器作为信息处理和控制中心，实现了轨道结构轮轨力、动变形和振动加速度等测试参数的实时采集、数据处理、数据上传和统计分析等一系列自动化处理，并在京张高铁和成贵高铁等线路开展了长期上道应用，提升了检测数据智能化程度及轨道结构测试技术水平。

4. 路基测试

高速铁路路基基床结构设计中严格控制填料及压实标准，以满足线路高平顺性的要求，我国铁路针对高速铁路路基特性提出动态性能评价体系及相应的测试系统，提升了检测能力，适应高速铁路的管理模式及对安全的严格要求。针对高速铁路路基填料特性，建立并完善了以控制填料临界体积效应应变为原则的无砟轨道路基动态指标评价体系，基于无砟轨道对沉降的严格要求，结合土体的动力特性，控制基床在列车动力荷载作用下不产生累积变形，使基床内应变小于填料临界体积效应应变，通过现场实测与理论计算相结合，得出动应力与动变形的限值；针对既有测试系统安装时间长且需要人员现场值守等不足，建立了集远程控制、无线传输、安装便捷、成熟稳定的测试系统，通过室内验证及现场测试对比，用振动位移传感器取代需要打孔安装的相对式位移传感器，降低了施工难度，有效提升了路基动力性能测试效率。

5. 桥梁测试

桥梁挠度是评估桥梁性能的重要指标，我国铁路在桥梁挠度测量、移动式动态加载、数据聚集等方面进行了一系列技术创新。自主研发基于倾角仪的桥梁挠度测试系统，基于简化的振型函数法，通过在梁面布置多个倾角仪，拟合桥梁挠度曲线，测试精度和可靠度得到现场验证，解决了困难条件下桥梁挠度测试问题，丰富了桥梁挠度测试手段。开展移动式线路动态加载，在世界首座高速铁路悬索桥——五峰山长江大桥（主跨 1 092 m）上，采用移动式线路动态加载试验车对桥梁进行了定点加载与移动加载测试，通过施加不同频率的动态荷载，分析桥梁的各阶自振频率、振型和阻尼比，更全面地掌握大桥动力特性，为评价桥梁的抗风性能提供关键参数。升级了无线数据传输系统，针对跨江、跨海的超大型桥梁的长远距离数据传输困难，基于物联网技术、数据传输技术，经过多家设备筛选和现场验证，更新升级了无线数据传输系统，确保了数据传输的稳定性、便捷性，同时采用 GPS 授时、设备同步采集等技术，克服了以往大跨桥梁现场试验需分步实施、操作繁琐、稳定性差的缺点。

6. 隧道测试

针对隧道内灰尘大、湿度高等不利因素容易导致传感器发生损坏，进而影响现场测试的问题，我国铁路与传感器厂商协作开发了能够防尘、防水的气压传感器，并优化了传感器与采集设备连接方式，使得传感器在高湿、多粉尘的隧道内能够长时间稳定测试，确保了隧道气动效应的正常测试。此外，为减少人为因素对数据处理结果的影响，我国铁路编制了隧道气动效应数据自动处理软件，数据处理软件大大提高了数据处理的效率、精准性和可靠性，减少了人在数据处理过程中的行为偏差。

7. 空气动力学测试

空气动力学传统测试线缆由车外通过车门或者检查孔引入车内，由于挤压作用，易出现信号不良、线缆折断等问题，且传感器插头处不具备防水功能，在雨天测试时传感器易发生信号中断和损坏等情况。针对上述问题，我国铁路对测试线缆进行了创新改造，传感器测试线缆和传感器均安装了新型防水插头，防水等级达到 IP8。此外，根据不同车辆外形采用分布式测试方案，选取典型测点开展气动力和气动力矩测试，有效获取了不同工况下车体及部件承受的气动影响，为车型设计、安全评估、模型验证提供了实车数据支撑。

（二）电务专业

高速铁路联调联试电务专业的内容主要包括信号系统测试、综合接地测试及电磁环境测试等方面。随着电务专业联调联试技术创新的不断发展，我国铁路克服了信号系统测试日益复杂、综合接地测试设备供电、数据读取障碍、电磁环境测试对外界电磁环境的影响情况反映不全面的问题，大大提升了电务专业联调联试测试水平，为新线开通、既有线改造等工程提供了更强的技术支撑能力。

1. 信号系统测试

针对现场新系统、新设备的运用，铁路枢纽测试愈发复杂，线路间信号设备布置存在差异性等问题，信号系统联调联试在测试技术和内容等方面进行了全面优化。建立信号联调联试标准版测试案例库，针对不同的被测对象在标准案例库内分别进行筛选；创新应用利用 CTC 系统行车日志数据进行评判的检测方法，CTC 检测人员可以通过仔细分析行车日志数据对测试期间遇到的问题做出专业判定，提高了检测技术水平和检测准确度，克服了新建高铁纳入既有调度台管辖时联调联试过程中对既有调度终端 CTC 系统功能检测的困难。

2. 综合接地测试

联调联试需要在较短的时期内在特定的线路测点进行多次测试，使用通常的电气参数测试技术和仪表会遇到设备供电、数据读取等技术障碍。我国铁路利用自动采集设备、无线通信传输模块和远程控制单元集成创新了可远程控制的综合接地测试装置，通过远距离遥控设备的开闭，实现了电能的合理分配，延长设备在线工作时长；通过利用公网数据传输技术，实现了仪表远程配置和数据远程传输，减少设备维护和数据读取的上道次数。在总结国内外铁路电气安全、干扰防护的标准指标和电力系统回流分析指标的基础上，对以往联调联试测试数进行统计分析，并结合理论仿真计算，开展高速铁路综合接地回流指标的研究，提出了符合我国高速铁路综合接地工程特点的动态检测评价指标，通过贯通地线不平衡系数评价可以发现工程现场贯通地线丢失或者等电位连接不良的工程问题；通过变电所地网回流比例的评价，可以发现牵引回流线缆是否缺失或者存在对地绝缘欠缺问题。

3. 电磁环境测试

列车运行的电磁辐射场强与列车速度有相关性，且具备一定的离散性，在联调联试期间测试列车通过次数有限，按照传统测试方案，只能获取单频点测试场强值，对整个体系对外电磁辐射的反应不够全面。我国铁路结合多年测试经验和对高速动车组运行条件下电磁辐射测试方法的研究，将实时频谱分析技术运用到列车运行电磁辐射场强的测试中,得到连续频点的电磁辐射场强值,并有效避免传统测试方法中可能丢失部门脉冲干扰的情况,更加全面地反映高速铁路对外界电磁环境的影响情况。这些技术突破大大提升电务专业联调联试测试水平,为新线开通,既有线改造等工程提供了更强的技术支撑能力。

(三)供电专业

高速铁路联调联试供电专业的内容主要包括供变电测试、接触网测试等方面。为了适应智能牵引供电系统的发展和接触网几何参数精度的更高要求,供电专业从智能化、高质量两个角度进行联调联试技术创新,智能化创新使用的智能牵引变电所检测系统能够完全满足智能牵引供电系统智能化功能的测试,测试方法由传感器模拟量测试转变为数字量网络化测试;高质量创新对接触网几何参数的精确测量和对接触网设备质量状态的高质量分析进行优化,通过更加精准的方式结合几何参数和接触式弓网检测参数对接触网状态进行精准地识别,促进了供电专业测试技术的创新和发展。

1. 供变电测试

为满足智能牵引供电系统模拟量测试向数字量测试的转变需求,应用分布式智能牵引变电所检测系统实现智能牵引供电系统网络报文分析和自愈重构等智能化功能的验证,完成了京雄高铁联调联试中智能牵引供电系统测试任务。针对智能牵引变电所、分区所和 AT 所的同步性测试需求,结合前期智能铁路的测试经验,在半实物仿真环境下,进一步扩充了分布式同步采集测试方案,并在朝凌铁路广域保护系统测试中取得良好的效果。智能牵引供电网络化测试系统结合半实物仿真平台进行了短路试验,对瞬态电压、电流参数记录场景进行了优化,解决了短时大数据处理的问题。

2. 接触网测试

对接触网几何参数的精确测量和对接触网设备质量状态的定量描述,是接触网状态调试的基础,我国铁路创新开发了接触网几何参数检测系统及接触网性能定量描述指标,满足了联调联试的需要。研发全新的接触网几何参数检测系统,使用高速同步频闪照明,满足了最高速度 400 km/h 及同步工作频率 1 000 Hz 的测量需求;首创接触网质量状态综合评价指标,提出了接触网静态质量指数(CQI)和接触网动态性能指数(CDI)两项指标,准确反映接触网区段质量及运行品质,实现了设备状态的定量描述;提出接触网设备质量综合评价方法,首次发现了整锚段接触网动态性能不良区段,并基于指标分量分析确定具体原因,精准指导维修,有效提升了接触网整体运行品质,在联调联试乃至接触网全生命周期管理中发挥了不可或缺的纽带作用。

（四）灾害监测

高速铁路联调联试灾害监测的内容主要包括风、雨、雪及异物侵限监测系统测试和地震预警监测系统测试等方面，随着高速铁路的不断发展，我国铁路不断完善风、雨、雪及异物侵限监测系统测试的检测内容、检测方法、检测依据，并在研发地震预警监测系统产品的同时持续发展地震预警监测系统测试技术，创新提出了高速铁路地震预警监测系统的动态检测内容，提高了测试质量和效率，为高铁运营安全提供了有力保障。

1. 风、雨、雪及异物侵限监测系统测试

风、雨、雪及异物侵限监测系统（以下简称灾害监测系统）已上线近十五年，随着系统技术不断迭代及新的规范与标准不断发布，我国铁路在灾害监测系统测试方面增加了检测内容，优化了检测方法，补充了检测依据。检测内容方面，增加了异常数据过滤、雨量出巡报警、铁路局集团公司中心系统接口等内容。检测方法方面，优化了风和异物侵限实时监测的测试方法，通过建立基于SVM算法的混沌大风要素时间序列模型验证双传感器实时监测算法，优化了气象数据发生器实时监测数据、大风异常数据和报警监测数据发送间隔与序列，更易检测发现系统大风漏报等问题；通过双侧四电网交叉测试，进一步优化了异物侵限实时监测的检测方法，从而适应新标准、新技术的要求。检测依据方面，将《高速铁路自然灾害及异物侵限监测系统铁路局中心系统技术条件》等5个标准纳入认证体系，做到有法可依。灾害监测系统测试内容的完善和方法的优化，为高质量完成灾害监测专业联调联试工作提供了有力保障，确保成渝、长白、贵广等提质改造项目的联调联试工作顺利完成。

2. 地震预警监测系统测试

在组织研发地震预警监测系统产品的同时，同步探索地震预警监测系统测试技术，基于地震模拟测试的方法、项目、评价指标，逐步摸索出了单台站发波、多台站发波、车地无线传输测试、系统测试、牵变信号接口验证和控车测试、跨线处置测试、邻局接口验证和国家地震台网交换平台接口验证的联调联试测试流程和测试方法，开发了整套测试系统和设备，提出了详细的评价标准。开发了高效的地震预警系统测试和数据分析软件，实现了多台站的自动模拟发波测试，创新性提出了地震预警监测系统成套动态检测检验技术。有力推动了高铁地震预警系统的工程应用和动态验收，确保大西高铁原太段、太焦铁路、京雄城际、京张高铁、京沈客专、成渝客专等高速铁路地震预警监测系统联调联试顺利完成，为地震预警监测系统的投入运营提供了技术支撑。

（五）客运服务系统

每座高速铁路客运车站的客运服务系统都需要进行测试，产生的大量测试数据需要形成日报告和动态检测报告，但人工手动分析测试数据，编写报告的工作量较大，且准确性难以保证，亟须技术上的创新突破。我国铁路积极总结研究客运服务系统的测试内容，并对测试技术进行改进，依托客运服务系统测试数据研发了客运服务系统联调联试检测工具集，采用插件式架构、反射等技术整合了项目管理、测试任务分配、数据分析、日报告生成、动态检测报告生成模块，规范了联调联试项目管理和数据存储，并在项目实际应用中不断完善改进，提高了数据分析的准确性和测试报告编写的效率；结合 BIM 技术，实现了联调联试检测进度、检测结果及问题的三维展示；针对智能铁路，研究并制定了电子客票、旅客服务与生产管控平台测试方案，搭建了仿真测试平台，保证了联调联试测试技术与铁路客运服务系统新技术应用的同步性。

（六）振动噪声

联调联试是高铁线路投入运营前对线路工程运行声学质量进行把关的唯一环节，可以确保噪声振动信号真实反映轨道状态，保障噪声振动源强控制在合理水平。结合国家层面对铁路噪声污染防治方面提出的新要求，围绕高速铁路噪声振动自动监测设备的研发、软硬件设备的升级、测试项目的扩展、测试方法的探索、测试评价标准的完善，噪声振动专业在测试技术上不断丰富和完善。研发高速铁路噪声振动自动监测系统，实现对高速列车通过噪声振动的自动采集、自动处理，车型车号、车速自动识别，前端系统远程管理、现场监控，数据自动传输、展示、统计等功能，可大幅度提升铁路噪声监测技术的智能化水平；通过多通道瑞雷波检测仪对环境振动测点附近地下地层分布情况进行测试，深入分析环境振动特性，为环境振动测试结果深层次的机理和原因分析提供了数据支撑；在京雄、赣深、杭绍台高铁开展了半封闭/全封闭声屏障的降噪效果检测，进一步完善了半封闭/全封闭声屏障检测及评价方法；结合历年联调联试以及声屏障服役性能研究成果，针对性地提出了考虑声屏障在长期往复荷载作用下的结构振动位移控制限值，确保在联调联试阶段掌握声屏障结构动力性能初始状态，为声屏障运营期维护保养提供技术支撑。

（七）运行试验

面向高速铁路整体系统应急能力全面强化的现实需要，在故障模拟及应急救援演练场景设计与能力评价方面实现了技术创新。过往故障模拟及应急救援场景设计仅展示了某一设备故障或应急事件的通用现象，缺乏对运营状态相关要素的科学融合，同时演练评价主观性较强，导致实际演练对应急准备能力提升效果有限。通过创新高速铁路情景构建技术并开发模拟仿真平台，可融合线路与环境工况、工区布点、救援设备设施布局、列车运行计划等要素开发具有本线典型特点的应急救援场景。通过建立以BP神经网络为基础的评价模型，并运用工程数值模拟技术制定了量化评价标准，实现了针对应急预案验证、设备设施功能检验及应急指挥能力考核的综合评价体系。经现场实车、实景、实战化演练验证，有效提升了高速铁路应急能力评价水平，为高速铁路整体系统应急能力强化提供了技术支持。

（八）动车组整车试验

动车组型式试验是为了验证动车组能否满足技术规范或技术条件的全部要求依据相关标准所进行的试验，是新产品鉴定中必不可少的一个环节。只有通过型式试验，该产品才能正式投入生产。为系统验证动车组整车性能，我国铁路制定了《动车组整车试验规范》，并通过不断优化提升测试手段、完善测试方法、丰富测试标准，构建了完整的动车组整车试验检验体系。具备高速动车组轮轨关系、牵引制动、弓网、电磁兼容、噪声振动、动强度、空气动力学、网络等多专业测试能力。通过对动车组整车性能的检测，能够科学全面反映动车组各个方面的性能。同时采用局域网技术搭建了网络化的分布式测试系统，基于分布式测试架构自主开发了DASO软件，能够大幅提升测试数据传输、存储、处理的效率。

二、高速铁路重大试验技术创新

铁路系统构成复杂，集成了移动设备、固定设备、能源动力、通信信号等多个技术系统，为了保证全系统安全可靠、协调工作，必须通过科学实验进行验证。在铁路技术创新过程中，为解决新技术运用中遇到的一系列综合重大技术问题，保证新技术的运用安全，我国铁路先后组织了许多大型的综合试验，通过这些试验，确定新技术的运用条件和标准，协调各专业技术的接口关系，测试与评估新技术、新装备的运用稳定性和可靠性，解决了不同专业技术创新中的关键技术问题，对于实现铁路高水平科技自立自强，巩固和扩大中国高铁世界领跑优势，具有重要意义。

2008年以来，我国持续推进运行速度350 km/h、最高运行速度380 km/h的新一代高速动车组研制，从总成、车体、转向架、牵引控制、网络控制、制动系统等九大关键技术方面取得重大突破。2010年，我国铁路组织开展了京沪高速综合试验，探索了各系统在时速420 km条件下的相关特性和变化规律，CRH380系列动车组在京沪高铁枣庄至蚌埠段高速综合试验中，达到了486.1 km/h的试验速度；2013年，为深化自主创新力度，实现自主化简统化及互联互通，完善中国高速动车组标准体系，研制全新的复兴号动车组，在大西高铁和郑徐高铁系统开展了复兴号动车组的综合试验，全面验证了动车组整体功能和综合性能；2016 年，在郑徐高速综合试验中，CR400 系列动车组实现了 420/420 km/h 的世界最高速度列车明线交会和 420 km/h 的重联运行；2018 年，为全面推进智能高铁建设，在京沈客专自主化智能高铁综合试验中，开展了复兴号长编动车组、自主化列控系统、自动驾驶列控系统、智能牵引供电等 4 大类 28 项科学试验，研制的自动驾驶设备在世界上首次实现时速 350 km 自动驾驶功能；2019 年，为进一步掌握移动装备和固定设施服役状态变化规律，开展了高速铁路时速 350 km 运营服役性能对比研究综合试验，在京沪、京广高铁进行了 300 km/h、350 km/h 运营条件下移动装备和固定设施性能对比研究，通过对比试验，进一步掌握了移动装备和固定设施服役状态变化规律。

一系列重大试验的实施，对我国高速铁路在工务工程、高速列车、通信信号、牵引供电、运营维护、安全监控、系统集成等各技术领域取得的大量技术创新成果进行了充分的试验验证，为我国加快推进相关创新成果的优化完善和应用、形成具有中国自主知识产权的完整的高铁技术体系提供了关键的支撑。下面以大西客专高速综合试验和京沈客专自主化智能高铁综合试验为例，对我国高速铁路重大试验进行重点阐述。

（一）大西客专高速综合试验

为突破高铁建设和运营关键核心技术，实现高铁技术装备自主化，提升我国高铁技术的国际竞争力，2015 年，中国铁路总公司组织行业 20 多家单位在大西客专高速综合试验段开展了高速综合试验。大西客专高速综合试验段全长 87 km，设原平西、忻州西和阳曲西3 站，试验共设置了中国标准高速动车组系统科学试验、动车组主要部件自主替代验证试验、中国标准动车组关键系统及部件服役性能研究试验、中国标准动车组型式试验和动车组运用考核试验、工务工程试验、牵引供电系统试验、通信信号系统试验、振动噪声试验、自然灾害及异物侵限监测系统试验、地震预警监测系统试验和其他科学试验，共计 10 大类 80 项。大西客专高速综合试验是历年铁路综合试验中规模最大、专业最全、历时最长、难度最大的一次试验，在试验内容、试验测试技术、试验组织管理等方面进行了一系列技术创新，攻克了大型铁路综合试验设计、新型铁路自主化装备试验验证与接口优化等难题。

1. 构建了我国高速铁路自主核心技术综合试验体系

大西客专高速综合试验从试验段设计、试验内容评定、试验评价指标体系及手段建设、试验效能评估等方面，提出了科学试验、互联互通试验、型式试验、运用考核试验相结合的完整试验验证链条，构建了我国高速铁路自主核心技术综合试验体系，填补我国高速铁路自主化装备体系建设关键领域空白。

（1）在设计速度 250 km/h、长度 86.6 km 的线路上，通过施设曲线调超高扣件，以及对通信、信号、接触网等基础设施350 km/h局部适应性改造，建成满足自主化装备开展试验验证和运用考核的高速综合试验段，创新解决了设计速度350 km/h自主化装备的速度验证难题。大西高速综合试验段设计如图2-56所示。

（2）建立了不同厂商的中国标准动车组互联互通、地震预警系统时效性、有效性评价指标体系，创新了高速数据光纤级联系统、高压电气设备监控系统等新型试验手段，装备的互联互通、地震预警系统等试验技术达到国际领先水平，为中国高铁“走出去”实施提供了技术支撑。

2. 全面试验验证自主化装备功能和综合性能

大西客专高速综合试验全面验证了中国标准动车组、自主化列控系统、高速铁路地震预警系统的功能和综合性能，首次实现了不同厂商的动车组、列控系统互联互通，掌握了自主化装备运行的关键指标特征，指导、优化了自主化装备设计，构建了自主化装备技术体系。

（1）首次全面验证了中国标准动车组综合性能，列车的牵引、制动、噪声等关键性能指标达到了国际领先水平；突破了不同平台动车组的互联、互通、互操作技术，首次实现了不同平台中国标准动车组的互联互通运行，有效提升了动车组的利用效率；攻克了动车组电磁辐射超标难题，形成了动车组电磁兼容设计指导性建议。

（2）系统验证了自主化CTCS-3级列控系统ATP车载设备和RBC设备的功能。首次搭建了自主化列控系统现场试验环境，系统开展了自主化、国产化列控系统试验及互联互通试验，优化了系统软、硬件功能，攻克了不同平台列控系统互联互通及差异性难题，全面提升了系统的可靠性和稳定性。

（3）系统验证了地震预警系统的功能、性能。首次建成了自主研发的高速铁路地震预警系统，攻克了与列控系统、牵引供电系统、GSM-R通信系统、台网中心信息系统接入关键技术；首次提出了多台地震P波预警的判识模型和实现算法；全面验证了地震预警系统的各项功能，系统的准确性、时效性等关键性能指标达到国际领先水平，为不断提升铁路安全管理水平提供了有力的技术支持，为推动中国铁路向智慧铁路方向发展提供了坚实的科技保证。

3. 解决了无砟轨道高低调整量不足的技术难题，攻克了高速铁路维修难度大、时间紧的技术瓶颈

首次在高速铁路对聚氨酯固化道床技术、大调高扣件系统进行系统验证，攻克了长大桥梁及特殊地质区段无适用轨道结构和无砟轨道高低调整量不足的技术难题；系统性验证了基础设施监测技术的可靠性和养护维修技术的有效性，充实了基础设施安全防护体系，解决了高速铁路维修标准高、难度大、时间紧的技术瓶颈。

图 2-56　大西高速综合试验段设计

（1）针对高速铁路有砟轨道几何形位难以保持、养修工作量大等技术难题，首次在高速铁路应用聚氨酯固化道床技术，验证了固化道床新型断面型式和施工新工艺，动态测试和长期观测结果表明，其减振性能和长期耐久性能优异，为高速铁路长大桥梁、养护维修困难区段提供了新的轨道结构解决方案。聚氨酯固化道床如图2-57所示。

图2-57 聚氨酯固化道床

（2）首次对最大调整量60 mm的扣件系统开展系统性试验验证，解决了高速铁路无砟轨道高低调整量不足和曲线超高调整的技术难题；系统验证了无砟轨道快速修复、无砟轨道抬升、桥梁支座更换等基础设施维修技术的适用性和有效性，攻克了高速铁路天窗时间短、养护维修难、技术要求高的技术瓶颈。

（3）系统对基础设施的平顺性、稳定性和车辆运行状态进行监测，验证了自然环境和高频荷载耦合作用下监测系统的有效性、可靠性，为高速铁路基础设施性能保持和动车组安全平稳运行提供了技术支撑，完善了高速铁路安全保障体系。

4. 制定了自主化移动装备、新型灾害监测系统、新型基础设施系列化技术标准规范，完善了高速铁路技术标准体系

基于多场景应用环境下的系统性试验验证，我国铁路在大西客专高速综合试验中制定了自主化移动装备、新型灾害监测系统、新型基础设施系列化技术标准规范。基于长期试验研究，建立了综合接地、噪声、地震预警系统等规范化、标准化的检测评价方法。促进了自主化装备的推广应用，指导了我国高速铁路基础设施养护维修实践，完善了我国高速铁路技术标准体系。

（1）制定了自主化移动装备、新型基础设施、新型灾害监测系统系列化技术标准规范。制定了中国标准动车组、自主化CTCS-3级列控系统、高速铁路综合巡检车技术条件，明确了功能性能指标，统一了接口条件，推动了自主化移动装备的统型和互联互通，完善了具有自主知识产权移动装备标准体系建设；制定了聚氨酯固化道床、曲线调超高扣件、高速铁路钢轨与道岔大型机械打磨等系列技术标准规范，提出了新型基础设施结

构质量要求和养护维修技术工艺流程、验收方法，提高了生产、施工的标准化、规范化水平，指导了我国高速铁路基础设施养护维修实践。编制了铁路自然灾害及异物侵限监测系统工程技术规范、高速铁路地震预警监测系统技术条件等系列技术标准规范，促进了新型灾害监测系统的标准化建设、规范化运营。

（2）建立了综合接地、噪声、地震预警系统等规范化、标准化的检测评价方法。提出了标准化的综合接地牵引回流检测方法、噪声源识别分析方法、地震预警监测系统和车载地震紧急处置装置的检测评价方法等，相应成果纳入《客货共线铁路工程动态验收技术规范》《环境影响评价技术导则　城市轨道交通》《高速铁路地震预警监测系统试验方法》等。

通过大西客专高速综合试验，我国铁路形成的系列技术标准和新技术、新产品、新装备、新结构、新工艺具有强大的市场竞争力，相关成果的应用将进一步提升我国高速铁路的综合经济效益，提高运维效率，降低运营成本，保持我国高铁技术在国际上的先进性，成果具有广阔的推广应用前景。

（1）推动了高铁自主化移动装备应用。大西高速综合试验全面验证了中国标准动车组整体功能和综合性能。在大西综合试验段完成了型式试验、科学研究试验，并按规定履行相关程序后，各动车组主机厂获得中国标准动车组型号合格证和制造许可证，2017 年 5 月中国标准动车组正式量产。截至目前，中国标准动车组已实现了奔驰在祖国广袤大地上的目标任务，并得到广泛的推广和应用，受到了广大用户和旅客的一致好评。大西高速综合试验首次开展了自主化 CTCS-3 级列控系统 ATP 车载设备和 RBC 试验验证。自主化 CTCS-3 级列控系统充分吸收国产化 CTCS-3 级列控系统的长期运用经验，优化了技术条件，满足系统装备自主化和标准化要求。

（2）系统验证了新型基础设施结构、养护维修技术、检测监测系统的适用性。试验相关新技术、新装备在京沪高铁、京广高铁、京津城际、沪杭高铁、宁杭高铁、兰新高铁和哈大高铁等运营线路的嵌缝失效修复工程中得到了大量应用；伸缩缝在济青高铁、西城客专杭黄高铁、郑万高铁等线路混凝土桥梁接缝的防水密封工程中开展了应用；顶梁换支座技术已在京津城际、京沪高铁等线路桥梁支座更换工程中成功应用；聚氨酯固化道床先后在沪昆高铁北盘江特大桥、济青高铁、京张高铁推广应用；60N 钢轨打磨技术已在国内主要干线铁路推广；牵引网供电状态测控系统，在大西客专太原至原平段开通后继续保留使用，后又在成贵高铁成都局集团公司管内推广应用。

（3）支撑新型灾害监测系统在高铁应用发展。大西客专高速综合试验首次系统验证了基于铁路局集团公司中心系统的两级架构自然灾害及异物侵限监测系统、高速铁路地震预警系统的功能和性能，试验结束后，上述新型灾害监测系统继续在大西客专保留使用，自2018年8月大西客专太原至原平段开通以来，上述设备运行状态良好。大西高速综合试验为全国铁路新型灾害监测系统的建设提供了重要示范，随后在济南、北京、沈阳等多个铁路局集团公司推广应用自然灾害及异物侵限监测铁路局中心系统，应用效果良好。

（二）京沈客专自主化智能高铁综合试验

为检验智能铁路新产品、新技术的功能和性能，验证我国自主化CTCS-3列控系统在各种复杂场景的应用效果，推动我国铁路LTE-R宽带移动通信系统的应用研究，为京张高铁建成智能铁路创造基础条件，2018年，中国铁路总公司组织相关单位在京沈高铁沈阳西至朝阳区段开展了自主化智能高铁综合试验，完成了复兴号长编动车组、自主化列控系统、自动驾驶系统、智能牵引供电等4大类28项科学试验，取得了以智能高铁调度集中系统、北斗信号增强系统、时速350 km自动驾驶系统、智能牵引供电系统、安全门防护系统、新型金属声屏障等为代表的一大批科技创新成果，为推动我国智能高铁技术实现新突破、保持中国高铁技术世界领先优势提供了有力的科技支撑。

1. 构建了我国智能高铁核心技术综合试验体系

从试验段设计、试验内容及手段研究、试验评价指标体系建立等方面，京沈客专自主化智能高铁综合试验首创了智能高铁装备的完整试验验证链条，构建了我国智能高铁核心技术综合试验体系。

（1）在设计速度350 km/h、长度406 km的线路上，通过全线新增精确定位应答器，对列控中心、临时限速服务器、CTC等进行修改，隧道和车站布设北斗增强系统，站台加装安全门防护系统，铁塔平台增加LTE-R天线，以及对牵引变电所、分区所、AT所进行智能化升级改造，建成满足智能高铁装备按350 km/h进行试验测试、运用考核的高速综合试验段，创新性地解决了高速铁路核心装备智能化功能验证难题。

（2）基于高速铁路智能关键技术试验需求，提出了信号精密同步、多信息交互、多传感器数据融合、高精度实时定位、电波传播建模、主动控制逻辑优化等高铁智能装备试验手段，填补了我国高速铁路智能装备体系建设关键领域空白。

（3）首次建立了智能高铁调度集中系统、时速350 km自动驾驶系统、智能牵引供电系统、基于BIM的铁路基础设施运维系统、北斗信号增强系统等智能系统测试评价指标，构建了我国智能高铁核心技术综合试验评价体系。

2. 验证了智能化行车关键装备的功能和综合性能

京沈客专自主化智能高铁综合试验全面试验验证了智能高铁调度集中系统、基于北斗卫星导航的列控系统、时速350 km自动驾驶系统等智能化行车关键装备的功能和综合性能，并基于试验结果指导、优化了相关设计及算法。

(1)首次系统开展了列车运行计划智能调整、列车进路和命令智能安全卡控、行车调度综合仿真和行车信息数据平台综合利用等智能高铁调度集中系统试验，通过采用智能化技术提高了突发事件时列车运行计划调整效率。

(2)首次在高速铁路对基于北斗卫星导航的列控系统进行系统验证，采用基于 IP 的双向无线通信技术，利用北斗卫星定位、惯性导航等多传感器融合技术实现列车自主定位和完整性检查，攻克了受限环境下基于北斗卫星的列车连续定位技术难题，为基于北斗卫星导航系统的列控系统设计、产品研发等奠定了基础。

(3)首次对不同厂家的时速 350 km 自动驾驶系统进行了全面试验验证，实现了复兴号动车组时速 350 km 自动驾驶，通过现场实测数据对系统进行不断优化，实现了停车精度满足 ±50 cm 的准确度要求，冲击率满足不超过 0.75 m/s^3 的舒适度要求，在时间偏差为 60 s 的前提下准点率均为 100%。

3. 构建了智能铁路基础设施专业测试平台

京沈客专自主化智能高铁综合试验首次构建了智能铁路基础设施专业测试平台，全面试验验证了智能牵引供电系统、北斗全域信号增强系统、基于 BIM 的铁路基础设施运维系统、安全门防护系统等智能化固定设施的功能和综合性能，掌握了关键设备运行的指标特征。

(1)在京沈试验段 50 km 范围内搭建智能牵引供电系统平台，运用大数据、人工智能等技术突破牵引变电所亭间的信息孤岛瓶颈，首次对智能牵引供电系统进行了全面系统验证。

(2)首次搭建了北斗全域信号增强系统试验平台，实现铁路沿线露天环境高精度定位服务，在隧道内等封闭区域实现信号全覆盖，验证了智能铁路全域全天候、全覆盖、不间断的时空信息保障能力。

(3)基于 BIM 的全生命周期管理理念，搭建了基于 BIM 的铁路基础设施运维管理信息系统试验平台，实现 BIM 模型与基础设施状态监测数据同步关联；通过对北斗地基增强和覆盖增强技术进行系统验证，全面构建铁路沿线全时、全域、全天候的时空信息体系，显著提升了定位精度和信号完整性。

(4)对适应时速 350 km 复兴号动车组站台候车需求的大开度安全门进行了车地联动功能系统验证，掌握了动车组时速 350 km 风压荷载作用条件下安全门的变形规律，进一步提高了安全门防护系统可靠性和稳定性。

4. 系统验证了自主化受电弓、简统化新型高速铁路接触网的适应性

京沈客专自主化智能高铁综合试验首次在高速铁路对高速动车组自主化主动控制

受电弓、简统化的新型高速铁路接触网进行系统验证，开展了时速 350 km 16 辆编组复兴号动车组专项试验，解决了复杂接触网条件下动车组跨线运行弓网匹配的技术瓶颈，全面验证了时速 350 km 16 辆编组复兴号动车组牵引性能、制动性能等是否符合技术条件要求。

（1）对高速动车组自主化主动控制受电弓、简统化的新型高速铁路接触网进行了试验验证，对受电弓的功能、接口关系以及系统的整体性能等进行了测试，验证和优化了自主化主动控制策略，以及简统化的新型高速铁路接触网的关键零部件技术性能，攻克了复杂接触网条件下动车组跨线运行弓网匹配的技术瓶颈，进一步提升了高速铁路弓网关系理论研究水平。

（2）开展了时速 350 km 16 辆编组复兴号动车组专项试验，全面验证了时速 350 km 16 辆编组复兴号动车组牵引性能、制动性能等是否符合技术条件要求，丰富了复兴号动车组系列化品牌，为中国高铁长距离、大运量的运输需求提供了保障。

5. 系统验证了 CRTSⅢ型板式无砟轨道结构、新型铁路声屏障、60N 钢轨 18 号无砟道岔的功能和性能

我国铁路在京沈综合试验段首次对优化后 CRTSⅢ型板式无砟轨道结构、新型铁路声屏障、60N 钢轨 18 号无砟道岔等开展系统性试验验证，进一步完善了 CRTSⅢ型板式无砟轨道技术体系，促进了新型铁路金属声屏障等装备推广应用，提高了 18 号无砟道岔高速条件下的平稳性和舒适性。

（1）为进一步提高 CRTSⅢ型板式无砟轨道系统经济性，首次在高速铁路铺设 CRTSⅢ型板式无砟轨道结构优化试验段（图 2-58），验证了优化后的 CRTSⅢ型板式无砟轨道结构型式，动态测试和长期观测结果表明其温度变形和钢筋内力较小，为环境条件相对较好的隧道区段提供了经济性更好的无砟轨道结构解决方案。

（2）首次在高速铁路对新型铁路声屏障开展系统性试验验证，掌握了新型铁路金属声屏障系统在高速动车组通过状态下的降噪性能和结构动力性能，为新型铁路金属声屏障产品结构参数优化完善、提升产品性能提供了数据支撑。

（3）首次对 60N 钢轨 18 号无砟道岔开展系统性试验验证，解决了道岔区钢轨与区间钢轨廓形不一致的问题，改善了动车组过岔时的轮轨关系，进一步提高了 18 号无砟道岔高速条件下的平稳性和舒适性。

通过京沈客专自主化智能高铁综合试验，系统验证了智能铁路新技术、新产品的功能和性能，有效减轻动车组司机劳动强度，降低了动车组能耗，改善了旅客乘车体验，实现了应急情况下列车运行计划辅助智能调整，使高铁调度指挥和运营组织更加安全高效。智能牵引供电系统、时速 350 km 自动驾驶系统、智能高铁调度集中（CTC）系统等在

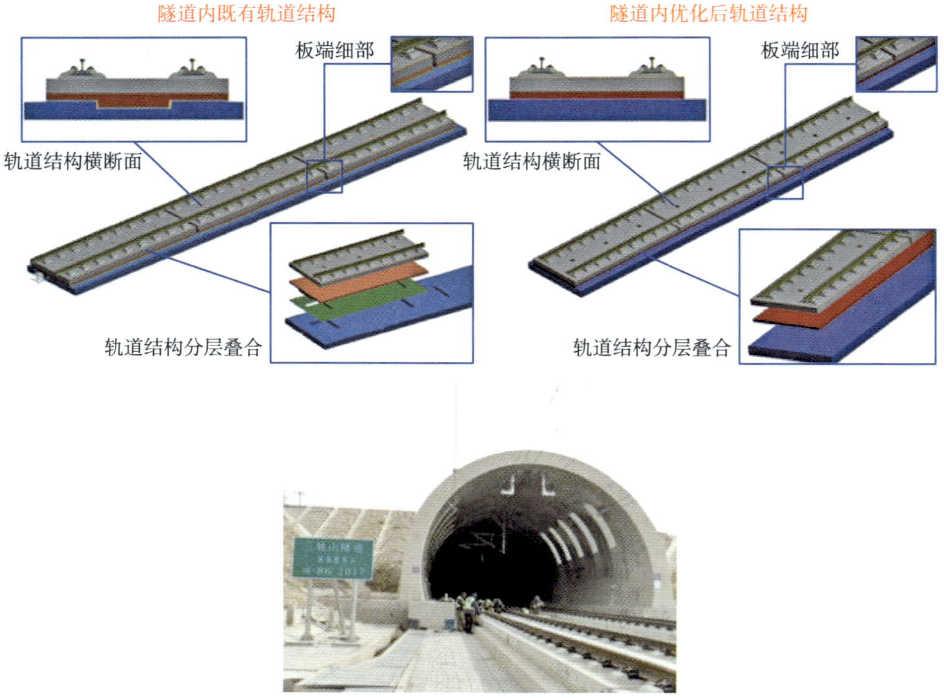

图 2-58　CRTS Ⅲ型板式无砟轨道结构优化试验段

京沈客专辽宁段开展试用，提高了线路运行品质，并在京张高速铁路得到了推广应用，为智能京张建设和顺利开通创造了基础条件，同时对时速 350 km 16 辆编组复兴号动车组扩展设计的牵引性能、制动性能、风源系统、网测保护等进行了系统验证，丰富了复兴号系列化品牌。2018 年 7 月 1 日时速 350 km 16 辆编组复兴号动车组首次在京沪高铁投入运营，进一步提升了京沪高铁的运输能力，受到了广大用户和旅客的一致好评。优化后的 CRTS Ⅲ型板式无砟轨道结构、60N 钢轨 18 号无砟道岔、新型铁路金属声屏障等将逐步在新建或改建铁路中推广应用，经济效益和社会效益显著。

第十节
技术标准、技术规章体系

为适应高速铁路建设、运营实际需求，发挥技术标准在质量控制、安全保障、技术创新、环境保护等方面的重要引领作用，我国在高铁技术创新过程中一直高度重视标准化工作。伴随着铁路改革发展进程，铁路标准化工作取得了积极进展，特别是高速铁路建设和装备标准不断发展完善，为我国铁路的设计施工、装备制造和安全运营提供了有力的技术支撑作用，促进了铁路科技创新的产业升级。但同时铁路标准化工作也存在不足之处，例如，标准在保障安全质量、促进科技创新、适应市场需求等方面的基础支撑作用仍需强化，标准化国际贡献度和影响力与发达国家相比仍存在差距。

为全面加强铁路标准化工作，《铁路标准化“十三五”发展规划》提出，到 2020 年，要形成完善的适应不同铁路运输方式的标准体系，标准数量、结构、层级更加完善合理，各领域标准、各级标准良好衔接；2021 年发布的《“十四五”铁路标准化发展规划》提出，到 2025 年，铁路标准体系谱系化、一体化水平显著提升，铁路标准体系进一步优化整合，更加系统完备、协调完善。我国铁路从构建铁路标准体系新格局、强化重点领域标准制修订、深化铁路标准化交流合作、加强铁路标准化基础研究等方面持续完善铁路技术标准体系，目前已构建形成了包含国家标准、行业标准、企业标准，覆盖不同速度等级、不同环境类别，贯穿铁路全生命周期，具有世界先进水平的高速铁路工程建设标准体系、产品标准体系和技术规章（运维标准）体系。

一、高速铁路工程建设标准体系

高速铁路工程建设标准体系是一系列具有内在逻辑关系的标准形成的科学有机整体，做好标准体系顶层设计，有助于准确把握标准总体情况，指导标准制修订工作，提高标准编制的科学性、系统性、协调性和前瞻性。

为发挥国铁集团的管理和技术优势，聚焦交通强国、铁路先行，深化强基达标、提质增效，体现我国高铁建设技术特点和要求，打造中国高速铁路标准品牌，在借鉴国家相关要求，充分总结国内相关行业工程建设标准体系和国外铁路技术标准体系的基础上，国铁集团研究并提出了世界领先的高速铁路工程建设标准体系，其适用范围、技术水平、安全控制水平、质量管控水平均处于世界领先水平。高速铁路工程建设标准体系分为基础标准、通用标准、专用标准三个层次，既有直接引用的国家标准、行业标准、UIC 国际铁路联盟标准、铁路 BIM 联盟标准，也有国铁集团适应高速铁路工程建设需要、服务高速铁路高质量发展制定的标准。高速铁路工程建设标准体系构架如图 2-59 所示。其中，基础标准是针对铁路荷载、限界等基础性、关键性技术编制的标准；通用标准是针对高速铁路工程某类标准化对象制定且覆盖面较大的共性标准，可作为专用标准制定的依据；专用标准是针对某一个具体的标准化对象制定的标准，内容较为具体，覆盖面一般不大。高速铁路工程建设标准体系系统全面、架构合理、特点鲜明、先进可靠、立足长远，体系覆盖高速铁路不同建设环境、站前站后各专业，贯穿高速铁路建设全周期；体系建设与科技创新深度融合，总结提炼高速铁路建设经验和科研成果，为高速铁路工程建设和创新发展提供了有力的技术支撑。

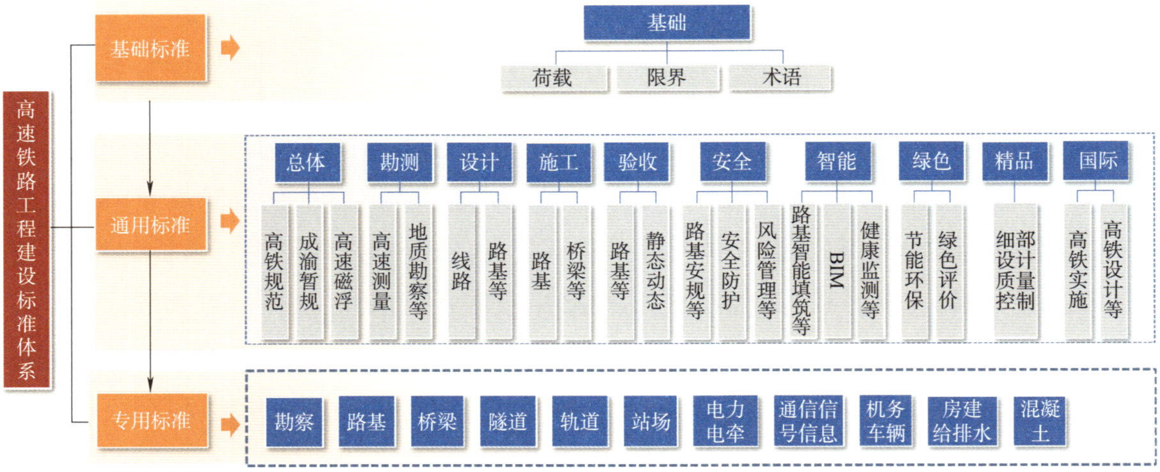

图 2-59　高速铁路工程建设标准体系构架

为落实“双碳”等国家重大战略部署，深化智能铁路技术创新，提升铁路绿色化、智能化、智慧化、国际化水平，国铁集团持续完善中国高速铁路工程建设标准体系，强化重点领域标准制修订。(1)贯彻智能建造理念，在全面总结京张、京雄、福厦等高铁智能建造经验和相关科研成果的基础上，提出了铁路智能建造标准体系方案，编制了铁路工程卫星定位与遥感测量、路基智能填筑、无砟轨道板(枕)智能建造、电力牵引供电及电力工程智能建造、通信信号智能建造等 24 项智能建造标准，提升了高速铁路智能建造水平；(2)贯彻国家环境保护要求，打造绿色铁路品牌，编制南方地区和北方地区铁路工程绿化设计和施工质量控制标准，进一步推进铁路绿色通道建设，注重铁路建设与生态环境的融合；编制《铁路工程取弃土(渣)场设计和施工质量控制标准》，规定了取弃土(渣)场建设原则和验收要求，制定了取土场表土保护、边坡防护、土地整治与植被恢复等工程设计的要求，为铁路水土保持设计和施工提供依据；(3)强化标准创新，突出建设、设计、施工、监理、运营单位“五位一体”管理理念，加大标准创新、技术创新工作力度，以保证高速铁路工程质量安全为核心，编制了高速铁路 CRTS Ⅲ 型板式无砟轨道、软弱围岩大断面隧道、斜拉桥、通信、信号、客服、电力、电牵等专业细部设计和工艺质量控制标准，为实现全国铁路同线同质同标奠定基础；(4)积极推动 UIC《高速铁路实施》《高速铁路设计》等 8 项国际标准编制，纳入板式无砟轨道、CTCS 列控系统等我国优势、特色高铁标准，受到中央电视台等权威媒体的高度关注和报道，进一步增强中国铁路标准国际化水平，显著提升了中国标准话语权和国际影响力；(5)落实习近平总书记关于成渝地区双城经济圈建设重要指示精神，服务成渝中线高速铁路建设，在全面总结我国高速铁路建设运营实践经验的基础上，充分吸纳400 km/h高速铁路相关科研成果，编制《成渝中线高速铁路设计暂行规范》，准确把握成渝中线高速铁路功能定位，坚持安全可靠、科学合理、先进成熟、适度超前的原则，规定了成渝中线高速铁路设计标准和工程措施，为成渝中线高速铁路建设提供技术支撑。

中国高速铁路工程建设标准体系有如下特点：

（1）创新引领。体现创新、协调、绿色、开放、共享五大新发展理念，为打造智能铁路、绿色铁路、精品工程服务；充分发挥高速铁路科技创新优势，突出反映“四新”技术，体现标准体系的科学性。

（2）覆盖全面。满足不同气候条件、不同地质环境下的高速铁路建设需要；涵盖勘察、设计、施工、验收等高速铁路建设全生命周期；覆盖站前站后各专业，体现标准体系的完整性。

（3）系统协调。处理好国铁集团标准与上位标准的关系，体系一方面直接采用满足高速铁路建设需求的国家标准、铁路行业标准，有利于贯彻执行国家技术政策和相关规定；另一方面涵盖适应高速铁路发展的国铁集团标准，充分反映企业在安全性、先进性、经济性、可操作性方面的个性需求，体现标准体系的系统性。

（4）特点鲜明。突出高速铁路标准，充分反映我国高速铁路标准体系及建造技术世界领先的特点，以利于向世界展现我国高速铁路发展成果。

（5）开放兼容。体系框架层次分明、简统化，能够适应高速铁路建设技术发展需要，与产品标准、运维标准相协调，体现标准体系的开放兼容性。

二、高速铁路产品标准体系

高速铁路产品标准体系是高速铁路相关标准按其内在联系形成的科学有机整体，是铁路标准化工作顶层设计文件之一。我国铁路在2009年—2011年间就高速铁路产品标准体系开展研究，并初步构建了高速铁路产品标准体系。

党的十八大以来，中国高速铁路产品标准体系研究完善以高铁技术体系的发展完善为基础，是实践经验和创新成果加以总结和提炼的结果，充分纳入科技创新成果，通过将高铁科技创新成果转化成标准，降低了高铁相关产品的差异程度，并加速高铁科技创新成果的产业化推广应用，促进科技创新成果向现实生产力的转化，促成科技创新在更高的平台上展开，形成了我国铁路科技创新的良性循环，推动标准与科技创新互动发展。不断完善的高速铁路产品标准体系充分发挥了标准化顶层设计作用，指导标准制修订工作，截至2023年底，高速铁路产品标准体系中2012年后发布的标准占体系现行有效标准的89%，在我国高速铁路装备自主化实践进程中充分发挥标准作用。

随着高速铁路的不断发展，中国高速铁路产品标准体系研究完善着眼建设运营实际需求。一方面，随着数字化、智能化成为引领中国及世界高速铁路发展的重要方向，我国铁路在京张高铁、京雄城际重点工程应用和科技创新基础上，研究构建了智能高铁标准体系，充分纳入智能高铁科技创新成果，定期动态调整与更新，截至2023年底，智能高铁标准体系纳入近400项各类标准和计划。另一方面，随着中国高铁大量新产品、新装备的投用，技术装备简统化的推进，高速铁路产品标准体系逐步向谱系化、一体化方向完善发展。例如，研究制定复兴号CR400电动车组、铁路基础设施动态检测、高速铁路自然灾害及异物侵限监测、电气化铁路接触网零部件等系列化标准，从架构和内涵方面不断创新提升，使标准体系更加适应铁路高质量发展的要求。

经过不断研究完善，依据高速铁路涉及全领域技术的分析，构建形成了通用及综合、动车组、工务工程、通信信号、牵引供电、运营与服务各标准子体系，各标准子体系基于技术构架进一步细分，高速铁路产品标准体系构架如图2-60所示。

中国高速铁路产品标准体系有如下特点：

（1）主要技术要素全面先进。伴随着中国铁路技术发展取得历史性成就，中国铁路标准也实现了快速发展，CTCS-3级列控系统、CRTSⅢ型无砟轨道板、CR400复兴号动车组、简统化接触网等众多重大技术创新成果全面纳入了标准体系，自主化列控、高速铁路ATO、5G-R等技术创新正加快标准转化。中国高速铁路产品标准体系中主要标准技术内容和关键技术指标的先进性，对于中国高速铁路技术创新和技术装备发挥了引领性作用。

（2）主要技术系统全面覆盖。铁路标准工作始终坚持面向铁路建设运输主战场，把握铁路作为国家战略性、先导性、关键性重大基础设施定位。中国高速铁路产品标准体系自初步构建起，即涵盖机车车辆、工务工程、通信信号、牵引供电、运营与服务等主要领域，对于涉及多系统、多接口的技术领域，通过构建通用综合标准子体系，优化匹配协调，不断强化系统观念，突出配套支撑。

（3）标准体系兼容性强。中国高速铁路经过多年的技术研究、工程应用和安全运营，在发展中形成了重要的技术储备。在此基础上，也采用和借鉴国际先进技术和标准，并结合中国铁路的技术特点和运用需求，对这些标准进行了优化完善，使不同来源的技术装备相互兼容，形成了适应中国高速铁路建设运营需求的统一标准体系。

（4）动态调整定期更新。在高速铁路产品标准体系规划指导下，标准工作有序推进，不断优化标准供给结构。一方面，综合信息化、网络安全等新技术领域标准数量实现快速增长；另一方面，持续通过标准复审和修订淘汰过时标准，随技术发展的不断变化对标准体系进行维护更新。

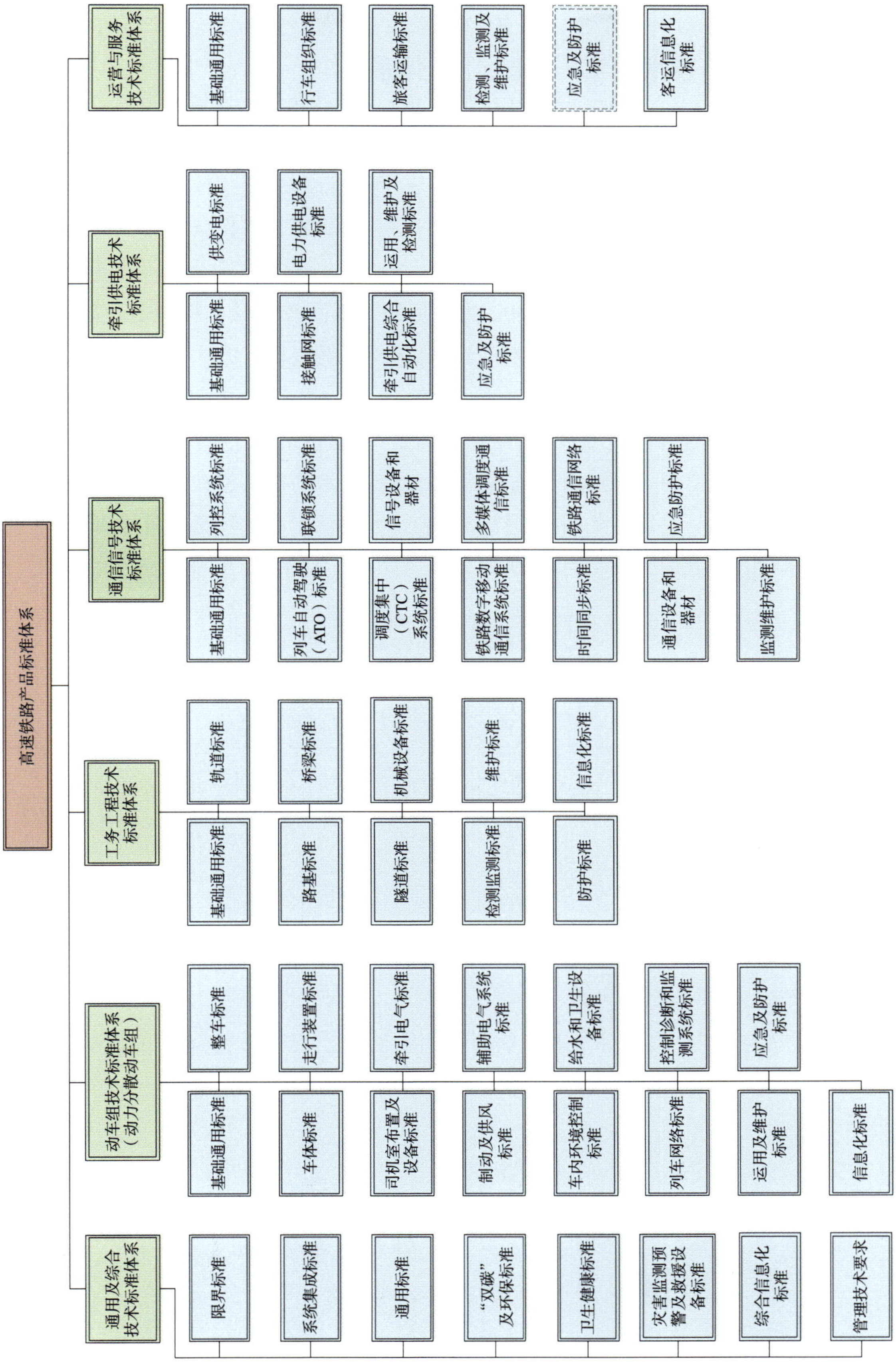

图 2-60　高速铁路产品标准体系构架

三、高速铁路技术规章(运维标准)体系

随着高速铁路的迅速发展,适用于高速铁路的线路、桥梁及隧道、通信信号、牵引供电、车站枢纽、动车组等新型技术设备得到广泛应用,对行车组织和技术设备的运用、管理和维修都带来了巨大改变。技术规章(运维标准)是指铁路技术设备(固定设备和移动设备)完成施工或制造且交付运营后,涉及行车组织、客运组织、货运组织和铁路技术设备的运用、管理、维修等方面的规章制度。为适应我国铁路技术设备特别是高速铁路技术设备发生的巨大变化,体现高速铁路与普速铁路设备配置、行车方式等方面的差异,我国研究构建了高速铁路运输技术规章(运维标准)体系,其体系构架如图 2-61 所示。高速铁路技术规章体系包含国铁集团、铁路局集团公司、运输站段三个层级,覆盖车务、客运、机务、车辆、供电、工务、信号、通信、信息等各个专业,为确保高速铁路运营安全、提高运输效率提供有力支撑。国铁集团按照铁路运输技术规章体系构建具体目标,持续推进高速铁路技术规章体系的建设和完善,为服务高速铁路技术管理工作奠定坚实的基础。

图 2-61 高速铁路技术规章(运维标准)体系构架

《铁路技术管理规程(高速铁路部分)》(以下简称《技规(高速铁路部分)》)是国铁集团高速铁路技术管理的基本规章,定位为企业内部的基本技术规章,统领国铁集团各专业高速铁路技术规章、企业标准等。2014年,中国铁路总公司制定发布了《技规(高速铁路部分)》,在制定过程中对高速铁路技术设备、行车组织、信号显示的大量技术问题进行了系统研究,解决了列控系统、动车组运用、延续进路设置、车机联控、行车凭证、确认列车开行、限速管理、施工维修、灾害天气行车、设备故障行车、非正常行车等一大批技术难题,并对涉及高速铁路的《铁路客运专线技术管理办法(试行)》(200~250 km/h部分)、《铁路客运专线技术管理办法(试行)》(300~350 km/h部分)等技术规章进行全面清理,填补了我国高速铁路基本技术规章管理的空白。《技规(高速铁路部分)》是高速铁路技术管理的基本遵循,具有"科学定位、系统完整,适应设备、体现发展,安全第一、兼顾效率,先进适用、经济合理,科学规范、协调一致,务实严谨、便于操作"等特点,体现了高速铁路技术的先进性和适用性,在保证安全的前提下,针对铁路技术装备发展的新情况,在设备配置、行车作业方式等许多方面兼顾了运输效率,灾害天气行车、设备故障行车、非正常行车组织、救援等内容按场景编写,能较好地契合现场实际,有利于各专业、各工种人员按程序有序做好相关工作。

国铁集团车务、客运、机务、车辆、供电、工务、信号、通信等专业分别制定了高速铁路专业技术规章。例如,机务专业为使动车组司机操纵规范化、标准化,强化动车组司机的管理,制定发布了《CRH系列动车组操作规则》及《动车组司机管理办法》车辆专业为适应动车组各级检修需要,建立了规章标准健全、修程修制科学、检修质量可控、维修成本经济、安全持续稳定的动车组维修管理体系,制定发布了各型号动车组检修管理规程;供电专业为保证高速电气化铁路接触网运行、检修的安全可靠,制定发布了高速铁路接触网运行维修规则及安全工作规则;工务专业为做好高速铁路工务安全以及设备维修管理,制定了高速铁路工务安全规则以及高速铁路路基、轨道线路、桥隧建筑物等维修规则。

《高速铁路行车组织细则》(以下简称《行细》)是铁路局集团公司基本技术规章,对规范铁路局集团公司高速铁路行车组织工作具有重要作用。为规范铁路局集团公司《行细》的制修订,国铁集团发布了《〈行细〉编制规则》,规定了《行细》的编制范围、章节顺序、条款内容、词语解释、附件附表和文本格式。为进一步加强对铁路局集团公司高速铁路技术管理工作的指导,《中国铁路运输技术规章管理办法》规定铁路局集团公司《行细》报国铁集团审核,加强了国铁集团对铁路局集团公司高速铁路行车组织工作的监督指导,为保障高速铁路运输安全提供基础支撑。路局层面,各铁路局集团公司制定了适应高速铁路特点的专业技术规章;站段层面,集控站不编制《车站行车工作细则》,非集控站是否编制《车站行车工作细则》由铁路局集团公司根据具体情况规定。

中国高速铁路技术规章(运维标准)体系有如下特点:

(1)层次清晰。明确国铁集团、铁路局集团公司、站段的技术规章各层级铁路技术规章管理部门的职责分工,合理界定基本技术规章、系统技术规章与单项技术规章间,上级规章与下级规章间的管理界限。

(2)结构合理。明确铁路各专业技术规章管理范畴,科学划分专业技术规章的类别。

(3)内容规范。研究界定不同类别技术规章的主要内容、结构,提出相对统一的技术规章编制规则要求。

(4)科学严密。结合新技术、新设备大量运用的实际,从理论到实践层面对技术规章规定内容和指标进行深入论证,科学界定技术规章的内涵和外延,明确技术规章、建设标准、技术标准之间的管理界限。

第三章 高铁技术自主创新亮点成果

经过多年发展，我国将高铁技术创新应用于工程实践中，创造了一系列具有世界先进水平的亮点成果。本章选取我国高速铁路在工程建设、运营服务、高速动车组、通信信号等方面的代表性成果进行系统性介绍，反映我国高铁技术的创新水平和应用成效。工程建设方面，建成了京沪高铁、沪苏通长江公铁大桥、五峰山长江大桥、八达岭长城地下隧道、太行山隧道、玉京山隧道、丰台站、福田站等高铁线桥隧站代表性工程，创造了多项世界第一；运营服务方面，构建了世界上规模最大的 12306 实时票务交易系统，推出自助选座等一系列服务功能，提升了高铁运营服务品质；高速动车组方面，成功研制了具有完全自主知识产权的复兴号系列动车组，满足了不同速度等级、不同运用环境、不同编组形式运输需要，实现了自主化、标准化，树立了世界高速列车运营新标杆；通信信号方面，成功研发了自主化 CTCS-3 级列控系统，构建了自主列控系统技术体系，满足了列车时速 350 km 的运行要求，并在此基础上又成功研制了高速铁路自动驾驶系统和新一代列控系统。

第一节 高铁线桥隧站工程建造技术

一、京沪高铁线路设计建造技术

京沪高铁是我国重大基础交通工程和“八纵八横”高速铁路网的重要组成部分，是当时世界上一次建成线路里程最长、标准最高的高速铁路。京沪高铁建设规模宏大、系统复杂，推动了中国高铁标准体系与技术体系的构建，支撑了中国高速铁路的快速发展，打造了技术先进、安全可靠、性价比高的中国高铁品牌。以京沪高铁为代表的高铁已成为中国的一张亮丽名片，对国家经济和社会发展意义重大、影响深远。京沪高铁如图 3-1 所示。

图 3-1 京沪高铁

（一）工程概况

京沪高铁纵贯北京、天津、上海三大直辖市和河北、山东、安徽、江苏四省，自北京南站西端南侧引出，终到上海虹桥站，全长 1 318 km，2008 年 4 月 18 日开工建设，2011 年 5 月 31 日通过初步验收，2011 年6 月 30 日开通运营。该线路为客运专线、双线，设计速度为350 km/h，初期运营速度为300 km/h，跨线列车运营速度为200～250 km/h。全线共设北京南、廊坊、天津南、沧州西、德州东、济南西、泰安、曲阜东、滕州东、枣庄、徐州东、宿州东、蚌埠南、定远、滁州、南京南、镇江、丹阳、常州北、无锡东、苏州北、昆山南、上海虹桥23个车站，到发线有效长度650 m。

京沪高铁全线正线曲线长度约498 km，约占全线线路长度的38%；直线长度约813 km，约占全线线路长度的62%，线路平面最小曲线半径一般为7 000 m，区间及站内正线按5.0 m线间距设计，线路最大坡度20‰。正线共有桥梁244座，总长度为1 060.6 km，约占线路总长的80.4%；正线隧道共21座，均为单洞双线，总长15.8 km，约占线路总长的1.2%。全线采用100 m定尺、60 kg/m U71MnG钢轨，一次铺设跨区间无缝线路。无砟轨道正线长度1 298 km，约占线路长度的98.5%。

京沪高铁工程建设中，充分运用标准化管理的思想和方法，以标准化管理为手段，全面落实质量、安全、工期、投资、环保、技术创新“六位一体”管理要求，实现建设精品工程和安全工程的目标，不断促进了铁路建设管理水平的提升，建成了世界一流高速铁路。

（二）工程技术重难点

京沪高铁建设规模宏大，是一项庞大复杂的系统工程。技术新、标准高，施工及安装工艺复杂，建设、运营维护和维修体制新，与传统铁路差异大，工程建设过程中面临大跨度桥梁承载六线重荷载、控制高速行车结构变形等一系列技术难题。

1. 大跨度桥梁承载六线重荷载、控制高速行车结构变形的关键技术难题

京沪高铁南京大胜关长江大桥建设过程中面临高速、重载、大跨的技术难题，该桥建成时是当时世界上设计速度300 km/h级别最大跨度的桥梁，同时承载京沪高速铁路、沪汉蓉铁路、南京地铁共六线轨道交通，列车荷载重，对桥梁变形控制的要求高。并且，双主拱支点反力大，常规顶落梁措施难以实现，中主墩支点无法顶落梁进行合龙。钢围堰施工过程中，在水文变化频繁的潮汐河流中悬浮状态难以精确定位。另外，桥梁面临长吊杆起振风速低、常规减振器减振效果及耐久性差的技术难题。

2. 高速铁路超长高架线路上桥梁—无砟轨道—无缝线路的变形协调性难题

在超长、大跨桥梁上铺设无砟轨道无缝线路是世界性难题，其中要解决的问题包括桥梁—无砟轨道—无缝线路之间的关系、高速车辆—道岔—纵连无砟轨道—桥梁之间的关系等。京沪高铁建设前，国内缺乏超长、大跨桥梁无砟轨道无缝线路的计算理论与设计方法相关经验。针对超架线路上桥上板式无缝道岔、道岔梁及桥梁结构设计，有效控制桥梁—无砟轨道—无缝线路的变形协调性等方面，存在技术短板。

3. 路基地段地质条件复杂、沉降控制标准高、线状柔性荷载难题

京沪高铁穿越我国华北、黄淮和长江中下游三大区，跨越长江、黄河、淮河和海河四大河流，沿线包含泰安至徐州、南京至丹阳等丘陵低山区，徐州至上海段存在地震液化、软土及弱膨胀土等特殊地质，以及岩溶切坡引起的边坡稳定性等不良地质问题。为保证高速行车的平顺性，对路基沉降控制要求标准高，路基工后沉降一般地段（含软土路基）不大于5 cm，年沉降不大于2 cm，过渡段工后沉降不大于3 cm。在高速列车荷载作用下，不良地质区段存在线状柔性荷载难题。此外，京沪高铁采用板式无砟轨道，各种复杂地质环境条件下深厚软弱土地区无砟轨道路基工后沉降难以控制，动力稳定性差。

（三）技术创新性

依托京沪高铁工程，我国创新了复杂工程环境下高速铁路工程建造技术，解决了高速深水大跨复杂桥梁建造、超长高架桥上无砟轨道无缝线路建造、基于铁路大型客站的现代综合交通枢纽规划与设计、复杂工程环境下高速铁路路基刚性桩复合地基成套设计、高速铁路接触网大张力及材料等一系列技术难题，形成了我国时速 350 km 高速铁路建造技术标准体系。

1. 高速深水大跨复杂桥梁建造技术

首创高速、深水、大跨、六线轨道大胜关长江大桥建造技术。建立车—线—桥空间耦合分析模型，研究解决了温度场、风场环境下高速行车动力效应、结构变形协调等关键技术，系统开展新结构、新材料、新工艺试验研究，创新桁架钢梁、系杆拱桥、道岔梁、空间框构等系列高速铁路桥梁结构，构建了我国高速铁路复杂结构桥梁建造技术体系。

首创主跨 2 ×336 m 双连拱三主桁与整体钢桥面承重的板桁组合新结构，形成三片或多片桁架结构式主梁技术；研发应用了 Q420qE 新型桥梁钢，填补了高强度厚板桥梁结构钢空白；攻克大跨度桥梁承载六线重荷载、控制高速行车结构变形关键技术难题，首创多重拉索主动控制调整双连拱安装合龙施工新技术，实现了钢桁拱桥架设无应力精确合龙，成功建成当时世界上最大跨度的高速铁路桥梁。

2. 超长高架桥上无砟轨道无缝线路建造技术

首次在165 km 超长桥梁和180 m 大跨桥梁上铺设了无砟轨道和无缝线路，建立了超长、大跨桥梁无砟轨道无缝线路计算理论与设计方法，解决了高速铁路超长高架线路上桥梁—无砟轨道—无缝线路变形协调性难题；建立了高速车辆—道岔—纵连无砟轨道—桥梁系统动力学理论，研发了无砟道岔区轨道和桥梁新结构；研发了检验、监测技术，构建了超长高架桥上无砟轨道无缝线路设计、铺设、检测和评估方法体系。

3. 基于铁路大型客站的现代综合交通枢纽规划与设计技术

针对高速铁路引入大型城市，融合城市与铁路总体规划，提出“客内货外、客货分线”的铁路枢纽规划原则和多个分工明确且有机衔接的客运站共同承担客运的客站布局原则。针对多线引入的大型客运站，提出分线分场布置的原则，构建车站设计分析模型，研发列车作业动态仿真软件，系统地分析计算和评估车站作业能力与效率，合理确定了车站规模和咽喉区布置。构建以高铁车站为中心的现代综合交通枢纽，实现各种交通方式的高效衔接，提高了综合运输效率和服务质量。

4. 复杂工程环境下高速铁路路基刚性桩复合地基成套设计技术

针对路基地段地质条件复杂、沉降控制标准高、线状柔性荷载的特点，提出了刚性桩加固地基和沉降控制设计方法；研发应用了埋入式 U 形结构、桩板、桩网、桩筏、载体桩等多种基础结构，解决了各种环境条件下深厚软弱土地区无砟轨道路基工后沉降及动力稳定性技术难题；提出了通过调整桩型和设计参数控制变形的调平设计方法，解决了铁路大型站场路基沉降协调控制技术难题。

5. 高速铁路接触网大张力和材料关键技术

首次研发高速铁路接触网大张力悬挂体系，研发的铬锆铜三元合金高强高导接触线填补了国内空白，达到国际领先水平；创新研制了高强高导接触线及其配套零部件，创新了接触网检测试验方法；接触网接触线的强度和电导率远超法国、德国及国内其他行业，达到国际领先水平。高速接触网计算平台研究成果支撑了高速铁路的建设和发展，取得的经济和社会效益显著，总体技术达到了国际先进水平，在可视化等方面达到国际领先水平。

（四）技术应用与效果

京沪高铁是国家重大战略性交通工程，在建设过程中应用了一系列创新性工法和施工装备，取得了良好的社会、经济效益。路基技术方面，创新了复杂工程环境下高速铁路路基刚性桩复合地基成套技术，研发应用了埋入式 U 形结构、桩板、桩网等多种基础结构，解决各种环境条件下深厚软弱土地区无砟轨道路基工后沉降及动力稳定性技术难题；轨道技术方面，创新了高速铁路超长高架桥上无砟轨道无缝线路建造技术，首次在 165 km 超长桥梁和 180 m 大跨桥梁上铺设了无砟轨道和无缝线路；桥梁技术方面，创新了系列高速铁路复杂结构桥梁建造技术，首创高速、深水、大跨、六线轨道大胜关长江大桥建造技术，成功建成世界上最大跨度的高速铁路桥梁；隧道技术方面，首次大量采用微气压波缓冲措施，有效缓解列车通过隧道时产生的微气压波对周围环境的影响；电气化技术方面，首次建立高速铁路接触网计算和牵引供电系统全动态仿真平台，研发铬锆铜三元合金高强高导接触线填补国内空白;综合交通枢纽规划与设计技术方面,设计建造了北京西、天津西、济南西、南京南、上海虹桥等多座具有世界先进水平的大型客运站和综合交通枢纽。以上成果均应用于京沪高铁施工,保证了京沪高铁施工全过程安全,对于指导后续国内外同类高速铁路的建造具有重要意义。

(五)获奖情况

"京沪高速铁路工程"获得2015年度国家科学技术进步特等奖。京沪高铁创立了高速、深水、大跨、六线长江大桥等复杂结构桥梁建造技术,创新了超长高架桥上无砟轨道无缝线路建造技术和刚性桩复合地基沉降控制技术,构建了多种交通方式高效协调运行的大型综合交通枢纽技术,建立了大张力接触网体系,研制了高强高导接触线,形成了时速350 km高速铁路建造标准体系和成套技术。其中,南京大胜关长江大桥在世界桥梁史上创下体量大、跨度大、荷载大、速度高的"三大一高"四项第一,在2012年召开的第29届国际桥梁大会上,被授予国际桥梁界影响最大的乔治·理查德森大奖。

二、大跨度桥梁设计建造技术

(一)沪苏通铁路沪苏通长江公铁大桥

沪苏通铁路沪苏通长江公铁大桥是世界首座主跨超千米的公铁两用斜拉桥,通过关键技术攻关,在新材料、新结构、新工艺和新装备等方面开展了建造技术系统创新,实现了千米级公铁两用斜拉桥设计建造技术世界首创、2 000 MPa级强度斜拉索制造技术世界首创、1 800 t钢梁架设成套装备技术世界首创、1.5万t巨型沉井精准定位施工技术世界首创、基于实船—实桥原位撞击试验的桥墩防撞技术世界首创共五个"世界首创"。沪苏通长江公铁大桥如图3-2所示。

1. 工程概况

沪苏通长江公铁大桥是上海至江苏南通的沪通铁路控制性工程,主航道桥主跨1 092 m,孔跨布置140 m+462 m+1 092 m+462 m+140 m。主塔墩基础采用倒圆角的矩形沉井基础方案,矩形沉井井身平面尺寸为86.9 m×58.7 m,最大高度115 m,入土深度超过70 m,井孔内最大施工水深超过100 m,是目前世界上最大、入土深度最深的水中沉井基础;主塔高325 m,采用C60高性能混凝土;主航道桥钢梁为三片主桁结构,采用两节间为一个标准节段,节段长度28 m,最大质量1 744 t;在国内首次采用2 000 MPa级7 mm平行钢丝斜拉索,最大索长576 m,最大质量83 t。大桥于2014年3月1日开工,

图 3-2 沪苏通长江公铁大桥

2020 年 4 月 14 日公路面铺装完成,2020 年 7 月 1 日建成通车。

2. 工程技术重难点

沪苏通长江公铁大桥作为世界首座主跨超千米的公铁两用斜拉桥,在深厚沉积层深水大截面沉井施工、超高混凝土主塔施工、大节段钢桁梁整体制造架设、超长斜拉索挂设施工等方面面临一系列技术难题。

(1)深厚沉积层深水大截面沉井施工技术难度大、安全风险高

沪苏通长江公铁大桥主桥均采用沉井基础,其中 28 号、29 号主塔墩沉井基础平面尺寸均为 86. 9 m×58. 7 m,沉井高度分别为 105 m、115 m,为世界最大体积的水中沉井基础,具有结构整体刚度大、抗震性能好等优点,但与应用较为成熟的桩基础比较,大尺度沉井基础施工过程复杂,施工风险大,也是全桥施工的重点控制性环节。

(2)超高混凝土主塔混凝土泵送和抗裂难度大

沪苏通长江公铁大桥的主塔高度达 325 m,与已建主跨 504 m 的武汉天兴洲长江大桥(承台以上塔高 188. 5 m)、主跨 630 m 的铜陵公铁两用长江大桥(承台以上塔高 212 m)相比,大桥主塔高度首次突破 300 m,这对混凝土抗裂、耐久和泵送工艺都提出了更高要求。

(3)两节间三主桁钢梁结构构造复杂、整体架设控制难度大

大桥主跨达 1 092 m,主梁承受的最大压力达到 730 000 kN,为提高钢梁整体稳定性和刚度,采用三主桁结构,同时改变以往钢梁建设采用桁片安装、单节段吊装工艺,首次

提出两节间钢梁节段的整体架设施工与控制工艺及新施工装备，具有较大技术难度。同时，需新研发 1 800 t 级架梁吊机以满足施工需求。

（4）超长斜拉索的挂设施工具有挑战

大桥共有斜拉索 432 根，最大规格截面由 451 根钢丝组成，超长斜拉索（583. 8 m）和超大索力（三索面，13 000 kN）给斜拉索的挂设及锚固施工带来挑战。同时还需研究掌握施工期斜拉索在风荷载作用下的振动特性和减抑振技术。

3. 技术创新性

针对大桥建设难点，通过系统科研与工程应用，在沉井施工、主塔施工、桁梁整体制造架设、斜拉索挂设施工等方面形成了多项创新技术。

（1）采用了深厚沉积层深水大截面沉井施工技术

沪苏通长江公铁大桥采用了世界最大体积的水中沉井基础，是全桥施工的重点控制性环节，施工中创造和实现了一系列先进技术。深水大截面钢沉井整体制造既保证了质量，又减少现场工作量和施工风险。助浮浮运施工技术，减小钢沉井吃水深度，有效减少浮运阻力和对航道的要求。大直径钢桩锚碇系统及液压千斤顶多向快速定位技术，首次在桥梁基础施工中实现了千吨级锚泊力的锚泊定位，并解决了沉井横水流摆动难题。沉井内部大直径钢桩定位技术，可以精确微调沉井姿态。复杂地质条件下超深沉井下沉技术，实时监测沉井下沉过程中各土层土压力变化，保证沉井施工安全。超百米水深基底承载力原位测试技术，首次直观测试深埋置基础地基承载力；首次实现在百米水深下进行原位旁压试验，测试地基承载力；首次在桥梁深水基础上引入海床式静力触探系统（CPT），准确掌握基底浮土厚度、分析判断土层性质并初步判定地基承载力。

（2）创新了超高混凝土主塔施工关键技术

主塔采用 C60 高性能自密实混凝土，其特点是高泵程、大流动度、低收缩、低泌水和高耐久性。通过混凝土配合比研究、混凝土外加剂专项研发、原材料选择、泵送工艺及养护工艺研发等，保证超高桥塔施工质量。此外，针对 325 m 高塔施工，还研发了线型控制技术，克服光照、风等外部环境对主塔测量和线型控制的影响，保证主塔线型。

（3）研发了大节段钢桁梁整体制造架设关键技术

为满足大节段钢桁梁整体制造架设的施工需求，采用了整体制造、预拼装、合龙施工、塔梁同步施工、BIM 等创新技术，同时自主研发了 1 800 t 架梁吊机等关键装备。

（4）创新了超长斜拉索挂设施工技术

超长斜拉索采用钢盘卷索方式，先利用 120 t 梁面吊架起吊至桥面，然后利用 120 t 卧式放索机放索。放索后利用大吨位塔吊先进行塔端挂设，后进行梁端挂设，待挂设完成后，利用同步张拉系统一次性张拉 2 层共计 12 根斜拉索，既保证了张拉同步性、均衡性，很好地控制塔偏，减少后期调索，同时也大幅提升了斜拉索的张拉效率。在张拉系统上设计防退扭装置，有效控制了张拉过程中索体退扭的现象。梁端安装的过程中，利用反压装置，安装锚杯螺母至设计位置，解决了梁端安装空间狭小而戴帽困难的难题。施工期间，在已挂设的斜拉索上安装临时减抑振装置，实现了抗风抑振效果。

4. 技术应用与效果

为顺利推进沪苏通长江公铁大桥建设，针对公铁两用斜拉桥新材料制造、水中巨型沉井、325 m 高塔、大吨位钢梁以及超长斜拉索等的施工工艺及控制技术开展了系统研究和应用，保证了大桥施工质量和安全，具有重要的社会和经济意义。作为世界上首座主跨超千米的公铁两用斜拉桥，对于指导后续国内外同类桥梁的建造具有重要意义。

5. 获奖情况

沪苏通长江公铁大桥在新材料、新结构、新技术和新装备等方面实现了多项技术创新，获得 2021 年国际桥梁大会乔治 · 理查德森奖和中国科技新闻学会颁布的“2022 中国新时代 100 大建筑”。

（二）连镇铁路五峰山长江大桥

连镇铁路五峰山长江大桥为世界首座高速铁路悬索桥、我国首座公铁两用悬索桥，通过关键技术攻关，在山壑区大型锚碇地下连续墙基础施工技术，大型陆上沉井施工工艺和精细化控制，1. 3 m 大直径主缆制造与架设精细化控制，两节段钢桁梁整体架设与施工线形控制，2 × 900 t 缆载吊机、1. 3 m 大直径主缆紧缆机和缠丝机等成套施工装备等方面实现了技术突破，首次形成了我国铁路悬索桥建造成套技术体系，在世界铁路悬索桥建造历史上具有开创性意义和引领作用。连镇铁路五峰山长江大桥如图 3-3 所示。

1. 工程概况

连镇铁路五峰山长江大桥是新建连云港至镇江铁路跨越长江的关键工程，主跨 1 092 m，孔跨布置 84 m + 84 m + 1 092 m + 84 m + 84 m。南锚碇基础采用直径为 87 m 的圆形现浇扩大基础形式，基底高程为 − 31 ～ − 15 m，基顶高程为 + 7 m，最大开挖深度达38 m，锚碇受力居世界之首。塔柱采用门式框架结构。承台呈哑铃形（单端直径 40 m）布置，基础采用 67 根 ϕ2. 8 m、桩长 50 ~ 128 m 的长短群桩基础。钢梁为两片主桁结构，采用两节间为一个标准节段，节段长度 28 m，边跨最重节段 1 800 t，中跨最重节段 1 432 t；主缆直径达 1. 3 m，为目前世界之最，单根主缆由 44 704 根直径 5. 5 mm 的高强度钢丝组成，每根主缆拉力达 9 万 t。大桥于 2015 年 10 月 28 日开工，2020 年 4 月 22 日双

图 3-3 连镇铁路五峰山长江大桥

轨铺通，2020 年12 月 11 日建成通车，公路面于 2021 年 6 月 30 日通车。通过开展建造技术科研攻关与工程应用，形成了千米级公铁两用悬索桥建造成套技术。

2. 工程技术重难点

五峰山长江大桥在沉井施工、主缆加工制造与架设、桁梁制造与吊装等方面面临一系列工程难题。

(1)山壑区大型锚碇基础施工技术难度大、安全风险高

五峰山长江大桥南锚碇基础采用直径为 87 m 的圆形现浇扩大基础，北锚碇基础采用长 100.7 m、宽 72.1 m、高 56 m 的大型陆上沉井基础，为世界上平面面积最大的沉井基础，具有结构整体刚度大、抗震性能好等优点，但与应用较为成熟的桩基础比较，大尺度沉井基础施工过程复杂，施工风险大，也是全桥施工的重点控制性环节。

(2)1.3 m 大直径主缆的加工制造和高精度架设技术难度大

悬索桥对主缆钢丝直径、弹性模量、抗拉强度等指标的均匀性要求很高，主缆的加工制造面临很大技术挑战。在主缆架设方面，主缆线形直接影响成桥后桥面线形及轨道线形；索股之间由于温差及相互之间接触影响，索股的线形测量难度大；索股锚固力调整量大，索股受力均匀性控制难度大；索股线形测量和调整均在晚上进行，作业点位于高空猫道上，照明条件差，施工安全风险高。此外，现场架设主缆用紧缆机和缠丝机需专门研制，也在一定程度上增加了主缆建造难度。

(3)钢桁梁大节段制造和吊装过程线形精细化控制难度大

大桥钢桁梁采用双节间(长 28 m，高 16 m)整体制造、运输、吊装，边跨钢桁梁节段最

重达 1 760 t,中跨钢桁梁节段最重达 1 432 t,为国内悬索桥最大钢梁制造、吊装段。杆件采用栓焊结合的连接方式,工厂内组拼精度控制难度较大;下弦杆节点板焊接变形突出且不易控制,且焊缝质量要求高;钢梁节段内部分杆件如斜腹杆,由疲劳应力控制设计,该杆件在与弦杆节点板对接时,其焊接要求高,施工难度大;悬索桥在施工过程中受几何非线性影响变形很大,施工过程线形精细化控制的难度大大增加。

3. 技术创新性

为解决沉井施工、主塔施工、主缆施工、桁梁架设等过程中面临的技术难题,在五峰山长江大桥建设过程中形成了多项世界领先的创新技术。

(1)形成了山壑区大型锚碇基础施工关键技术

采用底部平面结构不闭合圆形地连墙结构,解决了区域内基岩起伏大且边坡分布沿地连墙平面环向不均匀问题,提高了施工过程中的安全稳定性;采用“多种开挖法相结合+环形钢筋混凝土内衬支护”的山谷区超大尺寸深基坑开挖技术,在保证施工安全和质量的同时,保证了施工进度;采用不等高嵌岩圆形地下连续墙快速成槽技术,有效解决了传统铣进工艺所面临的难题,适用于所有嵌岩地连墙施工,在嵌岩深度深、岩层强度大、岩土比例高的地连墙施工中更具优势;采用大体积混凝土快速浇筑技术,有效地防止了混凝土下落后发生离析,保证了施工质量和工程进度。

(2)采用了复杂地质条件下近岸陆上主塔施工技术

基础设计桩长 50 ~ 128 m,最大钻深达 138 m,为国内桩基施工最大钻深,超出了 KTY4000 型钻机设计 130 m 钻深,通过泥浆指标优化、大配重减压钻进技术解决了破碎岩层塌孔的问题并确保了超深桩基垂直度≤3‰,实现检测全为 I 类桩的目标。环箍式支撑钢板桩围堰的基坑干法异步开挖施工技术,在国内首次采用单层“折线环箍式内支撑”的可重复倒用支撑体系,增加了作业空间,节约了施工材料。塔柱优质快速化施工技术,首次在主塔施工中采取变截面、接缝处增设防裂网、塔柱延后拆模并喷涂养护液、冬期采用“多层包裹+蒸养”等一系列措施确保混凝土质量。预应力辅助塔梁同步下横梁施工技术,在国内首创采用了以预应力辅助、分段浇筑的技术。多功能装配式空中支架施工上横梁技术,通过优化创新,设计出多功能装配式空中支架,为后续类似横梁施工提供了借鉴。

(3)研发应用了大直径主缆施工关键技术

大型缆载吊机研制及快速安装技术改进了缆载吊机走行方式,研发了多点同步提升及可带载调整吊具,实现了缆载吊机快速安装。主缆快速架设技术,采用上下游独立的双线往复式牵引系统,提高主缆索股架设速度、调索速度及精度。索夹螺杆同步张拉技术,确保螺杆张拉力的准确度和均匀性,并显著提高了张拉效率。

(4)大节段钢桁梁整体架设关键技术

不携带二期恒载(二恒)整体架设技术,实现了两侧拼接板竖向高程与转角一致性,从而使钢桁梁节段间快速精确对接;铁路二恒快速铺装技术,确保每片区域内道砟荷载均匀,有效解决了全桥钢桁梁桥面局部应力分布不均的难题。

4. 技术应用与效果

连镇铁路五峰山长江大桥在建设过程中应用了一系列创新性工法和施工装备,并针对公铁两用悬索桥沉井、施工风险、施工控制进行专项研究,保证了大桥施工全过程安全,取得了良好的社会、经济效益。作为世界上首座高速铁路悬索桥,其建造技术对于指导后续国内外同类桥梁的建造具有重要意义。

5. 获奖情况

“五峰山长江大桥”获“2022 中国新时代 100 大建筑”,2022 年—2023 年度中国建设工程鲁班奖(国家优质工程)。

三、长大隧道设计建造技术

(一)八达岭长城地下站隧工程

八达岭地下站隧工程包括新八达岭隧道和八达岭长城站。新八达岭隧道连续穿越居庸关、水关、八达岭长城等重要风景名胜区,是京张铁路最长、环保要求最严格、工期最紧张的隧道。八达岭长城站是目前世界上结构最复杂、埋深最高、规模最大的全暗挖站隧一体高铁车站,是铁路复杂结构与敏感环境条件地下车站与隧道工程建造的标志性工程。

1. 工程概况

京张高铁全长 174 km,线路起自北京北站,沿途经清河站、昌平站、八达岭长城站、怀来站、下花园北站、宣化北站,至张家口南站。京张高铁是我国京包兰快速客运通道的重要组成部分,是北京承办 2022 年冬奥会的重要交通配套设施,是京津冀一体化的重要交通动脉。京张高铁设计行车速度结合实际情况因地制宜,涵盖了 120～350 km/h 的全系列标准。

新八达岭隧道是京张高铁最长的隧道,全长 12.01 km,2016 年 3 月 26 日开工,2018 年 12 月 13 日全线贯通,2019 年 12 月 30 日随京张高铁开通运营而投入使用。京张高铁八达岭地下车站设置在新八达岭隧道内,位于八达岭风景区滚天沟停车场下方 102.55 m 处,毗邻八达岭长城。车站建成通车后,现已成为国内外游客游览八达岭长城的最便捷通道。八达岭长城地下站隧工程三维效果如图 3-4 所示。

图 3-4 八达岭长城地下站隧工程三维效果

八达岭地下车站站台层由 3 条相对独立的隧道组成，中间隧道列车直接通过，两边隧道为侧式车站，供旅客上、下车使用。车站总过站车辆近期为 100 对、远期为 150 对，其中停靠车辆近期为 30 对、远期为 40 对。

2. 工程技术重难点

八达岭地下车站具有建设规模最大、埋深最大、开挖跨度和断面面积最大、建筑结构最复杂的工程特点。

(1) 世界上建设规模最大的暗挖地下车站

八达岭地下车站地下建筑面积约 3.6 万 m^2，修建车站共需要开挖土石方约 41.6 万 m^3，使用混凝土约 13.4 万 m^3，消耗钢材约 9 000 t，是目前世界上建设规模最大的暗挖地下车站。

(2) 世界上埋深最大的高铁地下车站

基于对八达岭长城和青龙桥车站的保护，以及对八达岭长城风景区的充分利用，车站设置在地面以下 102.55 m 处，该埋置深度为高铁地下车站世界之最。

(3) 世界上开挖跨度和开挖断面面积最大的交通隧道

八达岭地下车站两端为各 163 m 的大跨过渡段，车站通过过渡段与正线隧道连通。过渡段采用单洞隧道暗挖设计，最大开挖跨度 32.70 m，开挖断面面积 494.4 m^2，是目前世界上开挖跨度和开挖断面面积最大的交通隧道，施工难度极大，安全风险极高。

(4) 世界上建筑结构最复杂的地下车站

八达岭地下车站为三层地下结构，自下而上分别为站台层、进站层和出站层。车站内修建各类大小洞室78个，断面型式88种，洞室间交叉节点密集，最小水平间距2.27 m，最小竖向间距4.45 m，建筑结构极为复杂，是目前世界上建筑结构最复杂的地下车站。

3. 技术创新性

为了安全、优质、按期建成京张高铁八达岭地下车站，我国铁路高度重视，针对该工程面临的建设问题设立多项科研项目，形成了一系列创新成果。

（1）首创了高速铁路地下站隧工程智能建造体系

提出了基于“模数驱动、轴面协同”的铁路地下站隧智能建造理论，创建了“技术—数据—标准”的地下站隧智能建造体系，研发了基于全生命信息数字模型的地下站隧建造智能管控关键技术。

基于全生命周期与系统工程理论，创新性提出了语法—语义—语用业务本体“模型”与知识—过程—价值全方位“数据”多元多层级映射机制，揭示了基于信息流的智能建造系统内部运行机理；基于设计—施工—运维整体效能最优原则，建立了以三维模型与数据管理为驱动，以全生命周期管理为“轴”，以站隧全要素为“面”，模型数据一体化的铁路地下站隧智能建造理论，为铁路地下站隧智能建造提供了理论基础和实践路线。

首次搭建了基于全生命周期、系统层级和智能特征的铁路地下站隧智能建造系统架构，创新性提出了国际铁路数据存储标准、铁路BIM技术标准和实施标准，建立了铁路地下站隧“勘察—设计—装备—建设管理”智能化的技术体系、建设全过程“人—机—料—法—环”全要素的数据体系、“施工装备—工程建造—建设管理”的标准体系，形成了“技术—数据—标准”三位一体的铁路地下站隧智能建造体系，为铁路地下工程智能建造提供了规范化指导和服务框架，实现了铁路地下站隧全生命周期的全过程、全链条智能化建设管理。

依托八达岭站隧工程开展了基于钻爆法隧道智能化建造工程应用。构建了“模数一体”的通用数据环境，基于地下站隧感知网络及互联技术建立地下站隧建造全生命周期动态信息库；基于地下站隧数据融合分析模型，研发了集地下站隧施组动态模拟、质量评价分析、安全风险动态评估等于一体的协同管控平台，实现了地下工程安全、质量、进度的高效协同和精准管控。

（2）创建了世界文化遗产区超大跨深埋密集洞群地下站隧结构与环境构建智能化体系

建立了超大跨隧道岩拱承载圈层传递理论和支护体系构件化设计方法，创建了基于BIM参数化协同设计的密集洞群地下车站新模式及洞群支护结构设计方法，突破了复杂地下站隧结构围岩稳定性控制难题。

发明了超大跨隧道“品”字形工法，创新了下穿国宝级文物微震爆破靶向控制技术，提出了基于智能化施工装备与人机动态定位跟踪的地下站隧智能施岩工技术，突破了软弱围岩30 m级超大跨暗挖隧道建造技术难题，保障了大体量层叠交错小净距洞群快速施工及国宝长城安全。

构建了基于智能管控系统的深埋地下车站防灾疏散救援安全体系及风光声温与建筑美学融合的舒适环境，形成了“廊道疏散 + 广播引导 + 标志引导 + 救援进场 + 智能管控”多位一体的深埋密集洞群地下车站安全快速防灾救援疏散体系，保障了复杂深埋地下车站旅客乘坐体验与生命安全。

4. 技术应用与效果

依托京张高铁八达岭地下站隧工程形成的超大跨隧道建造技术、深埋密集洞群地下车站建造技术、地下车站环境构建技术、文环保技术等已成为类似工程支撑性技术，在成贵、郑万、成兰、西成、中老铁路玉磨段等多条线路开展了推广应用，产生了良好的技术经济效益与工程效果。

(1)首创了“三纵三层”地下车站新模式，构建了由78个洞室88种断面构成的蜂窝状群洞地下车站，群洞之间最小水平间距2.27 m，最小竖向间距4.55 m，实现了密集群洞空间最优化布局。

(2)首创超大跨隧道“品”字形工法，应用了基于智能化施工装备与人机动态定位跟踪的地下站隧智能施工技术，实现了跨度32.7 m、面积494.4 m^2 软弱围岩超大跨隧道安全快速施工，解决了超大跨隧道与复杂密集洞群下穿国宝长城安全施工难题。

(3)利用BIM、3D GIS、互联网 + 等技术，构建了基于智能管控系统的深埋地下车站防灾疏散救援安全体系及风光声温与建筑美学融合的舒适环境，保障了深埋密集洞群地下车站乘客安全和乘坐体验。

八达岭长城站的成功修建，确保了京张高铁的按期开通，有效保障了北京冬奥会运输服务。项目成果在沿江高铁等重大工程中推广应用，还辐射应用到城际铁路、重载铁路等轨道交通领域。

(二)石太客专太行山隧道

太行山隧道是亚洲高速铁路第一长隧，穿过海拔为1 311 m的太行山山脉主峰越宵山，最大埋深445 m，采用钻爆法施工。建设期间，全隧24个工作面同时展开施工，铁道部组织全国隧道专家围绕8个重点课题进行现场挂牌攻关，为我国特长大隧道建设积累了宝贵经验。石太客专太行山隧道如图3-5所示。

图3-5 石太客专太行山隧道

1. 工程概况

石家庄至太原铁路客运专线正线全长189.93 km,设计速度目标值250 km/h,上行限制坡度13.5‰,下行最大坡度18‰,最小曲线半径5 000 m。2005年6月11日开工,2007年底全线贯通,2009年建成。太行山隧道是目前国内高铁第一长隧道,为双洞单线,两线间距35 m,下行线全长27.839 km,上行线全长27.848 km。

2. 工程技术重难点

太行山隧道具有不良地质结构众多、施工组织设计复杂、救援疏散设计复杂的工程特点。

(1)面临断层破碎带、高地应力、岩溶地下水等多种重大不良地质问题

太行山隧道地质结构复杂,隧道前段地貌属于剥蚀中低山区,地形起伏较大,最大高差600余米;隧道后段地貌属于黄土堆积盆地边缘,呈现典型的黄土高原地貌;隧道内断裂构造较为发育,断裂性质大多为张性;隧道通过可溶岩地层,易产生突水冒泥等灾害;隧道中部通过强度高、地应力大的花岗片麻岩地层,容易产生岩爆等危害。

(2)超多断面同步施工、施工组织设计复杂

隧道钻爆法施工过程中,全隧设进口1个、斜井9个、出口1个共11处施工通道、24个工作面同时展开施工。超多断面同步施工,在提升工程建设效率的同时能够降低施工风险,但也面临复杂的施工组织设计问题。

(3)防灾救援、安全疏散、运营及防灾通风等方案设计复杂

太行山隧道群设置2个长度为550 m的紧急救援站;太行山隧道、南梁隧道出口双洞段内每420 m设置联络横通道一处;南梁隧道进口双线隧道段和石板山隧道利用施工辅助坑道各设紧急出口一处;石板山隧道出口与黑水坪大桥相连处设疏散平台一处。隧道

内的防灾疏散设备齐全，包括防灾通风、应急照明、应急通信、设备监控、供电、消防等设施设备。

3. 技术创新性

太行山隧道建设阶段，高铁隧道建设标准还处于研究阶段，隧道有效净空、复合式衬砌参数、缓冲洞门结构等技术标准尚不明确，不良地质条件以及安全运维等方面的问题也非常突出。通过在建设过程中的持续研究和不断探索，对上述问题进行逐项攻破，取得了众多技术突破与创新。

（1）全面研究并攻克了时速 250 km 高铁单线隧道、双线隧道和单洞隧道变双洞隧道关键技术，解决了高铁大断面隧道、喇叭口段特大断面隧道及大断面小间距隧道设计施工难题。

研究形成了时速 250 km 高铁单线、双线隧道有效净空面积、复合式衬砌参数、施工方法、监测验收等标准。构建了高铁特大断面隧道围岩压力计算方法、隧道断面过渡形式、支护体系、施工方法和工艺，解决了 300 m^2 特大断面隧道直接过渡到小净距隧道设计和施工难题，成功实现了线路从一条线间距 4.6 m 的双线隧道过渡到两条线间距 3.5 m 的单线隧道，如图 3-6 所示。研究解决了隧道基底不均匀沉降和隧道内铺设板式无砟轨道的技术难题，形成了高速铁路特长隧道无砟轨道设计、施工及评估等成套技术。

图 3-6 双线特大断面隧道直接过渡为两条单线隧道

（2）研究并形成了膏溶角砾岩地层高速铁路隧道设计及施工关键技术，解决了膨胀性膏溶角砾岩地层中修建隧道的设计和施工难题。

通过室内外试验，系统研究了膏溶角砾岩的特殊性质，提出了膏溶角砾岩分类及膨胀势判定标准，为膏溶角砾岩评价奠定了基础。针对不同类型膏溶角砾岩的工程特性，提出了膏溶角砾岩的围岩分级标准。系统研究了膏溶角砾岩地层隧道结构受力和变形特征，形成了膏溶角砾岩地层隧道变形控制标准，确定了合理的隧道断面形式、支护体系、施工方法和工艺，形成了膏溶角砾岩地层隧道建造系列技术。

(3)系统形成了高速铁路特长隧道群防灾救援成套技术，填补了我国高速铁路隧道防灾救援、安全疏散、运营及防灾通风领域技术标准空白。

采用理论分析、数值计算、模型试验及现场模拟等研究方法，建立了我国高速铁路特长隧道设置紧急救援站、避难所、紧急出口等救援疏散设施的系列标准。建立了高速铁路特长隧道紧急救援站多口通风模型，通过数值模拟及模型试验，确定了人员疏散过程中送风和防烟标准，提出了紧急救援站送风和排烟技术方案。成功实施了高速铁路特长隧道防灾救援的系统工程，建设了紧急救援站等应急疏散设施和防灾通风、应急通信、设备监控、供电、消防等设备，并通过现场模拟检验。

4. 技术应用与效果

太行山超长隧道群建造过程中，针对时速 250 km 高速铁路单、双线隧道进行了断面形式、结构设计、洞内附属设施等系统研究与应用，相关成果纳入了《高速铁路设计规范》；针对超长隧道运营阶段防灾救援进行了系统研究与应用，相关成果纳入了《铁路隧道防灾救援疏散工程设计规范》；施工方法、监测验收等成果也为其他相关规范吸收借鉴，为建立完善适应我国铁路工程建设特点和要求的规范制度体系奠定了坚实基础。

（三）成贵高铁玉京山隧道

成贵高铁云贵段玉京山隧道是一条集瓦斯突出、大溶洞、软弱围岩、特大涌水等复杂地质条件于一体的隧道，也是成贵高铁全线一级高风险隧道。2016 年 7 月 23 日，玉京山隧道横洞工区发现了巨型岩溶大厅，溶洞大小相当于 3 个足球场，高度接近于 50 层楼高。经国内专家多次现场探勘，一致认为该溶洞为中国高铁建设史上体量最大、地质水文最复杂、处理难度最大的溶洞，这也成为成贵高铁开通运营的关键“卡脖子”工点。成贵高铁玉京山隧道如图 3-7 所示。

1. 工程概况

成贵高铁玉京山隧道全长 6 304 m，双线隧道，是全线的重点工程，地处云贵高原北部，大娄山脉西侧威信县境内，位于四川盆地向云贵高原过渡的地形急变带，海拔高程 1 000 ~ 1 600 m，相对高差 90 ~ 600 m，地形陡峻，沟谷纵横，洞身穿越南广河流域与赤水河流域的区域分水岭，2014 年初开工，2017 年 9 月 24 日全线贯通，2019 年 6 月全线建成运营通车。

图 3-7　成贵高铁玉京山隧道

隧道洞身通过的地层从三叠系下统到寒武系中上统，缺失石炭系和泥盆系，主要岩性为砂岩、泥页岩、灰岩、白云岩，少量的火山碎屑岩和盐溶角砾岩，局部夹煤层。总体为单斜岩层；洞身共穿越 3 条断层。1 条长 18 km 的暗河和线路大角度相交，暗河进口高程 1 224 m，出口高程 810 m，平均水力坡度 2.3%，预测相交处暗河水面位于轨面 71 m 以下。

2. 工程技术重难点

经勘探，玉京山隧道洞身揭示一处巨型溶洞及暗河系统。溶洞位于地面以下约 70 m，溶洞平面发育呈“蚕豆”形，沿隧道纵向发育最长约 95 m，横向发育最宽约 230 m；溶洞顶部呈穹窿状，其顶部与洞底基岩高差 50 ~ 120 m，溶洞体积约 108 万 m^3；溶洞底部堆积物厚 30 ~ 90 m，横向由右至左呈先缓后陡的斜坡向下状；溶洞左侧坡脚发育一条暗河，河面宽 10 ~ 15 m，雨季流量 70 m^3/s，暗河为下游水电站唯一水源，生态环境敏感。隧道高悬于溶洞顶板附近，距离堆积物顶面 40 ~ 45 m，距离暗河水面约为 114 m。该溶洞空腔体积巨大，洞壁不稳定，水文地质条件复杂，在国内外隧道工程史上罕见，被业内誉为“高铁第一溶洞”。

针对巨型溶洞及暗河系统复杂庞大特点，施工过程中面临以下技术重难点：洞壁随时可能坍塌掉块，溶厅内施工人员和设备存在安全风险；线路悬空、溶洞底部堆积体不稳定，需要选取合适的工程结构形式，安全、经济地跨越巨型溶厅及暗河系统；溶厅空间大、高差大，隧道工作面少，难以满足工期要求；暗河存在雨季排水不畅、返潍的现象，需要设法防止下游暗河水返潍、水淹线路；若施工堵塞暗河，将严重影响下游生产生活用水安全，造成既有地下水网的平衡难以维系、原有生态系统破坏等。

3. 技术创新性

依托玉京山隧道工程,开发了回填体内修建432 m^2 超大断面隧道、隧道内修建百米级大跨度桥梁的新型“桥隧一体化”结构体系,采用了超大跨度的短边跨连续梁(38 m + 108 m + 38 m),有效解决了高铁无砟轨道沉降控制难题。

(1)采用了超大跨度和超大断面动静分离结构体系

溶洞回填措施提供了施工平台并提高了溶腔稳定性,但其不均匀沉降和后期沉降不可控,并不能作为行车基础。为保证行车安全,需采取桥梁结构跨越。综合对比小跨刚构、半推力拱结构和连续梁结构,从结构安全性、施工可实施性和经济性等方面进行了对比分析,最终采取了具有相当刚度和稳定性的一次性超大跨桥梁作为承载结构。行车下部结构安全性解决后还面临溶洞顶掉块风险,采取穹顶锚(索)网喷支护作为拱部永久性支护体系,能确保顶部整体性稳定,但针对局部掉块风险无法完全规避,在此基础上为提高隧道穿越过程中的安全保障力度,通过设置暗挖隧道永久性支护结构保护桥梁与轨道的运营安全。

(2)提出了“周边回填体注浆加固 + 五台阶开挖”的超大断面隧道开挖工法

考虑溶洞发育特征及弃渣回填体特性,研究提出了大规模回填体内特大断面隧道暗挖施工的“周边回填体注浆加固 + 五台阶开挖”工法。对回填体段隧道两侧距隧道边墙脚5 m处回填体最大破裂面外5 m范围与隧底以下30 m范围采用袖阀管注浆加固,以确保大规模回填体内暗挖隧道安全及减小沉降对隧道产生不利影响,同时注浆加固采取分区块施作,降低了注浆时间,减小了工期风险;开挖采用五台阶法施工,初期支护采用HW300型钢钢架 + 锚网喷支护结构,并设置2道临时钢横撑,开展支护变形和受力监测,随时掌握支护结构稳定情况,保障了施工安全。

(3)研制了“边墙整体梳形模架 + 拱部行走式贝雷梁 + 拱部桁架台车模板”作业机械

采用5循环法施工,研发了边墙梳型模架,浇筑边墙混凝土,同时开发了拱部贝雷梁桁架台车,实现隧道衬砌与现浇桥梁的平行作业,节约工期3个月,解决了工期紧、洞内作业空间有限、多工序交叉作业干扰大的施工组织难题,实现了有限空间下快速施工,保障了隧道按期开通。拱部贝雷梁桁架台车施工现场及BIM示意如图3-8所示。

4. 技术应用与效果

玉京山隧道工程实施过程中,针对岩溶地区高速铁路隧道高悬穿越复杂环境下巨型溶洞和复杂暗河系统的技术方案,以及设计、施工和运营阶段面临的安全保障与环境保护问题,采用资料调研、模型试验、数值模拟、现场试验及监测等方法,对巨型溶洞稳定性评价及处治、深厚回填体超大断面隧道建造、洞内大跨桥梁设计与施工、运营安全保障等

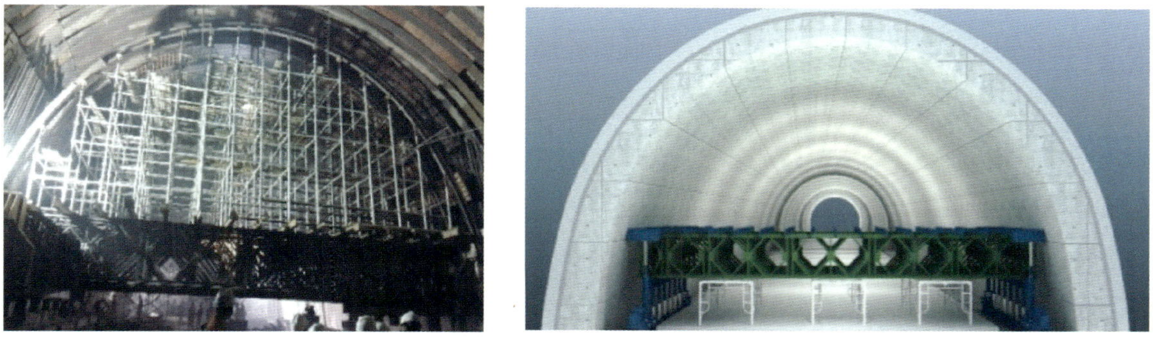

图 3-8　拱部贝雷梁桁架台车施工现场及 BIM 示意

关键技术进行了研究，形成了高速铁路隧道高悬穿越复杂环境下巨型溶洞的关键技术，保证了隧道施工及运营安全，填补了国内外技术空白，有效提升了岩溶区隧道建设与安全控制综合技术水平，对后续相似工程案例的设计、施工具有十分重要的现实指导意义。

玉京山隧道的成功修建，确保了成贵高铁大通道的按期开通，对提升西南山区人民生活质量、促进西南地区少数民族文化传播和旅游资源开发具有重要意义，对增进西北地区、西南地区及东部沿海地区的经济社会交流，促进西部地区及东部沿海地区协同发展作出了重要贡献。

5. 获奖情况

成贵高铁玉京山隧道巨型溶洞处理关键技术获“2020 年国际隧协（ITA）攻坚克难奖”。

四、典型车站设计建造技术

（一）北京丰台站

北京丰台站是目前国内唯一一座双层车场铁路站房，是亚洲最大的铁路交通枢纽，形成空中有高铁，地面有普速，地下有地铁的立体交通模式。该工程主体结构以劲钢结构为主，局部为混凝土框架和钢框架结构，钢结构总用钢量近 20 万 t，钢结构构件数量达 1 万根以上，钢筋用量 14 万 t。

北京丰台站站址周边城市用地紧张，在设计时注重技术集成与优化，突破传统车站模式，秉承着“畅通融合，绿色温馨，经济艺术，智能便捷”设计理念，创新性地提出双层车场的设计理念，实现“一地两站”的目标，对优化首都交通运输结构、完善首都综合交通体系、方便人民群众出行、带动社会经济发展发挥了重要作用，提高了土地资源的使用率，达到了节能、节地、节水、节材等绿色建造目标。

1. 工程概况

北京丰台站地下二、三层为新建地铁 16 号线站厅、站台层，与站房共结构；地下一层为普速出站层与城市通廊，中部设置铁路与地铁 16 号线换乘厅，东南角设置铁路、16 号线、既有地铁 10 号线换乘厅；地面层为普速车场，10 m 层为高架候车层、23 m 为高速车场及站台。总建筑面积约 40 万 m^2，含铁路高、普速双层车场共计约 70 万 m^2，屋面最高点标高为 36.50 m，2018 年 8 月开工，2022 年 4 月站房竣工，2022 年 6 月投入运营。北京丰台站如图 3-9 所示。

图 3-9　北京丰台站

北京丰台站采用双层车场设计，普速车场位于地面层，采用上进下出的流线方式；高架车场位于 23 m 标高层，采用下进下出的流线方式。

2. 工程技术重难点

由于本体结构复杂、周边交通限制较多、临近地铁线路等因素，北京丰台站在建设过程中面临一系列技术难题。

（1）超长厚大混凝土构件多，混凝土裂缝控制难度大

大体积混凝土基础受到混凝土柱墩和钢管混凝土柱的约束，钢骨梁梁板层混凝土的梁和板构件尺寸差异大，各个部位混凝土收缩不一致，施工期存在温度场梯度不一致问题，易产生应力集中现象，裂缝控制难度高。

（2）劲性钢结构构件重量大厚度大，加工制作安装难度高

工程钢结构共计 20 万 t，大量采用劲性钢结构，高强结构钢用量大，构件截面形式复杂多样，板材最大厚度达到 100 mm，加工、安装、焊接难度大。

（3）大截面劲性钢骨梁节点复杂，施工难度系数高

北京丰台站为双层车场重载结构，承轨层大量采用大构件劲性钢骨体系，其与混凝土结构节点连接复杂。劲性钢骨与混凝土结构的钢筋连接，以及连接点的设计制约着梁

柱复杂节点的有效实施。

（4）周边交通限制因素多，施工组织难度大

北京丰台站建设期间区域主干道、次干道大多未按规划实施，道路通行能力不足。北侧邻近铁路既有线，现场施工布置难度大；周围市政配套设施不完善，对外运输通道仅有南侧施工道路可以通行，施工道路受限，现场多家作业，施工组织难度大。

（5）临近地铁高铁，安全风险高

京沪线下行线接触网回流线距离站房基坑最近距离为9.9 m，距AB轴15.45～31.8 m，接触网电压为27.5 kV，施工风险高；正在运营的10号线与站房在东南角处斜交，站房基础横跨10号线盾构区间，工程桩与运营中地铁10号线盾构结构之间最小水平距离仅为3.1 m，护坡桩及桩基施工风险大，全部结构施工需要通过地铁的设计和施工方案安全评审。

3. 技术创新性

针对混凝土施工、钢骨梁施工中面临的技术难题，以及临近地铁带来的施工不便，北京丰台站在建设过程中创新采用了地铁与铁路结构共构技术、多机种起重设备防碰撞技术，以及特殊的混凝土、钢骨梁施工工艺。

（1）创新地铁与铁路结构共构技术

新建地铁16号线东西向贯通站房地下部分，为地下二层和三层结构，与站房同结构设置，站房与地铁共建钢管柱及混凝土柱90根，地铁与铁路重叠面积21 232 m^2。为保证共构结构和各建筑物之间相对位置的准确性，各方采用了统一测量基准点进行工程坐标及高程测设，并定期核对。

（2）应用多机种起重设备防碰撞技术

北京丰台站一期工程北区、南区和二期工程施工过程中均存在多塔交叉施工现象，为防止群塔发生碰撞事故，引入了群塔防碰撞电子系统，并在此基础上研究塔吊与履带吊防碰撞逻辑关系，进行多机种防碰撞系统应用。

（3）创新大跨度钢骨梁施工技术钢筋绑扎、模板支设逆作技术

北京丰台站采用先绑筋后支模的逆作工艺，根据钢骨梁特点，将拉钩与对拉螺栓合二为一，减少梁腹板上开孔数量，并通过受力计算复核焊接可靠性和母材强度。同时，在梁柱节点钢筋密集处应用混凝土密实度过程监测技术，在狭小空间布设透明亚克力管，利用设备在混凝土浇筑过程中全程监控，保证所在区域混凝土密实。

（4）研发大截面钢骨地梁施工技术

北京丰台站东站房基础形式为钢骨混凝土基础转换梁，为防止上部荷载对地铁轨行区造成影响，东站房地上结构采用钢框架结构+楼承板混凝土组合结构形式。研发了钢

骨混凝土转换梁施工技术,在钢骨梁与垫层之间设置支撑胎架,为钢骨梁箍筋安装提供操作空间。

(5)研发大体积混凝土应用技术及自密实混凝土施工工艺

北京丰台站中央站房筏板基础东西向长364.5 m,宽为320.5 m。基础受到大体积混凝土柱脚和钢管混凝土柱的约束,结构层的梁和板构件尺寸差异大,导致各个部位混凝土收缩不一致,施工期温度场梯度不一致,易产生应力集中现象,裂缝控制难度高。为此,研发了超长厚大体积混凝土应用技术以及钢管柱自密实混凝土高抛与顶升工艺。

配合比设计在满足混凝土设计强度的情况下,以“以抗裂为主、综合耐久性指标优先”为设计原则;利用补偿收缩混凝土技术,结合跳仓法施工,大幅度减少后浇带数量,控制混凝土的中心温度峰值;采用60 d强度作为混凝土的验收强度,通过大掺量粉煤灰控制混凝土的中心温度峰值,掺加膨胀剂补偿混凝土收缩,采用自制聚羧酸高性能减水剂。基础底板施工完成后整体性良好,未发现明显裂缝。

北京丰台站根据现场实际情况制作了钢管混凝土试验柱,对比了顶升法施工工艺与高抛法施工工艺实验。拆模后混凝土经过声波透射法监测,两种方法均能满足混凝土内部密实要求,由于顶升施工工艺需要在钢管柱侧壁开孔,影响钢管柱强度,故北京丰台站最终选择高抛法,施工简单、效果好。

(6)采用有限元仿真进行沉降分析取消上部结构后浇带

北京丰台站建筑面积40万 m^2,受到铁路营业线和拆迁工程的影响,分为前后三个区段进行施工。地基基础协同作用沉降计算步序按岩土工程条件、结构条件进行建模分析,根据计算,取消沉降后浇带以后结构变形沉降差在规范允许范围内。经过对结构沉降变形的连续观测,未发现结构出现明显裂缝和变形超标的问题。

4. 技术应用与效果

北京丰台站结构首创了双层车场大型“桥—建”合一结构体系并成功实施。在施工过程中,有效控制了大体积混凝土裂缝的产生,加快了现场施工生产进度,在确保铁路线以及施工安全情况下,顺利实现了工期节点。

5. 获奖情况

北京丰台站工程获得“中国钢结构金奖”,以及绿色建筑评价标准中最高等级的绿色三星认证。

(二)福田站

福田站位于广东省深圳市福田区,是国内首座位于城市中心区,以高铁车站为核心,集高铁、地铁、公交和出租车等多种交通方式为一体的全地下现代化综合交通枢纽，解决了既有的城郊高铁车站无法深入客源中心的难题，在中国高铁建设史上具有开创先河的示范意义，是我国地下高铁建设的引领性工程。福田站如图 3-10 所示。

图 3-10　福田站

1. 工程概况

深港高铁是我国第一条穿越既有城市中心区并在密集中心区设站的全地下跨境高速铁路，由深圳福田站和香港西九龙站两座地下高铁站、益田路隧道、深港隧道组成，全长 37.1 km，设计行车速度 200 km/h。其中益田路隧道全长 6 236 m，首次采用大直径高铁隧道下穿城市中心区，盾构隧道管片外直径达 12.8 m，矿山法隧道近距离下穿运营中的深圳地铁 3 号线。

福田站为地下三层站，共设 8 线 4 站台，总长 1 023 m，最宽处 78.86 m，平均深度 32 m，总建筑面积 151 138.9 m^2。地下一层为客流交通转换层，地下二层为站厅层，地下三层为站台层，站台设置全高站台门系统。福田站 2008 年 8 月开工，2015 年 9 月竣工，2015 年 12 月投入运营。

2. 工程技术重难点

福田站作为一座城市中心区地下火车站，在客流集散、施工环境、列车高速越站、防灾救援设计、站台门设计等方面都具有自身特殊性，面临一系列技术难点。

(1) 城市中心区高铁大客流集散困难。传统火车站设置站前广场集散客流，交通接驳以城市公交、出租接驳为主。城市中心区用地紧张，无条件设置站前广场集散高铁大客流。

(2)ϕ12.8 m 大直径盾构隧道长距离下穿软硬差异极大复合地层。大直径盾构隧道需在城市中心区穿越较长的软硬不均花岗岩和变质砂岩复合地层,软硬不均地层长度占比高达 31%,岩石最大抗压强度达到 153 MPa,岩石强度差异极大。

(3)城市中心区复杂环境下大断面隧道施工风险高。城市中心区建筑密集,大断面隧道需下穿或侧穿 61 栋建筑物。同时,益田路隧道以 2.5 m 小净距下穿运营中的深圳地铁 3 号线,深港隧道在富水全风化花岗岩地层中以 3 m 净距下穿运营中的深圳地铁 1 号线,工程风险高。

(4)城市中心区复杂环境下超高难度的基坑工程。福田站基坑长 1 023 m,最宽 78.86 m,平均埋深 32 m,最深处 39 m,周边高层建筑密集,工程地质条件复杂。基坑围护结构方案选择既要保证基坑及周边建筑安全,还要方便施工,控制工程投资。

(5)地下高铁站结构设计复杂。地下高铁站主体结构工程跨度大、荷载大。最大横向跨度 21.46 m,纵向跨度 12 m,且与上部高架桥合建,为国内同类型结构之最。传统的钢筋混凝土框架结构难以满足要求,需研究采用新型结构形式。

(6)列车高速越站空气动力学安全保障技术难题大。车站建设时,国际上尚无列车时速 200 km 高速穿越地下车站的先例,如何抑制列车高速越站时对地下密闭空间产生的瞬变冲击压力、提高乘车舒适度、确保轨旁设备和人员安全的设计难度大。

(7)站台门设计面临挑战。站台门设置既要考虑列车 200 km/h 高速越站的气动荷载影响,还要兼顾多种相互干涉停站位需求。

(8)全地下超长高铁线路运营安全与防灾救援设计难度大。目前国内尚无站隧一体地下高铁隧道人员舒适性环境标准和保障措施。全地下超长高铁线路发生火灾时,对外出口少、火灾规模大、人员多,疏散救援困难。

3. 技术创新性

为解决乘客集散、城市复杂环境下隧道与客站施工、列车高速越站等技术难题,福田站从选址到设计、建造过程中采用了多项创新技术,填补了多个技术空白。

(1)创立了地下高速铁路车站规划选址模式

国内首创在城市中心建成以地下高铁站为核心,以轨道交通疏解乘客为主,以公交、出租等停靠及停放为辅的大客流疏散系统,构建了深圳中心区人车全面分流的互联互通全地下城市交通系统(总建筑面积达 30 万 m^2),实现了“站城融合”,解决了超大城市中心区旅客乘坐高铁难、交通组织难、乘客疏解难等难题。

(2)创新了城市密集区超大规模地下高铁工程建造技术

突破了城市中心区复杂环境条件下大直径铁路盾构隧道建造技术,攻克了软硬差异极大的花岗岩复合地层施工困难、地面建筑密集、施工场地狭小、环保要求严格等难题。

发明了浅埋暗挖新方法(PBCRD 法),实现了在富水全风化花岗岩地层以 3 m 净距安全下穿深圳1 号线,并在洞内成功实施地下商场14 根抗浮桩的托换。创新了城市中心密集区超长超大深基坑微扰动施工控制技术,提出了超长、超宽深基坑的明挖、盖挖组合支护体系,研发了远程实时数字化深基坑监控预警服务平台,形成了城市中心密集区超长超大深基坑微扰动施工控制成套技术,保障了福田站基坑及紧邻超高层建筑物的安全。创新了大跨度劲性地下结构设计与施工技术,在地下大跨度劲性结构体系、地下大直径钢管柱技术、超长地下结构无缝设计与施工方面取得了创新性进展。

(3)构建了地下高速铁路安全绿色营运综合技术

攻克了地下密封空间列车高速越站空气动力学安全保障关键技术难题,首次提出了地下高铁轨旁设备承压限值要求以及地下站隧结合密闭空间瞬变压力缓解技术,填补了该领域技术空白。解决了地下高铁穿越环境敏感点的振动控制难题,研发了高铁隧道橡胶减振垫层与整体预制轨道板结合的减振方法,实测降低地表加速度达 31.48%,成功解决了穿越音乐厅、警犬基地等多个敏感点的振动控制难题。

4. 技术应用与效果

福田站首创在城市中心区,以地下高铁车站为核心,以城市轨道交通、城市公交和出租车换乘为翼面,立足大客流快速疏散的规划理念,建立起多维度多层次立体交通格局,构建了人行、机动车、非机动车全面分流的互联互通全地下城市交通系统。首次突破了超长混凝土结构和超大跨劲性结构施工技术瓶颈,建造全地下超长(1 023 m)不设缝一体化混凝土结构;采用以信息化施工为核心的超大超深基坑施工成套技术,适应上软下硬复合地层以及超高层建筑群接近保护和变形控制等要求;应用了新型站台门及控制系统,能够满足 1 700 Pa(15 级台风)风压冲击和多达 56 种列车运营工况。

第二节
中国铁路客票发售和预订系统

中国铁路客票发售和预订系统(简称客票系统,含 12306 互联网售票系统)是铁路客运管理、服务和经营的核心支撑平台,其中 12306 互联网售票系统是铁路售票的主渠道,是铁路行业“互联网 +”行动计划的一个典型落地应用。客票系统将现代信息技术与业务深度融合,持续迭代创新,极大地方便了旅客购票,有效地缓解了车站售票压力,提高了铁路客运服务质量，改变了铁路服务形象，是铁路信息技术创新的典型代表。

一、背景概况

20 世纪 90 年代，中国铁路为了适应现代化发展，开始了由“常备客票 + 手工作业”的售票模式向计算机售票的探索，开展了“九五”国家重点科技攻关计划项目“中国铁路客票发售和预订系统”研究。1996 年实现了车站的联网售票；1997 年建立了地区中心，实现了地区范围内联网车站间的异地售票与预订；1999 年建立了全国中心，实现了全路联网售票；2004 年实现了清分清算系统的对接；2006 年优化了系统体系结构，实现了席位复用，票额共用；2010 年实现了全路列车席位数据在始发局集中存放、管理及票额预分。党的十八大以来，先后历经了五期工程的研发与建设，客票系统得到了快速的发展。

一期工程构建了 www. 12306. cn 网站，向旅客提供余票查询服务；二期工程研发建设 12306 互联网售票系统，通过 www. 12306. cn 网站，向旅客提供互联网余票查询、售票、退改车票以及用户注册、变更等核心票务服务；三期工程简称“双五”工程，主要针对 12306 在春运期间出现的卡顿、瘫痪问题进行系统架构改造，实现高峰日售票能力 500 万张、等待时间 5 min 的目标；四期工程简称“双活”工程，主要针对 12306 单中心运行可能存在单点故障的问题，进行“双活”中心建设，增加系统售票能力的同时，提升了系统运行可靠性；五期工程主要是以打造服务旅客智慧化出行的核心支撑平台为目标，提升系统处理能力、优化系统架构，加强运维监管，保障系统运行安全稳定。通过五期工程建设，12306 已经成为铁路售票主渠道，高峰日的网上售票占全渠道比例超过 90%，旅客彻夜排长队购票现象不复存在。

经过几十年的发展，我国铁路客票系统实现了从售票员手工售票向计算机售票的转变、从车站独立售票向全国联网售票的转变、从窗口线下售票向互联网线上售票的转变、从纸质车票向客票电子化的转变，中国铁路客票发售和预订系统监控中心如图 3-11 所示。

二、技术重难点

客票系统作为全球最大的票务交易服务系统，每年服务铁路旅客超过 40 亿人次，高峰日需要应对超 2 000 亿次的访问。随着我国铁路网规模的扩大、开行列车数量的增多、旅客需求差异化的提出以及铁路运营精益化要求的提升，客票系统面临着一系列的技术难题。

图 3-11　中国铁路客票发售和预订系统监控中心

(1)车多票多,精细化席位管理难

我国铁路高峰日开行旅客列车已超 12 000 列,平均按 1 000 个席位计算,预售期为 15 天,考虑预售之前需要提前生成 5 天的席位便于核查,售票之后需要保留 30 天的席位方便临时查找问题,则生产系统中需要存放 50 天的席位库,则基础的席位库数量是 6 亿个,加上席位复用按偏少的 3 次计算,则需要管理的席位库数量超过 18 亿个,这是每天需要管理的一个巨量数据,而且铁路售票时要求精准对号入座,需要在实时交易时售出具体的车票,不错票、不重票、不虚糜票,这对席位的精准系统管理提出了巨大的挑战。

(2)线长站多,精准化售票组织难

铁路车票与航空机票的最大区别就是铁路线长站多,铁路停站最多的列车沿途要停靠 58 个车站,车票可售区间多达 1 658 个,而不同的列车停站模式差异很大,有的列车仅停大站,有的列车大小站间隔停车,如何实现车票资源最大化利用与旅客多样化出行需求的动态最优化匹配成为售票组织最大的难题,需要考虑多个方面的问题:是优先满足始发站乘车旅客需求,还是要同步考虑沿途车站乘车旅客需求;是优先满足长途旅客需求,还是优先满足短途旅客需求;如果要做到始发沿途均衡、长途短途适配,那具体的票额数量又应如何科学设置等。

(3)变化调整动态频繁,及时变更调整要求高

客票系统是承载铁路旅客运输的核心支撑平台,而铁路旅客运输本就是一个规模庞

大、链条复杂、精准协同的巨系统，既受内部资源调度、专业衔接的影响，也受外部天气、路况的影响，而这些异常事件的发生，都需要客票系统予以变化和调整。车底检修发现问题后要更换其他车底上线，因车型不同，系统需要为已购票旅客进行席位置换，确保旅客检票乘车有序；因台风、暴雨、暴雪、地震以及异物入侵导致线路出现中断，系统需要为已购票或在途旅客提供各种善后服务手段，如何及时、全面、精准地为旅客提供变化调整下的差异化服务是售票管理的难题。

(4)购票请求海量集中，应对售票服务压力大

铁路作为大众化交通工具，是广大旅客出行的首选，尤其是在春运、暑运、五一小长假、十一黄金周期间，旅客大多优先尝试是否能买到铁路车票，这就给铁路客票系统造成极大的压力，再加上部分旅客通过第三方平台抢票，自动化程序的高频访问进一步增加了客票系统的压力。12306 互联网售票系统日均访问量从初期的几亿次，已上升到现在的数百亿次，高峰期超过千亿次，最高时曾达到 2 600 亿次。这些海量的访问请求集中涌入系统，会造成 12306 互联网售票系统的带宽和网络设备拥堵、核心设备计算能力下降、应用服务和数据库服务调度困难等问题，形成系统售票服务卡顿、瘫痪等现象，如何整体提升系统服务能力成为需要攻坚的难题。

(5)旅客出行短时聚集，提升验检票体验难度大

铁路为运送更多的旅客，高峰日期、高峰时段密集发车，干线高铁列车追踪时间缩短至 5 min，部分管内高铁列车追踪时间压缩到了 3 min；高峰时段铁路客流需求旺盛，始发站上车旅客数量大多会超过 1 000 人，但高铁列车在始发站停留时间也有限，一般为 20 ~ 30 min，沿途车站也有几百人上下，而高铁列车在沿车站的停留时间则更短，一般为 1 ~ 5 min。因此，高峰期和高峰时段就容易形成旅客短时聚集现象，客票系统需要为进站旅客实名制核验与检票服务，如何提供快捷、精准、高效、稳定的验检票服务也成为系统需要长期研究的难题。

三、技术创新性

针对客票系统面临的难点，我国铁路通过现代信息技术的创新研究与应用，以及信息技术与业务的深度融合，不断优化调整系统架构，持续研发设计新的系统功能，以旅客为中心、持续迭代，研发形成了全球交易量最大的票务系统，满足高峰日近亿级的交易处理、数十亿级的票库管理、数百亿级的系统访问，技术水平居世界领先。

1. 提出新型售票组织管理技术体系

面对数量庞大列车席位库要实现高效、精准、优质的售票组织难题，通过专项业务研

究、科研攻关与工程应用，形成支撑铁路现代新型的售票组织智能化管理技术体系，包括单个席位精准管理的控制技术、单个席位高效率利用的复用技术、单个席位弹性管理的共用技术与区间调整技术、整列车管理目标自动化生成技术、整列车席位智能化组织的票额预分技术，实现了客运售票组织工作的率先谱系化管理、首创衡量火车票额供给水平的弹性方法，概括为以下几类技术创新。

（1）列车全程席位精准管理技术

列车全程席位精准管理技术，实现了对列车物理座位的电子化、便捷化、精准化的管理。席位描述上精准到列车的始发日期、乘车日期、厢层、席别、车厢、席位号、铺别、乘车区间、席位物理特征、发售方式等；发售控制上精细化到每一个席位属性，可灵活快速地调整和控制单个席位的发售区间，支持按席位特征发售票额，满足不同乘车区间旅客的购票需求，实现票额全生命周期的闭环精准管理。

（2）列车智能票额预分调整技术

充分利用客票系统生产数据，创建售票组织预测性洞察，感知客运市场变化基础上自动计算列车整体售票组织管理目标，确定列车管理级别并自动选择与之相应的售票组织管理策略，实现列车售票组织自动化智能化管理，实现“随行就市”下列车的个性化、精细化管理目标。列车智能票额预分调整模型和技术包括列车自动管理定级计算、客流预测、精确预分、模糊预分、分级分类投放策略、策略执行评估模型、管理定制调整等系列模型和技术，全方位支撑客运管理部门满足市场需求、生产管理要求、安全运输组织要求下的列车售票组织管理。

（3）席位共复用和区段调整技术

为充分发挥列车每一席位的全程效用，对于未发售席位，通过共用技术设置允许销售此席位的乘车站范围，旨在增加席位乘车站的销售范围使其具备弹性；对于未发售席位的下车站，通过区间限售管理技术设置席位的以远站和限售站，旨在确定席位下车站的销售范围使其具备弹性。席位的销售弹性是由席位的共用和区间限售技术支持完成的。通过区段调整技术，可实现席位的全列停靠站自由发售、指定停靠站发售、发售至自由区间、发售至限制区间，使列车有限的席位满足多种多样的旅客购票需求。

2. 创新海量高并发交易处理技术

针对12306面临的高峰期购票请求集中，海量访问会造成系统卡顿、瘫痪的难题，通过用户体验监控、业务流程分解、交易数据分析等，了解系统应对高并发交易处理困难的核心环节，首创了提升余票计算能力的内存计算技术，隔离互联网访问与核心系统的异步交易排队技术，提高核心系统处理能力的弹性扩展技术，以及保障系统整体可靠性的“双中心双活”技术。

(1)基于内存的余票高效计算与查询技术

针对余票查询和订单提交对席位库资源访问处理差异大、查询交易比峰值极高的难题,基于业务过程解耦合物理资源解构的方法,形成了以静态细粒度的席位库和实时联动聚合的余票库为表征的存量处理技术,缓解了席位库面对高并发访问时的压力;自主研发了分布式、海量异构数据高速同步技术,攻克了大规模高频购票请求下快速计算余票的难题,实现了旅客购票时毫秒级查询响应速度。

(2)考虑资源性能的异步交易排队处理技术

通过消息队列技术实现排队机制,支持订票交易请求同步异步模式的自动转换。基于高速缓存集群构建了异步交易排队系统,将无序、随机的交易请求变得有序、可控,有效保障了高并发交易请求下客票核心系统的稳定运行,极大改善了旅客购票体验。

(3)读写分离的核心系统弹性可扩展技术

通过对订票、取票等操作进行了业务分离,由不同的业务节点承载网上售票和线下取票业务,支持并行处理,提高既有设备的处理能力;对售票交易、电子客票库实现水平扩展,运用集群技术对订单/电子客票生成和查询业务实现读写分离,提高系统的扩展能力。

(4)智能调度的双中心双活系统架构技术

运用虚拟化技术进行了数据库服务器虚拟化、应用服务器虚拟化以及存储的虚拟化,实现了跨中心的数据库层、存储层虚拟化,确保核心数据双活;设计基于全局的流量分配和故障切换,使系统两中心形成双活态势并且互为应急,大幅度提升系统安全可靠性,保证当第一中心发生问题时,系统能够无缝切换到第二中心,确保互联网售票系统不间断运行。

(5)混合云服务技术

铁路12306互联网售票系统流量高峰和低谷间存在5倍差距,铁路自建私有云服务平台资源难以应对高峰期的访问压力。为降低系统投资和运营成本,在高峰期租用公有云,与私有云形成混合云架构;构建余票异构数据同步服务技术,实现余票实时动态上云;通过CDN流量调度技术,根据资源负载进行公有云和私有云间的访问流量动态调配。通过这些技术实现公有云和私有云共同承担高峰期的访问压力,提升旅客购票体验,保障系统运行稳定。

3. 构建全行程一体电子客票技术

针对多年来纸质车票办理繁琐、验检效率低,软纸票只能由人工检票,纸质磁票则由带有机械走行机构的专用装置检票,严重影响旅客乘降速度的问题,融合运用模式创新、架构创新和应用创新等手段,构建形成了全行程一体化的电子客票技术,率先支撑中国铁路实现了全面电子客票，在同行中处于领先地位。

（1）首次提出铁路电子客票票制及数据模型

把纸质车票承载的旅客运输合同凭证、乘车凭证、报销凭证功能相分离，实现了运输合同电子化、乘车凭证多样化、报销凭证逐步电子化，以电子数据形式体现铁路旅客运输合同，以居民身份证、手机二维码等媒介载体作为乘车凭证，按需提供报销凭证；提出电子客票核心数据模型 PSR（passenger service record），全面描述旅客的全行程服务信息，为电子客票的全场景运用奠定数据基础。

（2）构建了铁路电子客票全生命周期数字化管理平台

构建铁路电子客票数字化集中存储平台，实现旅客全行程服务信息的数据聚合与状态闭环；构建 PSR 集群集中服务平台，通过多系统间的信息协同与数据共享，突破渠道间的服务壁垒，支撑电子客票业务的跨渠道通办理；构建电子客票集中应急平台，创新电子客票应急处置机制，建立国铁集团与铁路局集团公司系统间的双向应急机制，保障了系统故障下铁路旅客服务的不间断运营。三者共同构成铁路电子客票全生命周期数字化管理平台，支撑了电子客票全场景应用，破解了纸质车票需提前换票、退签办理复杂、丢失需先补再退、易伪造倒卖等难题。

（3）攻克了铁路电子客票识别码及其安全加密技术

构建符合国密安全要求的电子客票识别码管理平台，实现识别码的全生命周期管理和应用接入管理，全面应用于行程信息提示、报销凭证、检票二维码、电子站台票二维码等场景。

（4）自研了人脸识别算法和“云—端”联动人脸识别智能平台

自研人脸检测、姿态推测、活体侦测、面部识别、关键点检测、人脸对齐、特征值比对、人脸识别、口罩检查、墨镜识别等十余项人脸识别算法；研制基于非线性融合损失函数的人脸多任务混合学习模型，兼顾分类损失与回归损失，提高模型识别准确率；提出一种图像质量择优和多模型路由选择的自适应特征融合模型，提升模型运算效率，在国际通用 LFW 人脸识别数据集测试中，准确率达到 99.87%。

（5）研制了电子客票服务成套智能装备

融合图像识别、知识图谱、人机交互等智能化技术，构建用户行为感知、业务流程诊断和服务优化反馈的自助服务模型，自主研制了实名制核验闸机、柱式检票机、售退一体机、人脸查询机、远程售票机、手持检票机等覆盖旅客进站、候车、乘车、出站全过程的全套智能技术装备，实现了旅客服务人机交互自动化和智能化，年服务旅客数十亿人次。形成 4 项电子客票设备标准体系，促进了我国铁路旅客自助服务设备产业化和国产化。

4. 建立一整套大数据应用技术

针对铁路精细化管理和精益化运营水平提升的要求和难点，发挥大数据技术作用，基于“数据中台”理念，采用“湖仓一体”技术，建立统一的、安全的赋能平台，整合客票系统数据资源，提升数据服务效率，满足不同用户、不同应用在数据加工、数据使用、数据共享方面的需求。

（1）湖仓一体的大数据底座

以 Hadoop 生态为基础，采用数据湖与数据仓库结合的方式，将数据仓库的高性能与数据湖的灵活性进行了融合，在底层提供分布式文件、对象存储、交易型数据库、数据仓库、搜索引擎等存储方式，实现数据的融合共享，形成以湖仓一体存储为底座的客票大数据平台。

（2）数据赋能技术

在仓湖一体的存储模式支撑下，客票大数据平台利用分布式计算引擎构建“存算分离”的计算资源。平台通过调度同步功能提供数据转换加载能力，实现批量数据、流式数据、非结构化数据的集成能力；提供 MR、Spark、Flink、内存计算等多种分布式计算方式，满足数据同步、处理、查询等环节的计算需要；同时具备跨数据源查询和基于智能缓存的数据加速能力，能够为上层应用提供亚秒级的查询响应。

在强大的存力、算力支撑下，数据赋能服务实现对平台中数据的有效管理和融合，具备业务数据查询、数据开发、对外共享的能力，从而面向业务提供即席查询、BI 分析、数据建模、辅助决策等需求的数据产品，实现对售票组织、运营维护、旅客服务等业务的敏捷响应。

（3）大数据应用技术

利用大数据技术对铁路客运业务关键信息全方位数字化，建立了面向铁路运营视角和旅客需求视角的数字化映射，借助机器学习技术，辅助业务人员发现历史规律、预测未来需求、优化客票产品，提高了售票组织策略调整的及时性、准确性和有效性，从而能够最大限度地满足旅客出行需求。

通过对用户设备指纹、IP 来源、操作行为等信息的实时处理，第一时间识别出恶意刷票抢票等行为，并对攻击者发起的海量攻击进行拦截，从而缓解系统压力，降低系统资源消耗，确保系统稳定和安全运行，保护旅客个人信息安全。

基于各种交通方式和现有城市公共交通运行数据，开展铁路、民航、公路、水路、城市交通等多源数据关联融合，实现数据采集与融合、分析处理、信息发布、数据综合查询服务。目前已与各大航司及道路客运平台等运输、运营主体按照官方直营模式进行合作，就延误处置、联运规则制定、正晚点信息共享等方面联合开展产品设计。

5. 形成了先进的安全防护体系

近年来,国家有关部门相继出台了《中华人民共和国网络安全法》《中华人民共和国密码法》等法律法规和《信息安全技术网络安全等级保护基本要求》《信息系统密码应用基本要求》等一系列安全标准,对信息系统安全保护工作提出了更严格的要求。作为铁路行业关键信息基础设施,客票发售和预订系统积极落实国家信息安全政策部署,在国家法规与标准框架下进一步加强系统的安全保障能力,实践信息安全的自主可控,为铁路行业的信息技术应用创新产业和国密改造工作起到示范带头作用。

(1)“两地三中心”分区分域网络架构

客票发售和预订系统部署在国铁集团级客服外网、客服内网和客票网,以及铁路局集团公司和车站级客票网。近年来,客票系统依托铁路多活数据中心建设,以5G通信网络、物联网等新型基础设施应用赋能智慧发展,构建了泛在先进、安全高效的基础网络设施体系,强化了铁路网络防护能力,确保了网络信息安全。

(2)“一个安全运营中心,计算环境、区域边界、通信网络三重防护”的自适应安全防御体系

客票系统中12306互联网售票系统和铁路客票发售与预订系统已开展网络安全等级保护定级,均属于国家关键信息基础设施。12306互联网售票系统在安全通信方面进行区域划分,网络结构、网络带宽满足业务高峰期需要,主要网络设备业务处理能力具备冗余空间;区域边界方面,部署防火墙进行安全隔离;计算环境方面,部署WAF(软件)和风控系统,对WEB应用进行防护,对常见的WEB风险进行防控;管理中心方面,通过监控软件能够对设备的资源、运行状态等进行分类监控。客票系统经过多年持续的网络安全建设,有效抵御了来自互联网的安全攻击,保障了全路客票作业的网络安全。

四、技术应用与效果

中国铁路客票发展和预订系统获2001年国家科学技术进步奖一等奖,铁路客票系统成套技术与装备在全国铁路成功应用,创造了巨大的社会和经济效益。

(1)显著改善了用户购票体验,极大地缓解了售票窗口的压力。铁路12306互联网售票系统上线后,最高日售票达到2 695.2万张,占全渠道售票量的90%以上,成为铁路售票的主渠道,有效应对了2016年以来春运、暑运、黄金周、小长假的售票高峰考验,是中国铁路“互联网+”的典型案例。

(2)提升客运组织效率,改善旅客出行体验。铁路于2020年6月20日完成全部站车电子客票的实施,目前有3 000余座车站、10 000多趟列车实行电子客票,覆盖99%以

上的出行人群,闸机检票平均速度由原来的3.8 s/人缩短至1.3 s/人。

(3)通过不断创新铁路新型售票组织策略,有效提升了旅客列车的客座率和收益。目前,铁路列车席位平均复用率高达3次,在列车能力不增长的情况下,极大地扩增了铁路可售票额数量,高峰期京沪高铁列车客座率可达97%。

(4)促进中国高铁(铁路)走出去。相关技术成果成功改造应用于雅万铁路、中老铁路和斯里兰卡铁路,成为中国高铁(铁路)走出去的核心组成部分。

自电子客票应用以来,累计节约票纸超百亿张,为铁路企业节约运营成本近30亿元,还节约大量设备采购、维护、管理和用工成本,是中国铁路数字化、智能化的成功实践。

第三节 复兴号系列动车组

复兴号动车组是我国自主研发、具有完全知识产权的高速列车,整车性能达到世界领先水平,是世界上唯一实现高铁时速350 km商业运营的高速列车。在复兴号动车组研制过程中,中国铁路突破了高速列车集成及关键系统设计制造等"卡脖子"技术,打造了完全自主的安全、可靠、先进的复兴号高速列车高端设计制造与运维平台,创建了高速列车技术标准和试验验证体系,形成了不同速度等级、适应各种运营环境的系列化高速动车组。为进一步提升复兴号动车组的服役性能,提高智能化技术应用水平,满足旅客对动车组智能化服务的需求,我国还研制了复兴号智能动车组,实现了时速350 km自动驾驶等功能。复兴号高速列车项目获2023年度"国家科学技术进步奖特等奖",复兴号高速列车研发创新团队2024年被授予"国家卓越工程师团队"称号。

一、时速350 km CR400系列复兴号动车组

(一)背景概况

为实现列车网络、牵引控制、制动控制等关键系统软件自主化,解决既有和谐号动车组旅客界面、操作界面、运用界面及维修界面不统一,运维成本较高且不能互联互通的问

题，自 2012 年开始，铁道部、中国铁路总公司、国铁集团牵头组织了时速 350 km 中国标准动车组的研发，相关工作得到了国家发改委的大力支持。2013 年、2014 年先后完成了动车组总体技术条件、设计技术方案的制定，2015 年完成样车研制，2016 年完成了多项试验并创造当时时速 420 km 交会和重联运行世界纪录，定型为 CR400，2017 年 6 月正式命名为复兴号动车组并投入运营。

CR400AF/BF 型动车组为动力分散型电动车组，如图 3-12 和图 3-13 所示，采用 4 动 4 拖 8 辆编组，列定员 576 人，最高运营速度为 350 km/h，设计寿命为 30 年或 1 500 万 km。在 8 编组 CR400AF/BF 型动车组基础上，基于大运能、满足高寒冰雪运用环境、共建“一带一路”倡议等需求，分别研制了 16/17 长编组动车组、高寒动车组等。其中，16 辆编组动车组采用 8M8T 编组形式，列定员为 1 193 人，于 2018 年 6 月完成研制并投入载客运营；17 辆编组动车组采用 8M9T 编组形式，列定员为 1 283 人，于 2019 年 1 月完成研制并投入载客运营；高寒动车组的编组形式和列定员保持不变，在防雪防冰防冻防冷凝水等方面进行了低温环境适应性优化提升，于 2020 年 12 月完成研制并投入载客运营。以中国标准动车组平台为基础，成功制造生产了出口印尼的雅万高速动车组，雅万高速动车组采用 4 动 4 拖 8 辆编组，列定员 601 人，于 2022 年 8 月 5 日首批车辆下线，如图 3-14 所示。动车组充分考虑印尼当地的地理环境、人文需求、线路条件等因素，全面融合了印尼文化特色的基础上，在列车安全性、耐腐蚀性等方面进行了高标准研发，在牵引控制、空调系统等方面进行了适应性设计，在列车外观内饰、旅客设施配置等方面进行了全方位升级。

图 3-12　CR400AF 型高速动车组

图 3-13 CR400BF 型高速动车组

图 3-14 雅万高速动车组

（二）技术创新性

时速 350 km 复兴号动车组具有高适应性、高可靠性、高稳定性、高舒适性、低能耗、长寿命、一体化协同设计、智能制造与运维以及技术标准和试验验证体系化、简统化等优势，实现了重要技术突破。

1. 技术指标更先进

复兴号动车组紧密跟踪世界最先进技术，在动车组的关键技术领域均达到了世界先进水平。全面采用了高强度、轻量化铝合金车体；自主设计制造的高速转向架满足 350 km/h 持续高速运行；复兴号动车组整车性能及车体、转向架、牵引、制动、网络等关键系统技术均达到国际先进水平,各控制系统的源代码实现了自主编制。

其中,动车组牵引动力强劲,轮周牵引功率达10 000 kW以上。从静止到350 km/h,起动加速时间仅有391 s,比既有CRH380动车组减少81 s,加速距离缩短6.4 km。复兴号动车组由制动系统实施统一的列车制动力管理、计算和分配,实现空电复合控制模式,采用统一减速度曲线控制,同步控制性能更优异;充分利用黏着及再生电制动,再生制动功率提升为牵引功率的1.3倍,闸片磨耗显著降低。采用主动控制受电弓和整体密闭的高压箱结构,高压设备外绝缘雷电冲击耐受电压由170 kV提升至185 kV,提高了雾霾等恶劣天气条件下,高压系统抗雷电冲击和防污闪能力。

试验结果显示,复兴号动车组动力学性能优秀,列车运行阻力降低明显,安全监测系统全面。

2. 安全保障技术更全面

动车组采用完善的主动和被动安全防护设计,采用先进的车载网络、车地通信网络,应用传感器采集、数据处理、故障诊断、自动控制、远程监控等技术手段,构建了更智能的动车组安全保障体系。

(1)全车共设置2 500个传感器检测/监视点,能够实时智能感知动车组的运行及设备工作状态。当检测到异常时可以及时自动控制动车组减速或停车使动车组导向安全。

(2)设置多种主动安全预警装置和故障导向安全设计,采用多级吸能结构和耐碰撞车体结构设计,主动和被动安全措施全面。

(3)列车车载控制网采用符合国际标准的列车通信网(TCN),列车维护网采用以太网。维护网可实现故障诊断信息传输,完成软件更新和数据下载,数据传输能力提升至100 Mbit/s,可实现单点对车上控制设备的维护功能。

(4)应用3G/4G通信技术实现车地信息传输,地面监控人员可实时掌握动车组运行动态,可支持在线数据监控。无线传输设备WTD系统还可以提供轮对轴承温度数据曲线回放和历史故障数据统计的功能。

3. 绿色节能更环保

为实现节能环保目标,复兴号在降低能耗和噪声,采用环保材料,提高能效和再生能源利用方面取得成效。

复兴号动车组采用全新低阻力流线型头型设计,优化车顶设备安装结构,采用全包式外风挡,实现车体平顺化。在车体断面增加、空间增大的情况下,按时速350 km试验运行时,列车运行阻力、人均百公里能耗和车外噪声明显下降,表现出良好的节能环保性能。复兴号动车组运行阻力比和谐号动车组降低7.5%~12.3%,以350 km/h运营时,人均百公里能耗降低约17%。复兴号动车组在京沪高铁350 km/h运行时车外噪声比和谐号动车组降低 1 ~3 dB。

此外,动车组大量使用环保绿色材料,如采用水性涂料,无毒无刺激气味,环保节能。提高牵引系统效率,降低冷却系统能耗,使用再生制动技术,降低闸片磨耗,实现电能循环使用。

4. 乘坐体验更舒适

研究资料表明,高速动车组旅客对有关乘车舒适度各影响因素的关注程度由大到小依次为:噪声、空气瞬变压力、异臭味、厕所设施、温度、振动、座椅宽度、空气清新度等。复兴号在旅客乘坐空间、座椅间距、内部噪声、空气瞬变压力、平稳性方面显著改善。

(1)动车组采取了多种减振降噪措施,内部噪声优于和谐号动车组,在京沪高铁 350 km/h 运行时,司机室内和客室内噪声降低 1 ~3 dB,受电弓客室端部噪声降低 6 ~7 dB。车体横向平稳性均值降低 21%,车体垂向平稳性均值降低 11%,动车组运行更加平稳舒适。

(2)空调系统充分考虑减小车外压力波的影响,进一步降低压力波变化率以缓解通过隧道或交会时耳部不适感。

(3)动车组高度从 CRH380A 动车组的 3 700 mm 增高到 4 050 mm,车体的最大宽度达到 3 360 mm,CR400AF 动车组比 CRH380A 动车组断面积增加 7%,CR400BF 动车组比 CRH380B 动车组断面积增加 10.5%,乘客座椅间距加大,旅客乘坐空间改善,乘坐环境更舒适。

(4)动车组设有多种照明控制模式,可根据旅客需求提供不同的光线环境。增设旅客用免费 Wi-Fi 无线网络,设置不间断的旅客用 220 V 电源插座,提供移动办公环境,丰富旅途生活。

5. 运营成本更节约

动车组互联互通、备品备件和主要零部件统型、高速列车维修周期统一是高速铁路系统综合保障工程中的重要组成部分,它们既是高速列车运用的前提和安全的保障,也是提高车辆效率、可用性、安全性和降低寿命周期成本的主要措施。

互联互通技术填补了国内外同行业空白,改写了以往不同厂家基于不同机械与电气系统设计生产的动车组不能重联运营的历史,统一了司机操作界面、控制功能需求、故障代码与导向安全保护,极大方便了运用管理,提升了动车组的利用效率,降低了运用成本。

复兴号动车组对 11 大系统 96 项零部件开展了统型研究,实现了 86 项重要零部件的多家供应商供应和主要部件的换件修,包括:动车车轮、拖车轮对、制动盘、闸片、碳滑板等易损易耗部件的通用互换;侧门、车窗、风挡、车钩、座椅、便器等车内设备通用互换;车内外信息显示器、客室电视、广播等旅客信息及娱乐系统主要部件通用互换,减少了备用零部件库存,降低了检修维护费用。

复兴号动车组整车寿命 30 年,与和谐号动车组相比延长 10 年。

(三)技术应用与效果

截至 2023 年底,全国铁路共配备时速 350 km 复兴号动车组 990 余组,配属沈阳、北京、济南、武汉、上海、南昌、广州、成都、昆明等路局。复兴号的研制成功,进一步便捷了城市间交通往来、降低了时间成本,潜移默化改变了人们的出行选择和生活方式,推进了中国城市化进程,带动了区域经济结构优化,为普通大众提供了“体面出行,享受旅程”的美好体验。

同时,在 CR400 平台基础上研制的雅万高速动车组是我国首次出口国外的高速动车组,包含 11 列运营动车组和 1 列综合检测列车,是中国高端装备“走出去”的又一代表作,开创了中国高铁“走出去”的崭新局面,对于擦亮中国高铁“金名片”,助力高质量共建“一带一路”和“全球海洋支点”,带动印尼铁路装备现代化升级,具有重大深远的意义。2023 年 10 月 17 日,印尼雅万高铁正式开通运营,两地间最快旅行时间由 3.5 h 压缩至 46 min。

二、时速 250 km CR300 系列复兴号动车组

(一)背景概况

为解决我国各型既有时速 250 km 速度级和谐号动车组不能互联互通,传统 TCN 网络无法满足智能化对高速大容量数据传输需求,以及既有时速 250 km 和谐号动车组长大坡道线路适应性等问题,中国铁路总公司牵头组织了时速 250 km CR300 复兴号动车组的研发,2018 年 9 月完成样车研制,2019 年 7 月完成 30 万 km 运用考核,2020 年 1 月正式投入运用。

CR300 复兴号动车组共有 CR300AF 和 CR300BF 两个技术平台,如图 3-15 所示,分别由中车青岛四方机车车辆股份有限公司和中车长春轨道客车股份有限公司研制。

(二)技术创新性

CR300 复兴号动车组的研发过程中,充分考虑了国内时速 250 km 速度等级动车组运用线路环境和互联互通的实际需求,结合技术发展趋势,系统开展了关键系统和整车匹配技术研究,主要在线路适应性、以太网控车、安全可靠性、运用一致性、乘坐舒适性等

(a) CR300AF

(b) CR300BF

图 3-15　CR300 高速动车组

方面实现了技术创新。

1. 技术先进

首次采用以太网控车技术，应用实时以太网总线构建百兆级列车控制网络。数据传输速率高，由 1.5 Mbit/s 提高到 100 Mbit/s；传输采用列车实时数据协议（TRDP），实时性与可靠性高；数据传输容量大，满足子系统大数据量传输、故障综合诊断，有助于实现列车健康管理（PHM）等功能；数据维护方便，可实现子系统集中维护、数据对地实时传输和自动下载；制定了动车组基于以太网的 TRDP 通信协议规范、列车级数据传输规范、互联互通操作规范、子系统一致性规范，建立了动车组以太网控车规范体系，实现了不同平台动车组的互联互通。

采用轻量化设计，相较于同速度级和谐号动车组整列减重约 20 t。牵引系统采用主辅一体结构；车体、转向架优化设计结构；具有 30‰坡道停放能力，1.3 倍安全余量；具有回送自发电功能。

2. 可用性高

针对长大坡道带来的平衡速度低、分相区通过能力受限等问题，匹配优化牵引系统参数和控制方式，采用大电流自主化 IGBT，突破并联均流技术，优化制动控制策略，提升动车组线路尤其是长大坡道运营适应性。动车组满足 30‰坡道停放、能够以 50% 动力在 20‰ 坡道启动运行、具备在 25‰ 坡道启动并运行通过的能力；紧急制动距离缩减 18%。

受限空间下提升牵引系统功率密度及转矩密度，列车采用 4M4T 架控主回路，最小动力损失降低至 1/8，列车可用性提升 25%。

3. 安全性强

结构安全性，采用高强度、高刚度车体，高强度、耐疲劳构架，满足多工况抗振动冲击能力。运行安全性，采用轮轨关系更佳的 LMB_10 型踏面，动力学性能优异；同时具备超员报警、烟火报警、轴温检测、受电弓视频监控等安全防护措施，符合“设备保安全”理念。制动安全性，采用故障导向安全理念，全车设有 2 500 余个监测点，发生故障时，列车可自动报警或预警，并能根据安全策略自动限速或停车。重点部位及关键设备采用双通道智能监控，安全冗余性好。防火安全性，采用防火材料和防火结构，设置火灾报警功能和逃生保障措施。预留地震预警系统接口及碰撞吸能装置接口,可根据需要进行加装,车辆被动安全性更高。

4. 经济性好

低阻力,采用流线型车头,具有超高颜值和优良的气动性能,气动阻力系数 0.8,运行阻力较既有时速 250 km 和谐号动车组降低约 16%。低能耗,较既有时速 250 km 和谐号动车组降低约 12%。低成本,从设计、采购、运用、检修等各环节进行成本控制,实现全寿命周期成本降低约 20%。深统型,实现牵引、空调、网络等系统 113 项关键部件统型,统一司乘界面及工作模式。全互换,易损易耗件互换,系统主要维护单元互换,运维物料通用互换。

5. 运维便捷

运用便捷性,不同厂家生产的动车组能够重联运行,复兴号系列动车组间实现相互救援。维护便捷性,采用免维护集成式高压系统、抽拉式底板结构、一键防冻排空,维修维护便利,降低维修成本。

6. 舒适环保

基于时速 250 km 动车组运行速度及线路条件,研发兼顾舒适性及经济性的大阻尼、大刚度紧凑式悬挂系统,整车动力学性能达到国际领先水平。

创新了轨道车辆用客室温度加权控制方法,防寒材集成设计方案,客室温度多点监控、智能调节。针对连续隧道、大海拔落差带来的压差累积问题,独创性开发了"泄压"模式,避免了车内压力剧烈波动,压差变化峰值降低 30% 以上。全车覆盖无线 Wi-Fi,乘坐舒适性进一步提高。环保性,采用可回收、易降解材料;控制车内有害物质释放,提升空气质量;车内噪声控制达到优级,车外噪声低于 88 dB,达到优级指标;全车实现废水零排放。

(三)技术应用与效果

截至 2023 年底,CR300 复兴号动车组共投入运用 137 组,主要配属在济南局、广州局、成都局、昆明局、西安局、郑州局、上海局和兰州局 8 个铁路局集团公司,总体运行状态良好。

三、复兴号智能动车组

(一)背景概况

近年来,中国积极推进智能高铁技术创新,动车组装备方面,依托京张高铁、京雄城际铁路等重点工程,研制了京张/京雄智能动车组,如图 3-16 和图 3-17 所示。

图 3-16 CR400BF-C 京张智能动车组

图 3-17 CR400AF-C 京雄智能动车组

为服务 2022 年北京冬奥会,展示中国高铁良好形象,2017 年 7 月,中国铁路总公司发布京张高铁“复兴号”智能型动车组设计方案征集公告。10 月 4 日,为京张高铁“复兴号”智能型动车组设计方案中选单位中车长春轨道客车股份有限公司授牌。此后,开展了详细设计方案研究和论证,经过多轮比选确定了最终设计方案。2018 年 5 月京张智能动车组技术方案通过评审,2019 年 6 月首列样车下线,开展试验验证。2019 年 12 月 30 日京张智能动车组与京张高铁开通同步投入运用。

同时,为满足京雄城际铁路运输需求,按照雄安新区“世界眼光、国际标准、中国特色、高点定位”的总体定位,在 CR400AF 型动车组的基础上开展了智能动车组的研制。2019 年 6 月,完成动车组设计方案和试验方案评审;2020 年 3 月,完成动车组研制并下线,开展试验验证;2021 年 6 月,正式投入运营。

为提升复兴号动车组的服役性能,提高智能化应用技术水平,满足旅客对动车组智能化服务的需求,2021 年 1 月,国铁集团提出在京雄、京张智能动车组优化技术方案的基础上,围绕运营、维护需求进行智能服务、智能运维提升并进行技术统型,研制 8 编组和 17 编组 CR400 智能配置动车组,如图 3-18 所示。2021 年 5 月首列 17 编组智能配置动车组下线,同年 6 月 25 日开始投入运营。

(二)技术创新性

围绕复兴号智能动车组整体定位,在继承复兴号标准配置动车组安全性、可靠性、经济性、舒适性等技术特色基础上,坚持目标导向、需求导向、问题导向,通过新技术应用,

图3-18 时速350 km复兴号智能配置动车组

主要在智能化(智能行车、智能运维、智能服务)、线路舒适性(服务奥运、长大坡道、应急自走行)和技术先进性(节能环保、乘坐舒适性)等方面实现了技术创新。

1. 智能行车

针对列车司乘界面,首次提出基于CTCS-3+ATO有人值守的时速350 km自动驾驶技术,实现车站自动发车、区间自动运行、车站自动停车、车门自动开启及防护以及车门与站台门联动控制等功能,保证车辆准时准点发车到站;基于列车自动驾驶优化策略算法,使车辆速度控制精度达到2 km/h,停车误差小于0.1 m,有效提高列车运行效率,降低列车牵引能耗,实现动车组GoA2等级有人值守自动驾驶,突破了时速350 km有人值守的高精度智能行车技术,填补了世界高速动车组无人驾驶技术的空白。

围绕动车组从库内发车后到运营结束后回库期间运营场景中的司机操作、检查、监测需求,采用自动驾驶、走行部和牵引等关键设备监测、5G传输等技术,开发便携式辅助巡检设备,实现智能驾驶、安全监控、手持移动终端辅助巡检、信息传输、故障精准定位、应急处理指导。

2. 智能服务

以旅客、媒体工作者、特殊人群等为中心,提出基于环境状态感知的灯光光线、温度、客室内压力及空气环境等智能调控技术,以及基于多元信息交互融合的旅客信息的精准推送技术,首次采用可换端操作的包间式商务座椅并融合旅客智能交互智能化设备技术,采用多信息技术融合实现了旅客服务智能显示、监控室智能监控等,构建了"人—机—环境"系统综合设计技术体系,提供了高效能、高品质、个性化的智能化服务。

3. 智能运维

提出了高压系统、牵引系统、制动系统等七大系统及部件故障预测与健康管理技术,研制并建立了高速动车组车载状态智能化监测系统、车地数据传输系统、地面数据处理中心与专家系统和列车运行安全实时监控中心,构建了基于PHM系统的"车—空—地"智能运维系统,攻克了列车各系统故障诊断预警和预判的监控难题,实现动车组状态监测、故障预警、故障分析、故障诊断、健康评估和运维决策等功能。

4. 奥运服务

为满足 2022 年奥运运输要求，京张智能动车组开展了奥运专项技术研究与创新。

(1)奥运列车人文外观设计。创新设计了“瑞雪迎春”奥运列车外观，融合冰雪和运动元素，以冰雪蓝为基调，配以飘舞的白色飘带，颜色自前向后由深到浅渐变，体现整体的动感状态；并在整体颜色中点缀若隐若现的雪花和运动元素，24 朵雪花象征第 24 届冬奥会，彰显冬奥主题。

(2)首次采用北斗卫星导航系统，具备 5G 公网数据接入及 5G-Wi-Fi 覆盖，配置千兆以太网设置专用媒体车厢，为境内外媒体记者提供专用无障碍上网及电视直播功能，满足移动办公和发稿等需求，实现全球网络互通。

(3)打造央视移动演播室。融合“高铁 + 5G + 4K”技术，创新打造世界首个高铁 5G 超高清奥运移动直播演播室，头车司机室设置景观摄像机，车厢内设游机，通过车内高铁 Wi-Fi 和车顶 5G 天线将视频实时回传地面，实现移动演播室的实时超高清直播功能，这是世界上首次在高铁列车进行奥运直播，是集合高铁、冬奥会、超高清、5G 移动传输等体现国家政策和长远规划的重大技术应用创新。京张智能动车组 5G 高清演播室如图 3-19 所示。

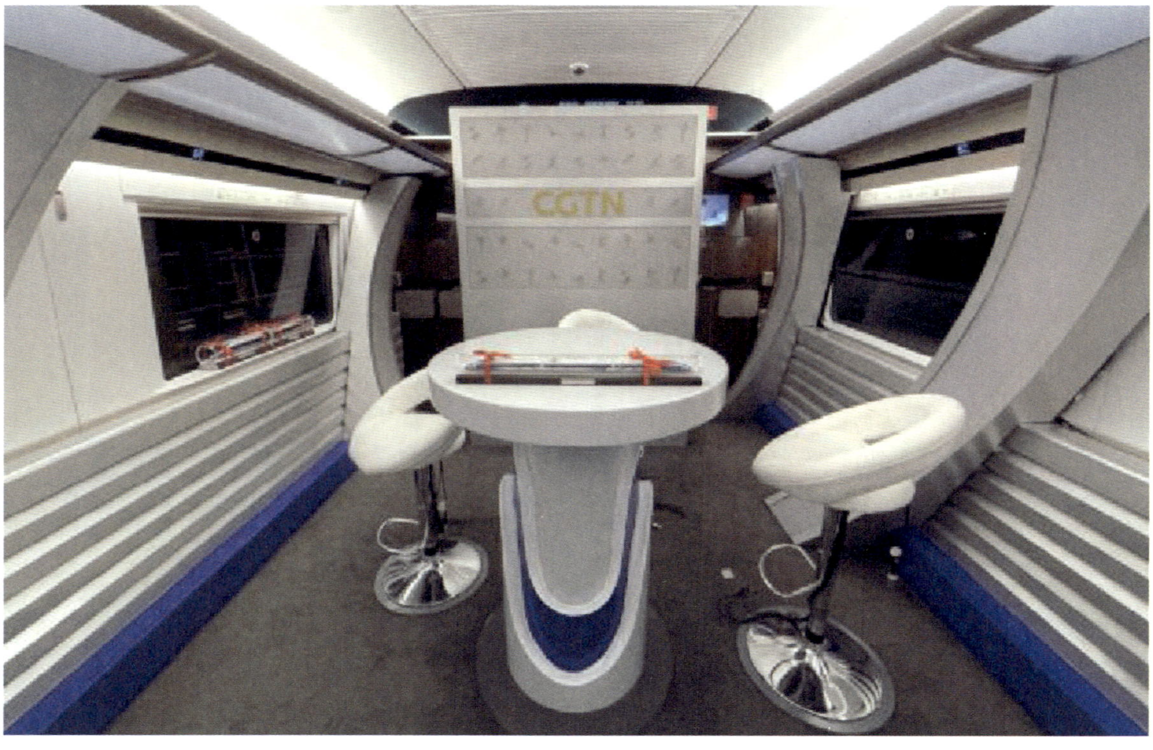

图 3-19　京张智能动车组 5G 高清演播室

(4)加装列车5G超视距应用设备,借助5G网络高宽带低时延的能力,实现典型危情与关联视频的超视距上车应用,延伸司机目视范围,同时把危情发送给调度,辅助司机和调度提前发现险情,从而提升危机处置效率。

(5)打造专享冬奥智能服务。首次在动车组上定制化设计了奥运专属定制化服务设施。在冬奥期间具备中、英、法语广播播报及信息显示功能;在不同功能区域设滑雪器材存放处,方便旅客随身携带滑雪器具;采用开放式餐吧区,设置自动售卖机、冷藏展示柜等设施,满足不同旅客餐饮需求;设置媒体工作区、兴奋剂检测样本存放区等奥运服务设施,提高冬奥运输服务品质。

5. 高寒长大坡道适应性

构建了多输入条件下牵引系统部件温升模型及运行性能复合模型,提出了长大坡道困难工况下牵引运行能力评估方法,建立了转向架包裹形式下的流动控制防冰雪技术,实现了动车组防冰雪与低阻力多目标优化,突破了长大坡道困难工况下运行技术和制动适应性技术,并提出30‰长大坡道制动系统限速运行方案,攻克了列车高寒山区长大坡道适应性技术难题。

6. 高效智能应急自走行

首次研制智能化应急自走行系统,以钛酸锂电池作为动力源,采用HMI一键智能进入应急自走行模式,无需人工干预,对剩余电量和走行线路条件进行综合评估,缩短应急处置时间,提高应急处置效率;提出时空双重约束的应急牵引节能优化控制策略、充电机并网控制、应急牵引参数匹配等技术,建立动力蓄电池牵引仿真计算平台,实现动力蓄电池安全、可靠运行,较混合动力动车组能耗利用率提升15%,具备20 km自走行能力,应急通风300 min,能够在京张线路任意区间应急牵引至就近车站。

7. 多系统低碳绿色环保

提出了新材料轻量化技术、环保可降解材料、石墨烯空气净化装置、灰水再利用等多系统低碳绿色环保技术,内装材料可回收率达95%,可降解材料占内装材料90%以上,空调系统设置石墨烯空气净化装置,可消杀车内75%的病毒和细菌,应用灰水再利用系统可以节水10%;解决了变频空调、智能灯光控制、压力波自适应调节方式在高速列车中应用的适应性难题。

8. 多目标均衡的综合节能

针对车体、转向架等关键系统和部件,提出轻质复合材料和轻金属材料的应用技术,建立了设计准则和验证方法;基于鹰隼仿生学设计创新了低阻力流线型车头,并进行转向架、两车间、车顶等区域优化设计,运行阻力降低7.9%;建立了动力系统设备级和部件级层次化损耗模型,确定优化配置策略与布局,实现综合能耗降低10%以上,按京张线路

174 km，每年运营 330 天，每天 5 个往返，每列车年节电约 180 万度，实现可持续生态发展。

（三）技术应用与效果

截至 2023 年底，复兴号智能动车组共投入运用 210 余组，运用状态良好。复兴号智能动车组是中国高铁从世界先进水平向世界领先水平迈进的标志性工程，具有重大的现实意义和深远的历史意义。京张智能动车组在冬奥会期间承担两地三赛区运动员及工作人员的快速运载任务，助力 2022 年北京冬奥会成功举办，受到北京冬奥组委、中央广播电视总台等单位书面感谢，人民日报、新华社等多家主流媒体和栏目给予积极宣传和踊跃报道，获得社会各界高度评价和广泛赞誉。

第四节 列车运行控制系统

一、自主化 CTCS-3 级列控系统

自主化 CTCS-3 级列控系统的成功研制，打破了国外的技术垄断，标志着我国高铁列控核心技术实现了由“引进、消化、吸收”到“自主创新”的重大跨越，实现了列控系统装备的自主化和产业化，推动了中国高铁技术发展和持续创新，有力支撑了中国高铁未来建设需要和中国高铁“走出去”。

（一）背景概况

我国自 2007 年开展 CTCS-3 级列控系统攻关以来，取得了一系列技术创新成果，但部分核心设备和技术尚未自主化，被国外厂商垄断，在工程建设、运营维护、系统优化升级等方面均受外方限制，不利于我国高铁建设及技术发展。同时，由于部分技术受限于知识产权归属无法向海外出口，严重阻碍我国高铁“走出去”。2014 年，由中国铁路总公司主导和协调，集国内产、学、研多方力量，矢志自主创新，在总结高铁建设和运营经验的基础上，从确定标准开始，采用自主设计开发软、硬件，通过正向开发，研制成功拥有自主知识产权的自主化 CTCS-3 级列控系统，如图 3-20 所示。

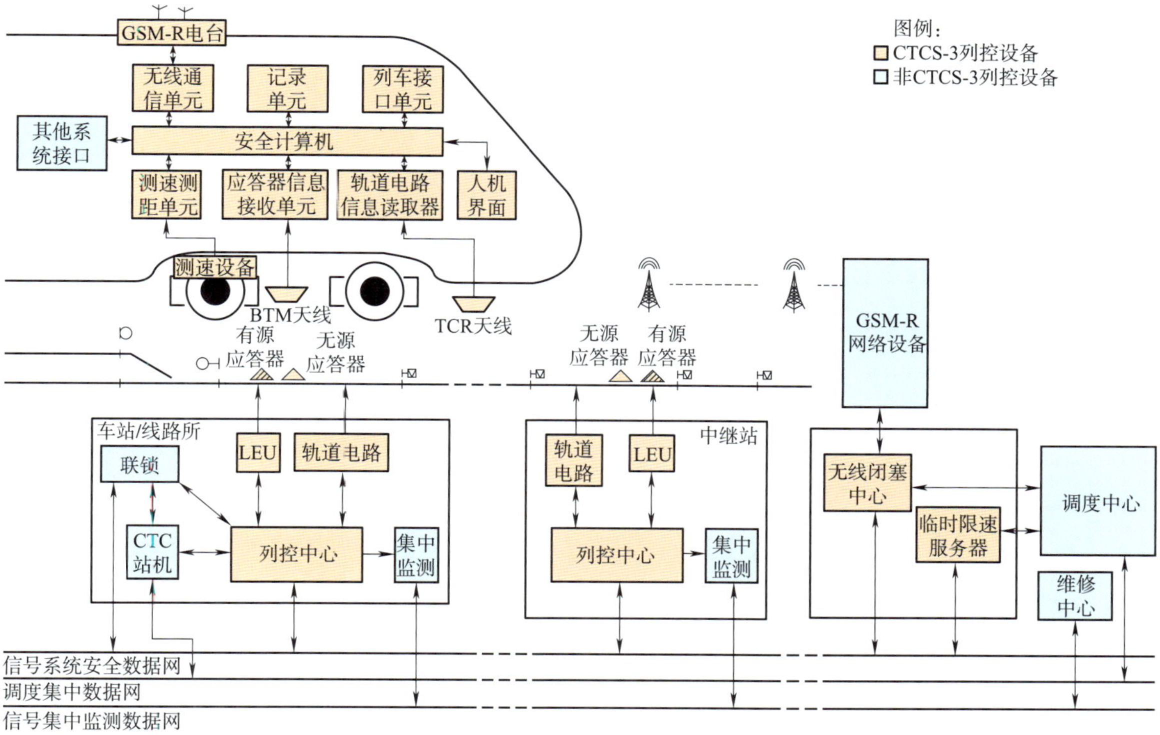

图 3-20　自主化 CTCS-3 级列控系统

(二)技术创新性

自主化 CTCS-3 级列控系统在安全计算机平台、核心技术及应用软件、工业设计与装备制造、测试保障技术、工程化技术等方面取得重大突破，实现了系统平台及关键技术、核心软件、成套列控装备全面自主化，达到了国际先进水平。该系统技术创新性具体如下：

(1)实现列控关键设备安全计算机平台自主化。成功研制具有自主知识产权的安全计算机平台，根据高速铁路车载运行环境的要求，以及铁路信号系统的故障—安全原则重新进行优化设计，满足自主化 CTCS-3 级列控系统 SIL4 级应用的要求。其体系架构的制定充分考虑了计算机系统的安全性、可靠性等方面的需求，采用冗余技术以及支持资源共享和重构的架构，其开放式、模块化的体系结构极好地支持系统重构、系统扩展和系统维护，充分满足列控系统车载设备对安全性和可靠性的严苛要求。

(2)实现列控系统核心软件自主化。自主化 CTCS-3 级车载设备及地面 RBC 设备的软件均为自主开发。系统软件设计遵循层次化、模块化、结构化原则，运用半形式化方法和工具，在软件设计和编码，系统调试、测试与仿真等方面进行创新，确保软件设计开发的质量和系统的安全完整性等级符合要求。

(3)列控车载设备采用冗余热备设计,突破了全系统/功能无缝切换技术。主机、BTM、TCR 等设备故障后均可在不停车情况下自动切换到另一系,提升系统可靠性,保障运营效率,成为国际上热备功能最为完备的车载设备。

(4)实现了车载主控单元 CTCS-3 级/CTCS-2 级一体化。自主化 CTCS-3 级车载 VC 采用统一的 CTCS-3 级/CTCS-2 级主控单元,相对独立的 CTCS-3 级、CTCS-2 级软件模块,用一个硬件模块就能实现 CTCS-2 级和 CTCS-3 级的功能,将原来内部总线通信转换为软件程序内部访问,减少了通信开销,提升了系统响应时间,简化了系统结构。

(5)CTCS-3 级行车许可融合轨道电路信息。自主化 CTCS-3 级车载设备在完全监控模式下,可将由 RBC 提供的列车行车许可 MA(moving authority)与轨道电路信息进行安全比较,进一步优化了 CTCS-3 级列控车载设备结合轨道电路信息校验 RBC 发送的行车许可的处理逻辑。将 2 个信息来源的控车曲线进行比较,实现了 CTCS-3 级行车许可与轨道电路信息的有机融合,从而提高 CTCS-3 级列控系统整体的安全性。

(6)支持采用 GPS/北斗卫星时间授时。自主化 CTCS-3 级车载设备技术条件明确规定“JRU 应采用 GPS/北斗卫星时间。这样不但有利于设备维护,便于出现问题后的查找分析,也是对我国北斗卫星系统建设的支持,对于国家政策的实现具有重要意义。

(7)实现车载设备安装的简统化和司机操作的标准化。国产化 CTCS-3 级车载设备的外形尺寸、结构配置、安装方式等差异较大,动车组需要针对不同型号的车载设备进行专门设计。自主化 CTCS-3 级车载设备在研发过程中,统一了不同型号自主化 CTCS-3 级车载设备的安装空间、安装方式、接口要求等技术指标。国产化 CTCS-3 级车载设备由于各自源头技术不同,造成系统的人机显示界面、操作流程各不相同,给机务部门的标准化作业和管理带来不便。自主化 CTCS-3 级列控系统从技术标准上定义了标准化的人机显示界面和标准化的司机操作方法,实现了显示和操作的标准化,提升了司机培训和操作的标准化水平。

(三)技术应用与效果

2018 年 12 月,自主化 RBC 设备开始在京沈客专(辽宁段)进行试用考核,2019 年 6 月,自主化 ATP 设备开始在综合检测列车进行试用考核。2022 年 3 月搭载我国自主化列控系统的匈塞铁路(贝诺段)开通运营,是全套中国完全自主知识产权的列控系统首次在欧洲国家成熟应用。2023 年,我国全套自主化标准和产品装备雅万高铁,打造中国高铁首次全系统、全要素、全产业链走出国门的“样板工程”,实现了中国高铁列控标准、技术及核心装备“走出去”,有力保障了雅万高铁建设。

二、高速铁路 ATO 系统

高速铁路 ATO 系统能够实现列车自动驾驶,使高速铁路更加安全可靠、方便快捷、经济高效、温馨舒适、节能环保。高速铁路 ATO 系统是高速铁路智能化的重要标志,是高铁技术创新的重要成果之一。

(一)背景概况

为进一步提升我国高速列车运行安全保障能力和智能化水平,推动铁路高质量发展和支撑智能高铁建设,有必要开展基于 CTCS 体系的高速铁路 ATO 系统研发。在这种背景下,面向 GoA2 等级的高速铁路 ATO 系统及应用的研究提上日程,首先在 CTCS 体系上明确了技术方案和系统结构,而后陆续开展了设备设计、研发、测试、试验等工作,有助于保持我国高铁列控技术在国际上的先进水平。

(二)技术创新性

高速铁路 ATO 系统是在 CTCS-2/3 级列控系统的基础上,车载设置 ATO 单元实现自动驾驶控制,地面设置专用精确定位应答器实现精确定位,地面设备实现站台门控制、站间数据发送和列车运行计划调整,最终实现车站自动发车功能、区间自动运行功能、车站自动停车功能、车门自动开门(防护)功能、车门/站台门联动控制功能。高速铁路 ATO 系统在技术体系构建、运行控制优化、综合效能提升等层面进行了技术创新。

1. 技术体系构建

提出了高速铁路 ATO 系统总体技术方案,构建了具有自主知识产权、行业领先的高速铁路 ATO 技术体系。在此基础上,研制了高速铁路 ATO 系统成套设备,提供了完整系统解决方案,成为我国高铁自主创新的重大标志性成果。

(1)技术规范制定。首次提出并发布了《高速铁路 ATO 系统总体暂行技术规范》等 8 项标准性技术文件,进一步拓展了中国列车运行控制系统(CTCS)技术体系,提升了我国在世界高速列车控制技术领域的引领力和话语权。

(2)互联互通保障。创新提出并制定了符合互联互通标准的高速铁路 ATO 系统总体技术方案,实现了各厂商设备间 CTCS-3 线路与 CTCS-2 线路间以及既有线路与新建线路间的互联互通,保障系统的适应性和兼容性。

2. 运行控制优化

建立了高速动车组精确停车模型和自动驾驶控制模型,提出了与干线铁路互通运行条件下的精确停车与运行控制等核心算法，构建了高速铁路自动驾驶舒适度在线评价方法，全面提升停车精度性能和面向乘客的控车平稳性，改善了旅客乘车体验。

(1)精准停站技术。该技术主要包括2个关键环节，首先是提高定位精度，其次是优化停车控制算法。提高定位精度需要ATO与应答器处理模块紧密配合，计算准确的实时位置。停车控制算法建立了动车组低速制动模型，施加停车制动过程中，根据列车模型计算当前的制动性能并预计停车位置，及时对制动级位做出调整，提高对空气制动离散性的适应能力。

(2)平稳控车技术。该技术包括目标速度曲线计算和跟随控制两个关键环节。首先ATO根据测速测距数据，结合ATP发送的移动授权、应答器接收模块的停车点和应答器报文，临时限速服务器发送的站间运行计划，计算目标速度曲线。ATO的目标速度曲线跟随技术采用了闭环控制算法，在运行过程中动态调整ATO的控制命令，以实现对目标速度曲线的跟随。

3. 综合效能提升

提出了运行时间控制算法和基于多策略寻优算法的节能降耗技术，保障列车准点运行，既提高了列车运行效率，又降低了列车运行综合能耗，落实了国家“碳中和”政策要求。

(1)准点运行技术。建立站间运行时间计算模型，包括ATO控制模型、列车动态模型以及线路数据库3部分。将线路数据的坡度、线路限速、临时限速等信息，代入ATO控制模型，获得的牵引、制动命令，再作用到列车动态模型，从而获得列车速度、位置，反馈到ATO控制模型中。经站间运行时间计算模型的周期迭代计算，可以获得站间目标速度曲线。ATO按照目标速度曲线控制列车运行实现准点到达。

(2)节能降耗技术。节能降耗通过曲线模拟、能耗预估、结果寻优三个关键环节实现。曲线模拟是通过列车性能模型、列车阻力特性、线路数据等信息，计算获得满足站间运行时间要求的速度曲线。能耗预估方面建立列车加速、高速巡航、低速巡航阶段的牵引能耗模型，对于输入的速度距离曲线分别预估三个阶段的能耗值。结果寻优是对速度曲线进行综合评价，综合评价指标包括与站间运行时间的贴近程度、不同巡航速度所具备的运行时间调节能力、能耗数值大小等信息，从而计算得到满足站间运行时间要求的节能控制曲线。

(三)技术应用与效果

2016年3月珠三角城际佛肇、莞惠线路CTCS-2+ATO开通运营，成为世界首次将自动驾驶技术运用到时速 200 km 等级铁路的范例。2018 年,我国自主研发的全球首套时速 350 km 高铁自动驾驶系统(CTCS-3 + ATO)顺利完成京沈现场试验。2019 年底,京张智能高铁开通运营,两列装备自动驾驶系统的智能动车组在京张高铁扩大试用,京张高铁成为世界上首条开通时速 350 km 动车组自动驾驶的运营线路。

高速铁路 ATO 系统的应用可有效地提高运输能力、降低运行能耗、减轻司机劳动强度,有力支撑了“精品工程、智能京张”智能铁路建设,并为我国高铁线路实现列车自动驾驶及智能运输奠定了良好的技术基础,对持续保持我国高铁技术的世界领先地位具有重要意义,同时也带来巨大的经济和社会效益。

三、新型列控系统

新型列控系统是对我国自主化列控成套技术装备的系统性继承和创新性发展,总体技术水平达到国际领先,是我国铁路信号领域核心设备从跟跑到并跑、领跑的重要一环。

(一)背景概况

近年来,随着国际铁路列控系统卫星定位、移动闭塞等新技术研究与试验迅速发展,我国在自主构建的 CTCS 列控体系中定义新型列控系统应具备卫星定位、移动闭塞、列车完整性检查等技术特征,以满足铁路复杂环境下的安全、高效与少维护的运输需求。

为进一步保持我国铁路技术引领地位,满足铁路实际需求,积极响应习近平总书记关于解决西部铁路“留白”偏多问题的重要指示,在国铁集团总体安排部署下,国内主要铁路信号企业、高校、设计院等单位联合开展了新型列控系统的技术攻关,并在世界首条沙漠环线铁路——和若铁路实现率先应用。

(二)技术创新性

新型列控系统突破了一系列国际国内技术难题,创新融合北斗实现了列控车载设备多源综合定位,国内首次实现了干线铁路移动闭塞的列车追踪运行,国际首次实现了符合列控安全的列车完整性自主检查,全国铁路首次实现了列控安全数据的 IP 化无线传输,填补了国内外相关空白;系统具备轨旁设备简约化、车站区间一体化、设备维护智能化等突出优势。新型列控系统技术创新性具体如下。

(1)遵循 CTCS 技术体系,构建了符合 CTCS-4 技术特征的新型列控系统技术体系,形成了新型列控系统技术方案和标准规范,对中国列车运行控制系统(CTCS)体系化、标准化、规范化发展与完善具有重要意义。

(2)创新性提出并实现了融合北斗卫星定位、车轮速度传感器、惯导传感器、地面定位应答器等多源信息的列车综合自主定位技术,能够适应平原、山区、隧道等多种环境下的可靠稳定使用需求,同时通过采用电子地图技术,动态获取并更新线路数据,显著减少轨旁设备的布设和维护工作,实现了高安全性和高可靠性要求下,满足控车精度要求的列车定位与测速功能。

(3)突破了 SIL4 安全等级的列车完整性检查关键技术,填补了国际国内相关空白,从源头保证了列车完整性检查系统的安全性和正确性,为虚拟闭塞、移动闭塞制式下列车安全追踪运行提供了必要条件与技术保障。

(4)首次实现了基于 CTCS 体系的移动闭塞/(虚拟)自动闭塞列车追踪运行,减少和简化了轨旁设备,适应了西部等铁路恶劣、复杂环境下的安全高效运输需求,有力补充完善了 CTCS 列控体系,进一步扩展提升了 CTCS 的适应性与生命力。

(5)首次使用 IP 化技术承载列控安全数据,实现了列控系统无线通信向 IP 化、宽带化的重要转变。构建的基于 IP 通信技术的车地无线传输系统,能够适应 GSM-R、LTE、5G-R 等多种通信制式,满足列控及其他业务的可靠信息传输要求。首次实现了自主可控的通信加密解密技术,有效地提高了新型列控系统通信信息的保密性和抗破解能力。

(6)国内首次构建了适应普速铁路环境和机车条件的列控 ATP 车载设备系统架构,充分考虑高海拔、大温差、强震动等各类不利环境因素,以及机车有限空间和特殊接口等进行设备硬件和接口等优化设计,并根据机务需求新增了管压防溜等新功能,使 ATP 设备更加适应线路、环境和车辆特点。

(7)针对西部铁路站间距大、无人值守站多、维护条件恶劣的需求,首次研制并应用列控维护中心设备。该设备软件上创造性地提出了区域分层维护架构,硬件上采用私有云和虚拟化技术构建,实现了远程维护、运营监督、故障预警和综合显示等功能,全面提升了新型列控系统维护的智能与便捷程度。

(三)技术应用与效果

在国铁集团的统一安排部署下,新型列控系统于 2021 年 2 月开始"环行道、格库铁路、和若铁路"三阶段现场综合试验,于 2023 年 5 月起在新疆和若铁路全线开展试用考核,实现了系统的工程示范应用。和若铁路新型列控系统移动闭塞试验场景如图 3-21 所示。

图 3-21　和若铁路新型列控系统移动闭塞试验场景

第四章 高铁技术自主创新能力建设成效

为全面提升高铁技术创新能力，我国铁路积极统筹布局各类技术创新平台建设，大力推进平台资源开放共享与合作交流，充分发挥技术创新平台在集聚创新资源、优化资源配置、激发创新效能中的基础性、支撑性作用，在铁路基础理论、前沿技术、工程应用研究等方面取得了大批高质量成果；充分发挥人才第一资源的作用，大力推进技术创新人才培养使用，不断厚植高铁创新发展的人才基础；以加大科技创新投入、优化科研管理、完善技术创新体系为着力点，不断完善科技管理体制机制，为高铁技术创新提供了有力保障。

第一节 创新平台

创新平台是高铁技术创新能力建设的重要组成部分，是承担重大科学研究任务、促进高水平学术交流、凝聚与培养高层次科技创新人才的重要基地。在高速铁路发展过程中，我国铁路深入实施创新驱动发展战略，围绕国家和行业科技发展需求，依托行业企业、科研机构、高校等各专业实验资源，积极推进技术创新平台布局、建设和运行。近年来，特别是党的十八大以来，铁路行业持续加强国家级创新平台申报和建设，中国高铁技术创新平台体系逐步完善，成为支撑我国高铁技术创新和发展的重要力量。

铁路行业国家级创新平台面向国家重大发展需求、面向铁路建设运输主战场、面向世界铁路科技发展前沿，围绕科学与工程研究、技术创新与成果转化两大领域，重点布局建设了包括国家重点实验室、国家工程研究中心、国家技术创新中心等在内的30余个创新平台，涵盖移动装备、基础设施、能源牵引、指挥控制、运输服务、安全保障等多个专业，初步形成了定位清晰、运行高效、投入多元、动态调整、开放共享、协同发展的高铁技术创新平台体系。其中，国家铁道试验中心是目前世界上专业最齐全、功能最完备、场景最丰富的轨道交通综合试验检测验证基地，已建成高速铁路与城轨交通系统技术国家工程研究中心等5个国家级创新平台，以及覆盖铁路多专业的40多个试验室，集高速、重载、普速、城轨试验于一体，综合试验能力处于世界领先水平。此外，铁路相关企业和政府部门还联合建设和运营了一批其他重点创新平台，如列车自主运行智能控制铁路行业工程研究中心、数智化勘察设计系统铁路行业工程研究中心等多个行业创新平台、部委级创新平台等。这些平台致力于解决行业发展中的关键技术问题和推动创新应用，在特定领域或地域具有较强的专业性，为高速铁路科技创新提供了重要基础支撑。

一、国家铁道试验中心

国家铁道试验中心始建于1956年，建成于1958年，拥有亚洲最大、我国唯一的环行铁道试验线路，如图4-1所示，是我国铁路机车车辆、工务工程、牵引供电、通信信号、客货运输、行车安全、地铁及城轨车辆等多学科的综合性科研试验检验中心。经过近70年的持续投入，我国铁路已建立起以国家铁道试验中心为基础，以新线开通前、运营线天窗期线路资源为运营环境支撑，以各铁路局集团公司专业运维检修队伍为保障的轨道交通领域全要素综合试验验证体系。

国家铁道试验中心现有线路61.1 km，主要由综合试验线、重载试验线、城轨试验线、标定试验线组成。其中，综合试验线包括大、小环线，大环线全长9 km，小环线全长8.5 km，最高试验速度222.2 km/h，具备车机工电辆各专业综合试验能力；重载试验线全长14.1 km，设计轴重35 t，预留40 t试验条件，最高试验速度110 km/h，涵盖50余种不同类型的线桥隧试验场景；城轨试验线全长8.6 km，最高试验速度140 km/h，最小曲线半径300 m、最大坡道35‰，基本涵盖实际运营线全部极限工况；标定试验线全长3.8 km，最高试验速度80 km/h，具备轨道和接触网几何动态检测系统的量值溯源能力。此外，通过利用综合试验线，可以实现最高速度200 km/h的动态检测系统标定和评定。

图 4-1　国家铁道试验中心

在满足各自功能需求的基础上，综合试验线、重载试验线、标定试验线还可实现跨线运行，试验场景更丰富、整体效率更高。国家铁道试验中心实现了高速（试验时速 220 km 及以下）、普速、重载、城轨全覆盖，综合试验能力处于世界领先水平，可满足各种机车车辆型式试验、科学研究试验及运用考核全场景需要。

国家铁道试验中心共完成我国铁路行业重大攻关试验项目及国际合作项目千余项，为铁路科研试验、型式试验、认证检测等提供了系统试验环境，更是为推动高铁技术创新发展提供了强有力的科技支撑。

（1）依托国家级创新平台，建设了一批综合性能达到世界领先水平的关键试验装备，其中，高速 1∶1 制动动力试验台，最高试验速度 530 km/h，可模拟高温、高寒、风雨雪多种环境工况；全尺寸高速轮轨关系试验台，最高试验速度 500 km/h，最大轴重 50 t，承担开展了多项国家级基础研究项目；高速弓网关系试验台，最高试验速度 530 km/h，速度等级世界第一；铁路 5G 移动通信试验平台，具有动静态相结合的试验场景，全方位支撑了铁路 5G 装备研发和应用创新。

（2）依托环行铁道试验线和专业实验室，建立了国家铁路产品质量检验检测中心，形成了从零部件到系统集成、从固定设施到移动设备的铁路技术装备检验检测体系，打造了标准、计量、检验、检测、认证“五位一体”的轨道交通综合技术服务平台，促进了铁路产品源头质量和运输安全水平提升。

（3）完成了高铁技术创新发展中的系列重大试验任务，先后完成“先锋号”“中华之星”高速动车组综合性能试验，为其后高速动车组研制打下了坚实基础；完成时速 350 km、250 km、160 km 及智能型中国标准动车组系统试验和型式试验，助力形成涵盖时速 160～350 km 不同速度等级的动车组产品谱系；开展了 CRTSⅢ型无砟轨道板、聚氨酯道床、自主化 CTCS-3 级列控系统、新型列控系统、动车组防滑、风雨雪及异物侵限监测系统等攻关试验，推动铁路科技自立自强、领先领跑；承担了 CR450 动车组研制技术条件参数试验和新技术部件换装科学研究试验任务，为创造高速列车明线相对交会时速 870 km、隧道内相对交会时速 806 km 世界纪录提供了技术保障；持续开展新技术部件换装试验，为 CR450 动车组关键系统设计定型提供科学依据。

（4）聚焦信息化、数字化、智能化发展方向，开展了“数字环铁”建设，初步构建并不断完善多专业数据汇聚共享和虚实交互的一体化集成平台、典型试验数字孪生模型、智能技术试验验证环境，实现了试验过程和综合运维的数字化管控，全力服务智能高铁 2.0 科技攻关和数字铁路技术创新。

国家铁道试验中心已先后建成高速铁路与城轨交通系统技术国家工程研究中心、高速铁路轨道系统全国重点实验室、国家铁路智能运输系统工程技术研究中心、动车组和机车牵引与控制国家重点实验室等 5 个国家级创新平台；围绕机车车辆、牵引供电、通信信号、工务材料等已建成 40 多个专业试验室，其中，机车车辆方面设有高速动车组及机车车辆整车试验室、高速动车组交流传动试验室、机车车辆制动系统综合试验室、高速轮轨关系试验室、高速动车组交流传动实验室等专业实验室，牵引供电方面设有高速弓网关系试验室、高速接触网零部件试验室等专业实验室，通信信号方面设有高速列车运行控制系统试验室、综合无线通信系统试验室、铁路 5G 创新实验室等专业实验室，工务材料方面设有摩擦材料综合实验室、铁路轴承综合技术实验室、焊接试验室、混凝土试验室等专业实验室，此外还有安全屏蔽门系统实验室、声学试验室（门系统隔声试验室）等专业实验室。以下对高速轮轨关系实验室、高速弓网关系实验室、高速动车组制动系统实验室、高速动车组交流传动实验室、轮轴检验评估综合试验室、铁路 5G 创新实验室等进行重点介绍。

1. 高速轮轨关系实验室

高速轮轨关系实验室，始建于 2010 年 6 月，是高速铁路与城轨交通系统技术国家工程研究中心的子实验室之一。实验室以轨道交通轮轨系统为研究对象，开展以高速、重载、城市轨道交通轮轨关系为核心的基础性、前瞻性的应用技术和轮轨产品性能及可靠性评估试验研究。实验室主要试验设备为 1:1 高速轮轨关系试验台，如图 4-2 所示，试验速度能够达到 500 km/h，综合性能达到国际领先水平。高速轮轨关系试验台可开展轮轨黏着试验、轮轨磨损试验、轮轨滚动接触疲劳试验、新型轮轨产品的性能试验等轮轨关系试验。

2. 高速弓网关系实验室

高速弓网关系实验室，始建于 2010 年 7 月，是高速铁路与城轨交通系统技术国家工

图 4-2 高速轮轨关系试验台

程研究中心的子实验室之一。高速弓网关系试验台主要用于电气化铁路,研究接触网与机车受电弓在高速运动中的受流现象,可以模拟高速下弓网间的接触状态,实时测量弓网间的水平摩擦力、离线率参数等。整个试验台由主机部分、测量与监控装置、安全防护装置、通风除尘系统、辅助试验电源、循环水冷却系统六部分组成。高速弓网关系试验台可以在不同速度、不同电流、不同接触压力、不同对磨材料等条件下进行试验研究,如图 4-3 所示。该试验台是目前世界上唯一的试验速度超过 500 km/h 的高速弓网关系试验装备,综合性能达到国际先进水平。

图 4-3 高速弓网关系试验台

3. 高速动车组制动系统实验室

高速动车组制动系统实验室，是高速铁路与城轨交通系统技术国家工程研究中心的子实验室之一，以轨道车辆基础制动装置为研究对象，开展高速列车和其他轨道交通车辆摩擦制动和电磁制动技术的试验研究工作，致力于解决制动装置在研发、生产和应用中的关键技术问题。实验室拥有世界一流的高速1:1制动动力试验台和高速涡流及磁轨制动试验台，最高试验速度达500 km/h以上。其中，高速1:1制动动力试验台(图4-4)是除欧洲以外第一个获得UIC认证的制动动力试验台，可开展不同工况和环境下的盘形制动、踏面制动试验；高速涡流及磁轨制动试验台可开展不同工况下的涡流、磁轨制动研究性试验和盘形制动性能试验。

图4-4 高速1:1制动动力试验台

4. 高速动车组交流传动实验室

高速动车组交流传动实验室，是高速铁路与城轨交通系统技术国家工程研究中心的子实验室之一，按IEC 61377国际标准要求，针对交流传动动车组、机车和城轨车辆，对包括牵引变压器、牵引变流器、牵引电机以及控制装置在内的整个牵引系统进行地面联调试验。实验室已完成时速350 km动车组牵引变流器和牵引电机型式试验、时速250 km动车组牵引变流器和牵引电机型式试验、自主化牵引变流器型式试验、科技支撑计划与中科院电工所联合研制牵引控制单元开发调试试验、城轨牵引系统开发调试试验、自主化牵引控制单元开发调试试验等重要试验。高速动车组交流传动试验台如图4-5所示。

图 4-5 高速动车组交流传动试验台

5. 高速动车组网络控制系统实验室

网络控制系统实验室，成立于 2009 年，重点面向网络控制系统应用基础理论、集成与测试、控制与诊断技术、关键部件及产品工程化技术及试验研究。实验室具有网络控制系统级仿真测试平台，承担了多种速度等级、多个型号的高速动车组、城轨、地铁列车的网络控制系统试验验证、综合故障分析及方案验证等任务。实验室具有符合国际标准的 TCN 通信一致性试验台和以太网通信一致性试验台，具备 WTB/MVB 网络通信设备、百兆及千兆以太网通信设备一致性检测检验能力，通过并纳入高速铁路与城轨交通系统技术国家工程研究中心试验体系，具备 CMA、CNAS 认证资质。实验室的互联互通地面试验台为国内首创，是国内唯一可进行相同速度等级、不同平台动车组互联互通地面试验的实验平台，可开展 CR300AF/CR300BF、CR400AF/CR400BF 的地面互联互通功能、故障代码和显示屏界面等测试，对动车组互联互通技术的研究及试验具有重要意义。高速动车组网络控制系统实验室如图 4-6 所示。

6. 轮轴检验评估综合实验室

轮轴检验评估综合实验室，建成于 2012 年 5 月，按照铁道部“采用世界一流标准进行轮轴试验评估必须以世界一流的试验装备做保障”要求进行设计，实验室总建筑面积 1 500 m^2，现有设备总价值 4 000 余万，主要有轮轴全尺寸疲劳试验台、高速轴承试验台、重载轴承试验台等大型先进设备，可开展车轮、车轴的整体实物疲劳试验，可对轴箱轴承进行耐久性和热性能试验。轮轴检验评估综合实验室的建成填补了国内在车轮、车轴和轴承整体评估领域的空白，为相关科研与开发工作提供了强有力的试验支撑平台，对于

（a）CR300AF互联互通地面试验台

（b）CR300BF互联互通地面试验台

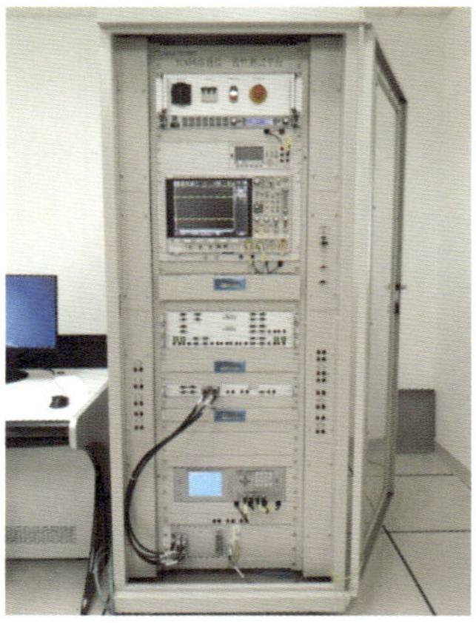

（c）TCN网络通信一致性测试平台

（d）以太网通信一致性测试平台

图 4-6　高速动车组网络控制系统实验室

不断地推进高速列车及大功率机车车轮、车轴及轴承的国产化进程具有重要意义。轮轴检验评估综合试验台如图 4-7 所示。

图 4-7　轮轴检验评估综合试验台

7. 铁路 5G 创新实验室

铁路 5G 创新实验室，依托我国 5G 产业链优势，充分利用国家铁道试验中心内外场环境建成，是集内外场结合、动静态兼顾、公专网融合的铁路 5G 移动通信平台，为铁路 5G 专网系统设备研发和铁路 5G 公、专网应用业务调试提供统一的测试环境，为我国铁路 5G 科研攻关、检验检测、技术服务、人才培养提供全方位实验支撑，如图 4-8 所示。实验室室内配置了多家主流厂家的 5G-R 系统和传输设备，以及自主研发的调度通信系统（MCX）、车地综合无线通信系统与新型 CIR 设备，实现了我国铁路第一个基于5G 关键业务系统的多媒体调度通信功能，利用自主研发的铁路 5G 检测系统可以实现对 5G 系统功能及性能检测，利用高速信道仿真平台可以实现最高速度 500 km/h 铁路移动通信信道仿真；室外沿环线共建设 5G-R 基站设备站点 5 处，配备多厂家 5G-R 基站设备，实现全环 5G-R 专网覆盖，支持 2 100 MHz 频率、冗余组网等铁路特性，三大运营商 5G 网络均覆盖全环。实验室支撑了我国铁路 5G 领域一系列系统性重大课题的研究和相关标准的制定，并为调度通信系统（MCX）、车载综合无线传输设备、列控、超视距、车车通信、智能编组站应用等装备研发提供了环境支撑，在试验环境、装备种类等方面均处于世界铁路领先水平，标志着 5G 技术在我国铁路的创新应用迈出了坚实步伐。

图 4-8　铁路 5G 创新实验室

二、科学与工程研究类国家级创新平台

高铁科学与工程研究类国家级创新平台是高速铁路理论创新、提升科技攻关能力的重要平台，立足国家重大战略实施、国家重大工程需求、高速铁路未来发展，开展基础研究、应用基础研究、前瞻性技术以及相关公益性技术研究，引领高速铁路科技创新。高铁

科学与工程研究类国家级创新平台，主要是国家重点实验室，见表4-1。

目前我国拥有高速铁路轨道系统全国重点实验室、先进轨道交通自主运行全国重点实验室、动车组和机车牵引与控制国家重点实验室等10多个国家重点实验室，主要依托铁科院、北京交大、中国中车等科研院所、高等院校、重点企业进行建设和运行。围绕高速轨道关键技术、动车组和机车牵引与控制系统、盾构TBM行业应用基础与前沿、共性、关键技术、高速铁路运行控制等领域，通过基础性、系统性和专业性技术研究，产出一系列创新成果，为我国高铁技术创新提供了强有力的技术支撑和服务。

表4-1　高铁科学与工程研究类国家级创新平台（部分）

序号	类别	名　称	依托单位	批准时间
1	国家重点实验室	高速铁路轨道系统全国重点实验室	铁科院	2008年（2023年更名）
2		先进轨道交通自主运行全国重点实验室	北京交大	2006年
3		功率半导体与集成技术全国重点实验室	中国中车（时代电气）	2022年（重组更名）
4		动车组和机车牵引与控制国家重点实验室	铁科院、中国中车	2010年
5		桥梁智能与绿色建造全国重点实验室	中国中铁（中铁大桥局）	2015年
6		盾构及掘进技术国家重点实验室	中国中铁（中铁隧道局）	2010年
7		极端环境岩土和隧道工程智能建养全国重点实验室	中国铁建（铁一院）	2023年
8		重载快捷大功率电力机车全国重点实验室	中国中车（株机公司）	2022年（重组更名）
9		高速磁浮运载技术全国重点实验室	中国中车（四方股份公司）	2022年
10		轨道交通运载系统全国重点实验室	西南交大	2022年（重组更名）
11		轨道交通控制与安全国家重点实验室	北京交大	2006年
12		牵引动力国家重点实验室	西南交大	1988年

1. 高速铁路轨道系统全国重点实验室

高速铁路轨道系统全国重点实验室，围绕高速铁路线路工程变形控制与系统可靠的核心科学问题和关键技术难题，在轨道、桥梁、隧道、路基和工程材料等方面开展应用基础研究，全力开展高速轨道关键技术攻关，支撑构建了我国时速350 km高速铁路轨道技术体系，取得的系列技术创新成果应用于京津、京沪、京广、哈大等高速铁路，有力支撑了中国高铁线路工程技术世界先进水平，如图4-9所示。实验室创建了高速铁路路基结构关键技术，通过破解路基结构设计、压实质量控制、深厚软土区沉降控制等关键技术难题，实现了不同速度等级、不同地质条件、不同气候环境高铁路基变形的高精准控制；创立了中国高速铁路轨道系统技术，通过创建中国无砟轨道技术体系、研制高速扣件、道岔等关键设备，破解了高速铁路轨道高平顺、高可靠难题；创新了高速铁路桥梁动力响应、长期变形控制及耐久性保障关键技术，通过建立高速铁路常用跨度标准梁桥设计理论、方法与技术参数体系及攻克500 m级以上高速铁路大跨度桥梁疲劳设计关键技术，有效防控了等跨布置长大桥梁高速行车的共振风险，并提升了大跨度桥梁长期耐久性能。

图4-9 高速铁路轨道系统全国重点实验室

2. 先进轨道交通自主运行全国重点实验室

先进轨道交通自主运行全国重点实验室，围绕轨道交通运输组织、运行控制、安全保障、信息通信等开展致力于轨道交通控制与安全科学技术方面具有创新性的应用基础理论研究和基础性工作，形成了适合我国国情的具有自主知识产权的轨道交通控制与安全核心技术及装备体系，建成了轨道交通领域应用基础理论和基础性工作的国际一流研究基地，如图4-10所示。实验室围绕行车组织优化与控制、主动安全保障、列车运行最优化控制及可靠性传输等关键核心技术，提出了中国高铁运控（CTCS）总体技术架构，牵头制定了高铁CTCS-3级系列规范，构建了高铁运控第三方测试平台，确保全部3家“引进”运控设备符合中国高铁规范，形成了具有自主知识产权的高速铁路列控系统互操作和可靠运用的成套技术，为高速列车跨线运行提供技术支持和安全保障；在车载信号系统的高安全性高可靠性设计、多制式兼容、高速实时并行接收、抗强牵引电流干扰和远程在线监测诊断等方面取得了关键技术创新，先后自主研发JT1-CZ2000机车信号车载系统在内的四代通用机车信号装备，形成了复杂与高速条件下车载信号安全控制系统成套关键技术；创建了高速铁路大号码无缝道岔静动力学精细化分析理论方法和结构设计技术，创立了长大桥梁无缝线路以及高架车站无缝道岔复杂结构系统的静动力学分析理论与成套设计技术，构建了基于多手段智能融合的高速铁路无缝线路实时在线监测方法和预测预警系统，形成了具有自主知识产权的复杂环境下高速铁路无缝线路关键技术及应用体系。

图 4-10 先进轨道交通自主运行全国重点实验室

3. 功率半导体与集成技术全国重点实验室

功率半导体与集成技术全国重点实验室，面向高速列车等国家重大需求，充分利用中车多领域应用平台，基础研究和应用技术紧密结合，通过高强度的研发投入，具备了全应用场景、全链条的技术创新能力。实验室积极承担国家急难险重任务，研发了全球第一只 6 英寸特高压晶闸管、第一片 8 英寸高压 IGBT 芯片、第一只超大容量 3 600 A/4 500 V 压接型 IGBT，突破高铁、高压直流输电“卡脖子”芯片技术，支撑了国家特高压直流输电技术、柔性直流输电技术创新与工程应用，以及高铁核心功率芯片自主可控。功率半导体与集成技术全国重点实验室如图 4-11 所示。

三、技术创新与成果转化类国家级创新平台

高铁技术创新与成果转化类国家级创新平台是促进重大科技成果转化和产业化的孵化器，立足提升高速铁路工程建设、装备制造、运输服务、综合支撑等领域技术水平，促进科技创新成果的工程化、产业化，提供成熟的先进技术、工艺及其技术产品和装备。高铁技术创新与成果转化类国家级创新平台主要包括国家技术创新中心和国家工程研究中心，见表 4-2。

图 4-11　功率半导体与集成技术全国重点实验室

表 4-2　高铁技术创新与成果转化类国家级创新平台(部分)

序号	类别	名　称	依托单位	批准时间
1	国家技术创新中心	国家川藏铁路技术创新中心	国铁集团	2021 年
2		国家高速列车技术创新中心	中国中车	2016 年
3	国家工程研究中心	高速铁路与城轨交通系统技术国家工程研究中心	铁科院	2021 年
4		国家铁路智能运输系统工程技术研究中心	铁科院	2000 年
5		轨道交通车辆系统集成国家工程研究中心	中国中车	2016 年(2021 年优化整合)
6		变流技术国家工程研究中心	中国中车(株洲所)	1995 年
7		国家轨道客车系统集成工程技术研究中心	中国中车(长客股份公司)	2017 年
8		国家高速动车组总成工程技术研究中心	中国中车(四方股份公司)	2011 年
9		国家重载快捷铁路货车工程技术研究中心	中国中车(齐车公司)	2013 年
10		高速铁路建造技术国家工程研究中心	中国中铁	2021 年(优化整合)
11		水下隧道技术国家地方联合工程研究中心	中国铁建(铁四院)	2019 年
12		轨道交通运行控制系统国家工程研究中心	北京交大	2008 年
13		国家铁路大型养路机械工程技术研究中心	中国铁建(昆明中铁大型养路机械集团有限公司)	2013 年
14		国家轨道交通电气化与自动化工程技术研究中心	西南交大	2009 年

续上表

序号	类别	名　　称	依托单位	批准时间
15	国家工程研究中心	轨道交通勘察设计国家地方工程实验室	设计集团公司	2009 年
16		城市轨道交通数字化建设与测评技术国家工程研究中心	设计集团公司	2016 年
17		高速铁路安全运营空间信息技术国家地方联合工程实验室	西南交大	2013 年

（一）国家技术创新中心

目前，我国拥有国家川藏铁路技术创新中心和国家高速列车技术创新中心 2 个国家级技术创新中心，分别依托国铁集团和中国中车建设运行。其中，国家川藏铁路技术创新中心面向铁路创新体系和产业体系发展，以突破川藏铁路等关键核心技术、实现重大科技创新成果产业化为使命，为铁路创新发展提供源头技术供给，带动铁路产业集群高质量发展。国家高速列车技术创新中心以高速列车产业前沿引领技术和关键共性技术研发与应用为核心，开展应用基础研究，协同推进高速列车领域工程技术创新，促进技术扩散与成果转移转化。

1. 国家川藏铁路技术创新中心

国家川藏铁路技术创新中心，由国铁集团联合四川、西藏两省区共同组建，在四川成都、西藏林芝布局建设 2 个研发基地。中心聚焦川藏铁路建设运营工程需求，坚持以突破关键核心技术、实现重大科技创新成果产业化为使命，重点围绕川藏铁路工程建设、环境保护、灾害防护、装备研制、运营管理等任务，搭建技术创新平台，组织开展重大科技攻关和技术方案论证，构建大数据智能支持、检验检测和咨询培训等全链条服务体系，推进创新成果转化。依托川藏铁路技术创新中心，我国铁路不断强化与相关企业、高校院所、投资机构的合作共建和资源共享，吸引和培育高端创新人才，构建高效开放的协同创新生态网络，形成科研与市场紧密结合、利益共享、风险共担的创新共同体，努力打造世界铁路创新高地。国家川藏铁路技术创新中心如图 4-12 所示。

2. 国家高速列车技术创新中心

国家高速列车技术创新中心，针对国家和轨道装备行业发展和产业需求，布局应用基础、产业发展短板和新兴前沿引领、关键共性技术研究，构建了数字化、轻量化、智能化等核心技术方向。中心积极承担国家重大项目，牵头科技部、工信部及山东省各级项目十余项，联合行业内外优势企业、高校和科研院所，在材料与结构、高效能电机、信息物理融合、网络安全防护等方面开展关键技术研究，形成以轻量化车轮、高速受电弓等为代表的一批新技术、产品开展工程化应用。解决行业共性发展需求，利用会员制模式等多种

图 4-12　国家川藏铁路技术创新中心

渠道筹集资金设立开放式课题，率先开展了列车 PHM 等技术研究，为车体寿命评估等重点问题提供有效解决措施；攻关行业 CAE 软件短板，充分发挥国家创新平台作用，开展车辆动力学、结构强度等专业工业软件开发，为行业提供自主化仿真解决方案；加强行业原创技术培育，联合开展轨交装备数字技术与关键算法、列车环境综合舒适感知等前沿、颠覆性的技术研究，形成的数字验证平台、整车舒适度预测模型等成果将服务于行业企业，降低了设计验证成本，提升了产品性能。国家高速列车技术创新中心如图 4-13 所示。

图 4-13　国家高速列车技术创新中心

（二）国家工程研究中心

为提升高速铁路运输系统工程建设和高速列车产品性能，铁路行业先后建设了高速铁路与城轨交通系统技术国家工程研究中心、轨道交通运行控制系统国家工程研究中心、高速铁路建造技术国家工程研究中心等10多个国家工程研究中心，主要依托铁科院、中国中车、中国中铁等具有较强研究开发和成果转化能力的企业进行建设和运行。围绕高速铁路与城轨交通系统技术，智能建造、智能装备、智能运营、智慧交通关键核心技术，高速铁路动车组、线路工程、通信信号等系统实验，开展高速铁路共性关键技术和工程化技术研究，推动应用示范、成果转化及产业化，最大限度地提高科技成果成熟度、配套性和工程化水平，为带动高铁产业链发展提供有力支撑。

1. 高速铁路与城轨交通系统技术国家工程研究中心

高速铁路与城轨交通系统技术国家工程研究中心，是由国铁集团主管，铁科院集团公司联合信息公司等单位共同建设的国家科技创新平台。2021年12月，经国家发展改革委批准纳入国家工程研究中心新序列管理。中心拥有高速综合检测列车、城市轨道交通综合检测车等十多列不同速度等级的综合检测试验列车和最高试验速度可达500 km/h的1∶1制动动力试验台、高速轮轨关系试验台、高速弓网关系试验台、交流传动系统试验台等世界一流水平的顶级试验装备，是目前轨道交通领域专业齐全、设施先进、功能强大的国家科技创新平台，系统试验能力达到国际领先水平。

中心以服务国家重大战略任务和重点工程实施为目标，立足高速铁路与城轨交通行业，以实现关键核心技术自主可控、提升产业链供应链现代化水平、强化国家战略科技力量为己任，充分发挥多专业综合技术优势，开展轨道交通系统集成技术、专业关键核心技术、试验检测技术、基础共性技术与前沿技术研究，突破了移动装备、线路工程、通信信号、牵引供电、客运服务、安全保障、节能环保及试验检测等专业领域的核心技术，研制了牵引辅助变流器、制动盘、列车网络和安全监测、轮轴和轴承等移动装备关键部件，轨道扣件、无砟轨道板、桥梁支座、列车运行控制等基础设施装备，以及12306客票等信息系统，承担并完成了京津城际铁路、京沪高铁、广深港高铁、京雄城际铁路、京张高铁等所有不同速度等级的100余条新建线路联调联试及运行试验，累计超过4.5万km，为我国轨道交通自主创新提供有力支撑。拥有中国合格评定国家认可委员会颁发的实验室认可证书、检验机构认可证书和国家认证认可监督管理委员会颁发的CMA资质认定三项资质证书，实现了试验检测能力的国际互认。承担并完成了巴基斯坦拉合尔橙线、中老铁路、印尼雅万高铁等项目的动态综合检测及运行试验，服务支撑“一带一路”倡议。编制《高速铁路工程动态验收技术规范》(TB 10761—2013)、UIC/IRS国际标准《高速铁路开通运营前的动态集成测试和运行试验》(IRS 70001)等标准，实现中国高速铁路标准“国际化”新的突破。

2. 轨道交通运行控制系统国家工程研究中心

轨道交通运行控制系统国家工程研究中心，由北京交大牵头，联合中国铁投、中国通号、铁科院共同组建，采取产学研结合的方式进行高速铁路和城市轨道交通核心共性技术的研发、系统集成和研究成果的工程化与产业化，围绕列车控制、精准定位、可信传输及 RAMS 设计与验证四大核心方向，开展高速铁路、重载铁路、城轨以及磁悬浮等多制式轨道交通的标准体系制定、核心技术攻关，加速产业化，引领轨道交通列控技术进步。中心面向列车运行控制系统标准制定、核心技术研究、关键装备研制、集成测试、成果产业化的目标，提出了可移植的信号专用安全计算机技术、基于移动闭塞的列车安全防护及最佳化驾驶控制技术、多模车地通信方式融合及高可信传输技术和基于硬件在环的列控系统仿真测试技术，制定了高速铁路列车运行控制系统顶层规范，构建了高速铁路列车运行控制系统第三方测试平台（CMA）。近年来，该中心完成了高速铁路 CTCS-3 级列控系统所有型号装备的功能测试和互联互通测试、新型动车组与 ATP 车载设备的接口型式试验，测试报告作为高铁列控车载设备上道运用的依据之一，为新型动车组的定型提供了技术支撑；完成了高速铁路 ATO 系统车载设备、地面设备临时限速服务器（TSRS）、列控中心（TCC）、调度集中（CTC）的 ATO 功能和性能测试，以及不同型号设备之间的互联互通测试；解决了 350 km/h 高速条件下 GSM-R 的多径、快衰落和多普勒频移、连续越区切换、GSM-R 网络优化等问题，并研制了 GSM-R 网络空口监测系统，保证了高速铁路列控系统车—地无线双向信息传输的可靠性和可用性；解决了高速动车组在350 km/h 条件下复杂的电磁干扰问题、多无线天线之间复杂的耦合干扰问题，提高了高速铁路列控系统工作的稳定性和可靠性。轨道交通运行控制系统国家工程研究中心如图 4-14 所示。

图 4-14　轨道交通运行控制系统国家工程研究中心

3. 高速铁路建造技术国家工程研究中心

高速铁路建造技术国家工程研究中心，前身为 2007 年国家发展改革委首批批准建设的“高速铁路建造技术国家工程实验室”，由聚焦高速铁路材料、轨道桥梁、路基隧道、工程结构抗震、工程结构抗风、智能建造与运维等6个专业研究所和隧道结构建造技术分研究中心、先进建造装备分研究中心、基础设施绿色运维分研究中心等9个分研究中心组成，主要以开展高速铁路基础设施设计、施工、材料等建造技术研究和条件建设为主，是我国高速铁路建造领域应用基础理论研究、共性关键技术研发的国际一流科研平台和人才培养、技术辐射、国际交流的重要基地。该中心主动服务高速铁路重大工程建设，近年来，重点攻克了高速列车—轨道—桥梁系统随机动力模拟技术和桥上行车安全保障技术等共性关键核心技术，为我国高速铁路建造技术自主创新提供了有力支撑；在高速铁路CRTSⅢ型板式无砟轨道建造关键技术及装备等方面，解决了多项工程技术难题，打破了多项国外技术垄断，支撑了国家战略任务和重点工程实施；推动了高速铁路数字智能选线技术、高性能混凝土关键材料的产业化，带动了相关产业发展，提升了高速铁路建造技术水平。

4. 国家铁路智能运输系统工程技术研究中心

国家铁路智能运输系统工程技术研究中心，围绕轨道交通行业发展中的重大关键性和共性技术，聚焦智能建造、智能装备、智能运营、智慧交通关键核心技术，研究开发具有高增值效益的新产品、新装备，大力开展铁路核心技术攻关，积极推动相关成果产业化、工程化。近年来，该中心承担了新型列车运行控制系统研制及运用、京张高铁智能化服务关键技术与示范、“一带一路”中欧班列信息集成服务、全路列车运行图编制系统研制及应用、铁路5G通信技术创新等多项重要任务，并在相关领域取得一大批标志性技术成果，为推动铁路智能控制和信息技术高质量发展发挥了重要作用。国家铁路智能运输系统工程技术研究中心如图4-15所示。

图4-15 国家铁路智能运输系统工程技术研究中心

5. 轨道交通车辆系统集成国家工程研究中心

轨道交通车辆系统集成国家工程研究中心，建设“一中心、三基地”架构，其中“一中心”为北京总控中心，“三基地”为长春基地、青岛基地、株洲基地。轨道交通车辆系统集成国家工程研究中心定位于轨道交通车辆关键技术研究，聚焦突破“卡脖子”技术、原创技术和基础技术，强化由单一功能向复合功能延伸，由符合性试验研究向技术研究、产业转化转变，实现新型轨道交通车辆系统的智能化和工程化应用，为推动我国轨道交通车辆系统集成的技术进步和产业发展提供技术支撑；围绕构建“安全、便捷、高效、绿色、经济”的现代化综合交通体系目标，在系统集成及耦合、安全保障及环境适应性、数字智能及全寿命周期、人员健康及乘坐舒适性、结构优化及轻量化等技术领域开展研究；承担国家先进轨道交通重点专项、发改委标准地铁标准市域列车专项等科研项目，参与研制了京张智能高铁动车组、京雄高铁动车组、雅万高铁动车组、中老铁路动车组、时速 600 km 高速磁浮交通系统、墨西哥地铁 1 号线车辆等标志性产品，为打造轨道交通装备领域自主可控、安全高效的技术链和产业链，实现轨道交通装备领域高水平科技自立自强做出重要贡献。轨道交通车辆系统集成国家工程研究中心如图 4-16 所示。

图 4-16　轨道交通车辆系统集成国家工程研究中心

第二节 人才队伍

党的二十大报告提出，必须坚持科技是第一生产力、人才是第一资源、创新是第一动力，深入实施科教兴国战略、人才强国战略、创新驱动发展战略，开辟发展新领域、新赛道，不断塑造发展新动能、新优势。我国高铁在技术创新过程中高度重视人才培养和队伍建设，始终把人才作为推进高铁技术创新的根本力量，不断探索人才培养新举措、新模式，依托工程和创新实践，国铁集团联合铁路行业重点企业、高校和科研单位共同打造了一支规模宏大、素质优良、结构合理，覆盖各高铁专业领域的高铁人才队伍，为高铁技术创新发展提供了重要支撑。

一、高铁技术创新人才规模和结构

长期以来，我国高铁不断加强高层次科技创新人才培养，形成了业务精湛、结构合理、充满活力、富有创新精神和国际竞争力的人才梯队，为中国高铁技术的创新与发展提供了坚强人才保证。

截至 2023 年底，我国铁路行业拥有中国科学院/中国工程院院士 20 余人，培养了科技创新领军人才、国家“百千万人才”、青年拔尖人才等国家级专家 1 300 余人，企业级各类骨干专家 12 000 余人，覆盖铁路运输、装备制造、工程建设等领域。素质精良的高水平人才队伍，成为推动我国高铁技术自主创新的源头动力。

二、高铁技术创新人才培养措施

中国高铁在技术创新发展的不同阶段，因时而进、因势而新，遵循人才成长发展规律，注重分类分层、精准施策，不断完善和健全人才培养体制机制，探索形成了适合中国高铁实际的专业化、系统化人才培养模式。

1. 党委(党组)高度重视，从战略层面抓好人才队伍顶层设计

坚持党管人才重要原则，充分发挥党委(党组)在人才工作中的核心领导作用，始终把高铁人才队伍建设作为根本性问题和战略任务进行部署，坚持顶层设计，把人才工作放在发展大局中谋划，落实人才优先发展战略。

(1)加强顶层设计。科学预测和规划高铁人才，是实施人才培养的基础性工作。我国铁路坚持人才队伍优先规划，使高速铁路发展与人才工作同规划同部署同落实，促使人才规模、质量、结构与发展相适应。国铁集团结合高铁新线开通和技术装备上马安排，定期组织所属企业分析人才现状，紧扣高铁建设运营和技术装备投产进度，分专业、层级、岗位预测人才需求，明确人员来源渠道和储备补充时机，在此基础上逐年分解制订人员招录、培训和配置计划。中国中铁公司党委成立人才工作领导小组，多次召开全公司人才工作会议，部署人才队伍建设工作。

(2)加强制度体系建设。党的十八大以来，国铁集团共下发人才工作文件 23 个，涉

及教育培训、骨干人才选拔培养、职称制度改革等方面。中国中铁先后制定下发《关于加强人才队伍建设的指导意见》《专家管理办法》《关于进一步发挥专家人才队伍作用的实施意见》《科技创新奖励管理规定》等制度文件，形成完善的人才工作制度体系。中国铁建聚焦建设世界一流企业战略目标，以“十四五”人力资源规划为指导，所属各单位编制《“十四五”人力资源发展规划》，明确人才队伍发展目标。

（3）加大人才工作改革力度。国铁集团将“三项制度改革”“百千万人才”工程等人才工作事项列入党组“三重一大”决策清单，研究解决人才工作关键性、体系性问题，国铁集团分别实施了“百千万人才”工程和优化专业技术人员职业通道试点两项改革举措。

2. 依托重点人才工程，加大高铁骨干人才培养开发力度

以重点人才工程为抓手，统筹推进各类人才协调发展，打造支撑高铁技术创新发展的骨干人才队伍，并立足实践、以用为本，精准开展能力培养。

（1）深入实施人才工程。国铁集团实施“百千万人才”工程，在动车车辆等16个重点领域，开展百名专业领军人物、千名专业带头人、万名专业拔尖人才选拔培养，2017年启动以来，已累计选拔专业领军人物129名、专业带头人1 073名、专业拔尖人才8 150名，选拔过程中注重向高铁相关专业倾斜，围绕高铁工程建设、安全运营和技术创新，分领域分层次搭建支撑发展的骨干人才框架，并引导“百千万人才”立足岗位建功立业，发挥引领、辐射作用，带动高铁人才队伍整体发展。中国中车遵循人才成长客观规律，搭建起涵盖“菁才—英才—栋才—将才”进阶式、体系化的人才培养项目，分别聚焦新员工、优秀青年骨干、核心专家、学科带头人及中高级管理干部有针对性地实施人才培养计划，实现定制化、系统化的人才赋能；着力加强经营管理人才、工程技术人才、技能操作人才、党群管理人才及国际化人才队伍建设，全力推进实施国际化人才培养“631”工程。中国铁建围绕企业不同时期的发展战略，分步规划和实施了“3531”人才工程、跨世纪人才工程、“1313＋人才培养工程”“3215专家人才工程”等一系列人才工程计划。中国通号制定实施了院士候选人培养计划，按照“一人一策、量身定做”的原则制定年度培养计划，明确年度培养任务、责任人和培养目标，进一步推动高层次科技创新人才队伍建设。

（2）坚持育用衔接。依托工程平台组建自主创新团队，促进人才在攻关创新中成长。国铁集团发挥技术创新领军企业优势，依托“动车组和机车牵引与控制国家重点实验室”“高速铁路轨道技术国家重点实验室”等国家级创新平台和CR450科技创新工程、智能铁路技术创新等重点项目，组建高水平创新联合体，广泛吸纳社会创新资源、健全协同攻关机制，打造以“大师＋团队”为基本创新单元的一流人才矩阵。“高速铁路技术攻关组”团队和“复兴号动车组研发创新团队”分别入选第一届、第二届全国创新争先奖。中国中铁以“盾构掘进机及智能维护全国重点实验室”“桥梁智能与绿色建造全国重点实验室”和

“高速铁路建造技术国家工程研究中心”三个国家级科研平台为载体，依托“数字轨道交通技术研究与应用国家地方联合工程研究中心”、博士后工作站等科研平台和京沪高铁等国家重点工程项目，推进高层次科技人才培养，构建高层次专家人才分级选拔、阶梯培养的发展机制。中国铁建依托重大创新平台培育创新团队和带头人，围绕重大课题、重点项目和重要技术推进院士工作站、博士后工作站做强做优，在各专业、各领域培养一批解决“卡脖子”关键技术难题、掌握关键核心技术、紧跟科技前沿的高层次人才，并依托重大科研项目培养科技拔尖人才、依托重大工程培养卓越工程师。

3. 坚持紧扣需求，分层次、分专业实施大规模精准理论培训

（1）抓好高端人才培训。国铁集团在全路范围内各专业选拔有发展潜力的青年技术骨干，依托中国铁道科学研究院集团有限公司各类研究试验平台优势，进行工程硕士培养，为高铁建设和运营管理培养高素质、高层次工程技术人才，至目前已累计培养600余人。积极争取人社部支持，举办“高铁基础设施检测和监测新技术”“铁路工程全生命周期BIM技术应用”等高级研修项目，培训高铁高层次骨干人才500多名。瞄准国际铁路科技创新前沿，针对高铁轮轨关系技术、基础设施监测检测技术、列车自动控制技术等重点专题，遴选对口技术专家开展境外培训。党的十八大以来，共分24批次选派500名高层次人才赴德国、英国、日本等国家培训。

（2）抓好紧缺急需人才培训。适应高铁建设运营需要，以及工电供专业融合、动车组修程修制改革等重点任务要求，国铁集团确定高铁调度员、高铁机务运用技术专职、动车组检修技术专职等5个专业11个岗位为高铁一线紧缺急需关键专业技术岗位，在建立准入制度、明确任职资格条件的同时，制定统一的教学大纲和课程，规范理论、实作培训和考试考核要求。在此基础上，统筹铁路行业相关高校、高铁训练段等内外资源，实施“双紧缺”培训项目。针对已在高铁岗位上“能力急需提升”的人员，开展补强培训；针对高铁关键岗位“人员急需补充”的需求，抓好新职人员培训。党的十八大以来，国铁集团每年组织5 000人左右参加“双紧缺”培训，高铁岗位人员业务能力素质得到显著提升。

4. 统筹内外资源，探索以“实践主导”为主要特色的高铁人才培养新模式

国铁集团将人才培养与高铁建设运营、装备制造过程紧密结合起来，发挥各类实践资源人才“蓄水池”“孵化器”作用，探索建立了若干高效实用、效果明显的人才培养模式，有力支持了高铁事业发展。

（1）提前介入挂职培训。在高铁建设阶段，组织各专业接管运营单位派出技术骨干，提前进驻建设现场承担实际工作，通过实践，了解设计原则和工程概况，全面掌握本专业设施设备的性能和功能。

(2)联调联试培训。高铁新线通过静态验收后,在开行试验列车或检测列车,对各系统工作状态、性能和系统间匹配关系进行综合测试、验证和优化阶段,组织运营单位技术骨干全过程参与,提前了解设备运行状态,熟悉高铁运营维护管理流程和基本规律。

(3)制造厂家现场培训。在动车组、大型养路机械等高铁装备生产制造阶段,安排运用维修技术人员到制造厂家现场培训,直接上生产线跟班学习,了解设备构造,掌握维护技术,保证装备从生产到上线运行的“无缝对接”。

(4)既有高铁示范培训。发挥已开通高铁的培训基地作用,在已开通高速铁路的岗位上组织培训,一方面组织即将开通高铁岗位上的人才实地学习,另一方面对已在高铁岗位上的人才进行能力提升。

5. 强化激励保障,营造促进高铁人才发展的良好氛围

着眼于激发人才技术创新活力,建立健全与工作业绩紧密联系、充分体现人才价值的激励保障机制,重点向高层次创新人才和关键岗位人才倾斜,实行更加积极、更加开放、更加有效的人才政策,为高铁人才发展提供更具竞争力吸引力的环境条件。

(1)完善评价机制。贯彻中央职称制度改革精神,国铁集团下发《关于深化职称制度改革的实施意见》,将克服唯论文、唯职称、唯学历、唯奖项等“四唯”倾向和突出重能力、重业绩、重实践导向细化为政策规定,形成贴合铁路实际的人才评价体系。推进优化专业技术人员职业发展通道改革,完善选拔培养、薪酬分配等激励机制,贯通高技能人才和专业技术人才发展通道,充分激发高铁人才建功立业、实现价值的内生动力。中国中车着力健全完善科技人才动态培养机制,“破四唯”和“立新标”并举,加快建立形成以创新价值、能力、贡献为导向的科技人才激励机制;优化高层次人才、急需紧缺人才和产业人才的职称评审机制,加大优秀青年科技人才扶持力度,实施好卓越青年科学家计划、杰出青年人才计划等人才项目。中国中铁先后组织评选中国中铁首席专家等各类专家,评选中坚决破除“四唯”倾向,突出人选对企业的实际贡献,重点从业绩贡献、学术水平、行业影响三个维度进行评价;同步推动建立二级单位专家、三级单位专家体系,在全公司形成统一管理、分级负责、上下贯通、逐级晋升的专家人才成长通道。

(2)完善薪酬激励。中国中车将薪酬资源重点向科技人才倾斜,实行以增加知识价值为导向的分配政策。中国通号持续突出科技创新导向,优化激励机制,在工资总额、股权和分红激励、专项奖励等方面加强对承担关键核心技术攻关任务企业的支持,并切实把奖励激励落到实处,2015 年,中国通号对“成绩突出专项奖励项目”“科技标兵”“先进科技工作者”进行了表彰,表彰奖励额度共计 1 500 万元。

(3)强化服务保障。国铁集团落实党委(党组)联系服务专家制度,将高铁人才纳入各级党委重点联系服务范围;健全信息反馈机制,采取发放联系服务卡、座谈慰问等方式,掌握人才动态,听取意见建议,解决工作和生活中遇到的困难,营造有利于人才成长的良好氛围。中国中车加强人才服务体系建设,积极争取省、市各项人才政策,为人才安家落户、配偶就业、子女就学、就医出行等提供便利条件,建立更具人文关怀的人才服务保障机制,切实解决好科技人才职业发展和生活保障等方面的实际问题。

通过多措并举推动人才培养,我国高铁人才队伍建设成效显著。依靠强有力的骨干人才,在高铁技术创新发展的重大领域和急难险重任务中当先锋、挑大梁,每年承担和参与高铁关键技术国家级攻关项目百余项,多个项目获得国家级科技创新奖,人才在项目攻关、技术引领、决策咨询等方面的重要作用得到充分发挥,形成了"项目集聚人才、人才推动项目"双赢格局,人才已经成为我国高铁创新发展的第一资源。

第三节 科技管理

我国铁路聚焦提升铁路整体创新效能,以加强顶层布局为统领,以整合创新资源为前提,以规范管理流程为手段,以强化落地转化为导向,以完善创新激励为保障,全面优化科技创新管理体制机制,为实现以高水平科技创新支撑铁路高质量发展保驾护航。

一、创新组织体系

铁路实施政企分开和机构改革后,中国铁路总公司、国铁集团承担起了铁路技术创新主体责任。近年来,特别是党的十八大以来,国铁集团深入落实创新驱动发展战略,充分发挥新型举国体制优势和国铁集团领军企业作用,广泛联合行业内外相关单位,坚定不移走具有中国特色的铁路自主创新道路,持续深化铁路关键领域核心技术自主攻关和产业化应用,不断深化科技领域体制机制改革,持续提升铁路科技创新整体效能。

与国家发展改革委、科技部、国家自然基金委等部门紧密对接,积极争取对重大科研项目的立项支持;与中国工程院、中国科学院、中国地震局、中国气象局、中国地质调查局等建立战略合作关系，充分利用国家战略科技力量，形成了合作开展重大基础研究和成果应用的工作机制。依托铁路重大科研项目，统筹高校科研、勘察设计、工程建设、技术装备、运用管理等各类资源，形成以国铁企业为主体、以市场为导向、用产学研有机融合的技术创新体系，汇聚了推动高铁发展的强大合力，形成复兴号系列动车组、自主化CTCS-3级列控系统等一系列重大科技成果。2023年，国铁集团充分发挥新型举国体制优势和铁路行业领军企业作用，牵头组建铁路科技创新联盟，联合中国中车、中国通号、中国中铁、中国铁建、国家能源集团、中国电子、鞍钢集团、华为公司、北京交大、西南交大、中南大学、同济大学、香港铁路有限公司等单位，共同推动开展技术创新、共同申报建设国家级创新平台、共同资助科研项目、共同选拔培养科技人才，构建了涵盖基础理论研究、应用技术攻关、产品试验验证和成果转化应用全流程的一体化创新链条，促进了铁路创新链、产业链、资金链、人才链深度融合。

国铁集团所属科研单位聚焦铁路基础研究、关键核心技术、创新链产业链融合发展等领域，积极承担国家和国铁集团重大科技攻关任务，打造铁路科技创新高地，带动铁路科技创新水平不断提升。铁路运输企业发挥创新需求源头和创新成果运用主体作用，直接面向建设和运输一线，积极推进新技术、新产品研发应用，推动科技成果共享，促进科技成果加快转化为现实生产力。

近年来，国铁集团开展用产学研合作的项目数量逐步增加，如图4-17所示。其中，系统性重大项目开展用产学研合作的项目达到100%。

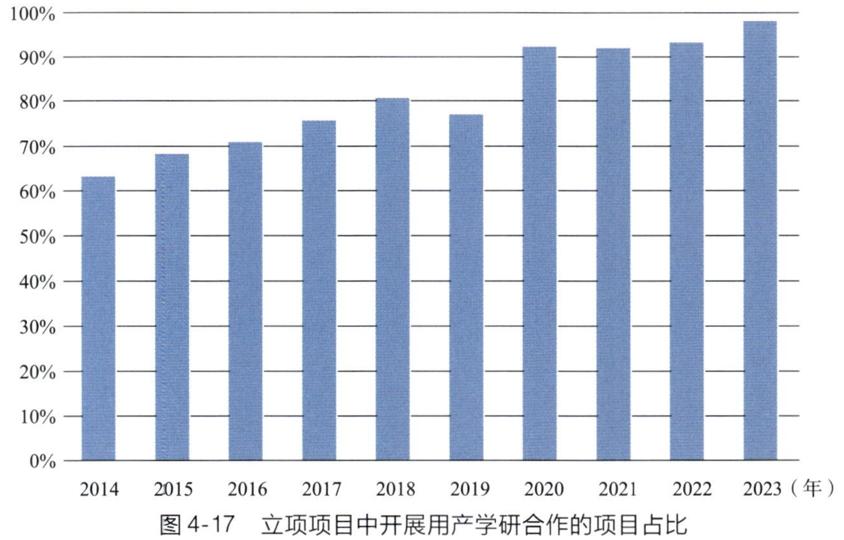

图4-17　立项项目中开展用产学研合作的项目占比

项目参研单位数量显著增长，2023年平均每个项目的参加单位增长至5.5个，每个系统性重大项目的参加单位约11.9个，如图4-18所示。

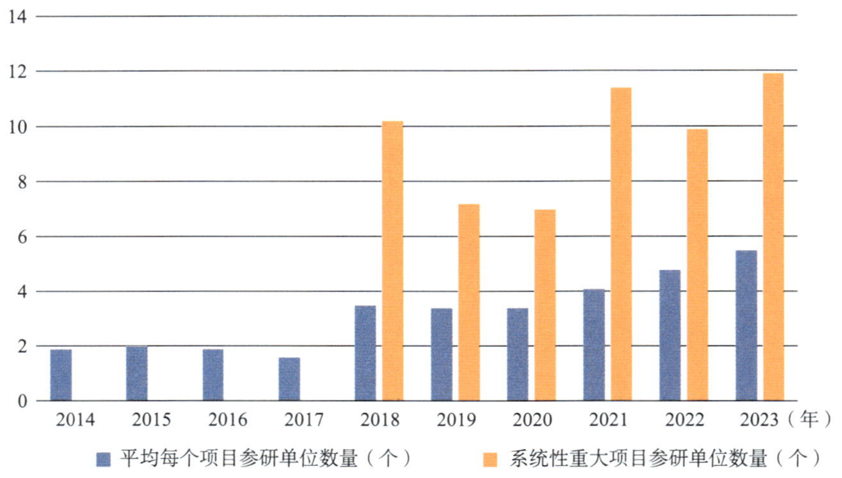

图 4-18　平均每个项目参研单位数量

二、科研管理

铁路部门深入贯彻落实国家科技创新政策，编制印发从科研立项、过程管理、经费管理、结题验收、绩效评价等全过程一揽子文件，形成了完善的科研管理体系，不断为科研人员“松绑减负”，最大限度激发科研人员的创新活力。

1. 项目管理

我国铁路对科研项目实施分层分类管理，按照铁路重点领域和研究方向，研究制定年度科研计划，安排科研经费，支持满足铁路发展需要的新技术、新产品和重大技术装备研发、试验、示范性应用，新标准的制定，基础理论、前瞻技术及经营管理研究等。改革科技项目立项和组织管理方式，国铁集团自 2021 年起实施科研计划课题“揭榜挂帅”制度，紧扣铁路发展科技需求，面向全社会择优遴选研究团队。组织实施方面，实行重大事项报告制度，为保障科研课题研发工作取得预期成果，在科研课题实施周期内，开展定期检查和抽查。检查结果是课题经费拨付和课题验收的重要依据并作为科研信用进行记录。合同到期后，组织开展结题验收和后评估。多年来科研课题成果丰硕，为推动中国铁路高质量发展提供了坚强科技支撑。

2. 经费管理

铁路部门重视科技投入，逐步提高科技投入水平，保持合理增长趋势，积极争取国家有关部门对铁路科技的投入，鼓励承担单位提供配套经费，逐步建立了多层次多渠道的铁路科技投入格局。同时，不断优化科研经费管理，简化预算编制，提高间接费用比例，扩大经费管理自主权。科研经费管理实行分级负责、预算管理，科研资金管理符合国家法律法规和国铁集团有关科研、财务制度，资金主要用于铁路科技创新、铁路安全、提质增效等科研项目，科研经费专款专用，实行单独核算，促进科研经费发挥最大效益，以调动科研人员积极性和创造性为出发点和落脚点，激发创新创造活力。

3. 奖励激励

我国铁路不断增强企业创新动力，正向激励所属单位科技创新。不断加大对承担关键领域核心技术攻关任务科研人员的激励力度，建立以实际贡献为评价标准、与岗位职责目标相统一的科研人员收入分配激励机制，调节研究开发人员、成果转化人员、相关管理和服务人员的收入分配关系。鼓励和支持重大科技成果申报国家级省部级科技奖励，加大对铁路科技创新中作出突出贡献的单位、技术负责人及一线科研人员的奖励力度。

4. 成果转化

我国铁路不断加强科技成果应用推广，建立和完善促进科技成果转化机制，合理核定科技成果转化收益，研究通过转让、许可或作价投资等多种方式，对科技成果进行转移转化，提高科技成果转移转化成效。加大知识产权管理保护力度，建立国铁集团与项目承担单位共有知识产权的申请、保护、运用等协同机制，项目立项时应明确预期取得的知识产权及权属；加强知识产权布局、侵权风险防范和依法维权，保护自主创新成果，探索高价值核心知识产权培育及评估机制，促进发明创造。

三、基础研究

加强基础研究，是实现高水平科技自立自强的迫切要求。2011 年，铁道部和国家自然科学基金委共同设立高速铁路基础研究联合基金，旨在发挥国家自然科学基金的导向和协调作用，促进产学研结合，吸引和调动社会科技资源开展以我国高速铁路发展为背景的相关领域基础研究工作。2016 年，铁路总公司和基金委签订了高速铁路基础研究联合基金（二期）的合作协议。2021 年，国铁集团继续推进与基金委合作，设立铁路基础研究联合基金，研究领域拓展至高速铁路、高原高寒铁路、重载铁路等各领域。2024 年，国铁集团依托铁路科技创新联盟对铁路基础研究联合基金进行增资扩容，增加中国中车、中国中铁、中国铁建、中国通号 4 家联盟单位作为共同出资方，实现铁路基础研究联合基金年度资助经费额度翻一番，实现跨专业、全领域、多场景协同攻关，为铁路行业提供了更广阔的基础理论和产业应用基础技术研究平台。铁路（高铁）基础研究联合基金从 2011 年设立十余年来，共资助超 150 个项目，投入科研经费超 4 亿元，吸引超过 80 家单位参与铁路基础研究，形成大量优秀成果，为我国铁路、特别是高速铁路技术发展提供了有力的基础理论支撑。

参 考 文 献

[1] 周黎. 面向世界的复兴号[M]. 北京：中国铁道出版社有限公司,2020.

[2] 华茂崑. 中国铁路提速之路[M]. 北京：中国铁道出版社,2002.

[3] 傅志寰. 我的情结[M]. 北京：中国铁道出版社,2017.

[4] 何华武. 中国铁路既有线 200 km/h 等级提速技术[M]. 北京：中国铁道出版社,2007.

[5] 中国国家铁路集团有限公司. 打造中国高铁亮丽名片[M]. 北京:中国铁道出版社有限公司,2023.

[6] 卢春房. 中国高速铁路[M]. 北京：中国铁道出版社,2017.

[7] 王同军. 智能高速铁路概论[M]. 北京：高等教育出版社,2023.

[8] 傅志寰. 我国高铁发展历程与相关思考[J]. 中国铁路,2017(8):1-4.

[9] 傅志寰. 中国高速铁路创新发展的哲学思考[J]. 工程研究:跨学科视野中的工程,2021,13(3):240-251.

[10] 傅志寰. 关于我国高铁引进与创新的思考[J]. 中国铁路,2016,19(11):1-4.

[11] 卢春房. 高速铁路工程质量系统管理.[M]. 2 版. 北京：中国铁道出版社有限公司,2023.

[12] 傅志寰. 中国高铁零的突破:秦沈客运专线建设回顾[M]. 北京：人民交通出版社股份有限公司,2023.

[13] 中国国家铁路集团有限公司机辆部. 铁路动车组概论[M]. 北京：中国铁道出版社有限公司,2022.

[14] 何华武,朱亮,李平,等. 智能高铁体系框架研究[J]. 中国铁路,2019(3):1-8.

[15] 何华武. 高速铁路运行安全检测监测与监控技术[J]. 中国铁路,2013(3):1-7.

[16] 卢春房. 中国高速铁路工程质量管理创新与实践[J]. 中国铁道科学,2015,36(1):1-10.

[17] 卢春房. 中国高速铁路的技术特点[J]. 科技导报,2015,33(18):13-19.

[18] 黄民. 铁路网规划理论与实践[M]. 北京:中国铁道出版社有限公司,2021.

[19] 马波涛. 铁路枢纽客运系统规划布局关键问题研究[J]. 铁道运输与经济,2019,41(11):58-62.

[20] 王龙. 中长期高速铁路网客流 OD 及通道运量预测方法[J]. 北京交通大学学报,2020,44(4):76-85.

[21] 朱子虎,翁振松. 基于混沌理论的铁路客货运量预测研究[J]. 铁道学报,2011,33(6):1-7.

[22] 闻克宇,赵国堂,何必胜,等. 基于改进迁移学习的高速铁路短期客流时间序列预测方法[J]. 系统工程,2020,38(3):73-83.

[23] 卢春房,周黎,张志方. 中国高速铁路地震预警系统的研究与试验[J]. 科技导报,2016,34(18):258-264.

[24] 卢春房. 高速铁路桥隧工程养修模式与关键技术[J]. 中国铁路,2017(7):1-8.

[25] 王同军,马伟斌,王勇. 京张高铁八达岭长城地下车站建造及运营关键技术[J]. 隧道建设(中英文),2023,43(1):1-16.

[26] 王同军. 京张高铁智能化服务总体架构、关键技术与应用示范[J]. 铁路计算机应用,2021,30(7):1-8.

[27] 王同军. 中国智能高速铁路 2.0 的内涵特征、体系架构与实施路径[J]. 铁路计算机应用,2022,31(7):1-9.

[28] 王同军. 我国铁路隧道建造方法沿革及智能建造技术体系与展望[J]. 中国铁路,2020(3):1-11.

[29] 王同军. 中国智能高速铁路体系架构研究及应用[J]. 铁道学报,2019,41(11):1-9.

[30] 王同军. 铁路 5G 关键技术分析和发展路线[J]. 中国铁路,2020(11):1-9.

[31] 王同军,周黎. 大西高铁高速综合试验科技创新[J]. 中国铁路,2021(6):1-8.

[32] 周黎,张波,董孝卿,等. 更高速度下复兴号动车组系统动力学试验研究[J]. 中国铁路,2020,42(7):42-49.

[33] 马建军,李平,马小宁,等. 铁路一体化信息集成平台总体架构及关键技术研究[J]. 中国铁道科学,2020,41(5):153-161.

[34] 王雄. 中国速度:中国高速铁路发展纪实[M]. 北京: 外文出版社, 2016.

[35] 费振豪,贺永祥. 高速铁路调度集中系统智能化研究及设计[J]. 铁道通信信号,2020,56(8):12-15.

[36] 乔宇. 高速铁路智能调度集中系统构想及关键技术[J]. 铁路计算机应用,2023,32(3):29-33.

[37] 王建英. 智能调度集中系统研究[J]. 铁道通信信号,2022,58(7):7-12.

[38] 施卫忠. 高速铁路联调联试技术创新及工程实践[J]. 中国铁路,2017(2):1-6.

[39] 姜昕良. 我国高速铁路联调联试技术发展与展望[J]. 铁路技术创新,2021(3):1-8.

[40] 肖新法. 高铁联调联试安全风险防控研究[J]. 铁路技术创新,2021(3):126-128.

[41] 曾祥坤. 企业科技创新平台评价体系的研究[J]. 中国铁路,2020(2):40-45.

[42] 齐向春,苗蕾,雷强. 加强铁路国家级创新平台建设的思考[J]. 中国铁路,2009(9):14-17.

[43] 张金强. 铁路局集团公司科技创新平台建设研究 [J]. 铁道运营技术,2022,28(4):41-44.

[44] 汤飞,赵方,宁雪,等. 铁路领域科技创新平台评价研究:基于 PCA-灰色聚类综合评价模型[J]. 北京交通大学学报(社会科学版),2022,21(3):124-136.

[45] 杨振东. 高铁企业科技人才培养机制探索与实践[J]. 品牌研究,2022(2):154-156.

[46] 郭树东. 以企业为主体的铁路技术创新体系构建研究[J]. 科学决策,2015(4):51-68.

后　记

全面梳理总结中国高铁技术自主创新的过去、现在和未来，是一项十分庞大的系统工程，涉及高铁不同历史时期、各技术领域、各业务板块的众多参与单位和个人。本书编写过程中，国铁集团和中国工程院精心组织，得到了来自中国铁道科学研究院集团有限公司、中国铁路经济规划研究院有限公司、中国铁路设计集团有限公司、中国铁路信息科技集团有限公司、中国铁路工程集团有限公司、中国铁道建筑集团有限公司、中国中车集团有限公司、中国铁路通信信号集团有限公司、北京交通大学、国家发展和改革委员会综合运输研究所、西南交通大学、中南大学等单位的大力支持，各单位组织精良团队，为本书各个章节的撰写提供了重要帮助，这些同志有：

李永恒、魏峰、谭立刚、刘刚、周亮瑾、霍保世、杨国涛、温宏宇、孙春峰、王云、李小勇、熊礼毅、戈凤良、张亮、王道奇、任广强、张庆华、贺昌寿、杨桉、武新星、张兴程、赵永亮、张克云、江忠贵、张先军、孟葳、杨欣、杨方、郭晓燕、田光荣、尹彦宏、杨兆禹、张佳翠、李佳蒙、史俊玲、刘坦、方奕、闫子权、郭辉、郭小雄、毕宗琦、周游、张文达、王博、施成、万军利、何国华、梁迪、李昂、应志鹏、蒋韵、刘珍珍、赵阳、张淼、韩安平、闫石、盛昭、张惟皎、单杏花、王芳、马小宁、李俊波、靳辰琨、解亚龙、朱广劼、潘佩芬、杨国元、孙鹏、张红斌、范家铭、田雷、朱加发、林枫、周进、宁健、李元平、马莉、赵方、陈香宇、张东升、刘鑫贵、赵林、张济洲、杨晨、姜昕良、李向东、熊龙辉、江波、于冰、陈萌、贾志洋、孙超(铁科院)、吴伟、杨光、彭鹏、吴毅、张关震、戴华明、杨昕澄、王杰、余雷、田四明、许胜、姚涵、孙宗磊、邢存友、欧阳鹏、马波涛、徐翔、周丰、闻克宇、胥振铎、梁栋、王龙、徐涵、蒋函珂、黄悦、颜静远、高策、于剑、袁伟、姚章军、杜宝军、张鹏、肖春光、王炜、古晓东、陶然、董入凯、崔维孝、马广、翟倩、叶少敏、刘宇、陈朋、王一芃、邱磊、赵恬、陈钧、余颜丽、鄢红英、冯涛、李保友、王义、蔡宏、谷婷、黄辉、周应华、赖一雄、李沿宗、幸思佳、王明、赵晓娜、过晴、刘建廷、高柏松、张敏静、魏德豪、丁正全、靖仕元、刘永存、陈裕民、杨莹、黄智勤、谢璧婷、李新颖、任勇、张晓波、樊立龙、白一兵、栾焕强、李文友、刘鹏、李进军、刘桥、纪雪艳、刘慧芳、徐磊、李宏伟、吴胜权、董占武、冯江华、戴碧君、屈斌、晋军、靳国忠、冯勇、王宇、谭绍军、王育权、赵明元、孙帮成、姜茹佳、刘荣耀、邵邦、李兵、王树宾、孟祥萌、曹金、董威、刘辉、张友兵、车惠军、白光禹、王建敏、李正涛、徐昱、尹春雷、程光红、孙超(中国通号)、杨天骄、袁振江、费冬、朱强、张力刚、周恒、于树永、杨萌、祝振北、马成贤、穆智蕊、张铁煊、杨波、杨晓迎、王文静、周敏、马小平、王悉、刘君亮、张广厚、秦山、李名良、唐幸、赵欣苗、张卫华、高仕斌、王平、曾京、金学松、梁习锋、许平、杨明智、余志武、蒋丽忠。

在本书编写和出版过程中,多位铁路资深专家组成的高水平顾问团队和专家组进行了统筹把关,中国铁道出版社有限公司专业编辑团队密切配合、精心打磨书稿,为图书的修改完善提供了宝贵的指导和支持,保证了内容的准确、科学、权威。在此,对为本书撰写付出辛苦努力的上述专家,以及为本书提供宝贵资料的作者,一并表示衷心的感谢!

编辑出版小组

组　长： 王　滨　岳　震

副组长： 杨新阳

统　筹： 赵　静　傅希刚　王明容

编辑组： 崔忠文　徐　艳　黄　璐　侯跃文　李润华
王　亮　李小军　曾亚非　黎　琳　王晓阳
袁文东

装帧组： 金　锋　崔丽芳

审校组： 王风雨　江新锡　石建英　陆　宁　高　峰